담헌 홍대용 연구

실시학사
실학연구총서
03

【담헌 홍대용 연구】

湛軒 洪大容

❖ 문석윤 · 박희병 · 김문용 · 송지원 · 이경우 저

❖ 재단법인 실시학사 편

사람의무늬

實學研究叢書를 펴내며

실학(實學)이 우리나라 학계에 연구주제로 떠올라, 정식의 학술논문으로 학술지에 등재(登載)되기 시작한 것은 1952년 이후의 일이다. 천관우(千寬宇)의 「반계 류형원(磻溪 柳馨遠) 연구」가 『역사학보(歷史學報)』 2·3집에 발표된 것이 그 시발점이다. 지난 계몽기(啓蒙期)의 몇몇 선학(先學)들이 실학에 대한 관심을 표명해 왔으나 일반 신문 잡지에 논설조(論說調)로 내놓은 것이 고작이었던 것에 비하면, 천관우의 글은 당시 비록 한편에서 저널리스트식 필치로 써 내려온 것이란 비판이 있었지만 일단 수미정연(首尾整然)한 체제를 갖춘 논문으로 주목할 만하였다. 그러나 당시 연구자의 수가 많지 않고 학계의 관심도 분산되어 있어서 개별 실학자에 대한 연구가 간헐적으로 있는 정도였고 그리 활발한 편은 아니었다. 그중에서 1961년에 한우근(韓㳓劤)의 성호(星湖) 이익(李瀷)에 관한 연구가 『이조후기(李朝後期)의 사회(社會)와 사상(思想)』이란 책으로 나와, 그의 실증사학(實證史學)으로서의 견고한 학풍을 보여 주었다.

그러다가 1970년에 이우성(李佑成)의 「실학연구서설(實學研究序說)」이 나와, 그동안 유동적이었던 실학의 명칭문제가 일단 타결된 듯이 보이고, 나아가 실학의 내용을 경세치용(經世致用)·이용후생(利用厚生)·실사구시(實

事求是)의 세 파로 나누어 설명함으로써 그 학문의 성격을 용이하게 파악할 수 있게 하였다. 또한 경세치용파를 근기지방(近畿地方)의 농촌토착적 환경에서, 그리고 이용후생파를 서울의 도시적 상황 속에 형성된 것으로 이해하면서 「18세기 서울의 도시적 양상」을 묘사하여 이용후생파의 성립 배경을 밝히려고 하였다. 다시 나아가 다산(茶山) 정약용(丁若鏞)에 이르러 위의 양파(兩派)가 회합(匯合)되는 동시에 호한(浩汗)한 경전해석(經典解釋)으로 실사구시파(實事求是派)를 추동(推動)시킨 느낌이 있어, 다산학이 실학의 대성을 의미하는 것이라고 언급하였다. 이후 계속해서 실학의 후속 학자로 최한기(崔漢綺)와 최성환(崔瑆煥)을 연구하여 최한기가 『기학(氣學)』과 『인정(人政)』을 저술하는 한편 서양과학지식을 대폭 수용하고, 최성환은 중인(中人) 출신으로 국왕(國王)의 자문에 응한다는 취지에서 『고문비략(顧問備略)』을 저술하여 전반적 제도 개혁을 주장한 것을 높게 평가하였다. 특히 최성환의 바로 뒤에 중인층의 후배들이 개화운동의 배후 공작자로 활약하게 된 것을 말함으로써 실학사상(實學思想)과 개화사상(開化思想)의 연결관계를 미루어 알게 하였다.

한편 '실학국제회의(實學國際會議)'를 구성하여 한·중·일 삼국의 학자들이 각자 자국의 실학을 중심으로, 2년마다 돌아가면서 국제회의를 개최하도록 함으로써 동아시아세계로 실학의 지평을 넓혔다. 그리고 '한국실학학회(韓國實學學會)'를 조직하여 국내 학자들을 수시로 발표시키고 1년에 두 차례 학보를 발행하여 우리나라 실학연구를 다소 진작되게 하기도 하였다.

실시학사(實是學舍)가 서울에서 근기(近畿) 쪽으로 옮긴 뒤에도 나는 젊은 학도들과 강독 및 연토(研討)를 지속해 오고 있지만 연로신쇠(年老身衰)한 처지에서 불원 철수 은퇴할 것을 생각하고 있었다. 뜻밖에 나의 친구 모하(慕何) 이헌조(李憲祖) 형이 거액의 사재를 출연하여 실시학사를 재단법인으로 만들고 그 기금으로 실학연구에 박차를 가해 줄 것을 권유해 왔다. 나는 그의 사회와 학문에 대한 열정에 감동하여 사양치 않고 그의 뜻에 따랐다. 즉시 연구계획을 세우고 국내학자들을 널리 동원하여 1차 연도에 성호·다산을, 2차 연도에 담헌(湛軒)·연암(燕巖)과 실학파 문학을, 그리고 3차 연도에 반계와 초정(楚亭)을 다루기로 하였다. 각 팀에 5명을 한 단위로 하여 1년 동안의 공동연구 끝에 각자 논문을 제출하여 한 권의 책을 내기로 하였다.

이제 2년의 세월이 흘렀다. 각기 1년씩의 기간이 끝나 논문들이 함께 나와, 무려 5책을 한꺼번에 출판하게 되었다. 집필자들은 모두 해당 분야의 전문 연구자로서 가장 정예(精銳)로운 분들이라고 생각한다. 독자 여러분의 보살핌을 바란다. 앞으로 3차에 이어, 4차, 5차로 계속 진행될 것이다. 국내외 학계 여러분의 성원과 협조를 기대하여 마지않는다.

이 글을 마치려 함에 있어, 거듭 모하(慕何) 형에게 고마움을 표하면서 앞으로 그 뜻을 살려 더욱 성과를 내게 될 것을 다짐한다.

끝으로 이 책들의 출판에 임하여 주선과 지원에 진력(盡力)한 이승룡(李承龍) 사무국장, 보조직(補助職)인 김경희(金慶姬) 대리, 편집과 교정에 성의를 다한 최영옥(崔煐玉) 연구간사, 교정에 동참한 배성윤(裵晟允) 씨, 그리고 출판을 담당하여 여러모로 노고(勞苦)를 겪은 '사람의무늬'사(社) 여러분에게 심심(深甚)한 사의를 표해 둔다.

2012년 임진 4월 3일
李佑成

| 차 례 |

간행사 · 實學研究叢書를 펴내며 ······················· 5

湛軒의 哲學思想
| 문석윤 |

1. 머리말 – 연구의 시각 ····························· 13
2. 17, 18세기 조선성리학과 실학
　　– 이학(理學), 심학(心學), 물학(物學) ·············· 24
3. 담헌의 학문론
　　– 실심(實心)과 실사(實事)의 실학(實學) ············ 34
4. 담헌의 실학 1 – 이학과 심학의 계승과 극복 ········· 42
5. 담헌의 실학 2 – 물학의 건립 ····················· 69
6. 맺음말 – 새로운 문명에의 전망 ··················· 93

湛軒 社會思想의 論理와 體系
| 박희병 |

1. 머리말 ··· 107
2. 『임하경륜(林下經綸)』의 사회사상 ················ 113
3. 『의산문답(毉山問答)』의 사회사상 ················ 128
4. 맺음말 ··· 181

湛軒의 天文 · 宇宙 理解와 科學
| 김문용 |

1. 머리말 ··· 187

2. 천문 · 우주 이해의 배경과 방법 ················· 189

3. 우주론의 구성 ································· 208

4. 유학과 과학 그리고 담헌 ····················· 234

5. 맺음말 ····································· 246

湛軒의 音樂 知識과 疏通
| 송지원 |

1. 머리말 ····································· 255

2. 담헌의 음악관과 음악 지식 ···················· 259

3. 담헌의 음악 교류와 내 · 외적 소통 ·············· 277

4. 맺음말 ····································· 303

湛軒의 知識人 交遊와 知性史的 位置
| 이경구 |

1. 머리말 ····································· 311

2. 낙론(洛論)의 사상 지형과 담헌 ················· 314

3. 연행(燕行)에서의 지식인 교유와 사유의 변화 ······ 330

4. 사유의 심화와 주변 지식인에게 미친 영향 ········· 346

5. 맺음말 ····································· 363

이 책을 마치며 ······························· 371

| 부록 |

연보 ··· 377

찾아보기 ····································· 393

湛軒의 哲學思想

문석윤 | 경희대학교 철학과 교수

1. 머리말 — 연구의 시각

2. 17, 18세기 조선성리학과 실학 — 이학(理學), 심학(心學), 물학(物學)

3. 담헌의 학문론 — 실심(實心)과 실사(實事)의 실학(實學)

4. 담헌의 실학 1 — 이학과 심학의 계승과 극복

   1) 이학의 계승과 극복

   2) 심학의 계승과 극복

5. 담헌의 실학 2 — 물학의 건립

   1) 담헌 물학의 기초 — 이천시지(以天視之)와 인물균(人物均)

   2) 담헌 물학의 성격 1 — 실용적 기술학과 보편적 자연학

   3) 담헌 물학의 성격 2 — 실천학

   4) 담헌 물학의 방법

6. 맺음말 — 새로운 문명에의 전망

1. 머리말 – 연구의 시각

1939년 신조선사(新朝鮮社)에서 간행된 『담헌서(湛軒書)』[1]의 서문에서, 위당(爲堂) 정인보(鄭寅普, 1892~1950)는 담헌(湛軒) 홍대용(洪大容) 사상의 대체(大體)를 서술하기에 앞서, 학술의 근본과 근고(近古) 조선의 학술 상황을 다음과 같이 간략하게 요약하였다.

대개 학술(學術)은 인류생활과의 관계가 큰바, 일의 잘됨과 잘못됨이 여기에서 말미암는다. 혹 그 근본을 조심스럽게 지키면, 덕을 바르게〔正德〕하고, 사용을 편리하게〔利用〕하고, 민생을 살기 좋게〔厚生〕할 수 있다. 혹 이와 반대로 하면, 백 가지 법도가 곧음〔貞〕을 잃게 되며, 이것이 오래가고 깊어져 마음에 중독되면 습관이 천성처럼 되어 버려 어찌할 수 없게 된다.

---

1 湛軒 五代孫 榮善 編, 洪命憙 校, 內集 4권, 外集 10권, 합 7책, 鉛活字本으로 新朝鮮社에서 간행되었다. 이 신조선사본은 1969년 景仁文化社에서 2책으로 영인하여 펴낸 바 있으며, 최근 한국고전번역원(구 민족문화추진회)의 『韓國文集叢刊』248에 수록되어 쉽게 구득할 수 있게 되었다. 이 논문의 원문 인용은 모두 이 신조선사본을 기준으로 하였다. 신조선사본의 첫머리에 爲堂의 서문(「湛軒集序」)이 편성되어 있다. 거기에서 위당은 『湛軒書』는 원래 15책이었는데 그것을 일부 합편하여 7책으로 간행한다고 하였다. 실제로 15책으로 편성된 『湛軒書』筆寫本이 연세대학교 도서관(미분류)에 소장되어 있다. 이 필사본은 위당의 서문이 수록되어 있지 않은 것 이외에는 기본적인 편성과 내용이 신조선사본과 거의 동일하다. 필사본 上欄에 드물게 校勘 및 校正 註記가 필사되어 있는데, 현재 신조선사본이 그 주기에 따라 고쳐져 있는 것을 확인하였다. 따라서 이 필사본은 신조선사본의 간행을 위한 臺本(아마도 最終校正本)으로 사용된 것임을 추정할 수 있다. 그와 별도로 『毉山問答』筆寫本 1종이 고려대학교 도서관(육당 C8 A5)에 소장되어 있다.

이 두 가지로써 우리 근고지세(近古之世)에 비추어 보면, 그 말미암은 바를 알 수 있다. 그러므로 그 당시에, 논의(論議)로써 서로 치는 사람이 있었고, 세리(勢利)로써 서로 해치는 사람도 있었는데, 이들은 서로 더불어 어울리면서도 마치 물과 불 같고 얼음과 숯 같아서 서로 용납하지 못하였다. 그러나 그 『춘추(春秋)』를 내세우는 데 이르러서는 근본과 말단, 남과 나의 큰 구분에 어두웠던 것은 피차(彼此)간에 차이가 없었다. 그것은 어째서인가? 그 마음에 중독된 것이 같았기 때문이다.[2]

위당에 의하면 첫째, 학술의 근본은 정덕(正德)과 이용·후생(利用厚生)에 있으며, 둘째, 그런데 근고(近古), 즉 조선 후기의 학술 상황은 그러한 근본을 상실하고 편이 나뉘어 백성의 생활을 돕지 못하는 무익한 학술적 논쟁에 빠져 있거나 세리(勢利), 곧 권력(정치) 투쟁에 몰두하고 있었다는 것이다. 그것은 곧 수기치인(修己治人)이라는 유교의 이념이 학술의 근본이라는 것이요, 조선 후기 이래 그런 학술의 근본을 잃었다는 시대 진단이었다.

그런데 뒷부분, 즉 '『춘추』를 내세우는 데 이르러서는 근본과 말단, 남과 나의 큰 구분에 어두웠던 것'이 그들, 즉 조선 후기 학술 논쟁 및 정치 투쟁의 당사자들 모두에게 적용되는 공통적이요 근본적인 폐단이라고 한 부분은, 그것이 구체적으로 지시하는 바가 무엇인지 언뜻 분명

---

2 『湛軒書』, 鄭寅普, 「湛軒集序」, "夫學術之於人群大矣, 善敗由之. 或愼守其本, 以正德利厚, 或反焉, 致百度失貞, 久且深, 中於人心, 習以若性而不可如何. 以是二者而鏡之於吾近古之世, 其所由者可知已. 故當其時, 論議以相伐者則有人矣, 勢利以相殘者則有人矣, 與接爲構, 若水火氷炭之不相入, 而至其表桌春秋, 眛本剽人己之大分, 則無彼此焉, 何也? 以其中於心者同也." 이 논문에서 『담헌서』의 번역은 민족문화추진회(현 한국고전번역원)의 번역본(2008)을 기본으로 하되, 필요에 따라 일부 수정하였다.

하게 이해되지 않는다.

이어지는 서술로 추정해 볼 때, 『춘추』는 아마도 그것이 표방하는 존왕양이(尊王攘夷)의 화이관(華夷觀)을 염두에 둔 것으로 보이며 '『춘추』를 내세우는 데 이른다'고 한 것은 조선 후기 화이론(華夷論)의 전개를 가리키는 것이라 생각된다. 그것은 곧 중국중심주의의 사회 역사 인식을 가리키는 것으로 '남과 나'는 곧 중국과 조선이며, 그 둘 사이의 '큰 구분에 어둡다'고 한 것은 중국과 구별되는 조선의 민족적 주체성의 미(未)확립을 의미한다고 이해할 수 있을 것이다. 위당이 보기에 이는 결국 근본과 말단을 구분하지 못한 것으로, 조선 후기 학술의 근본 문제라는 것이다.

위당은 더 나아가 그러한 문제 상황 속에서 일부 선진적 지식인〔明智之士〕들이 '백성을 돕는 학문〔佐民之學〕'을 하고자 하고 통인(通人)이 배출되어 경세(經世)의 실마리를 거의 다시 일으키는 데 이르렀지만, 즉 이용후생의 방면에서는 부분적으로 개선의 시도가 있었지만, 시대적 어두움이 깊어 아직 『춘추』가 대변하는 전통의 중국 중심적 세계상에 나아가 근본과 말단, 남과 나 사이의 구분을 명확히 하는 데까지는 이르지 못했다고 진단하였다.[3] 그것은 말하자면 이용후생의 근본인 정덕(正德)에 소홀히 하였다는 지적이었다. 그에 있어 정덕은 전래의 도덕적 각성 및 수양에서 더 나아가 이제 민족적 각성을 포함하여 확장하여 이해된 것으로 볼 수 있는 것이다. 즉 전래의 '정덕, 이용후생'에다 위당

---

3 앞의 글, "至弊之極而一二明智之士感焉, 治佐民之學, 以遏頹風. 譬若東方微曙, 高下通塞稍分, 然以其猶承於積晦之後, 明爲所攝, 分焉而未盡, 故雖通人輩出, 經世之緒, 幾得復振, 而卒未有直就春秋而正本剟人己之分者, 豈其明不足於體哉. 夷之初朝而照有所未周也." 이는 분명히 黃宗羲의 『明夷待訪錄』에서 채용한 『易』의 '明夷卦'의 상징을 원용한 것이다.

자신의 시대적 문제의식, 곧 근대적 민족주체성을 확립해야 한다는 문제의식을 투영하였다고 할 수 있겠다.[4]

위당은 이러한 인식과 진단을 바탕으로 하여, 담헌 학술사상의 시대적 의의를 다음과 같이 제시하였다.

지금 선생의 글 중에 가장 중요한 것으로는 「주해수용(籌解需用)」이란 것이 있고 「임하경륜(林下經綸)」이란 것이 있는데, 혹은 기하(幾何)와 산수(算數)에 정통하고 혹은 정치와 법률에 공을 들인 것으로, 모두 백성들을 돕는 학문이다. 또 「의산문답(毉山問答)」이란 것이 있는데, 그것은 오로지 근본과 말단을 찾아 밝히고 남과 나를 분석해 놓는 것으로, 당시에 있어서는 보기 드문 것이었다. 아아! 그러니 어찌 걸출한 선비가 아니겠는가?[5]

담헌의 저술 중에는 「주해수용」·「임하경륜」·「의산문답」의 세 가지가 가장 중요한데, 앞의 두 가지는 백성을 돕는 학문으로 이용후생(利用厚生)에 요긴한 것이라고 한다면, 「의산문답」은 근본적인 것과 나를 찾는 학문 곧 주체성을 확립하는 것을 핵심적인 내용으로 가지고 있다는 것이다.[6]

---

4 '正德' 개념의 이러한 확장의 의의에 대해서는 별도의 논고가 필요할 것이다.

5 앞의 글, "今先生之書, 其最要者, 有曰「籌解需用」, 有曰「林下經綸」, 或精幾何算數, 或劬心政法, 皆佐民之學, 而又有曰「毉山問答」, 則專以蔽本剽而析人己, 在當時所僅見者. 嗚呼, 豈非豪傑之士哉?"

6 위당은 같은 글에서, 담헌이 문호의 다름을 넘어서서 星湖 李瀷의 崇寔致用하는 학풍을 추종하였으며 그 영향을 받았다고 지적하면서, 다만 『춘추』의 본의를 밝힌 점에서 독자적 탁월성이 있다고 지적했다. 앞의 글, "而是時, 星湖猶未沒, 子孫門弟多崇寔致用, 爲新進所依歸, 雖門戶有閡, 聲氣互流, 同焉者應, 故先生所善朴燕巖趾源·朴楚亭齊家, 皆夙籬『星湖僿說』, …… 知先生之學, 內實漸漬星湖, 以上溯磻溪. 然至明辨春秋, 則歸先生弘毅獨絶."

결국 위당에 의하면 담헌의 학술은 정덕, 이용후생이라는 학술의 본질을 바르게 구현해 낸 것으로, 특히 도덕적·민족적 주체성의 확립이라고 하는 본질적 영역에서 큰 진전을 이루어 낸 것이라고 할 수 있다.[7] 그것은 곧 담헌이 「의산문답」의 말미에서 제시한 '역외춘추론(域外春秋論)'의 의의를 크게 천양한 것이었다.

이러한 견해는 담헌을 실제적인 양명학자로 이해하는 위당 자신의 또 하나의 견해와 연결되어 있다. 위당은 담헌이 주자학을 표방하지만 그 정신에서는 양명학을 따르는 세 번째 유형의 양명학파에 속한다고 주장하였다.[8] 위당은 담헌의 실심(實心)에 대한 강조가 양명(陽明)의 '발본색원론(拔本塞源論)'과 일치하는 것으로, 대명의리론(對明義理論)에 내재한 허위의식을 극복하고, 민족현실에 대해 진실하게 직시하는 민족주체성의 확립으로 이어진다고 보았다. 위당은 다음과 같이 말한다.

> 도술(道術)의 혹(惑)이 심함에 자족(自族)을 외(外)로 생각하기까지 미치는 것을 통한(痛恨)하는 일면(一面), 본심(本心)의 환기(喚起)를 이 한 일에서 비롯하여 자류(自類)를 주(主)하는 실학(實學)과 자토(自土)를 위(衛)하는 실정(實政)을 거(擧)하라 하는 심회(深懷)를 이에 부침이니, 누구나 조선양명학파(朝鮮陽明學派)를 피색(披索)하여 보려면, 담헌(湛軒)의 이 고심(苦心)에부터 경의(敬意)를 표(表)하여야 옳을 줄 안다.[9]

---

7 爲堂은 星湖의 학술사적 의의에 대해서도 유사한 관점을 제시하였다. 김진균(2010) 참조. 星湖에서 茶山에 이르는 近畿學派에서의 민족주체성 확립 문제에 대한 논구로 이우성(2010c) 참조.
8 鄭寅普(1955), 261~262·291~293면 참조.
9 鄭寅普(1955), 293면. 한자 노출의 원문을 병기하여 표기했다.

위당은 담헌의 고심(苦心)이 본심(本心, 곧 實心)을 불러일으켜 민족〔自族, 自類〕을 주체로 하는 실학(實學)과 민족 국가〔自土〕를 보위하는 실정(實政)을 도모하는 데 있었다는 것이며, 우리가 바로 그의 그러한 고심처로부터 그에 공감하고 경의를 표할 것을 요청하고 있다. 결국 위당에 의하면 담헌의 학술은 도덕적 주체성과 민족적 주체성이 결합된 정덕(正德)을 기본으로 하고, 실용적 학문을 통해 국가를 보존하고 백성을 돕는 이용후생(利用厚生)의 실정(實政)을 추구하는 '실학(實學)'으로 규정할 수 있는 것이다.

담헌의 학술을 이렇게 파악하는 것은 그 후 학계에서 담헌 연구가 과학자 혹은 과학사상가로서의 면모를 강조해 온 것[10]과는 초점을 달리하는 것으로, 과학적 지식의 생산자 혹은 수용자로서가 아니라 철학 사상가로서의 면모를 강조한 것이라고 할 수 있다.[11] 담헌은 적어도 위당의 관점에서는 그의 과학적 지식의 선진성과 수준 그리고 독자성 등

---

10 城外春秋論과 함께 담헌 사상 중 가장 뜨겁게 논의되어 온 부분이 바로 地轉說과 無限宇宙論을 포함한 자연학 부분임은 재론의 여지가 없다. 과학사 연구자들이 담헌의 과학 지식 자체의 성격과 수준에 대해 관심을 가지고 연구했다면, 철학 연구자들은 담헌의 과학 지식의 사상적 함의, 곧 과학사상을 규명하려 하였다. 전자의 대표적 연구 성과로 朴星來(1981)와 같은 글 주석 2)에 언급된 연구 성과들을, 후자의 대표적 연구 성과로 許南進(1994), 김문용(2005) 등을 들 수 있다. 물론 두 방면의 연구는 밀접하게 상호 관련되어 있으며, 철학사상에 관한 연구와도 무관한 것은 결코 아니다.

11 이것은 위당이 「毉山問答」을 독해하는 관점에도 영향을 미쳤다. 위당은 「毉山問答」에서 기술한, 地轉說을 포함한 여러 자연학 관련 담론들은 그 자체를 위한 것이 아니라 새로운 春秋 이론, 곧 域外春秋論을 제시하기 위해 도구적으로 동원된 것으로 보았다. 『湛軒書』, 鄭寅普, 「湛軒集序」, "然於春秋之說, 則自念人之中於心也久, 非言語所能祛解, 故不遽發焉, 而故引天文新學, 論地員地轉 …… 所謂毉山問答者是也." 물론 그렇다고 해서 위당이 담헌의 자연학적 지식을 폄하한 것은 결코 아니었다. 아마 그 자신 인문학적 지식인으로서 그 의의를 자세히 고구하기 어려운 한계가 있었고, 그로 말미암아 그에 대해 자세하게 해명하기 어려웠던 측면도 있었던 것이다. 앞의 글, "先生天算之邃, 固無俟言矣."

에 대해 비판적으로 검토되어야 할 과학자가 아니라, 자신의 시대 속에
서 주체적 학문을 고심하였던 그 고심처에서 공감되어야 할 선구적 지
식인이었다고 할 수 있는 것이다. 이 글에서의 연구시각 역시 과학자
혹은 과학사상가로서보다는 철학사상가로서의 담헌과 그의 사상을 규
명하는 데 있다.

그런데 담헌의 철학사상에 초점을 두고 『담헌서』를 조관할 때, 우리
는 당장 상당한 곤혹스러움에 빠지게 된다. 문집의 첫머리에 나오는 「심
성문(心性問)」 등에서 우리는 상당히 혁신적이며 이후 「의산문답」과 잘
연결될 수 있는 생각들을 발견하는 동시에,[12] 도처에서 그러한 사유와
충돌할 수 있는 보수적 발언들 혹은 민족적 주체성 강조와 양립하기 어
려운 존주적(尊周的) 혹은 중세적 보편주의를 표방하는 사유들과 만나게
되는 것이다.[13] 위당 역시 그러한 부분에 대해 의식하지 않을 수 없었던
것으로 보인다. 그는 다음과 같이 말하고 있다.

선생의 글을 살펴보면, 위의 세 가지 저작 이외의 경우에는 종종 이상
에 말한 바와 서로 모순되는 것이 있으며, 또한 그 학문의 유래를 깊이
숨기고 있는 것이 있는데, 얼핏 보면 거의 알 수 없다. 이것은 다른 까닭
이 아니라, 자신은 이치에 대해 환하게 아는데 상대방은 의혹된 것을 굳
게 지킬 경우 덮어 가려서 피해를 피하지 않을 수 없어서였던 것이다.
…… 아는 사람은 여기에서 선생이 시대를 잘못 만난 것을 애달프게 여

---

12 물론 「심성문」의 내용에 대해서 해석자들에 따라 전통 성리학과의 연속성과 「의산문답」
    에 보이는 과학적 사유와의 차이를 더 강조하기도 한다. 김인규(2008), 139~151면 참조.
13 李東歡 교수는 "담헌 사상의 저부에는 보편 통합 지향과 다원 개체 지향이라는, 서로
    역방향성을 가지는 두 지향 국면이 相須的으로 연계되어 하나의 총체를 이루고 있는
    형태의 세계관 사유가 놓여 있다."라고 지적한 바 있다. 李東歡(1999), 113면 참조.

길 것이다. 그리고 또 이와 같은 불우한 때에도 오히려 기구(崎嶇)하게나마 스스로 뜻을 드러내어 사람들이 그 일에 미혹되지 않기를 바란 것을 보고는, 더욱더 선생을 존경하게 될 것이다.[14]

즉『담헌서』내에 담헌의 실학적 취지와 서로 모순되는 내용이 있으며, 그 학문의 유래 즉 양명학적 정신을 은폐하는 내용이 다수 있다고 하는 것이요, 그것은 세상의 공격을 피하기 위해 선구자들이 종종 취하는 전술적 은닉이라는 것이다. 실로 핵심적인 세 가지 저작에서 실용서로 볼 수 있는 「주해수용」을 제외하고는, 제도개혁론을 담고 있는 「임하경륜」과 근본적인 세계관의 변화를 담고 있는 「의산문답」이『담헌서』에 '보유(補遺)'로 편성되어 있다는 것은 위당의 그러한 추정을 밑받침하는 방증으로 볼 수도 있겠다. 그러나 그 이외에는 그것은 아직 깊은 직관적 통찰에 머물고 있을 뿐 객관적으로 입증된 것은 아니며, 주장 자체가 객관적 입증을 허용하기 어려운 형식의 것이기도 하다.

사실 위당의 지적과 별도로, 「의산문답」을 최종적인 것으로 그리고 새로운 과학지식에 기초한 과학사상으로 보고자 하는 경우,『담헌서』내의 내용상의 괴리는 더욱 심각하게 부각된다.[15] 그러한 괴리를 해명 혹은 처리하는 또 하나의 방식은 주자학적 사유에서 실학적 혹은 과학적 사유에로의 전환이 어떤 특정 계기를 통해, 예를 들어 1766년에 있

---

14 『湛軒書』, 鄭寅普, 「湛軒集序」, "顧先生之書, 此三著之外, 則往往與此所云者相齟齬, 又深諱其學所自來, 驟見之, 殆不可辨. 此無他故, 吾之燭於理者深, 而人之守於惑者堅, 不能不有革焉以違於害. …… 知者於此而哀其遇, 又見以如此之遇, 而猶崎嶇自達, 蘄民不迷其事, 愈可敬也."

15 김인규(2008)는 그러한 괴리를 상정하고, 담헌의 사상이 중간에 큰 전환을 겪었다고 주장한다. 그보다는 좀 더 진전된 관점에서 담헌 사상 내의 괴리를 지적한 이동환(1999)에 있어서도 어쨌든 그러한 괴리는 엄연한 사실이다.

었던 연행(燕行)을 전후하여 일어났다고 설명하는 것이다.[16] 이것은『담헌서』내의 괴리의 존재를 비교적 합리적으로 해명하는 방식으로 여겨질 수 있겠다. 하지만 사실『담헌서』내에는 후대에 이르기까지 그러한 괴리로 여겨질 수 있는 사상의 파편들이 상당히 발견되며, 동시에 초기 즉 연행 이전에도 이미「의산문답」의 사유에 근접하는 진전된 사유들이 있었음이 확인된다.[17] 따라서 단순히 담헌에서 사상적 전환이 어떤 시점을 기준으로 일어났다고 말하기에는 어려운 점이 있다.

물론 전체적으로 초기의 입장에서 후기의 입장으로 어떤 변화가 일어났다고 말할 수는 있을 것이다.[18] 그러나 과연 연구자들이 기대하는 바와 같이 그 전환의 성격이 주자학에서 실학(과학)에로의 전환이라고 명확하게 말할 수 있을 것인지에 대해서는 의심의 여지가 많다. 차라리 이동환 교수가 지적한 바와 같이 담헌의 사상 내에는 거의 대극적이라고 할 수 있는 국면이나 항들, 곧 대극적 이질성이 공존하고 있다고 파악하는 것이 적절할지도 모르겠다.[19]

확실히 담헌은 전환(轉換)의 시대를 산 경계적(境界的) 지식인이었다. 그리고 그의 발언들 내부에 있는 이질성은 그러한 경계적 측면을 반영

---

16 담헌의 사상이 성리학적 사유에서 연행을 계기로 과학적 사상에로 바뀌었다고 주장하는 김인규(2008)의 경우 참조. 상당히 많은 연구자들이 이러한 입장을 취하는 것으로 보인다.

17 백민정은 연행을 전후해 담헌의 철학적 관점에 급격한 변화가 있었다는 것을 부정했다. 백민정(2008), 85~86면 참조.

18 담헌의 사상 변화와 관련된 저작들의 연대 설정과 관련하여 대체로「四書問辨」을 渼湖 金元行 문하에서 수학하던 20대 초반의 초기 저작으로, 「心性問」과「答徐成之論心說」은 燕行 이전, 「毉山問答」・「籌解需用」・「林下經綸」등은 燕行 이후의 작품으로 추정한다. 또한「毉山問答」의 경우 40대 초반으로 추정하는가 하면, 만년의 저작으로 추정하기도 한다. 사실 어느 경우든 정확하게 논증된 것은 아니라고 할 수 있다. 김태준(1987; 1998); 이경보(2006); 金都煥(2007); 김인규(2008) 등 참조.

19 李東歡(1999), 111면 참조.

하고 있는 것으로 보인다. 과거에 발 담고 있지만 미래를 지시하는 것이 그에게 맡겨진 소명이었다. 담헌의 사상은 단순히 연대기적으로 명확하게—비록 서서히 그렇게 되어 갔다고 하더라도—성리학에서 실학적 사유에로 전환되어 간 것이 아니라, 그보다는 그 전체성에서 불균형과 부조화를 그대로 담고 있으면서 동시에 그 사이에 어떤 조화와 융합을 모색하여 갔다고 파악하는 것이 적절할 것이다. 그러므로 그의 사상에서 불균형과 부조화가 드러나는 것은 일면 당연하다고 할 수도 있을 것이다.

그러나 우리는 단지 담헌 사상의 부조화와 괴리를 드러내는 것으로 만족할 수는 없다. 그것이 담헌 사상에 대한 인상(印象) 보고라고 할 수 있을지는 모르지만, 담헌을 '제대로' 해석한 것이라고 할 수는 없기 때문이다. 이동환 교수가 이질성의 공존에 대한 지적에서 한 걸음 더 나아가 담헌 사상 내의 대극적 측면들이나 지향들 사이의 '총체적 연계'를 발견 혹은 구성해 내고자 한 것은 바로 그런 이유에서였을 것이다. 그는 담헌의 사상이 '도학을 거쳐서 실학사상으로 넘어간 것이 아니라 도학의 바탕 위에 실학을 열어' 간 것이며 '도학적 범주의 세계관 사유와 실학적 범주의 그것이 하나의 총체로 연계'되어 있다고 말한다.[20]

분명 이동환 교수의 작업은 담헌 사상의 총체적 해석의 한 방식을 제시한 것으로 보인다. 담헌의 사상이 주자학(도학)에서 실학 혹은 과학적 사유에로 시간적 흐름에 따라 전환되어 간 것이라기보다는, 주자학적 요소와 실학적 요소가 시종 상응적 관계를 취하면서 형성되어 간 것으로 봄[21]으로써, 우리는 담헌 사상 내의 도학적 혹은 주자학적 요

---

20 앞의 글, 111~113면 참조.
21 앞의 글, 같은 곳 참조.

소의 역할을 좀 더 적극적으로 해석할 수 있게 되는 것이다. 그것은 그러한 이질적 요소들이 담헌 사상의 후반부에 이르기까지 일정한 기능을 상당히 담당하면서 외견상으로의 충돌을 넘어서서 내면적으로는 어떻게 통합되고 적응해 가는가를 추적할 수 있도록 한다.

이동환 교수의 작업은 위당이 그랬던 것과 유사하게, 담헌의 사상을 그의 고심처에서 공감적으로 읽어 낸 또 하나의 사례라고 할 수 있을 것이다. 담헌은 조선성리학의 세계에서 자신의 개념 세계를 형성하였으며, 또한 동시에 일찍부터 서학에 접촉할 수 있었다.[22] 그러한 두 가지 요소는 모두 진실하게 그의 뼈와 살을 이루는 것이었다. 그것들 사이에 공존할 수 없는 충돌적 요소가 있었다고 한다면, 그것들의 공존은 그로 하여금 혼란과 고통을 일으킬 수 있는 것이었다. 그가 예민하면 예민할수록 그의 혼란과 고통은 컸을 것이며, 그의 고심도 컸을 것이다. 담헌의 사상에 대한 해석은 바로 그러한 고심처로부터의 해석일 것을 요구받는다.

이 논문에서도 바로 그러한 고심처에서 담헌의 사상을 이해해 보려고 한다. 분명 담헌은 새로운 사유를 전개하여 갔다. 그러나 그것은 과거와의 단절을 통해서가 아니라 과거와의 끊임없는 대화 가운데, 즉 질문하고 대답하는 가운데 자신의 길을 열어 간 결과였다. 『담헌서』의 처음을 장식하는 글들이 질문(과 대답)의 형식으로 되어 있고, 「의산문답」이 또한 문답체가 아닌가? 「의산문답」의 허자(虛子)와 실옹(實翁)은 바로 자신의 두 가지 모습이요, 두 사람 사이의 대화는 곧 자신의 두 가지 모습 사이의 대화가 아니었던가? 분명 허자에서 실옹으로 나아간 것이겠지만

---

22 渾天儀의 제작에서 알 수 있는 바와 같이 이미 연행 이전에 담헌은 서학에 대해 상당한 지식과 조예를 가지고 있었다. 朴星來(1981), 178면 참조.

그것을 또한 일방적인 교화와 훈계로만 볼 수 있는 것일까? 담헌은 분명
그 사이에서 배회하고 있었다고 해야 할 것이다. 그리고 바로 그곳이
그의 고심처라고 할 수 있을 것이다. 그 속에서 그의 생각을 단지 분열적
인 것으로 기술하는 데 그치는 것이 아니라, 그가 진실한 마음으로 꿈꾸
었던, 혹은 동의하기를 꿈꾸었던 그것을 알아보고 싶은 것이다.

담헌의 꿈에 대해 이야기하자면, 그가 그러한 꿈을 꾼 그의 현실,
그리고 그의 현실을 구성한 역사적 세계에 대한 이해가 먼저 필요할
것이다. 그것은 곧 담헌을 담헌의 시점에서 바라볼 것을 요구한다. 즉
담헌을 오늘의 관점만이 아니라 동시에 과거와의 연속선상에서, 과거
로부터 바라보는 것을 요구한다는 것이다. 담헌은 조선 후기 17, 18세
기의 지적 상황 속에서 생활하였다. 그러므로 먼저 그에 대해 살펴보
아야 하겠다.

2. 17, 18세기 조선성리학과 실학
— 이학(理學), 심학(心學), 물학(物學)

담헌 홍대용(1731~1783)이 태어난 18세기 중반, 조선성리학[23]은 중
국성리학의 정수를 철저하게 소화한 가운데 이제 중국성리학이 이르지
못한 새로운 세계로 전진해 가고 있었다. 17세기 말에서 18세기 전반에
걸쳐 노론(老論) 학계 내부에서 일어났던 호학(湖學)과 낙학(洛學)의 분

---

23 필자는 '조선성리학'을 어떤 특정한 내용을 가지는 '조선적 성리학'을 가리키는 특수한
     명칭이 아니라 '조선에서의 성리학'이라는 일반적 명칭으로 사용한다. 그것은 '중국성리
     학'에 대해서도 마찬가지이다.

립(分立), 그 각각의 내부에서 그리고 상호 간에 일어난 일련의 정심(精深)한 논변(論辨)들은 조선성리학의 그러한 탐구가 정점에 이르렀음을 명료하게 보여 주는 것이었다.[24]

16세기 조선성리학이 이(理)에 대한 철저한 이해를 중심과제로 삼아 이학(理學)의 시대를 열어 갔다면, 17, 18세기는 심학(心學)의 시대라고 요약할 수 있다. 16세기 이학의 정립의 중심에 퇴계(退溪) 이황(李滉, 1501~1570)이 있었다. 퇴계는 성리학이 중국에서 심학으로 전개되어 가던 시기에, 조선의 사회적·사상적 상황 속에서 이학의 정립에 집중하였지만, 중국의 심학을 나름대로 소화하면서 17, 18세기 조선성리학에서의 심학의 전개를 예비하였다. 퇴계의 이러한 학문적 성향은 17, 18세기의 심학풍의 전개에 깊은 영향을 주어, 조선의 심학이 중국[明]의 심학과는 다른 방향으로 전개되도록 하였다.

양명학으로 대변되는 중국의 심학이 이른바 본심(本心)을 그 그대로 이(理)와 동일시해 가는 것이었다고 한다면, 조선의 심학은 심(心)과 이(理), 혹은 이(理)와 기(氣)의 구분을 전제하는 가운데 이(理)를 구현하는 실천적 주체로서 혹은 이가 실현되는 현실적 장소로서의 심에 대해 관심을 기울여 가는 것이었다. 그것은 사단(四端)이 이(理)의 발현이라고 주장하는 동시에 '이기결시이물(理氣決是二物)'을 고수한 퇴계의 유산이라고 할 수 있으며, 또한 '이통기국(理通氣局)'을 천명한 율곡(栗谷) 이이(李珥)의 유산이기도 하다. 중국에서의 심학이 자연과 인간세계를 아우르는 세계의 객관적 질서로서의 이(理)에서 인간적 주체로 중심을 옮겨

24　호락논쟁에 대해서는 최근 많은 연구성과가 축적되었다. 호락논쟁의 기본적인 쟁점들에 대해서는 문석윤(2006) 참조. 최근의 연구동향과 성과에 대해서는 최영진·홍정근·이천승(2003); 趙成山(2006) 등을 참조.

감으로써 낭만적 주관주의로 진전하여 갔다고 한다면, 조선에서의 심학은 그런 측면을 표출하면서도 동시에 객관적인 이를 제거하지 않은 가운데 그의 주체적 실천에 관심을 기울였다는 점에서 여전히 객관주의를 고수하였다.

17, 18세기 조선에서의 심학적 전개에 중심적 역할을 한 것이 낙학(洛學)이었다.[25] 낙학 내부에는 분명히 심학의 특성인 주관주의적이고 낭만주의적 성향이 강하게 자리 잡고 있었다. 천기(天機)와 진정(眞情)을 강조하는 그들의 문학론에는 양명학의 영향 아래 성장했던 중국 공안파(公安派)의 문학론과 일맥상통하는 면이 분명히 감지된다.[26] 그러나 그들의 이기심성론은 여전히 퇴계와 율곡의 전통을 충실하게 계승한 위에서 구축되었다. 그들은 세계를 통괄하는 궁극적 존재인 태극(太極)에 대해, 그 현실성 문제에 대해 고민하였으며 그것이 인간의 심리적 현실 속에서 자신을 드러내는 장소로서의 심(心)의 미발(未發)에 대한 해석을 둘러싸고 대립하였다. 그들은 더 나아가 인간의 심의 본래적 성질, 인간이 외부세계와 감응하는 방식 혹은 통로로서의 지각(知覺) 문제를 둘러싸고 논변을 벌였다. 그 과정에서 심을 성(性)과 구별하였지만, 또한 심을 기질(氣質)과도 구분하여 심의 독자적 성질을 포착하고자 하였다. 그것은 인간의 주체에 대한 성찰을 전통 성리학의 범위를 넘어 깊이 심화하여 간 것이었다. 그리고 인간의 정체성에 대해서, 물(物)의 위

---

25 그러나 그것은 결코 낙학에 한정된 현상은 아니었으며 퇴계학파 쪽에서도 星湖를 중심으로 독자적인 心學的 기풍이 있었다. 또한 같은 율곡학파 내의 小論系 성리학자들 중에는 霞谷 鄭齊斗를 위시하여 좀 더 양명학에 근접한 강화학파 계통의 심학자들이 포진하고 있었다. 그들은 낙학 측의 심학적 흐름과 밀접한 관련을 맺으면서 자신들의 개성을 실현하여 갔다.

26 강명관(2007) 참조.

상에 대해서, 인간과 자연에서의 도덕의 문제에 대해서 진지한 성찰을 진행하였다. 그를 통해 그들은 세계 속의 인간의 독자성과 연속성에 대해, 우주의 도덕적 성격에 대해, 그 속에서의 인간의 수양론적 노력의 의미에 대해 각자의 입장을 진지하게 개진함으로써, 성리학 더 구체적으로는 주자학의 이론적 가능성을 충만하게 실현하고 있었다. 그것은 분명 양명 심학의 전개와는 구별되는 양상을 보여 주고 있는 것이었다. 담헌은 낙학의 정통적 계승자인 미호(渼湖) 김원행(金元行, 1702~1772)의 문하로서, 이러한 낙학의 심학적 분위기 속에서 성장하였다.

한편 이러한 심학적 방향과 정반대로 17, 18세기 조선성리학에서 발견되는 또 하나의 경향성이 박학풍(博學風)이었다. 17, 18세기 중국(淸)에서는 박학풍이 일어나고 있었으며, 또한 서학(西學)의 전래 등과 맞물려 새로운 지식이 대폭 증가하였다. 조선에서도 청과의 교류가 늘어나면서 서학이 유입되고 도시가 발달함에 따라 도시 지식인들 사이에 새로운 지식에 대한 관심과 욕구가 팽배하고 있었으며,[27] 그러한 지식욕의 충족을 위해 중국과의 교류가 중요성을 더해 가고 있었다. 낙학계의 인사들은 그러한 새로운 지식에 대한 추구에서 주도적인 역할을 담당하였으며,[28] 담헌의 연행 또한 그러한 분위기를 배경으로 한 것이었다.

심학풍과 박학풍의 결합은 17, 18세기 조선성리학에서 발견되는 특징적인 면모였다.[29] 그것은 주로 서울과 서울 인근 지역의 신진학자들에 의해 주도되었는데, 율곡 계열에서는 낙학(洛學)이, 퇴계 계열에서는 성호학파(星湖學派)가 대표적으로 구현하고 있었다. 그것은 이론적으로

---

27 李佑成(2010b), 35~79면 참조.
28 유봉학(1999) 참조.
29 문석윤(2006), 36~41면 참조.

는 그들이 심학적 지향을 추구해 간 동시에 주자학적 객관주의를 포기하지 않은 데 그 원인이 있었다고 할 수 있을 것이다. 사실 주자학 자체가 심학과 박학의 요소를 모두 가지고 있다고 할 수 있다. 즉 주자학에서는 격물치지(格物致知)의 방법을 핵심으로 규범에 대한 객관적 인식을 강조하는 동시에 거경(居敬)과 성의(誠意), 정심(正心) 등을 또한 강조함으로써 기본적으로 심학적인 성격을 가지고 있었다. 그런 점에서 실로 17, 18세기 조선성리학에서 심학풍과 박학풍의 결합은 주자학의 그러한 면모가 심화되어 발현한 것이라고 해석할 수 있는 것이다.

혼돈스럽고 공허하게 보이는 현실세계를 관통하는 도덕적이고 객관적인 질서에 대한 확신이 집약적으로 표출된 것이 이(理) 개념이고, 그에 대한 모색과 실천이 이학(理學)이라고 한다면, 심학과 박학은 그러한 이(理)가 구현되는 처소로서의 심(心)과 물(物)에 대한 진전된 관심과 모색을 지시한다. 심(心)이 이(理)를 주체적으로 구현하는 주체이면서 동시에 이가 내성적(內省的) 혹은 주관적으로 발견되는 장소라고 한다면[30], 물(物)은 이(理)가 인식적(認識的) 방법에 의해 객관적으로 발견되는 장소로서 셋은 분리되지 않는다. 그것들은 성리학 이론의 세 기둥으로, 그들의 상호 정립을 통해 객관적이고 보편적인 도덕적 이(理)를 중심으로 하여 도덕적 보편주의가 튼튼하게 확립될 수 있는 것이었다. 이학, 심학, 물학(物學)은 그러한 성리학적 세계가 구축되는 과정에서 그의 역사적 전개에 따라 자연스럽게 형성될 수밖에 없는 것들이었다. 주자학이나 양명학 역시 그러한 성리학적 이론의 전개에 따라 자연스럽게 형성 발전되어 간 것이라고 할 수 있으며, 17, 18세기 조선에서의 심학풍과 물

---

30 心의 이런 이중적 측면에 대해서는 문석윤(2006), 70~74면 참조.

학의 적극적 확장인 박학풍의 결합 역시 바로 그러한 성리학 혹은 더 나아가 주자학적 세계의 충만한 실현을 의미할 수 있는 것이다.

한편 17, 18세기 조선에서의 심학풍과 박학풍의 형성 및 둘 사이의 결합은 그러한 이론적 사정 말고도 또한 사회적으로 당시 사대부들의 자기 인식, '각성'과 밀접하게 관련된 현상이었다. 양란 이후 조선에서는 유교지식인으로서의 사대부가 국가 사회의 주도적인 세력으로 확고하게 자리 잡았으며, 사회 전체가 유교적 이념을 철저하게 내면화하고 있었다. 조선 사회의 이러한 변화는 사대부 세력의 자기 인식에 있어서 상당한 변화를 가져왔으며, 사대부의 개인적·사회적 실천의 지향과 의미에도 일정한 영향을 미쳤다. 사대부들은 도덕적 주체이자 국정 운영의 정치적 주체로서 일면 자신을 절대화해 가면서—물론 여전히 국왕의 지배 아래서, 혹은 이(理)의 지배 아래에서이지만—심(心)을 중심으로 한 자기 이해를 구축하여 갔다. 그것은 또한 도덕적이고 정치적으로 무한한 책임을 자신에게 지우는 것으로, 그들의 광대한 지식, 즉 박학에 대한 추구는 그러한 그들의 자기의식과 관련이 깊은 것이었다. 즉 그들은 한편으로는 도덕적 주체로서 전래(傳來)의 주체 개념인 심성(心性) 개념을 다시 검토하도록, 그리고 다른 한편으로는 국가와 사회의 운영과 밀접하게 연관된 지식의 관리자(전수자이자 창조자)로서 자신들의 위상을 재검토하도록 요청받고 있었던 것이다. 바로 그러한 양 방면의 요구가 당시 심학풍과 박학풍이 형성되고 결합하는 주요한 원인이었다.[31]

---

31 17, 18세기 조선에서의 博學風 그리고 뒤에서 다룰 담헌의 物學의 전개는, 거의 같은 시기 中國 淸朝의 考證學을 중심으로 한 博學風과 비교하여 연구해 볼 필요가 있다. 淸朝 考證學의 형성 배경과 전개에 대해서는 벤저민 엘먼 지음, 양휘웅 옮김(2004) 참조.

그것은 확실히 성리학을 이념으로 하는 사대부, 특히 노론 세력의 정치적 역량이 성숙해 간 가운데 이루어진 것으로서, 한편으로 사대부 자신의 정체성과 지배의 정당성을 확실하게 정립하고 천명하고자 하는 소망과, 그리고 다른 한편으로는 조선 사회 전체를 철저하게 성리학적 이념 위에 건설하고자 하는 노력과 관련이 있었다. 그들의 그러한 노력은 어느 정도 성공을 거두었다고 평가할 수 있을 것이다. 영·정조 시대의 치세는 바로 그러한 사대부의 정치적·문화적 실력에 기초한 것이었다고 할 수 있다.

그러나 그것은 또한 국제적으로는 암울한 분위기 속에서 이루어진 성과였다. 17세기 중엽 이후 조선은 야만적인 만주족에게 두 차례에 걸쳐 굴욕적 패배를 당하였으며, 중국 전역이 만주족 청의 지배하에 들어감으로써, 대의명분이라고 하는 특정한 도덕 문명에 기초한 성리학적 세계 구상과 이해, 즉 도덕적 보편주의는 근본적인 도전에 직면하게 되었다. 국제적으로는 바야흐로 '힘의 시대'에 접어들고 있었던 것이다. 더욱이 아직 그 내용과 본질이 선명하지 못하고 어렴풋하게 인식되는 상태에 머물고 있었지만, 서구 세력이 주도하는 새로운 힘의 시대가 코앞에 다가와 있어서 점차 동아시아 세계에 그늘(혹은 새로운 빛)을 드리우고 있었다. 그것은 단지 이전에 극복되었던 패도(覇道)라 치부할 수 없는 새로운 문명을 배경으로 한 것이었으며, 분명 유교 문명에는 새로운 도전이 될 터였다. 그런 점에서 18세기 조선 사대부들의 성취는 분명 부조화의 것이었다. 그들의 문화적 실력은 그들만의 것이었다. 국제적으로 그리고 장차 펼쳐질 힘의 세계에서 도덕적 보편주의는 오히려

담헌은 考證的 學風에 대해서 상당히 경계하는 태도를 가지고 있었다. 『湛軒集』內集 卷1, 「寄書杭士嚴鐵橋誠問庸義」; 內集 卷3, 「與人書〔二首〕」.

자신의 고립을 강화할 수 있는 취약한 어떤 것이었다. 당대 사대부 지식인들에게는 그러한 문명의 전환기에 자신들의 역할에 대해 점점 더 '새로운 각성'이 요구되고 있었다.

그런 부조화는 또한 국제적 상황에서만 나타난 것은 아니었다. 국내적으로도 조선 사회는 노론 집권이 고착되어 가면서 지역 간, 계층 간의 격차가 심화되어 심각한 문제점을 노정하고 있었다.[32] 사대부 세력의 정치적 권력이 강화되면서, 부분적으로 사대부 세력이 특권적 신분세력 곧 벌열화(閥閱化)되어 가고 있었으며, 그러한 상황은 사대부 세력 내에서의 분화도 격화시켜 사대부 세력 내부의 사회적 · 문화적 격차도 증대되었다.[33] 경제적으로는 사대부의 자아도취를 지지할 만큼 괄목할 만한 성장이 있었으나 그러한 성장의 열매는 주로 서울 지역을 중심으로 한 소수 특권층에 집중된 것으로, 서울과 지방 사이, 사대부 내부에서의 상하 간의 경제적 · 문화적 격차와 불평등이 심각한 수준으로 심화되었다. 이러한 사정은 힘의 정점에서 진행되었던 사대부의 자기 인식과는 또 다른 방면에서 사대부의 자기 인식과 각성을 요청하였다. 정권에서 소외된 사대부들의 각성은 전통 성리학의 공유된 지평을 넘어서—또한 사대부 자아의 자기 초월에로의—새로운 전개를 전망하게 하는 것이었다.

조선 후기의 '실학(實學)'은 바로 이런 괴리적 상황 속에서 내외적 모순과 괴리를 고민하고, 극복하려고 노력하는 가운데 형성된 것이라 할 수 있다. 실학은 조선 후기 조선성리학의 정점에서 내부의 문제를 자각하고 새로운 길을 모색하여 간 개혁적 지식인들의 학문적 노력과 그 성

---

32 김필동(1999), 43~47면 참조.
33 李佑成(2010a), 21~27면 참조.

과였다.[34]

실학은 한편으로는 17, 18세기 조선성리학의 전개 속에서 그것을 모태로 하여 탄생한 것이었다. 당시 조선성리학에서의 심학과 박학의 결합 양상은 단순히 주자학 내부의 '이학(理學)－심학(心學)－물학(物學)'의 구조를 재현한 것은 아니었으며, 그 내부에 새로운 진전을 위한 싹을 배태하고 있었다.

전통의 이학이 아무리 심학과 물학의 요소를 내재한다고 하더라도 '도덕'의 처소를 상당 부분 '이(理)'와 그에 대한 객관적 인식에 둠으로써, 이에 대한 탐구의 성격이—비록 자연세계 또한 이(理)를 구현하고 있는 것으로 인식의 영역에서 제외되지는 않지만—주로 도덕규범에 대한 인식에 초점이 두어짐으로써 물(物)에 대한 무제한적 지식의 탐색은 제한되거나 도덕 인식에 종속되는 경향성이 있었다. 그것은 주자(朱子)의 자연학이나 역사학에서 확인할 수 있는 바이다.[35]

17, 18세기 조선성리학은 이학의 그러한 측면을 여전히 일부 계승하고 있었지만, 또 다른 한편으로는 이(理) 자체보다 이를 인식하고 실천하는 주체로서의 심(心)으로 주된 관심이 옮겨 갔다. 그것은 한편으로 외부의 물(物)의 세계가 도덕적 이(理)와의 내적 관련성으로부터 상대적으로 독립되는 결과를 가져옴으로써 객관적 물학(物學)의 성립과 박학적(博學的) 지식의 추구가 진행될 수 있는 유리한 여건을 조성하였다.

17, 18세기 조선성리학에서의 심에 대한 관심은 또한 기(氣)에 대한

34 李佑成, 앞의 글 참조. '실학' 개념에 대한 최근의 다양한 성찰에 대해서는 한영우·정호훈·유봉학·김문식·구만옥·배우성·고동환(2007) 참조.
35 주자의 자연학의 성격에 대해서는 김영식(2005), 16~25면 참조. 주희의 역사학에 대해서는 문석윤(1999) 참조.

새로운 관심과 조명을 가져왔다는 점에서 이학(理學) 단계와는 구별된다. 그들은 심의 존재론적 특성을 규명하기 위해, 심기(心氣)와 형기(形氣)를 구분하고, 나아가 심과 기질(氣質)을 구분하는 등의 노력을 기울였으며, 기의 다양한 성격에 대한 이해를 심화시켰다.[36]

17, 18세기의 조선성리학 속에서 발견되는 이러한 심과 기에 대한 집중적인 관심에 비추어 볼 때, 이전의 이학(理學) 단계로부터 어떤 중대한 내적 변화가, 혹은 적어도 그러한 변화의 가능성을 배태하고 있었다고 추정할 수 있는 것이다. 실학은 17, 18세기 조선성리학이 배태한 그러한 가능성을 진전시켜 구현한 것이라고 볼 수 있을 것이다.

17, 18세기의 조선성리학이 주자 성리학의 '이학-심학-물학'의 구조 속에서 심학을 중심으로 해서 구현하여 나간 것이라면, 실학은 그러한 측면들을 내부적으로 함축하면서 특별히 '물학'의 방면에서 그러한 구조를 재해석하고 재구성하여 간 것이라고 할 수 있다. 즉 실학의 단계에 이르러 조선성리학은 드디어 '물학'이 정립되고 그것이 전체 학문의 중심에 서게 되었으며, 그를 통해 이학과 심학을 재해석하고 재구성하여 갔다는 것이다. 그것은 한편으로는 조선성리학의 최후의 전개라고 할 수 있으며, 그런 점에서 실학은 새로운 성리학이라고 할 수도 있을 것이다.

실학의 기초자 중 한 사람으로서 담헌의 학문은 17, 18세기 조선성리학을 모태로 실학의 길을 개척하여 간 것이었다. 담헌은 미호 김원행의 문하에서 낙학을 계승하면서 심학과 박학의 분위기에서 성장하였으나 당대 사회의 현실 상황을 고민하면서 그 괴리를 타개하기 위해 노력

---

36 조선 후기 氣哲學의 전개 양상에 대해서는 許南進(1994) 참조.

한 양심적 지식인으로서 실학의 길을 열어 간 선구자 중의 한 사람이었다. 바로 그런 점에서 그의 저작들이 위에서 제시한 17, 18세기의 정신적 분위기 및 그와 관련된 내면적 분투를 살펴보기에 적합한 자료들을 우리에게 제공하여 줄 것을 기대한다.

3. 담헌의 학문론
─실심(實心)과 실사(實事)의 실학(實學)

'담헌 실학'의 내용을 살펴보기에 앞서 먼저 담헌의 실학 인식에 대해 간략하게 확인하여 보고자 한다. 담헌은 자신의 초년의 저작 「자경설(自警說)」에서 다음과 같이 말하였다.

> 거업(擧業)이란 비록 면하지 못할 것이나 또한 공부를 대강 이루면 그만두어야 한다. 정신과 힘을 다하여 반드시 얻기를 기대하면서 실학(實學)을 방해할 필요는 없을 것이다.[37]

즉 과거(科擧) 공부에 대해서 학문이 궁극적으로 지향해야 할 본질적인 것으로서 실학(實學)을 제시하고 있는 것이다. 이때 실학의 내용은 독서의 원칙을 제시한, 같은 글의 다음과 같은 말에서 추정할 수 있다.

---

37 『湛軒書』內集 卷3, 「自警說」, "擧業雖不免, 而工亦粗足而止, 不必窮神致力必得爲期, 以害實學."

글 읽을 때에는 …… 먼저 그 대의(大意)를 본 다음에 그 곡절을 미루어 생각하며 반드시 사업에 목적을 두어 장구(章句)에 얽매이지 말아야 한다. 한 구절만 보았더라도 꼭 알아야 하며, 한 구절만 알았더라도 꼭 행해야 한다. …… 경서(經書)와 사서(史書) 이외에 이단(異端)의 잡서는 반드시 그 단점은 버리고 장점만 취해야 하며, 음탕하고 이치에 맞지 않은 말은 공부에 방해되고 뜻을 잃기 쉬운 것이니, 절대로 눈에 접근하지 말아야 한다.[38]

여기에서 담헌은 독서의 목적이 실천에 있음을 강조하고 있으며, 이단에 대해 배척하는 정통적 관점을 취하고 있다. 원래 실학이라고 하는 것이, 정통 성리학의 입장에서 도교나 불교를 허무와 공적을 추구하는 것이라 비판하면서 그에 대해 자신의 우월성을 표현하는 개념으로 사용된 것이라고 할 때, 「자경문」에서의 담헌은 그러한 정통 성리학의 입장에서 실학을 지향한 것이라고 추정할 수 있다.

이러한 입장은 중년에 이르러, 1772년에 별세한 스승 김원행을 위해 쓴 제문(祭文)에서 발전적으로 계승된다. 제문에서 그는 스승의 가르침을 다음과 같이 전하고 있다.

일찍이 "묻고 배우는 것은 실심(實心)에 있고, 실천하는 것은 실사(實事)에 있다. 실심으로 실사를 하면 허물을 적게 할 수 있으며, 업(業)을 이룰 수 있다."라고 들었다.[39]

---

38 『湛軒書』內集 卷3, 「自警說」.
39 『湛軒書』內集 卷4, 「祭渼湖金先生文」, "竊嘗聞'問學在實心, 施爲在實事. 以實心做實事, 過可寡而業可成.'"

비록 스승의 입을 빌어 말한 것이지만, 이것은 곧 담헌 자신의 학문적 지향이 그러하였음을 말하는 것이라고 할 수 있다. 1779년 주문조(朱文藻)에게 보낸 편지에서 그는 또한 다음과 같이 말하고 있다.

인생의 궁달(窮達)은 자체로 정해진 운명이 있는 것이므로, 천하 사람들과 함께 선(善)을 행하거나 홀로 한 몸을 선하게 하는 것을 각각 그 처지에 따라 분수대로 할 뿐입니다. 우리 유교의 실학(實學)됨이 본래 이와 같습니다. 반드시 문호를 열어 후학들을 가르치면서, 나와 다른 것을 배척하여 은근히 남을 이기는 마음을 만족시키면서, 거만스럽게 오직 나만이 제일이라는 뜻을 가지는 것은 근세 도학(道學)의 법도로서 진실로 매우 싫증 날 만한 일입니다. 오직 그 실심(實心)·실사(實事)로써 날로 실지(實地)를 밟아[40] 먼저 이 진실한 본령을 가진 뒤에야 모든 주경(主敬)·치지(致知), 수기(修己)·치인(治人)의 방법이 바야흐로 실지 손 쓸 곳이 있어, 공허한 그림자에로 돌아가지 않을 것입니다.[41]

여기에서 '담헌 실학'의 의미 내용이 비교적 구체적으로 제시되어 있다고 할 수 있다. 즉 담헌의 실학은 주자 성리학의 공부방법론인 거경궁리(居敬窮理)와 유교의 기본적 목적인 수기치인(修己治人)의 실천을 지향하면서, 그의 진실한 추구를 위해 실심과 실사를 기본적인 태도와 정신으로 강조하는 것이었다. 애초의 실천(實踐)에 대한 강조가 실심과

---

40 '實地를 밟는다'는 것은 곧 오늘날의 개념으로는 實踐이라고 할 수 있을 것이다.
41 『湛軒書』外集 卷1,「答朱朗齋文藻書」, "人生窮達, 自有定命, 兼善獨善, 隨處盡分. 吾儒實學, 自來如此. 若必開門授徒, 排闢異己, 陰逞勝心, 傲然有惟我獨存之意者, 近世道學矩度, 誠甚可厭. 惟其實心實事, 日踏實地, 先有此眞實本領, 然後凡主敬致知修己治人之術, 方有所措置, 而不歸於虛影."

실사로 구체화되어 간 것이라고 하겠다. 그것들은 미호의 입장을 계승한 것으로, 낙학(洛學)의 기본 정신 중 하나였다.

사실 미호의 실심과 실사는 주자학적 전통의 그것들에서 그다지 멀리 벗어나 있는 것은 아니었다. 실학(實學)이라는 용어 자체가 주자에 의해서도 자주 사용되었던 용어로서, 현실을 도외시하지 않는 실천적인 학문, 진실한 학문을 의미하거나 불교와 도교에 대해 성리학 혹은 도학(道學)의 참된 성격을 지칭하는 것으로 통상 사용되던 것이었으며[42] '실심', '실사' 등도 마찬가지였다.[43] 그러한 용법에서 실심, 실사, 실학 등이 '실(實)'의 성격을 가지게 되는 것은 그들이 추구하는 '이(理)'가 불교나 도교의 '공(空)', '허(虛)'에 대하여 '실리(實理)'라는 데 기초한다.[44] 즉 현실세계를 떠나지 않으면서 일용일상(日用日常)의 진실성에 기초한다고 하는 것이다.

미호의 실심(實心)과 실사(實事)의 용법도 또한 주자 이래의 그러한 용법, 즉 공허한 불교와 도교에 대해 이(理)가 곧 그 실(實)의 내용이자 이유가 되는 '이학적(理學的) 실학'의 그것과 연속적인 것이라고 할 수 있을 것이다. 그러나 그것은 또한 조선성리학의 전개 과정의 맥락에서, 즉 17, 18세기 조선성리학의 '심학(心學)'적 전개 속에서 사용된 것이었다. 17, 18세기 조선성리학—특히 낙학—에서의 핵심적 개념이 또한 '실심', '실사'였으며, 그런 맥락에서 '실학'이라는 용어가 드물지 않게

---

[42] 朱熹, 『朱子語類』 卷5, "今學問流而爲禪, 上蔡爲之首. 今人自無實學, 見得說這一般好, 也投降, 那一般好, 也投降."

[43] 朱熹, 『朱子語類』 卷69, "'內積忠信'是實心, '擇言篤志'是實事."; 卷69, "實心便是學者之關中河內, 必先有此, 而後可以有爲. 若無此, 則若存若亡而已, 烏能有得乎."

[44] 朱熹, 『朱子語類』 卷98, "實心是義理底心."; 卷64, "'誠者, 物之終始', 指實理而言, '君子誠之爲貴', 指實心而言."; 卷70, "凡天下之物須是就實事上說, 方有著落."; 卷124 "蓋釋氏之言見性, 只是虛見; 儒者之言性, 止是仁義禮智, 皆是實事."

사용되고 있었다. 거기에서 핵심적인 개념은 '실심' 혹은 '본심'이었으며, 이(理)와 성(性)을 구체적으로 실현해 내는 주체[心]의 능동적 실천에 초점을 맞추고 있었다.[45]

그런데 '실' 혹은 '실학'에 대한 이러한 이학적 용법과 심학적 용법을 넘어서서, 담헌의 실학은 또 하나의 새로운 실학의 용법을 제시하고 있는가? 심학적 실학은 이학적 실학을 배경으로 하며, 담헌의 입장은 심학적 실학을 배경으로 하고 있었다. 그러나 분명 심학적 실학이 이학적 실학과 내용을 달리하여 간 측면이 있는 것으로 볼 수 있다면, 담헌의 실학 또한 심학적 실학과는 다른 새로운 내용을 담고 있을 수 있다는 것을 예측하여 볼 수 있지 않을까?

실제로 우리는 미호의 실심, 실사와 담헌의 그것 사이에 미묘한 차이가 있음을 또한 발견할 수 있다. 실심과 관련하여 담헌은 「의산문답」에서 실옹(實翁)의 입을 빌어 당대의 학문적 경향을 다음과 같이 비판한다.

실옹이 고개를 치켜들고 웃으면서 말하기를 "네가 도술(道術)에 미혹됨이 있음을 진실로 알겠다. 아아! 슬프다. 도술이 없어진 지 오래다. 공자가 죽은 후에 제자(諸子)들이 어지럽혔고, 주자(朱子)의 문하 끝물의 여러 유학자들이 혼란시켰다. 그의 업적은 높이면서 그의 진리는 잊고 그의

---

45 예를 들어 권상하의 문하, 곧 호학 측에 속하지만 낙론의 대표적 이론가로 자리매김하여 낙학 측 인사들에게도 많은 영향을 준 巍巖 李柬의 다음 발언을 주목하라. 李柬, 『巍巖遺稿』 卷12, 「未發有善惡辨」, "所謂實事, 則必待夫理氣同實, 心性一致, 然後方可謂實事, 何者? 盖旣有堯舜之性, 又必有堯舜之心, 然後方喚做堯舜, 此實事也. 彼跖蹻者, 獨無其性哉? 其心非堯舜, 故跖蹻而止, 豈可以其性之堯舜, 而引跖蹻蹄堯舜哉? 其非實事也亦明矣. 況中不能自中, 未發而後中焉, 和不能自和, 中節而後和焉. 則性道之待心也久矣, 心之不正而性能自中, 氣之不順而理能自和, 天下有是乎?" 本心과 實事를 강조한, 이간의 이 발언의 의미에 대해서는 문석윤(2008), 432~440면 참고. 외암의 이러한 견해는 미호를 거쳐 담헌으로 계승되어 갔다고 할 수 있을 것이다.

말을 익히면서 그의 본의는 잃어버렸다. 정학을 붙드는 것은 실상 자랑하려는 마음〔矜心〕에서 말미암고, 사설을 물리치는 것도 실상 이기려는 마음〔勝心〕에서 말미암았으며, 인(仁)으로 세상 구제하는 것은 실상 권력을 유지하려는 마음〔權心〕에서 말미암고 명철함으로 몸을 보전하는 것은 실상 이익을 노려보자는 마음〔利心〕에서 말미암았다. 이 네 가지 마음이 서로 따르매, 참뜻은 날로 없어지고 온 천하는 물 흐르듯이 날로 허망으로 치닫도다."[46]

이것은 당대 조선성리학계에 대한 질타라고 할 수 있다. 현재의 조선성리학은 공자와 주자의 유학 전통을 제대로 계승하지 못하고 있다는 것이다. 이론적으로 정학(正學)을 현창하고 사설(邪說)을 배척한다고 하지만 실은 자랑하고자 하는 마음, 이기고자 하는 마음에서 말미암은 것으로 자기중심성, 자기 과시욕에서 벗어나지 못하고 있다는 것이다. 또한 실천적으로 세상을 구하려 한다지만, 그것은 권력을 지향하는 마음에서 나온 것이며, 혹은 자신을 지킨다고 하지만 그것은 이기심에서 말미암은 것이다. 이론과 실천 모든 부분에서 당시의 조선성리학은 그러한 네 가지 잘못된 마음으로 말미암아 공자와 주자로 이어지는 유교적 전통의 진의를 상실하여 날로 허한 데로 나아가고 있다는 것이다.

담헌의 실심(實心)은 바로 이러한 네 가지 마음을 극복한 것, 즉 현실의 사대부들의 행태들을 비판하고 그에 대한 교정으로서 제시된 것이

---

46 『湛軒書』內集 卷4,「毉山問答」, "實翁昂然而笑曰, '吾固知爾有道術之惑. 嗚呼哀哉! 道術之亡久矣. 孔子之喪, 諸子亂之, 朱門之末, 諸儒汨之, 崇其業而忘其眞, 習其言而失其意, 正學之扶, 實由矜心, 邪說之斥, 實由勝心, 救世之仁, 實由權心, 保身之哲, 實由利心. 四心相仍, 眞意日亡, 天下滔滔, 日趨於虛.'"

라고 할 수 있다. 즉 당시 조선성리학이 예학(禮學)과 성리학의 세세한 이론적 논쟁에 열중하면서, 그것을 또한 정치적 권력 투쟁으로 이어가는 상황에 대해 총체적인 비판을 가하고 있는 것이다.[47] 이때 실심은 단지 심학적 계기에 머물러 있는 것이 아닌, 총체적인 반성과 각성을 수행하는 정신적인 자세라고 해야 할 것이다.

바로 그러한 관점에서 담헌은 초기의 이단에 대한 배타적 태도마저 극복하여 갔다. 그는 1781년(51세)에 쓴 것으로 추정되는 「엄구봉에게 주는 편지」에서 강학(講學)의 목적에 대해 다음과 같이 말하고 있다.

요체는 '마음을 맑게 하고 세상을 구제하는' 데로 돌아감에 있으니, 유교, 불교를 물론하고 모두 지혜롭고 호걸스런 군자가 되는 데에 해악을 끼치지 않고, 다만 인륜을 끊어 버리고 공적(空寂)으로 도피하는 데 이르지만 않는다면, 이 또한 성인(聖人)의 무리인 것입니다.[48]

만년에 담헌의 학문적 지향은 '마음을 맑게 하고 세상을 구제한다〔澄心而救世〕'는 구세적(救世的) 의지로 정리되고 있음을 알 수 있다. 담헌은 그런 근본적 지향에 입각하여 이단적 가르침마저 수용할 수 있다고 말하고 있다.[49] 이것은 정통 주자학의 입장으로부터 상당히 이탈하

---

47 당시의 禮學風에 대한 담헌의 비판은 內集 卷3의 「與人書〔二首〕」에 집중적으로 표현되어 있다. 거기에서 담헌은 三淵 金昌翕의 詩 '儒學今歸講禮家, 差能考證便相詩' 운운한 것을 인용하면서, 당시 유학자들이 本源을 소홀히 하고 著作에 힘쓰며, 訓詁 혹은 考證的 작업에 몰두하고 있다고 비판하였다. 이 편지는 담헌이 부친상을 당한 이후에 쓴 것으로, 莊子·陽明·陳亮을 넘나드는 중년 이후의 학문론적 지향을 극명하게 보여 주는 자료로 중요하다.

48 『湛軒書』外集 卷1, 「與嚴九峰書」, "要歸於澄心而救世, 則勿論儒釋, 俱不害爲賢豪君子, 惟不至於絶倫逃空, 則是亦聖人之徒也."

여 갈 가능성을 내포한 태도였다.

그러나 그러한 태도는 실심을 바탕으로 한 것이었으며, 그 실심은 미호가 말한 실심과 아주 다른 어떤 것은 아니었다고 할 수 있다. 그런데 '실사'의 경우는 미호의 '실사'와 상당히 다른 내용을 담고 있는 것으로 보인다. 즉 미호의 경우 실심을 공부의 맥락에서, 실사는 실천의 맥락에서 사용하였다면, 담헌의 경우 실심과 실사 두 가지 모두를 공부의 맥락에서 사용하고, 그 전체를 실천과 연결시키는 것으로 보인다. 이것은 미세한 차이라고 할 수도 있겠지만, 실사에 대한 강조가 단순히 실천적인 일상(日常) 사무(事務)나 사태(事態)에 그치는 것이 아니라, 실물(實物)로 이해되고, 실심 또한 그러한 실물의 인식을 위해 요청되는 마음의 자세 혹은 태도와 관련된 것으로 해석되어질 수 있는 여지를 가진다고 하겠다. 이것은 곧 담헌의 '실학'이 '물학(物學)'과 밀접하게 관련되어질 수 있다는 것을 보여 주는 것이다.

분명 초년의 담헌은 심학적 실학 혹은 그 배경에 있는 이학적 실학의 테두리 안에 있었던 것으로 보인다. 그러나 위에서의 비판적이고 개방적인 태도가 보여 주는 바와 같이 초년 이후 그는 아마 점차 이러한 정통적 입장에서 벗어나 차츰 새로운 길로 접어들어 갔다. 그것은 곧 그의 '실학' 개념에도 중대한 변화가 있었을 가능성을 함축한다. 실로 「의산문답」에서 실옹(實翁)의 입으로 전해지는 대도(大道)는 분명 '이학'이나 '심학'의 범위를 넘어서는 '물학'의 모습을 보여 주는 것이었으며, 그것은 '물학'의 건립을 중심으로 한 새로운 '실학'이 건립되었음을 암시한다.

---

49 朴熙秉(2001)은 담헌이 중년 이후에 "公觀倂受, 同歸大道."(『湛軒書』附錄, 李淞, 「湛軒 洪德保墓表」)의 입장에 도달하였다고 지적한 바 있다.

담헌의 새로운 '실학'은 또한 위에서 언급한 바와 같이, 한편으로는 새로운 성리학이기도 하였다. 담헌의 새로운 '실학'을 '물학'의 건립을 중심으로 살펴보기에 앞서, 먼저 담헌이 전통 성리학 곧 이학과 심학의 요소를 어떻게 계승하고 변용하여 갔는지를 살펴보기로 하자.

4. 담헌의 실학 1
― 이학과 심학의 계승과 극복

1) 이학의 계승과 극복

담헌은 노론 핵심 가문에서 성장하였고, 농암(農巖) 김창협(金昌協)의 계승자인 미호 김원행의 문하에서 배웠다는 점에서 낙학을 배경으로 17, 18세기 조선성리학의 영향 가운데 성장하였다고 할 수 있다.[50] 그러나 담헌은 바로 그 한복판에서 조선성리학의 성과를 누리기보다는 그것을 새로운 각도로 반성하고 진전해 내는 면모를 보이고 있다. 분명 그는 한편으로는 조선성리학의 입장을 계승하고 있었다. 그것은 그 존재론적 성격에서 기(氣)와 엄격하게 구별되는 이(理)에 대한 그의 생각에서 확인된다.[51]

「맹자문의(孟子問疑)」·「중용문의(中庸問疑)」 그리고 「기서항사엄철교성 우문용의(寄書杭士嚴鐵橋誠 又問庸義)」에서 그의 주요 주제는 이(理)와 기(氣)의 엄격한 구분이었다. 담헌은 우암(尤庵) 송시열(宋時烈)이 『맹자(孟子)』, 「호연장(浩然章)」의 심(心)은 기(氣)와 상대하여 말한 것이므로 이

---

50 담헌의 가계와 생애에 대해서는 김태준(1987; 1998) 참조.
51 이런 측면은 신정근(2004), 87~88면에서도 강조되었다.

(理)로 보는 것이 마땅하며, 그러나 또한 동시에 기를 떠나서 볼 수는 없다고 주장한 것을 비판하면서[52] 다음과 같이 말한다.

대개 이(理)는 이(理)이고 기(氣)가 아니며, 기(氣)는 기(氣)이고 이(理)가 아니다. 이(理)는 형(形)이 없고 기(氣)는 형(形)이 있으니, 이(理)·기(氣)의 구별은 천지와 같이 현격하다. 이(理)가 있으면 반드시 기(氣)가 있지만 그러나 이(理)를 말하면 이(理)를 이를 뿐이고, 기(氣)가 있으면 반드시 이(理)가 있지만 그러나 기(氣)를 말하면 기(氣)를 이를 뿐이다.[53]

하늘이 생민(生民)을 내림에 총명(聰明)과 예지(睿智)한 자로 군(君)을 삼았다. 총명과 예지한 자가 중인(衆人)과 다르기는 하나 또 어찌 일찍이 사람이 아니겠는가? 사람이 생겨나 기(氣)를 품수 받음에, 청명(淸明)하고 순수(純粹)한 것을 심(心)으로 삼는다. 청명과 순수가 진실로 혈기(血氣)와 다르기는 하나 또 어찌 일찍이 기가 아니겠는가? 군은 천하의 군이고 심은 일신(一身)의 군이다. 그 이치는 한 가지다. 그러므로 심으로 기에 대하여 본연(本然) 순선(純善)한 심이라 하면 옳으나 그 기와 다름을 보고 드디어 이르되 "마땅히 이(理)로 보아야 한다."라고 하면 이것은 (임금의) 총명예지(聰明睿知)가 사람과 다름을 보고 드디어 이르되 (임금은) 사람이 아니고 천(天)이라 함과 무엇이 다르리오?[54]

---

52 우암 송시열의 이 주장에 대해서는 외암 이간과 남당 한원진 또한 비판한 바 있다. 이에 대해서는 문석윤(2009b) 참조.

53 『湛軒書』內集 卷1,「孟子問疑」, "盖理者理也非氣也, 氣者氣也非理也. 理無形而氣有形, 理氣之別, 天地懸隔, 有理必有氣, 而言理則曰理而已, 有氣必有理, 而言氣則曰氣而已."

54 앞의 글, "天降生民, 聰明睿智以爲之君, 聰明睿智, 固異於衆人, 而亦何嘗非人乎? 人生氣稟, 淸明純粹以爲之心, 淸明純粹, 固異於血氣, 而亦何嘗非氣乎? 君者天下之君也, 心者一身之君也, 其理一也. 故以心對氣而謂之本然純善之心, 則是矣, 見其異於氣而遂謂之當

또한 담헌은 『중용』의 '귀신(鬼神)'을 이(理)로 보는 일체의 견해를 배격하면서 이(理)는 형이상(形而上)의 것이고, 기(氣)는 형이하(形而下)의 것으로 엄격하게 구분된다고 말한다.[55]

지금 이르되 "이기(理氣) 이물(二物)이 원래 서로 떨어지지 않고 그 기(氣)가 무형무성(無形無聲)한데, 나아가 이(理)의 미묘(微妙)한 것이 있으므로, 기의 형(形)과 성(聲)이 없음을 곧 이의 형(形)과 성(聲)이 없는 것이라 해도 무방하다."[어떤 이의 말이 이와 같음]라고 하면 나로서는 알 수 없다. 기(氣)가 형(形)과 성(聲)이 없음은 스스로 기가 형과 성이 없음이요, 이(理)가 형(形)과 성(聲)이 없음은 스스로 이가 형과 성이 없음이니, 이기(理氣)의 판이(判異)함이 천양(天壤) 같은데, 이같이 곤합(滾合)하여 말하면 혼륜(混圇)하고 모호하여 도기(道器)의 구분에 해로움이 있지 않을까? 또 이기(理氣)가 서로 떠나지 않는다 해서 기(氣)가 그러니 이(理)도 그렇다 하면 '형(形)이 있고 성(聲)이 있다'는 것은 '기가 형과 성이 있으니, 이도 또한 형과 성이 있다'고 말할 수 있겠는가?[56]

以理看, 則是何以異於見聰明睿智之異於人而遂謂之非人也天也."

55 이러한 입장은 연행에서 돌아온 후(1677년 겨울 이후) 항주의 嚴誠에게 보낸 편지에서 『중용』에 대해 논한 데에까지 이어진다. "鬼神은 二氣의 靈能이니, 그 理가 아님이 명백한데 이제 이르되 '不見不聞은 隱이다. 體物如在는 역시 費이다.' 하니, 이것은 理로써 귀신을 말하는 것이니, 가장 알 수 없는 일입니다.[鬼神者, 二氣之靈能也, 其非理也明矣. 乃云'不見不聞, 隱也, 體物如在, 則亦費矣.' 是以理言鬼神也. 此最不可曉.]"(『湛軒書』內集 卷1, 「寄書杭士嚴鐵橋誠, 又問庸義」).

56 『湛軒書』內集 卷1, 「中庸問疑」, "今曰, '理氣二物元不相離, 卽其氣之無形無聲而理之微妙在焉, 故氣之无形與聲, 便不妨謂之理之无形與聲云'[或說如此], 則竊所未曉. 氣無形聲, 自氣无形聲, 理無形聲, 自理無形聲, 理氣之懸, 判若天壤, 如是滾合爲說, 不幾於混圇鶻突而有害於道器之分耶? 且以理氣不相離, 而謂之氣然理然, 則有形有聲者, 可謂氣有形聲而理亦有形聲耶?"

44

또한 담헌은 같은 글에서 신(神)과 도(道)의 구분에 대하여 다음과 같이 말한다.

신(神)이 도(道)와 과연 이같이 그 구별이 없겠는가? 대개 성(聲)이 있고 색(色)이 있어 만물의 형(形)이 되는 것은 오기(五氣)의 조탁(粗濁)함이고, 보이지 않고 들리지 않으면서 만물의 주(主)가 되는 것은 오기(五氣)의 정영(精英)이다. 성(聲)이 있고, 색(色)이 있어도 (그것을) 더 추[粗]하게 하지 못하고, 보이지 않고 들리지 않는 것이 더 정(精)하게 하지 못하며, 비(費)하여 천지가 능히 싣지 못하고 은(隱)하여 귀신(鬼神)이 얻어 엿보지 못한다. 이것이 도(道)가 무성무취(無聲無臭)하면서 품휘(品彙)의 근저(根柢)가 되는 소이이다.[57]

신(神)은 비록 정영한 기이며, 만물의 주(主)—이것이 곧 심(心)이다—가 되기는 하지만, 도(道) 곧 이(理)와는 구별된다는 것이다. 이(理)는 무성무취한 것으로 추[粗]와 정(精)의 구분이 있을 수 없으며, 동시에 지극히 크고[費] 동시에 지극히 은폐[隱]되어 있는 것으로 모든 존재의 근원이 된다는 것이다. 담헌의 이러한 발언들은 이(理)에 대한 전통 성리학적 사유에 충실한 것이라고 할 수 있을 것이다.[58]

그런데 담헌은 「심성문(心性問)」이라는 글에 이르러서는 이(理) 개념

---

57 앞의 글, "神之於道, 果若是其無別乎? 盖有聲有色而爲萬物之形者, 五氣之粗濁也, 不見不聞而爲萬物之主者, 五氣之精英也. 有聲有色而不加粗, 不見不聞而不加精, 費而天地不能載, 隱而鬼神不得窺者. 此道之所以無聲無臭而爲品彙之根柢也."
58 류인희 교수는 담헌의 이기관은 율곡의 이통기국설을 그대로 따른 것이라고 주장한다. 류인희(1991), 144~151면 참조. 류인희 교수는 이러한 이와 기의 철저한 구분을 이치계와 현상계의 구분으로 이해하고, 이 범주관이 담헌에 이르러 더 철저해져서 형이상학적 이해로부터 과학적 인식으로의 전환이 이루어졌다고 주장하였다.

과 관련된 두 가지 주요 명제에 대해 다음과 같은 근본적인 질문을 던진다. 첫 번째는 '무형이유리(無形而有理)'라는 명제에 관한 것이다.

무릇 이(理)를 말하는 자는 반드시 "형(形)이 없고 이(理)가 있다."라고 한다. 이미 형이 없다고 하면 있다는 것은 무엇인가? 이미 이가 있다고 하면 어찌 형이 없는데 있다고 할 수가 있겠는가? 대개 소리가 있으면 있다고 하고, 빛이 있으면 있다고 하고, 냄새와 맛이 있으면 있다고 하니, 이미 이 네 가지가 없으면 그것은 형체가 없고 방소(方所)가 없음이니, 이른바 있다는 것은 무엇이냐?[59]

'무형이유리'라고 하는 것은 주자(朱子)에 의해, 주돈이(周敦頤)의 「태극도설(太極圖說)」의 '무극이태극(無極而太極)'에 대한 해석으로 제시된 것으로, 주자학의 기본 명제 중 하나이다. 그것은 곧 이(理)의 궁극적 성격, 즉 모든 존재들을 가능하게 하는 근거로서의 성격을 단적으로 표현한 것이었다. 이(理)는 경험되는 현상세계의 질료적인 기(氣)와 구별되는, 현상세계를 성립시키는 법칙 혹은 원리로서 무형(無形)의 존재라는 것이다. 그런데 담헌은 '있다〔有〕'라고 하는 것은 유형의 것, 경험할 수 있는 것에 적용되는 용어인데, '무형'한 것이 '있다'는 것은 무엇을 의미하는 것인가라고 반문한다. 이것은 곧, 무형한 이(理)의 실재성에 대한 의문이다. 경험할 수 없는 것이라면, 우리는 어떻게 그것의 실재를 말할 수 있는가?

---

59 『湛軒書』 內集 卷1, 「心性問」, "凡言理者, 必曰'無形而有理', 旣曰'無形', 則有者是何物? 旣曰'有理', 則豈有無形而謂之有者乎? 蓋有聲則謂之有, 有色則謂之有, 有臭與味則謂之有, 旣無是四者, 則是無形體無方所, 所謂有者是何物耶?"

담헌은 이어서 "이(理)가 무형(無形)이고 무작위(無作爲)하면서 동시에 모든 사물들과 자연운행의 근원이요, 주재(主宰)가 된다."라고 하는 두 번째 명제에 대해 의문을 제시한다.

또 이르되 "소리가 없고 냄새가 없으면서 조화(造化)의 추뉴(樞紐)가 되고 품류(品類)의 근저(根柢)가 된다."라고 하는데, 이미 작위(作爲)하는 바가 없는데 무엇으로 그 추뉴와 근저가 되는 줄 아는가? 또 이른바 이(理)라는 것은 기(氣)가 선(善)하면 선하고 기가 악(惡)하면 악하니, 그렇다면 그 이(理)는 주재하는 바가 없고, 기의 하는 데에 따를 뿐인 것이다. 만일 이(理)는 본래 선하고 그 악한 것은 기질(氣質)에 구애되며 그 본체(本體)가 아니라고 하면, 이 이(理)는 이미 만화(萬化)의 근본으로 되어 있는데, 어째서 기(氣)로 하여금 순선(純善)하게 하지 않고 이 박탁(駁濁)하고 어그러진 기(氣)를 낳아서 천하를 어지럽게 하는가? 이미 선의 근본이 되고 또 악의 근본도 된다면 이것은 물에 따라 변천하는 것이요, 전혀 주재(主宰)함이 없는 것이니, 예로부터 성현이 무엇 때문에 하나의 이(理) 자를 극구(極口) 말하였겠는가? 노씨(老氏)의 허무(虛無)·불씨(佛氏)의 적멸(寂滅)도 여기에서 갈라지는 것인데, 그 까닭이 어디 있는가?[60]

여기에서 담헌은 주자학에서—또한 율곡에서—무형(無形)과 함께 기(氣)와 구별되는 이(理)의 절대성을 표현한 또 하나의 명제인 무위(無爲)

---

60 앞의 글, "且曰'無聲無臭而爲造化之樞紐, 品彙之根柢', 則旣無所作爲, 何以見其爲樞紐根柢耶? 且所謂理者, 氣善則亦善, 氣惡則亦惡, 是理無所主宰而隨氣之所爲而已. 如言理本善, 而其惡也爲氣質所拘而非其本體, 此理旣爲萬化之本矣, 何不使氣爲純善而生此駁濁乖戾之氣以亂天下乎? 旣爲善之本, 又爲惡之本, 是因物遷變, 全沒主宰, 從古聖賢何故而極口說一理字? 老氏之虛無, 佛氏之寂滅, 於是乎分, 其故安在?"

에 대해 질문하고 있는 것이다. 즉 주자학에서는 기(氣)는 자연 속에서 끊임없이 운동하나, 이(理)는 그러한 방식으로 운동하지 않는다고 주장한다〔氣有爲 理無爲〕. 그런데 또한 동시에 이(理)의 유행(流行) 혹은 주재(主宰)를 주장한다. 그렇다면 도대체 그러한 주재하는 운동을 우리는 어떻게 확인할 수 있는가? 이(理)가 본래 선(善)이고 또 만화(萬化)의 근본으로서 주재한다고 하면 어째서 세계에 악(惡)이 있는 것인가? 악(惡)이 기(氣) 때문이라고 한다면, 이는 왜 기를 방치하는가? 유교는 그 이(理)에 대한 이해에서 도가(道家)의 허무(虛無)와 불교(佛敎)의 적멸(寂滅)과 구별된다고 하는데, 만약 그것이 무형(無形)이고 무위(無爲)하다면 그 차이는 어디에 있는가?

담헌은 이렇게 이(理)의 실재성과 주재성에 대해 의문을 던지고, 더 나아가 성선(性善)이라고 하는 맹자적(孟子的) 유교 전통의 기본 명제에 대해서도 다음과 같이 질문을 던졌다.

지금 학자가 입만 열면 곧 성선(性善)을 말하니, 성(性)이란 것이 선함을 어찌 아는가? 어린아이가 우물에 빠짐을 보고 측은(惻隱)한 마음을 가짐은 진실로 본심이라 하겠으나, 예를 들어 장난감을 보고 탐내는 마음이 생기는 것 같은 것도 자연스럽게 일어나 안배할 겨를이 없으니 어찌 본심이 아니라고 하겠는가? 또 성(性)이란 것은, 일신의 이(理)이고 이란 것은 소리와 냄새도 없는 것이니, 선악(善惡)이란 두 글자를 어디에 붙일 것인가?[61]

---

61 앞의 글, "今學者開口便說性善, 所謂性者, 何以見其善乎? 見孺子入井, 有惻隱之心, 則固可謂之本心, 若見玩好而利心生, 油然直遂, 不暇安排, 則何得謂之非本心乎? 且性者, 一身之理而理無聲臭矣, 善惡二字, 將何以着得耶?"

성선(性善)의 근거는 무엇인가? 만약 측은지심이 우리에게 있다면 또한 이기적인 마음도 우리에게 있는 것이다. 인간이 자기를 넘어서 다른 존재에 대해 사심 없는 관심과 사랑을 가지는 것이 자연스러운 본심(本心)이라고 한다면, 그와 마찬가지로 자기에 집중하는 이기심 또한 인간의 자연스러운 본심이라고 해야 하지 않는 것인가?

주자학에서는 그래서 성선(性善)의 근거를, 인간 마음의 자연성에서 찾는 데서 한 걸음 더 나아가 성(性), 즉 이(理)에서 찾았다. 하지만 이가 무형이며 어떤 구체적인 성질을 가지고 있는 것이 아니라고 한다면, 선과 악이라는 속성을 또한 어떻게 부여할 수 있단 말인가?

결국 「심성문」에서 담헌은 이(理)가 무형하고 무성무취하며 무위하다고 규정하는 성리학 혹은 주자학의 근본 이해에 대해 질문을 제기하고 있는 것이다. 그러나 그가 이(理) 개념 자체를 폐기하고자 한 것은 아니었다. 담헌이 앞의 인용에서 "예로부터 성현이 무엇 때문에 하나의 이(理) 자를 극구(極口) 말하였겠는가?"라고 한 것은 그의 의도가 이(理) 개념의 폐기에 있었던 것이 아니었다는 것을 보여 준다.[62] 담헌의 비판의 핵심은 오히려 이(理)의 실재나 주재, 성선(性善)에 대해서, 종래 성리학에서 이(理)를 무형과 무위한 것으로 보는 것이 그것들을 제대로 설명해 내지 못하고 있지 않은가 하는 데 있었다.

담헌은 「심성문」의 후반부에서 매우 산발적이지만 이(理)가 인(仁)이

---

[62] 현재 연구자들 사이에는 담헌이 理의 실재나 주재성을 부정하였다고 보는 의견과 함께 그렇지 않다는 의견이 모두 존재한다. 예를 들어 許南進(1993)은 담헌이 理의 실재성·주재성·윤리성을 모두 부정하고 있다고 보았다(17면). 반면에 金都煥(2007)은 담헌이 낙론의 심성론을 계승하고 있으며, 理의 실재성·작용성·주재성을 모두 인정하고 있다고 보았다(41~60면). 한편 이동환(1999)은 담헌이 理의 작위성과 주재성은 부인하였지만 이의 실재성은 인정하였다고 보았다(142~144면). 백민정(2008)도 이동환의 견해에 동의하고 있다(89~95면).

라는 구체적인 성격을 가지고 있음을 지적한다. 그것은 「심성문」 전반
부에서 제시한 질문 혹은 비판들에 대한, 곧 성리학의 무형·무성무
취·무위의 이(理) 개념에 대해, 적어도 그것을 중심으로 이(理)를 이해
하는 것에 대해 자신의 대안을 제시한 것이었다고 할 수 있다.[63]

> 천(天)에 있어서는 이(理)라 하고, 물(物)에 있어서는 성(性)이라 한다.
> 천에 있어서는 원형이정(元亨利貞)이라 하고, 물에 있어서는 인의예지(仁
> 義禮智)라 한다. 그 실은 하나이다.[64]

> 인의(仁義)를 말하면 예지(禮智)가 그중에 있고, 인(仁)을 말하면 의(義)
> 가 또한 그중에 있다. 인(仁)이란 이(理)이다. 사람은 사람의 이(理)가 있고
> 물(物)은 물의 이(理)가 있다. 이른바 이(理)란 것은 인(仁)일 따름이다.[65]

담헌은 "이(理)는 곧 인(仁)이다."라고 말하고 있는 것이다. 즉 이(理)
자체를 폐기하고자 한 것이 아니라, 그를 재규정하고 있을 뿐이다. 그
에 의하면 이(理)는 곧 원형이정이요, 인의예지이다. 사실 이것은 전통

---

63 김도환은 「心性問」의 전반부를 통상 반문과 비판으로 이해하는 것에 대해 단순 질문으
   로 이해하고 후반부를 그에 대한 대답으로 볼 수 있다는 견해를 제시하였다. 그렇게
   되면 결국 담헌은 여기에서 성리학적 理 개념에 대해 반론을 제기하는 것이 결코 아닌
   것이 된다(金都煥(2007), 46~47면 참조). 필자는 이 견해에 대해 기본적으로 동의한다.
   그러나 「심성문」의 전반부의 질문에는 어느 정도 전통 성리학적 입장(洛學을 포함하여)
   에 대한 비판이 反問的으로 들어 있는 것으로 판단한다. 그렇게 볼 때 우리는 후반부의
   답변을 전통 성리학적 입장에 대해 담헌 자신의 대안을 제시한 것이라고 볼 수 있게
   된다.
64 『湛軒書』 內集 卷1, 「心性問」, "在天曰理, 在物曰性, 在天曰元亨利貞, 在物曰仁義禮智,
   其實一也."
65 앞의 글, "言仁義則禮智在其中, 言仁則義亦在其中, 仁者理也. 人有人之理, 物有物之理,
   所謂理者, 仁而已矣."

성리학의 견해이기도 하다. 그러나 이 명제가 제기된 맥락이 중요하다고 본다. 즉 그것은 전통 성리학에서 이(理)를 무형과 무성무취로 규정하는 것에 대해서 제시된 것으로, 담헌은 이(理)를 원형이정과 인의예지, 한마디로 줄인다면 인(仁)이라 규정된 어떤 것으로 제시하고 있다는 것이다.

담헌은 이(理)가 모든 존재에 관통하여 실재하며, 주재하는 것이라는 점에 대해 의문을 제기한 것이 아니었다. 다만 무형과 무위라는 규정이 그러한 이(理)의 실재성 및 주재성과 어떻게 조화될 수 있는가라는 의문을 제기한 것일 뿐이다. 담헌은 그에 대한 답변으로 실재하며 주재하는 이(理)는 곧 인(仁)이라는 구체적 내용을 가지고 있다고 말하였다. 그러나 그것이 구체적인 내용을 가지고 있다고 해서 우리가 그것, 곧 인(仁)을 직접 경험할 수 있다는 것을 의미하지는 않는다. 그 무형과 무성무취는 인(仁)에도 적용될 수 있다. 다만 인은 자연계 내의 모든 존재들의 구체적인 현상 속에서 발견되고 확인할 수 있는 어떤 것이라고 할 수 있다. 담헌은 그것을 모든 생명체—아마 우리가 쓰는 개념보다 훨씬 넓은 의미에서 사용하는 듯한데—에 관통하고 있는 생명원리, 생명법칙으로 보고 있다.

> 초목(草木)도 전혀 지각(知覺)이 없다고 할 수 없다.[66]

비와 이슬이 내리고 싹이 틈은 측은(惻隱)의 마음이고, 서리와 눈이 내리고 지엽(枝葉)이 떨어짐은 수오(羞惡)의 마음이다. 인(仁)은 곧 의(義)이고

---

66 앞의 글, "草木不可謂全無知覺."

의(義)는 곧 인(仁)이다. 이(理)라는 것은 하나일 뿐이다.[67]

호리(毫釐)의 미(微)도 다만 이 인의(仁義)요, 천지(天地)의 대(大)도 다만 이 인의(仁義)이다. 크다고 해서 그보다 더 있는 것이 아니고, 작다고 해서 그것이 없는 것이 아니니 지극하도다. 초목(草木)의 이(理)는 곧 금수(禽獸)의 이(理)이고, 금수의 이(理)는 곧 사람의 이(理)이고, 사람의 이(理)는 곧 하늘의 이(理)이니, 이(理)라는 것은 인(仁)과 의(義)일 따름이다.[68]

대저 같은 것은 이(理)이고, 같지 않은 것은 기(氣)이다.[69]

모든 존재에서 이(理)의 동일성을 주장하는 이러한 언설들에 대해, 우리는 그것들이 단순히 성리학적인 이동설(理同說)과 낙학의 인물성동론(人物性同論)을 반복한 것이라고 해석할 수도 있을 것이다.[70] 담헌은 분명 그러한 점을 계승하고 있다. 다만 그들에서 별 의심 없이 동시에 받아들여지고 있는 이(理)를 무형·무성무취·무위한 것으로 규정하는 것에 대해 담헌은 반성적인 질문을 던지고 있다는 것이 중요하다. 담헌은 그러한 무(無)와 관련지은 규정들이 곧 일체의 경험적 현실로부터 이(理)를 유리시켜 도가나 불교의 형이상학과 구별되지 않는 공허한 것으로 만들 가능성이 있다고 보고, 이(理)는 곧 인(仁)이라고 함으로써 그

---

67 앞의 글, "雨露旣零, 萌芽發生者, 惻隱之心也. 霜雪旣降, 枝葉搖落者, 羞惡之心也. 仁卽義, 義卽仁, 理也者, 一而已矣."
68 앞의 글, "毫釐之微, 只此仁義也, 天地之大, 只此仁義也. 大而不加, 小而不減, 至矣乎. 草木之理, 卽禽獸之理, 禽獸之理, 卽人之理, 人之理, 卽天之理, 理也者, 仁與義而已矣."
69 앞의 글, "夫同者理也, 不同者氣也."
70 金都煥(2007), 44~60면 참조.

러한 문제를 해결하고자 한 것이다.

　담헌은 전통 성리학에서 이(理)를 무형·무성무취·무위의 것으로 이해하는 것을 반대하였지만, 그렇다고 해서 모든 존재에 보편적으로 작동하는 어떤 형이상학적 원리의 실재를 부정한 것은 아니었다. 다만 그 형이상학적 원리는 단지 관념적 추상에 의해 개념적으로 규정되는 것이 아니라, 자연현상에 대한 경험을 통해, 그러한 경험에 입각한 추상을 통해 도달할 수 있는 어떤 보편성이라는 것이다. 그런 점에서 그가 반대한 것은 형이상학 자체가 아니라 자연의 실상에서 유리되어 궁극적인 보편적인 원리에 대해 단지 개념적으로 접근하는, 그러한 공허한 형이상학이었다고 할 수 있을 것이다.

　담헌의 인(仁)은 곧 모든 존재에 공통적으로, 그리고 동등하게 적용되는 자연법칙, 공통된 원리이다. 인으로서의 이(理)도 역시 실재하며 주재한다. 또한 모든 존재에 동일하게 작용한다. 그러나 그것은 인간을 중심으로 혹은 인간을 정점으로 해서 실현되는 것이 아니라, 인간과 자연세계 속에서 각각의 방식으로 실현되는 것으로 이해되었다. 바로 그런 점에서 담헌의 이동설(理同說)은 성리학적 이동설(理同說)이나 낙학(洛學)의 인물성동론(人物性同論)과 구별된다.

　초목도 생명체로서 인의예지를 실현하고 있으며, 모든 자연현상이 각자 나름대로 인(仁)을 실현하고 있다. 그것은 인간이 인을 자신의 방식대로 실현하는 것과 똑같은 의미를 지니고 그러하다. 그래서 '크다고 해서 그보다 더 있는 것이 아니고, 작다고 해서 그것이 없는 것이 아닌' 것이다.

　사물들이 다만 인간의 인(仁)의 실현을 모방하거나 불완전하게 실현하는 것이 아닌 것과 마찬가지로 인간의 실천 또한 자연의 운행으로부터 독립된 특별한 것이 아니라고 담헌은 말한다.

꽃이 피고 잎이 떨어짐을 사람은 모두 하늘의 조화(造化)라 하되, 사람의 일동(一動) 일정(一靜)이 또한 하늘의 함〔爲〕이 아닌 것이 없음을 알지 못한다.[71]

일〔事〕은 선하고 악하고 할 것 없이 사단(四端)에서 벗어나지 않는다.[72]

인간의 도덕적 실천을 포함한 모든 행위와 사업〔事〕은 전체 자연의 현상 곧 하늘의 조화 가운데 실현되는 것으로서, 그것은 또한 그 모든 것이 사단(四端) 곧 자연학의 맥락에서 사용된 인(仁)의 실현으로 이해할 수 있다는 것이다. 그것 자체의 독자성은 전체적 동일성의 맥락에서 실현된다. 그것은 분명 독자적인 것이지만 특별하거나 중심적인 의의를 지닌 것은 아닌, 전체의 동일성(평등·균등) 가운데의 독자성을 가지는 것이다.

인(仁)을 자연학(自然學) 혹은 물학(物學)[73]의 맥락에서 사용함으로써, 담헌은 성리학의 인간중심주의적 도덕 형이상학과는 다른 길로 나아갔다고 할 수 있다. 전통 성리학의 도덕 형이상학이 자연계 전체를 도덕적 본체인 이(理)로부터 설명함으로써 그를 통해 한편으로 규범 혹은 질서의 절대성과 다른 한편으로 인간의 도덕 실천의 중심성과 탁월

---

71 『湛軒書』內集 卷1, 「心性問」, "花開葉落, 人皆曰天之造化, 不知人之一動一靜, 亦莫非天之爲也."
72 앞의 글, "事無善惡, 不出乎四端."
73 담헌에서 仁에 대한 경험적 탐구 혹은 확인의 대상이 되는 것에는 단지 자연만이 아니라 인간의 행위와 사업, 즉 인간의 사회적·정치적 실제 그리고 역사까지 포함된다는 점에서, 그것을 物學이라 부를 수 있다고 본다. 物에는 물론 事의 의미가 포함된다. 物學 범위의 포괄성은 「毉山問答」에서 확인된다. 여기에서는 自然學을 物學의 의미로 사용하여 병칭하기로 한다.

성을 정초 지우려 하였다면, 담헌이 이(理)를 인(仁)과 관련하여 자연학적 맥락 위에서 사용하는 것은 성리학의 규범 중심성과 인간중심주의를 해체하는 방향으로 진전하는 계기를 열어 주었다고 할 수 있다는 것이다.

인(仁)은 생명원리로서 여전히 가치적인 것이요,[74] 거기에 어떤 나름의 규범성이 성립할 수 있지만,[75] 동시에 자연세계 일반의 자연현상으로 확장되어 이해되었다. 인이 경험적인 법칙이나 원리로 제시되었다고 해서, 거기에 어떤 도덕적(규범적) 가치가 배제되어 있다고 할 필요는 없다. 그것은 곧 '생명'을 기본으로 하는 가치라고 할 수 있을 것이다.[76] 그래서 분명 그것은 자연현상의 설명에서 일체의 가치를 배제하고자 하는 근대 과학의 세계관과는 거리가 먼 것일 수도 있다.[77] 그러나 그 나름대로 자연에 대한 자연학적 통찰을 제시하고 있으며, 나름의 자연학을 구성할 수 있는 토대를 마련한 것이었다.

담헌은 「심성문」을 통해 자신이 이(理)에 대한 전통 성리학의 견해—낙학(洛學)의 그것을 포함하여—를 어떻게 계승하고 또 극복하여 갔는지를 보여 주었다. 그것은 전래의 도덕 형이상학을 자연학과의 연속성 위에서, 자연학을 기초로 하여 재정립하고자 하는 방향성을 가진 것이

---

74 許南進(1993)은 담헌에서 理와 仁에는 도덕성이 배제되어 있다는 점에서 전통 성리학의 그것들과 구별된다고 주장하였다(17면). 그러나 박희병(1999)은 거기에 윤리적 함의와 존재의 원리 혹은 속성으로서의 함의가 공존 내지는 混存하고 있다고 보았다(258~262면).

75 생명이 善하다면 죽음은 惡하다. 살리는 것이 善이라면 죽이는 것은 惡이다. 그러나 義가 仁에 종속되듯이, 바른 죽음은 생명의 과정으로 생명 속에 편입된다.

76 박희병(1999)은 仁에 대한 담헌의 이러한 견해가 인간과 사물을 함께 아우른 '새로운 가치론'의 정립이라고 보았다(262면).

77 김문용(2005)은 담헌이 생각한 자연이 온갖 가치로 충만한 생명의 세계였으며, 사실과 가치는 구별되지 않는다고 보았다(60~61면).

었다. 그 과정에서 담헌은 전통 성리학의 인간중심주의를 극복하여 갔다. 물론 그것은 「심성문」의 단계에서는 그렇게 현저하게 드러난 것은 아니었다고 할 수도 있다. 그러나 담헌이 분명 그러한 방향에로 나아가고 있었다고 말할 수는 있을 것이다.

그러한 방향성은 이제 아래에서 다룰 「답서성지논심설(答徐成之論心說)」에 이르러 더 분명한 형태로 나타남을 확인할 수 있으며, 「의산문답」에 이르러 완성되는 것이었다. 「의산문답」의 인물균론(人物均論)은 바로 전통 성리학적 입장에서의 인물성동론(人物性同論)의 인간중심주의를 획기적으로 극복한 것이었다. 그것은 단순히 전통 성리학이 순차적으로 전개하여 간 것으로 해석하기에는 그 격절과 비약, 근원적 전환의 면모가 분명한 것이었다.[78]

그러한 전환을 가능하게 한 것이 무엇이었는지 우리는 잘 알 수 없지만, 아마도 서학(西學)과의 접촉과 담헌 자신의 자연학적 취향 그리고 장자적(莊子的) 사유를 포용할 수 있는 사유의 개방성 등에 원인이 있다고 추정할 수 있을 것이다.[79] 그러나 혹 그것이 서학의 영향에 의한 것이었다고 하더라도, 단순히 성리학적 세계상을 서학의 세계상으로 대체해 간 것은 아니었으며, 전통의 성리학적 세계상 위에 나름의 세계상을 건축한 것이었다. 그것을 우리는 이(理)에 대한 담헌의 이해에서 확인할 수 있는 것이다.

---

78 유봉학(1992)과 金都煥(2007)이 담헌 사상의 형성에서 낙학의 내재적 전개에 비중을 두었다고 한다면, 許南進(1993)은 단절과 전환의 측면에 초점을 두었다.
79 담헌의 사상에서 서학의 계기는 일반적으로 지적되어 왔다. 莊子 사유와의 유사성에 대해 주목한 연구로는 宋榮培(1994) 참조.

2) 심학의 계승과 극복

18세기 조선성리학의 주요 관심은 심(心)에 대한 해명에 있었다. 노론 내부에서 일어난 호락논쟁의 주요 주제는 심의 본래적 기능으로서의 지각(知覺), 심의 본래적 상태 혹은 본체로서의 미발(未發)과 성(性) 등을 어떻게 이해할 수 있는가 하는 것이었다. 또한 퇴계학파 내부에서도 항재(恒齋) 이숭일(李嵩逸, 1631~1698)과 갈암(葛庵) 이현일(李玄逸, 1627~1704) 사이에서, 그리고 우담(愚潭) 정시한(丁時翰, 1625~1707)과 외암(畏庵) 이식(李栻, 1659~1729) 사이에서 각각 인물성동이(人物性同異)에 관한 논변이 있었고,[80] 성호(星湖) 이익(李瀷, 1681~1763)에 이르러서 심의 해명은 주요한 이론적·실천적 관심 사항이 되었으며[81] 그것이 다산에까지 전승되어 간 것을 확인할 수 있다.[82] 이러한 조선성리학 내부의 움직임은 곧 이(理)의 실체를 구명하는 데서 이(理)의 실천 주체인 심에 대한 해명으로 조선성리학의 과제가 옮겨 갔다는 것을 의미한다.

호락논쟁에서 낙학(洛學) 측은 특히 지각 논변과 미발 논변을 통해 심(心)과 성(性)의 구별, 성으로부터의 심의 독자성과 역할을 뚜렷이 주장함으로써 심학적 경향을 더욱 명확하게 노정하고 있었다. 그것은 분명 양명학적 심학의 전개를 제어하는 가운데 이루어진 것이었지만,[83] 또한 전체적으로는 동아시아에서의 심학적 전개의 일부로 평가할 수 있는 것이었다. 즉 동아시아 사대부들의 자아의 각성을 표현하는 것으

---

80 이에 대해서는 문석윤(2005), 363~369면 참조.

81 안영상(1998); 문석윤(2009a) 참조.

82 문석윤(2004); 정소이(2010) 참조.

83 낙학의 원조라고 할 수 있는 농암 김창협은 지각 문제를 둘러싸고 閔以升(1649~1698)과 논변을 벌였다. 민이승이 소론계로서 강화학파의 학맥과 깊은 관련을 가진 것을 주목해야 한다. 그와 관련해서는 문석윤(2006), 122~136면; 趙南浩(1993) 참조.

로서, 성(性)이 자연을 그리고 규범의 객관성을 표현하는 것이라고 한다면, 심(心)은 인간을 그리고 규범을 실천하는 인간 자아의 독자성을 표현하는 개념이었다.

담헌은 낙학의 그러한 심학적 분위기 속에서 성장하였으며, 낙학의 원칙에 따라 심과 성을 엄격하게 구분하였다.

> 지각(知覺)은 즉 심(心)이고, 성(性)은 즉 이(理)입니다. 필경 이(理)는 스스로 이(理)이고 심(心)은 스스로 심(心)으로 되나니, 이미 서로 떠날 수도 없거니와, 또 서로 섞일 수도 없는 것입니다.[84]

이것은 담헌이 초기에 이(理)와 기(氣, 혹은 物)의 구분을 엄격하게 했던 것과 마찬가지로 심(心)과 성(性)의 구분을 명확하게 한 것으로, 낙학의 명제를 계승한 것이며, 또한 더 거슬러 올라가서 '심즉기(心卽氣)'라는 율곡학파의 견해를 이은 것이라고 할 수 있다. 그가 이런 발언을 한 시점은 1775년으로 중년 이후의 발언임이 주목된다. 다른 곳에서도 담헌은 같은 취지로 다음과 같이 말한다.

> 나는 생각건대, 심(心)은 오장(五臟)의 하나로 움직임이 있고 자취가 있으니 다만 기(氣)일 뿐이고, 이(理)가 그 가운데 있다. 이(理)가 없음이 아니나 그 체(體)를 말하면 기(氣)요, 비록 이(理)가 있어도 이(理)를 심(心)으로 인정할 수는 없다. …… 사람이 생겨나 기(氣)를 품수 받음에 청명(淸明)하고 순수(純粹)한 것을 심(心)으로 삼는다. 청명과 순수가 진실로 혈기

---

84 『湛軒書』內集 卷2, 「桂坊日記」, '乙未(1775년)二月十八日', "知覺卽心也, 性卽理也. 畢竟理自理而心自心, 旣不可離, 亦不可雜."

(血氣)와 다르기는 하나 또 어찌 일찍이 기(氣)가 아니겠는가?[85]

심(心)은 기(氣) 중에 청명하고 순수한 것이어서 육체를 이루는 혈기와는 구별되지만, 역시 기(氣)임에 틀림없다는 것이다. 담헌이 이 발언을 한 것은 좀 더 이른 시기였던 것으로 보인다. 따라서 심에 대한 이러한 입장은 그의 생애 전반에 걸쳐 유지되었다고 할 수 있다.

담헌은 또한 본령(本領)의 함양(涵養)을 강조하는 낙학의 수양론(修養論)을 계승한다.

함양의 공부가 없으면 치지(致知)에도 반드시 정밀치 못합니다. 치지에 이미 정밀치 못하다면 일을 처리하는데 어찌 능히 다 착하게 할 수 있겠습니까? 대저 학문과 사업은 반드시 함양으로써 근본을 삼아야 합니다.[86]

마음을 가지고 기른다는 이 조존(操存) 두 글자는 예로부터 심학(心學)에 대한 격언(格言)이 된 것이니, 일이 있고 없을 때를 따질 것 없이 항상 조존 공부를 더해서 동(動)할 때도 마음이 안정되고 정(靜)할 때도 또한 마음이 안정된 뒤라야 마음자리가 깨끗하고 밝아져서 일을 처리함이 이치에 맞게 될 것입니다. …… 이천(伊川)께서 어떤 사람이 고요히 앉아 있는 것을 보고 항상 그것을 잘 배우고 싶어 한 것은, 한갓 고요히 앉았기만을 위한 것이 아니고 그 본원(本原, 본심)을 함양(涵養)키 위한 것이었습니다.

---

85 『湛軒書』內集 卷1,「孟子問疑」, "竊以爲心者五臟之一, 有動有迹, 只是氣而已, 而理在其中, 非無理也, 而語其體則氣也, 雖有理也, 而不可認理而爲心. …… 人生氣禀, 淸明純粹以爲之心. 淸明純粹, 固異於血氣, 而亦何嘗非氣乎?"
86 『湛軒書』內集 卷2,「桂坊日記」, '甲午(1774년)十二月四日', "涵養無功, 則致知必不精, 致知旣不精, 處事安能盡善乎? 大抵問學與事業, 必以涵養爲本."

이 본령(本領)이 없으면 마음자리가 어지럽고 흔들리게 되니, 일을 처리하는데 경솔하고 조급함을 어찌 면할 수 있겠습니까?[87]

담헌은 또한 당시 세자였던 정조가, 이른바 요순(堯舜) 상전(相傳)의 십육자(十六字) 심법(心法)이 미발(未發) 공부를 결한 것과 관련해서 '유일(維一)'을 미발 공부를 포함하여 동정(動靜)을 관통하는 공부로 이해하는 것이 어떠하겠느냐고 질문한 것[88]에 대해 다음과 같이 답변한다.

예로부터 학문을 논함엔 모두 발처(發處)를 따라 말했으나, 다 체(體) 없는 학문이라고는 할 수 없고, 순(舜)의 세 마디 말은 본디 미발(未發)을 이야기한 것이 아니니, 억지 해설을 할 필요가 없을 듯합니다. 다만 '주정(主靜)'이니 '함양(涵養)'이니 하는 공부는 실상 학문의 두뇌(頭腦)가 되는 것입니다. 지금 말씀하신 것은 비록 요순(堯舜)의 본의가 꼭은 아니라 할지라도, 본원(本源)에 유의하여 큰 체(體)를 먼저 세워야 한다는 뜻인즉, 찬송하는 마음 이루 다 말할 수 없습니다.[89]

비록 정조의 뜻에 찬동하지는 않았지만 체(體)의 공부로서 본원의 함

---

87 『湛軒書』內集 卷2, 「桂坊日記」, '乙未(1775년)四月九日', "操存二字, 爲千古心學之要言, 無論有事無事, 常加操存之功, 動亦定靜亦定, 然後方寸虛明而處事當理. …… 伊川見人靜坐, 每欲其善學, 非爲其徒然靜坐, 爲其涵養本原也. 無此本領, 心界擾攘, 處事安得免躁暴也."

88 『湛軒書』內集 卷2, 「桂坊日記」, '甲午十二月十二日', "我非敢爲正論也. 堯舜禹相傳, 實爲千古心法, 而遺却未發功夫, 則似不免爲無體之用, 故欲以一字, 兼未發而通動靜, 如『中庸』首章戒懼之義, 如何?"

89 앞의 글, "從古論學, 皆從發處說, 不可盡謂無體之學. 舜之三言, 本不及於未發, 恐不必強解. 但主靜涵養之功, 實爲學問頭腦, 今承睿教, 雖未必爲堯舜本意, 而其留心本源, 先立其大之意, 則不勝攢頌."

양을 중시하고자 하는 취지를 높이 산 점에서, 담헌 또한 낙학 성리학의 기조를 이어 가고 있음을 확인할 수 있다.[90]

담헌이 심에 대해 본격적으로 논한 것은 「답서성지논심설(答徐成之論心說)」에서이다. 이 글에서 담헌은 심에 관하여 앞의 입장과는 구별되는 한층 심화된 자기 나름의 독창적 견해를 표출하고 있다. 그것의 저작 연대가 앞에서 인용한 내용들에 앞서는 것으로 추정되고 있는 만큼, 담헌은 심에 관해 전통적 견해를 계승하는 동시에 독자적인 견해를 성숙시켜 간 것으로 추정할 수 있다. 거기에서 담헌은 먼저 심의 존재론적 성격과 관련하여 심을 기(氣)로 규정하던 이전의 견해에서 더 나아가 다음과 같이 말한다.

지금 저 심(心)의 물(物) 됨이 자취가 있고 작용[用]이 있으니 이(理)라 할 수 없고, 보이지 않고 들리지 않으니 기(氣)라 할 수도 없으며 다만 기의 순수한 것[粹]이요 물(物)의 신령한 것[神]으로서, 대소(大小)가 없고, 후박(厚薄)이 없고, 명암(明暗)이 없고, 통색(通塞)이 없으며, 능히 알고 능히 깨달으며, 허령(虛靈)하여 어둡지 않은 것이다.[91]

---

90 물론 여기에서 인용한 중년 이후의 心과 修養에 대한 발언들이 東宮에 대한 侍講에서 행한 것이라는 점에서, 자신의 개성을 드러내기보다는 전통적 입장을 전달할 수밖에 없었던 사정이 있었다고 이해할 수도 있을 것이다.

91 『湛軒書』 內集 卷1, 「答徐成之論心說」, "今夫心之爲物, 有迹有用, 不可謂之理也, 不見不聞, 不可謂之氣也, 只是氣之粹者, 物之神者, 無大小無厚薄無明暗無通塞, 能知能覺, 虛靈不昧." 중간에 "이것은 곧 朱先生이 '理에 비해서는 적게 자취가 있고, 氣에 비해서는 自然히 더욱 靈하다.'라고 한 말의 뜻이니, 이로 인하여 그것이 곧 理도 아니요, 氣도 아닌 物이라고 말할 수는 없다. 마땅히 活看하여야 한다.〔此則朱先生'比理微有迹, 比氣自然又靈'之意, 不可仍此而便謂之非理非氣之物. 當活看.〕"라는 自註가 있으나 생략하였다. 그것이 自註의 형식을 취하고는 있으나 확실치는 않다.

담헌은 심을 이(理)라고 할 수도 없고 기(氣)라고 할 수도 없다면서 더 나아가 기(氣)의 '순수한 것〔粹〕'이요, 물(物)의 '신령한 것〔神〕'이라고 규정한다. '수(粹)'든 '신(神)'이든 그것은 결국 형이하자(形而下者)에 속하는 것임에는 틀림없으며, 따라서 심을 기(氣)로 보는 원래의 입장을 계승하고 있다고 할 수 있다.[92] 그러나 담헌은 또한 그것이 대소·후박·명암·통색을 넘어서 있는 것이라고 함으로써, 일반적인 차이의 원리로서의 기(氣)의 성격을 넘어서서 모든 존재에 동일한 것이라고 주장한다.

천지(天地)에 가득 찬 것은 다만 이 기(氣)뿐이고 이(理)가 그중에 있다. 기(氣)의 근본을 논하면 담일(澹一)하고 충허(沖虛)하여 청탁(淸濁)을 말할 것이 없고, 승강(升降)하고 비양(飛揚)하여 서로 부딪치고〔激〕 서로 밀쳐〔蕩〕 찌꺼기〔糟粕〕와 나머지〔煨燼〕가 같지 않음이 있게 된다. 이에 맑은 기(氣)를 얻어 화(化)한 자가 사람이 되고 흐린 기를 얻어 화한 자가 물(物)이 된다. 그중 지극히 맑고〔至淸〕 지극히 순수하고〔至粹〕 신묘하여 헤아릴 수 없는〔神妙不測〕 것이 심(心)이 되어 모든 이(理)를 묘(妙)하게 갖추고 만물을 재제(宰制)하는 소이(所以)가 된다. 이것은 사람과 물이 같다.[93]

즉 담헌에 따르면, 기(氣)의 근본〔本〕은 '담일충허'하여 청탁의 구별

---

92 담헌은 「中庸問疑」에서 無聲無臭의 道(隱)와 不見不聞의 神(微)을 구별하여 전자를 形而上의 것이요, 후자를 形而下의 것이라고 말한 바 있다. "無聲無臭, 道之隱也, 形而上者也, 不見不聞, 神之微也, 形而下者也."(『湛軒書』 內集 卷1, 「中庸問疑」).
93 『湛軒書』 內集 卷1, 「答徐成之論心說」, "充塞于天地者, 只是氣而已, 而理在其中. 論氣之本, 則澹一冲虛, 無有淸濁之可言, 及其升降飛揚, 相激相蕩, 糟粕煨燼, 乃有不齊. 於是得淸之氣而化者爲人, 得濁之氣而化者爲物, 就其中至淸至粹·神妙不測者爲心, 所以妙具衆理而宰制萬物, 是則人與物一也."

이 없다는 것이다. 그것은 얼핏 화담(花潭) 서경덕(徐敬德)과 율곡의 견해를 이은 것처럼 보이지만, 담일청허(澹一淸虛)가 담일충허(澹一沖虛)로 바뀌어 있다는 것은 유의해 볼 필요가 있다. 우주론적 의미에서 근본적인 기는 청(淸)한 것이 아니라 청탁(淸濁)을 초월한다고 말하는 것이다. 담헌은 바로 그러한 근본적인 기의 운동을 통해 만물이 형성된다면서, 그 과정에서 청(淸)과 탁(濁)의 구분이 발생하고, 그로부터 사람과 물(物) 사이의 구별이 있게 된다고 말한다. 이는 일견 전통 성리학 혹은 주자학의 견해와 크게 다른 것 같지는 않다.

그러나 담헌이 그 근본적인 기를 심(心)의 구성 성분이라고 말할 때, 그는 전통 성리학의 견해를 한편으로 계승하면서, 또한 그것을 뛰어넘는다. 담헌은 심(心)에 대해 '지청(至淸)', '지수(至粹)'나 '신묘불측(神妙不測)'이라는 세 가지 성격을 가진 것이라 묘사하면서, 바로 그 때문에 '모든 이(理)를 묘(妙)하게 갖추고 만물을 재제(宰制)'할 수 있게 된다고 한다. 이것은 주자(朱子)가 『대학장구(大學章句)』에서, 심의 본래적 능력인 '명덕(明德)'에 대해 허령불매(虛靈不昧)하여 온갖 이(理)를 갖추고서 만사(萬事)에 응하는 것이라고 주해한 것과 일맥상통하는 것이라고 할 수 있다.[94] 그러나 담헌은 그것이 사람과 물(物) 모두에, 즉 모든 존재에 동일하다고 말함으로써 한 걸음 더 나아갔다. 그것은 이(理)의 동일성은 인정하지만, 심(心)의 동일성은 인정하지 않는 전통 성리학, 특히 낙학(洛學)의 입장과는 대립하는 견해인 것이다.[95]

---

[94] 朱熹, 『大學章句』 經一章註, "明德者, 人之所得乎天, 而虛靈不昧, 以具衆理而應萬事者也."
[95] 담헌의 스승 渼湖 金元行은 여러 차례 明德이 인간에 고유한 능력임을 주장한 바 있다. 예를 들어 金元行, 『渼湖集』 卷12, 「答兪憲柱」, "『大學』說明德, 明德惟人得之, 而非物之所能與也."를 참조.

담헌은 계속해서 심(心)을 체(體)와 용(用)으로 구분하여 용(用)상에서, 곧 실제로 실현되는 데에서는 다양한 수준에서 그것이 이루어지지만 심체에서는 생명을 지닌 모든 존재에 동일하다고 말한다.

그 용(用)을 보면 다르지만, 그 본(本)을 말하면 같다. 이 본체(本體)의 밝음은 성인(聖人)이라 해서 더 드러나는 것이 아니요, 우인(愚人)이라 해서 더 어두운 것이 아니며, 금수(禽獸)라고 해서 결핍된 것이 아니요, 초목이라 해서 전연 없는 것이 아니다. 이것은 다른 까닭이 아니라, 체(體)는 신묘[神]하고 또 순수[粹]하여, 기(氣)에 구애되었다고 그 근본을 잃는 것이 아니기 때문이다. 이로써 보면 현우(賢愚)의 같음과 같지 아니함을 알 수 있다. 현우의 같고 같지 않음을 알면 금수(禽獸)의 같고 같지 않음을 알 것이요, 금수의 같고 같지 않음을 알면 초목의 같고 같지 않음을 알 것이다.[96]

생명을 지닌 모든 존재에 심은 동일하게 주어져 있다는 것이다. 그 현실적 실현에서는 차이가 있지만 그 본체(本體)의 밝음은 성인(聖人)이나 일반인 그리고 동물과 식물에 이르기까지 동일하다. 앞에 인용한 「심성문」에서 담헌은 식물에도 지각(知覺)이 없다고 할 수 없다고 했거니와, 여기에서 또한 명확하게 식물에도 인간이나 동물과 마찬가지로 심(心)이 있다고 말하고 있는 것이다. 이제 심은 심장이라는 기관으

---

96 『湛軒書』內集 卷1, 「答徐成之論心說」, "觀其用則異, 語其本則同. 惟此本體之明, 不以聖而顯, 不以愚而晦, 不以禽獸而缺, 不以草木而亡. 無他, 體神且粹, 不拘於氣而失其本故也. 由是觀之, 則賢愚之同不同, 可知也, 賢愚之同不同可知, 則禽獸之同不同, 可知也, 禽獸之同不同可知, 則草木之同不同, 可知也."

로부터 완전히 독립된 것으로 이해되고 있다고 할 수 있다.

담헌이 '심은 기(氣)에 구애되어 그 근본을 상실하지는 않는다.'라고 말한 부분에 주목해 볼 필요가 있다. 그것은 곧 심과 기를 구분하는 것이다. 그것은 낙학에서 심순선(心純善)을 주장하면서 심(心)과 기질(氣質)을 분리하고, 심(心)이 기질(氣質)의 영향을 뛰어넘는 것으로 이해하는 것을 일면 계승하였다고 할 수 있다. 그러나 담헌은 한 걸음 더 나아갔다. 낙학의 '심순선'이 성인과 일반인의 차이를 넘어선 동일성을 주장하되 인간과 물의 동일성에까지는 나아가지 않았다고 한다면, 담헌은 모든 존재에 있어 동일하다고 말하고 있는 것이다. 낙학에서는 인성(人性)과 물성(物性)의 동일성을 주장하였지만, 인간과 물 사이에 전혀 차이가 없다고 주장한 것은 아니었다. 즉 심(心)에서는 인간과 물 사이에 차별이 있다고 보았다. 하지만 담헌은 적어도 심의 본체상에서는 그러한 구별을 부정하고 있는 것이다. 담헌의 이러한 '인물심본동론(人物心本同論)'은 낙학의 심론(心論)을 더욱 극단적으로 밀고 간 것이라고 할 수 있으며, 담헌에게서 심학(心學)이 새로운 단계에 들어섰음을 보여 준다.

담헌은 심의 보편적 동일성을 두 가지 측면에서 논증하고자 하였다.[97] 즉 첫째, 경험적으로 만물에서 심의 신령함을 발견할 수 있다고 주장한다.

이제 사람은 사랑하지 않는 일이 있되 범[虎]은 반드시 자식을 사랑하고, 사람은 충성치 않는 일이 있되 벌[蜂]은 반드시 임금을 공경하고,

---

97 이러한 논증의 타당성이 어떠하든지, 그러한 두 방면의 논증의 시도 자체는 역시 담헌의 새로운 면모를 보여 주는 것이라고 할 수 있다.

사람은 음란함이 있되 비둘기는 반드시 분별이 있으며, 사람은 무턱대고 하는 일이 있되, 기러기는 반드시 때를 기다린다. 기린의 인(仁)함과 거북의 신령함(靈), 나무의 연리(連理)와 풀의 야합(夜合)함이 비 오면 기뻐하고 서리 오면 말라 여위니, 이 모두 그 심(心)이 영(靈)한 것인가, 영치 않은 것인가? 영치 않다면 그만이지만 영하다 하면 사람에 비하여 다르지 않을 뿐 아니라 혹 넘어서기도 하니, 사람과 물의 심(心)이 과연 같지 않은가?[98]

담헌은 동물에서의 유사 도덕적 활동뿐 아니라 환경에 따른 식물의 생장 또한 그러한 심의 신령함의 동일성을 보여 주는 것이라고 지적한다. 이것은 사실 전통 성리학의 인간중심주의적 관점에서 그다지 벗어나지 못한 듯한 인상을 풍긴다. 하지만 담헌이 또한 그것을 「심성문」에서의 이(理)에 대한 이해와 마찬가지로, 심의 신령한 성격 즉 '모든 이(理)를 묘(妙)하게 갖추고 만물을 재제(宰制)하는' 능동적 주체의 성격을 자연계 일반의 운행 원리로 확장하고, 그것의 다양한 실현 가운데 인간의 도덕적이고 인지적 활동을 포괄하여 간 것이라고 볼 수 있다는 점에서, 단순히 성리학의 인간중심적·도덕중심적 자연 이해를 재현한 것이라고 볼 필요는 없을 것 같다. 이러한 문제는 뒤에 「의산문답」의 단계에 이르러 또 한 번의 진전을 겪으면서 해소됨을 우리는 확인할 수 있다.

---

98 『湛軒書』內集 卷1, 「答徐成之論心說」, "今夫人有不慈, 而虎必愛子, 人有不忠, 而蜂必敬君, 人有淫奔, 而鳩必有別, 人有冥行, 而鴈必候時. 麟之仁也, 龜之靈也. 樹之連理, 草之夜合, 雨而喜, 霜而憔悴, 此其心靈乎不靈乎? 謂之不靈則已, 謂之靈則方之於人, 非惟不異而或過之, 人物之心, 其果不同乎?"

둘째, 담헌은 심(心)의 존재론적 성격 자체가 심의 동일성을 증명한다고 주장한다.

> 또 심(心)이란 것은 신명(神明)하여 헤아릴 수 없는 물이어서 형상(形狀)도 없고 성취(聲臭)도 없다. 같지 않으려고 하더라도 어떻게 떨어지고 어떻게 합하며 어떻게 완전하고 어떻게 이지러지는 것인가?[99]

> 만일 사람은 그 완전함을 얻고 물은 그 치우침을 얻었다고 한다면, 그것은 심(心)이란 것이 큰 허령(虛靈)과 작은 허령(虛靈)이 있고, 통(通)한 허령과 막힌 허령이 있어 떨어지고 막히고 조각난〔離滯破碎〕 것이 일반 사물과 조금도 다를 것이 없다. 그렇다면 그것이 어찌 족히 만화(萬化)의 주(主)가 되겠는가?[100]

심의 본체 자체는 기의 다양성을 초월하여 있다. 그것은 마치 이(理)와 마찬가지로 형상도 없고 경험의 대상이 될 수 없는 것이다. 그러므로 그것은 모든 존재들의 다양한 현실에 관계없이 동일한 어떤 것, 순수하고 신령한 것으로서 존재들의 상호 관계 속에서 그것을 주관하는 주체성으로 존재할 수 있다.

이 지점에 이르러 우리는 담헌의 심이 앞에서 다룬 「심성문」에서의 이(理)와 거의 일치하는 것이 아닌가 하는 생각을 하게 된다. 심(心)에 대한 앞의 세 가지 인용에서 나타난 담헌의 묘사는 앞에서 다룬 「심성

---

99 앞의 글, "且心者, 神明不測之物也, 無形狀無聲臭, 雖欲不同, 何離何合何完何缺?"
100 앞의 글, "若曰人得其全而物得其偏, 則是心之爲物, 有大虛靈, 有小虛靈, 有通虛靈, 有塞虛靈, 離滯破碎, 其同於一物甚矣, 何足以爲萬化之主歟?"

문」에서 그가 이(理) 곧 인(仁)의 보편성을 주장하면서 인(仁)에 대해 묘사한 것과 거의 동일함을 발견하게 되는 것이다. 그렇다면 결국 담헌은 심(心)을 이(理)와 엄격하게 분리시키는 전통적인 견해와 함께 적어도 그 체(體)에서는 심을 이(理)와 동일시한다고 볼 수 있는 것인가?

그러나 담헌이 곧 '심즉리(心卽理)'를 염두에 둔 것 같지는 않다. 이(理)가 세계 내에서 운행하는 생명원리로서의 인(仁)이라고 한다면, 심(心)은 그러한 원리를 현실세계 속에서 구현해 낼 수 있는, 혹은 구현해 내는 주체로 파악할 수 있기 때문이다. 심은 단지 기와 동일시되지는 않지만, 또한 근원적인 기의 성격을 가지고 있는, 그런 점에서 여전히 기(氣)인 것이다. 그래서 담헌은 심을 '모든 이(理)를 묘(妙)하게 갖추고 만물을 재제(宰制)하는', 즉 환경과 대상 세계에 대해 주체적으로 반응하고 대응할 수 있는 능력으로 규정하였던 것이다.[101]

조선성리학의 심학적(心學的) 전개에서 심(心)은 사대부의 자기 인식과 관련하여 중요한 의미를 지닌 것이었다. 사대부의 정체성의 핵심은 심(心)에 있었다. 심(心), 특히 그 고유한 능력인 명덕(明德)은 인간에게 고유한 것으로 이해되었으며, 심의 실천을 통해 사대부는 그러한 인간적 본질을 가장 탁월하게 수행하는 자로서, 일반인을 포함해 모든 자연적 존재를 지배할 수 있는 권력의 주체로 정립될 수 있었다. 그때 심은 대상화될 수 없는 절대적 주체의 위상을 가진다고 할 수 있을 것이다.[102]

그렇다면 담헌이 심을 이러한 방식으로 모든 존재에서 동일시하는 것은 어떤 의미를 지닐까? 그것은 분명 사대부 자아의 절대적 주체의

---

101 이렇게 해서 「心性問」과 「答徐成之論心說」은 묘하게 서로 상응하면서 서로 보완한다.
102 주희에서 心과 學, 사대부 권력의 상호 관련 문제에 대해서는 閔丙禧(2008)를 참조.

위상을 허물어 내는 것이라 이해할 수 있다. 즉 이제 성(性)만이 아니라 심(心)에서도 인간의 독특성, 특별한 중심성은 해체된다라고 할 수 있다는 것이다. 그것은 심학적 단계에서의 사대부의 자기 인식을 담헌이 초월해 간 것을 보여 준다고 해석할 수 있다.

결국 담헌은 조선성리학의 심학적 전통을 계승하면서 동시에 그를 초월하여 새로운 심학을 제시한 것이라 하겠다. 그것은 분명 자아와 인간에 대한 이해에서 새로운 전망을 함축한 것이었다. 또한 이(理)의 차원에서뿐 아니라, 심(心)에 있어서도 인(人)과 물(物)의 보편적 동일성 혹은 평등성을 확인하고 강화한 것으로, 보편적인 물학(物學)의 건립을 예견케 하는 것이었다.

5. 담헌의 실학 2−물학의 건립

담헌은 17, 18세기 조선성리학의 심학적 분위기 속에서 성장하였다. 그것은 전통 이학(理學)의 기초를 포기하지 않고 그것을 기초로 진행되어, 양명 심학의 주관주의와 구별되는 객관주의적 지향을 가지고 있었다. 잘 알려진 바와 같이, 그 둘 사이를 가르는 분기점이 된 것은 격물치지(格物致知)에 대한 해석이었다. 주자학에서 그것을 외부 객관 사물에서의 이(理)를 탐구하는 물학적 측면에서 이야기한다면, 양명학(陽明學)에서는 치양지(致良知)로 해석함으로써 그러한 물학적 측면을 삭제하였던 것이다.

연행 시기 담헌과 중국학자들 사이에 주요한 토의 주제의 하나가 양명학에 대한 평가 문제였다. 거기에서 담헌은 한편으로 양명학에 대해 상당히 포용적이고 우호적인 발언을 하지만, 또한 격물치지에 대한 주자의 해석에 따라, 양명학의 치양지가 격물치지를 배제하는 문제가 있다고 지적함으로써, 자신이 객관주의의 전통에 서 있음을 분명히 하였다.[103]

　　양명(陽明)이 주자(朱子)와 배치되는 것은 대체로 격물(格物)·치지(致知)에 있습니다. 주자는 이르기를 "인심(人心)은 허령(虛靈)하여 지(知)를 가지지 않음이 없고 천하의 사물은 이(理)가 있지 않음이 없으니, 사람으로 하여금 사물에 즉(卽)하여 이(理)를 궁구(窮究)해서 그 지(知)를 다하게 한다."라고 하였고, 양명은 말하기를 "이(理)는 내 마음에 있는 것이어서 밖에서 구할 것이 아니니, 오직 양지(良知)를 다하는 것으로 주(主)를 삼아야 한다."라고 하였습니다. 대저 '양지'란 것은 맹자(孟子)의 말입니다. 진실로 이를 다할 것 같으면, 대인의 마음[大人之心]이 바로 적자의 마음[赤子之心]인 것이니, 대저 누가 옳지 않다고 하겠습니까? 그러나 다하여 간다[致]는 일이 궁리(窮理)하는 공부를 선행하지 않으면 동쪽을 가리키어 서쪽이라 하고 도적을 자식으로 오인하는 데 이르지 않겠습니까?[104]

　　담헌은 더 나아가 양명학에 대한 객관주의적 해석을 시도하기도 하였다.

103　담헌의 양명학 이해에 대해서는 한정길(2006), 111~116면 참조. 그는 담헌이 양명의 종지인 致良知를 거부하고 致知에 대한 주자의 해석을 고수하는 한 양명학자일 수는 없다고 결론지었다.

104　『湛軒書』外集 卷1,「與篠飮書」, "陽明之背朱子, 大要在於格物致知. 朱子謂人心之靈, 莫不有知, 而天下之物, 莫不有理, 使人卽物窮理, 以致其知, 陽明則以爲理在吾心, 不可外索, 惟以致良知爲主. 夫良知者, 孟子之說也, 苟其致之, 大人之心, 乃赤子之心也, 夫誰曰不可. 然其所以致之者, 不先之以窮理之功, 其不至於指東爲西認賊爲子乎?"

주자(朱子) 문하의 말학(末學)들은 스승의 학설을 어지럽혔으며, 양명(陽明)은 습속을 미워한 끝에 치양지(致良知)를 주장하였소. …… 어찌 일부러 문호를 갈라서 이단(異端)으로 돌아감을 달게 여겼겠습니까? 다만 그 세상을 통분히 여기고 습속을 미워한 끝에 굽음을 바로잡는데 너무 지나치게 했던 때문이오.[105]

또 양명이 어찌 일찍이 '도문학(道問學)'의 공부가 없다 하겠습니까? 도를 구하면서 학문을 하지 않는다면, 그것은 눈으로 정(丁) 자도 알지 못하는 자가 정좌(靜坐)하여 마음만을 잡고 있어도 성인이 될 수 있고 현인도 될 수 있다는 것이니 어찌 그럴 수 있겠습니까? 양명을 전혀 '존덕성(尊德性)'만 주장했다고 책하는 것은 또한 실정에 들어맞는 죄목(罪目)의 논정(論定)은 아닙니다. …… 그 사공(事功)의 빛나는 것으로 말하면 바로 실지로 얻은 공효이니, 앉아서 공언(空言)을 말하고 구구한 훈고(訓詁)나 일삼는 학자들로서는 진실로 감히 그 만분의 일에도 견주어 내지 못할 것입니다.[106]

즉 양명의 치양지(致良知)는 주자(朱子) 말학(末學)의 폐단을 교정하고자 한 것일 뿐 별도의 문호를 열어 이단(異端)의 길로 나아가고자 한 것이 아니며, 또한 양명이 도문학(道問學)을 무시한 것은 아니며 그의 사

---

105 『湛軒書』內集 卷3, 「與人書〔二首〕」, "朱門末學, 汩其師說, 陽明嫉俗, 乃致良知. …… 豈故爲分門甘歸於異端哉? 亦其憤嫉之極, 矯枉而過直耳."
106 『湛軒書』外集 卷3, 「乾淨衕筆談〔續〕」, "且陽明何嘗無道問學之功哉? 求道而不道學問, 是目不識丁者, 靜坐攝心, 可以爲聖爲賢, 豈有是理? 責陽明以專尊德性, 亦非原情定罪之論矣. …… 若其事功之炫赫, 乃其實得之餘波, 彼坐談空言區區爲訓詁之學者, 固不敢比方其萬一."

공(事功)은 그 공부의 공효를 보여 준다는 것이다. 그러나 이것은 양명학에 대한 객관주의적 해석이라고 해도 좋은 만큼, 자신의 객관주의적 입장 자체를 폐기한 것은 아니라고 할 수 있다.

분명 조선 유학의 객관주의적 전통은 담헌의 실학이 실심 실학으로, 강한 심학적 경향을 가지고 있음에도 불구하고, 물학의 정립에로 나아가는 데 유리한 환경을 조성해 주었다. 그러나 주자학의 물학은 물론 분명 한계를 가지고 있었다. 물학의 성립과 관련하여 전통 이학과 심학은 긍정과 부정의 이중(二重) 역할을 하였다. 이학(理學)은 어떤 만물을 형성하는 객관적인 근거이자 질서인 이(理)가 만물에 내재하여 그를 주재하고 있다고 봄으로써, 물의 세계가 보편적인 합리적 질서에 종속되어 있다는 관념을 가능하게 하였다. 그러나 그것은 한편으로는 이(理)를 인간의 도덕규범 혹은 덕성과 동일시함으로써, 인간중심주의의 한계를 극복하지 못한 문제를 안고 있었다.

반면 심학(心學)은 이(理)의 영역을 심(心)에 집중시킴으로써, 물(物)은 상대적으로 인간의 도덕적 규범과의 내재적 관련성으로부터 자유롭게 되었다는 점에서 독자적인 물학의 형성이 가능할 수 있는 여지를 만들어 주었다. 그러나 그것은 또한 한편으로는 물에 대한 지식을 심의 실천적이고 실용적인 욕구에 외재적으로 종속시킴으로써, 보편적 자연학으로서의 물학을 형성토록 하는 데에는 한계가 있었다.

위에서 살펴본 이(理)와 심(心)에 대한 담헌의 새로운 견해는 그러한 이학(理學)과 심학(心學)의 제약을 넘어 독자적인 물학(物學)의 정립을 가능하게 해 주었다. 즉 담헌은 이(理)를 인(仁)이라고 함으로써, 도덕가치를 자연현상에도 적용시킨 성리학의 도덕주의적 환원론, 혹은 범도덕주의(凡道德主義)와 일견 유사한 것처럼 보이지만, 거기에서 핵심적이었던 인간중심주의를 부정함으로써, 성리학의 도덕주의적 환원론과는 다른 방향으로 나아갔다. 그것은 인간의 도덕 역시 자연의 일부이며, 동시에 인간 이외의 자연세계도 인간의 도덕과는 그 내용이 다르지만 그 나름대로의 동일한 도덕적 가치를 지니고 운행하고 있다는 관점을 취한 것으로, '확장된 자연주의' 혹은 '확장된 도덕주의'라고 할 수 있는 그러한 관점이었다.[107]

'확장된 자연주의'가 도덕에 대한 도가(道家)의 자연주의적 환원론에 대응하여 인간 도덕의 독자성과 자연성을 설명하고자 맹자(孟子)에 의해 제출된 관점이라면, '확장된 도덕주의'는 성리학의 도덕주의적 환원론에 대응하여 자연현상의 독자성과 나름의 도덕성을 설명하고자 담헌에 의해 제출된 관점이라고 할 수 있다. 그것들은 또한 도덕과 자연의 관계에 대해 둘 다 각각으로의 환원론에 반대하는 비환원론적 입장이며, 또한 서로를 함축하고 있다는 점에서 서로 통한다고 할 수 있을 것이다.[108]

'확장된 자연주의'의 관점에서는 인간과 인간의 도덕은 더 이상 자연을 제재하고 평가하는 기준으로 이해되지 않지만, 동시에 인간의 도덕 역시 자연의 일부로 그 존재론적 위상을 보유하고 있다. 그것은 물(物)을 인간의 도덕으로부터 독립시켰으며, 따라서 '물학'이 독립적으로

---

107 '확장된 자연주의'는 『맹자』의 性善說을 설명하기 위해 필자가 사용한 말이다. 『맹자』의 '확장된 자연주의'에 대해서는 문석윤(2010) 참조. 이와 유사한 관점들이 이동환, 백민정 등에 의해 제기된 바 있다. 담헌에서의 자연과 도덕의 통일 문제와 관련하여 이동환은 기존의 도덕주의적 합일론이 아니라 자연주의적 합일론이라고 하였으며(李東歡(1999), 149~150면), 백민정은 "기존의 주자학이 자연을 '도덕화'하려고 했던 것인데 반해, 거꾸로 도덕을 '자연화'하려는 경향으로 발전한 것이었다고 본다."(백민정(2008), 104면)라고 하였다.

108 그래서 이 논문에서는 꼭 필요한 경우가 아니라면 '확장된 자연주의'라는 용어로 통일하여 쓰고자 한다.

정립될 수 있는 가능성을 열어 준 동시에 서양의 자연학이 주로 자연주의적 환원론에 기초한 것이라고 한다면, 담헌의 물학이 그것과는 다른 성격을 지니고 전개되도록 하였다.

1) 담헌 물학의 기초─이천시지(以天視之)와 인물균(人物均)

「의산문답(毉山問答)」에서 실옹(實翁)은 허자(虛子)에게 대도(大道)를 말해 주기에 앞서 본원(本源)을 먼저 말해 주겠다고 한다.[109] 대도가 곧 담헌의 새로운 물학(物學)이라고 한다면, 본원은 곧 물학의 기초를 이루는 것으로, 이천시지(以天視之)와 인물균(人物均)의 관점이다. 그것은 바로 위에서 말한 '확장된 자연주의'의 관점을 확립하는 것이었다고 할 수 있다.

> 오륜(五倫)과 오사(五事)는 사람의 예의(禮義)이고, 떼를 지어 다니면서 서로 불러 먹이는 것은 금수의 예의이며, 떨기로 나서 무성한 것은 초목의 예의이다. 사람으로써 물을 보면〔以人視物〕 사람이 귀하고 물이 천하지만, 물로써 사람을 보면〔以物視人〕 물이 귀하고 사람이 천하다. 하늘로써 보면〔以天視之〕 사람이나 물이 마찬가지다. …… 대개 대도(大道)를 해치는 것으로는 자랑하는 마음보다 더 심한 것이 없다. 사람이 사람을 귀하게 여기고 물을 천하게 여김은 자랑하는 마음의 근본이다.[110]

---

109 『湛軒書』內集 卷4, 「毉山問答」, "이제 나는 너에게 大道를 말하기에 앞서 本源부터 일러 주리라.〔今吾將語爾以大道, 必將先之以本源.〕"

110 앞의 글, "五倫五事, 人之禮義也, 羣行呴哺, 禽獸之禮義也, 叢苞條暢, 草木之禮義也. 以人視物, 人貴而物賤, 以物視人, 物貴而人賤, 自天而視之, 人與物均也. …… 夫大道之害, 莫甚於矜心, 人之所以貴人而賤物, 矜心之本也."

'이인시물(以人視物)'이 전통 성리학적 관점, 즉 도덕주의적 환원론을 지시한다면, '이물시인(以物視人)'은 자연주의적 환원론을 지시한다고 해석할 수 있을 것이다. 그에 비하여 '이천시지(以天視之)'의 입장이야 말로 그러한 양 방면의 문제를 극복한 '확장된 자연주의'(혹은 '확장된 도덕주의')의 관점이라고 할 수 있다. 그것이야말로 물(物)을 제대로 알 수 있는 기초적인 관점이라고 담헌은 강조하는 것이다.

담헌의 '물학'은 바로 그러한 '확장된 자연주의'의 관점을 취하는 것으로, 천(天)의 관점 곧, 부분적이고 편향적인 관점이 아니라 전체적이고 보편적 관점을 취할 것을 주장한다. 그것은 단순히 상대주의적 관점을 제기한 것이 아니라 객관적 인식을 강조한 것으로 이해할 수 있다.[111] 담헌의 물학은 결국 인간과 물을 각자 독립적이고 동등한 가치를 가진 것으로 봄을 통해 성립되었다고 할 수 있다.

담헌의 '인물균(人物均)' 명제는 낙학의 주요 명제인 '인물성동론(人物性同論)'과 유사한 면을 가지고 있다. 그러나 인물성동론은 결코 인간 중심주의, 도덕중심주의를 부정한 사실 위에 제시된 명제가 아니었다. 오히려 인간중심주의, 도덕중심주의의 강화를 의미한다고 할 수 있었다.[112] 즉 그것은 인성과 물성의 동등성을 주장하는 것이 아니라 동일성을 주장한 것이었다. 구체적으로는 물(物)에도 인의예지신(仁義禮智信)

---

111 김문용(2005)은 담헌의 '以天視物'이 단지 莊子的인 상대주의적 관점을 제시한 것이 아니라, 그와 함께 자연에 대한 객관적 인식의 관점을 주장한 것이라고 역설했다. 56~62면 참조.

112 이러한 점에서 호락논쟁에 대한 초기 연구 중에는 人物性異論에서 인간중심주의의 극복을 논하려는 시도가 있었다. 그러나 人物性異論의 경우에서도 인간중심주의는 여전히 견지되고 있었다. 人物性異論에서 物性은 독자성을 지닌 것이 아니라 열등성을 의미하는 것이었으며, 그 기준은 여전히 인간의 도덕 문명이었던 것이다. 이와 관련하여서는 임종태(2005), 209면 주 71) 참조.

의 오상(五常)이 온전하게 갖추어져 있다고 주장하였으며, 그 오상은 바로 인간의 도덕 문명에 다름 아니었던 것이다.

담헌이 낙학의 인물성동론에 익숙하였을 것이라는 점에서 그의 '인물균' 주장이 인물성동론과 어느 정도 관련성을 가지면서 주장되었다고 추정할 수도 있겠지만,[113] 담헌은 그러한 외견상의 유사한 주장에 상당히 다른 내용을 담아낸 것이라고 할 수 있을 것이다.[114] 그것은 곧 앞서 도달한 이(理)와 심(心)의 동일성에 대한 새로운 관점에 기초한 것이었다. 바로 그런 점에서 인간과 물 사이의 차별은 존재하지 않는다. 모든 존재에서의 이(理)와 심(心)의 평등적 동일성과 통일성[齊一性] 그리고 인간의 윤리적 가치로부터 자연의 독립은 보편적인 자연학으로서의 물학(物學)의 기초를 제공하는 것이었다.[115]

2) 담헌 물학의 성격 1 − 실용적 기술학과 보편적 자연학

담헌은 '인물균'의 관점이 실천적이고 실용적인 이용후생의 학(學)으로서 물학의 성립을 가능하게 한다고 보았다.

이러므로 옛사람이 백성에게 혜택을 입히고 세상을 다스림에는 물(物)

---

113 유봉학(1992)은 洛學의 人物性同論이 담헌의 人物均論과 物論 그리고 과학적 탐구의 토대가 되었다는 견해를 제시하였다. 그것은 일면 타당성이 있다고 보여진다. 그러나 그것은 단선적인 발전은 결코 아니었으며, 낙학과 담헌의 물학 사이에는 중대한 차이가 있다는 점을 간과해서는 안 된다. 즉 낙학이 결코 담헌 물학의 배타적 원인이 될 수는 없다는 것이다.
114 許南進(1993)은 유봉학(1992)의 견해를 비판하면서 人物均의 관점은 西學의 영향을 받아 형성된 것임을 강조한다(131면 참조). 한편 송영배 교수는 莊子철학의 영향을 추정하였다. 송영배(1994) 참조.
115 조셉 니담 저, 李錫浩·李鐵柱·林禎埀 역(1986), 65~70면 참조.

에 도움받지 않음이 없었다. 대체로 군신(君臣) 간의 의리는 벌〔蜂〕에게서, 병진(兵陣)의 법은 개미〔蟻〕에게서, 예절(禮節)의 제도는 박쥐〔拱鼠〕에게서, 그물 치는 법은 거미〔蜘蛛〕에게서 각각 취해 온 것이다. 까닭에 "성인(聖人)은 만물(萬物)을 스승으로 삼는다."라고 하였다. 그런데 너는 어찌해서 하늘의 입장에서 물을 보지 않고 오히려 사람의 입장에서 물을 보느냐?[116]

바로 이 지점에서 '인물균'의 관점은 자연세계에 대한 적극적인 관심을 이끄는 것으로 제시된다. 긍심(矜心)—이 경우 그것은 사물을 천시하는 인간중심주의를 의미함—은 도덕 이외의 자연에 대한 관심을 막아서는 결과를 초래한다. 그리고 그것의 극복은 자연세계에 대한 적극적인 관심과 그에게 배운다는 태도를 가능하게 한다.[117] 그것은 백성을 이롭게 하고 세상을 다스리는 데 있어 꼭 필요한 태도이다. 유교와 사대부의 실천을 위해서는 물에 대한 관심과 그에서 배우는, 즉 그에 대해 잘 아는 것이 필요하다는 것이다. "자연은 인간의 스승이다."라는 역전이 일어나는 것이다. 거기에서 성립되는 물학은 실천적이고 실용적인 기술학(技術學)이다. 자연세계는 내재적으로 인간의 도덕 가치를 지향하고 있는 것이 아니다. 자연세계는 그 나름대로의 세계를 구성하고 있으며, 그것은 인간과 독립되어 있다. 다만 인간은 그것을 자신들의 관심, 즉 백성을 이롭게 하기—그것이 이용후생이다—위해 자연에

---

116 『湛軒書』內集 卷4,「毉山問答」, "是以古人之澤民御世, 未嘗不資法於物, 君臣之儀, 盖取諸蜂, 兵陣之法, 盖取諸蟻, 禮節之制, 盖取諸拱鼠, 網罟之設, 盖取諸蜘蛛, 故曰'聖人師萬物', 今爾曷不以天視物, 而猶以人視物也."
117 박희병(1999)은 그것을 '尊物的' 태도라 명명할 만하다고 하였다. 262면 참조.

서 배운다. 즉 자연을 이용한다는 것이다.[118]

그러나 그것이 곧 또 한 측면에서 인간중심주의를 재현한다는 비판이 가능하지 않을까? 즉 성리학이 자연세계를 내재적으로 도덕적 세계로 해석함으로써, 즉 자연세계 전체가 도덕세계를 지향하고 있는 것으로 이해함으로써, 자신의 내재적 인간중심주의를 표출하였다면, 이제 담헌의 실용적 물학은 인간의 실용적 관심에 따라 자연을 자기 나름대로 해석하고 이해하는 또 하나의 인간중심주의, 외재적 인간중심주의를 표출하고 있는 것은 아닐까? '자연에서 배운다'는 것은 '인간적 관심에 따라 자연을 지배하고 이용한다'는 것의 치장에 불과한 것이 아닐까?

그러나 '이천시지'와 '인물균'의 함축을 깊이 생각해 볼 때, 단지 그렇게 치부하기는 어려울 것으로 보인다. 담헌의 '물학'은 단지 그러한 실천적이고 실용적인 이용후생의 학에 그치는 것이 아니라 보편적 자연학의 내용을 지향하고 있었다. 담헌에 따르면 모든 존재, 즉 인(人)과 물(物) 모두 동일한 이(理)뿐만 아니라 동일한 심(心)을 부여받았다. 즉 모든 존재는 대상 및 환경 세계와 주체적으로 관계 맺는 주체라는 것이다. 모든 존재는 뭇 이치〔衆理〕를 갖추고서 온갖 일〔萬事〕에 감응(感應)하는 능지능각(能知能覺)의 존재이다. 그것은 단지 생물에서만 그러한 것이 아니라 땅도 그러하다고, 즉 살아 있는 생명체라고 담헌은 말한다.

---

[118] 사실 그러한 자연에 대한 실용적 관심은 유교에 낯선 것은 아니었다. 김형효(2003)는 儒學을 無爲儒學, 當爲儒學, 有爲儒學의 세 가지 범주로 구분한다. 그에 의하면 有爲儒學은 實用主義的·道具的 진리에 집중하는 實學으로, 荀子를 그 대표로 한다. 389~443면 참조.

대저 땅이란 허계(虛界)의 활물(活物)이다. 흙은 그의 살이고 물은 그의 정기와 피이며, 비와 이슬은 그의 땀이고, 바람과 불은 그의 혼백이며 영위(營衛, 營氣와 衛氣)다. 이러므로 물과 흙은 안에서 빚어내고 태양 화기는 밖에서 쪼이므로, 원기가 모여 온갖 물을 생산한다. 풀과 나무는 땅의 모발(毛髮)이고 사람과 짐승은 땅의 벼룩이며 이[虱]이다.[119]

역으로, 자연적 생명체라고 하는 점에서는 인간도 예외가 아니며, 인간의 활동 또한 자연적 감응의 한 양상으로 이해되어질 수 있다. 그는 「심성문」에서 다음과 같이 말했다.

꽃이 피고 잎이 떨어짐을 사람은 모두 하늘의 조화(造化)라 하되, 사람의 일동(一動) 일정(一靜)이 또한 하늘의 함[爲]이 아닌 것이 없음을 알지 못한다.[120]

'하늘의 함'이라고 하는 것은 곧 인간의 작위를 넘어선 자연적인 것이라는 말이다. 심이 인간을 포함하여 모든 존재들의 지각과 감응의 제 양상을 주도하는 주체라고 한다면, 그러한 제 양상이 이루어지는 양식, 원리 혹은 법칙이 이(理)이며, 그것이 곧 '하늘의 함'이라고 할 수 있을 것이다. 바로 그것은 「심성문」에서의 통찰에 의하면, 곧 인(仁)이 될 것이다. 즉 인(仁)은 생명체로서의 모든 존재가 작동하는 원리로 이해할

---

119 『湛軒書』內集 卷4,「毉山問答」, "夫地者虛界之活物也. 土者其膚肉也, 水者其精血也, 雨露者其涕汗也, 風火者其魂魄榮衛也. 是以水土釀於內, 日火熏於外, 元氣湊集, 滋生衆物, 草木者地之毛髮也, 人獸者地之蚤蝨也."
120 『湛軒書』內集 卷1,「心性問」, "花開葉落, 人皆曰天之造化, 不知人之一動一靜, 亦莫非天之爲也."

수 있다.

이학(理學)에 함유되어 있던 모든 존재에 대한 합리적 해명의 가능성은 이제 담헌의 물학(物學)에 의해서 발전적으로 계승되고 있다고 할 수 있을 것이다. 그리고 그것은 생명의 관점에서 모든 존재를 바라보는, 즉 존재들 각각을 그 생명의 고유성의 관점에서 바라보는, 그러나 동시에 또한 그것들 전체를 하나의 자연세계 속에 포괄하는 평등적 제일성의 관점—그것이 곧 '인물균(人物均)'의 관점이요, '확장된 자연주의'의 관점이다—에서 바라보는 의미에서 어떤 보편적 자연학으로서의 인학(仁學)의 형태를 취해 갈 것이 예견된다.[121]

3) 담헌 물학의 성격 2 - 실천학

담헌은 이(理)가 동일성의 원리라고 한다면 차별성의 원리는 기(氣)라고 하였다.[122] 이(理)와 심(心)에서 모든 존재가 동일하다는 것은 모든 존재를 동일한 합리성으로 설명할 수 있다는 의미일 것이다. 그렇다면 차별성 혹은 차이는 그러한 동일한 합리성으로 설명될 수 없는 차이와 불균형, 사회적으로는 불평등의 발생에 대한 것이다. 담헌은 다음과 같이 말한다.

---

121 바로 이러한 점에서 담헌에게서 어떤 생태적 세계관의 가능성을 모색하는 이들이 있다. 예를 들어 박희병(1999), 245~293면; 李英順(2007) 참조.

122 "무릇 物은 같으면 모두 같고, 다르면 모두 다르다. 그러므로 理란 것은 천하의 같은 바이고, 氣란 것은 천하의 다른 바이다.〔凡物, 同則皆同, 異則皆異, 是故理者, 天下之所同也, 氣者, 天下之所異也.〕"(『湛軒書』內集 卷1, 「答徐成之論心說」) 이것은 주자의 '理同氣異'의 명제와 말은 동일하지만, 실제 내용은 다르다. 그것은 곧 '인물성동론'과 '인물균론'의 차이와 같다.

같지 않음이 있게 되는 것은, 심(心)이 기(氣)를 따라 체를 변(變)하여 신령함[靈]이 정해진 근본을 잃어버리기 때문이다. 정해진 근본이 없어지면 지자(智者)는 우자(愚者)에 대해서, 현자(賢者)는 불초자(不肖者)에 대해서 모두 같지 않을지니, 이것이 어찌 이(理)인 것이겠는가? 그러므로 이르되, 우(愚)는 기(氣)에 국한되고 물(物)은 질(質)에 국한되나 심(心)의 신령함은 한 가지라 한다. 기(氣)는 변할 수 있어도 질(質)은 변하지 못한다. 이것이 사람과 물(物)의 다름이다.[123]

담헌은 현실에서의 불균형과 불평등이 발생하는 것은 심이 기에 의해 그 본체가 변질되어서라고 한다. 그로 말미암아 인간 사이의 현(賢)과 우(愚)의 차이가 발생하고, 또한 인간과 물(物) 사이의 차이도 발생한다는 것이다. 담헌은 좀 더 구체적으로 인간 사이의 차이는 기(氣)에 국한되었기[124] 때문이며, 인물(人物) 사이의 차이는 질(質)에 의해 국한되었기 때문이라고 말한다. 심(心)과 기(氣)와 질(質)을 구별하고 있는 것이다. 이것은 심과 기질을 구분한 낙학의 전통을 일면 계승하면서 그것을 변용하여 더욱 발전시킨 것이라고 할 수 있을 것이다.

담헌은 또한 기와 질의 차이에 대해서, 기는 변경 가능한 것이지만 질은 변경할 수 없다는 데 있다고 하고, 인간과 동물의 차이는 결국 변할 수 있는가 변할 수 없는가에 달려 있다고 한다. 즉 인간은 수양을 통해 자신의 현재 상태를 개선하는 것이 가능하지만, 다른 물(物)에서는

---

123 『湛軒書』內集 卷1,「答徐成之論心說」, "一有不同, 是心逐氣變體, 靈無定本, 旣無定本, 則智之於愚, 賢之於不肖, 皆不同也. 此豈理也歟? 故曰, 愚局於氣, 物局於質, 心之靈則一也, 氣可變而質不可變, 此人物之殊也."
124 담헌은 여기에서 분명히 栗谷의 '理通氣局'을 염두에 두고 있다.

그것이 불가능하다고 했다. 즉 인간과 물의 차이는 수양의 가능성 여부에 있다는 것이다.

담헌은 더 나아가 물에서도 심(心)은 동일하여 자애와 경외의 마음 같은 것, 곧 인의(仁義)의 마음이 자연스럽게 일어나지만 물이 인간처럼 수양하고 사회적으로 실천하는 일이 일어나지 않는 것은 곧 그 형(形)에 구속되었기 때문이라고 했다.

호랑(虎狼)이 자식에게 사랑하는 마음이 유연(油然)히 나고, 봉의(蜂蟻)가 왕벌에게 공경하는 마음이 자연(自然)히 나니, 이에 그 마음의 본래 선한 것이 사람과 같음을 알 수 있다. 그러면 물도 또한 그 마음을 바로 하여 몸을 닦고 집을 가지런히 하고 나라를 다스리고 천하를 평하는 일을 할 수 있는가? 이르건대, 이것은 형(形)에 국한된 것이다. …… 오직 형에 국한되었으므로 마침내 그런 이치가 없다.[125]

동물에게도 나름의 인(仁)의 현상들이 나타나지만, 그것은 인간과 같이 수기치인(修己治人)의 실천으로 이끌지는 않는다. 인간은 심이 기의 차이를 수양을 통해 극복하고, 불균형과 불평등을 극복하여 심의 동일성을 회복할 수 있지만, 동물(식물)은 심의 동일성에도 불구하고 질(質)과 형(形)의 국한을 극복할 수 없다는 것이다.

이러한 발언은 담헌의 물학이 기의 차원에서는 실천학적 성격을 가지고 있음을 보여 준다. 인간에서는 기(氣)가, 물(物)에서는 형(形)과 질

---

125 『湛軒書』內集 卷1,「答徐成之論心說」, "虎狼之於子也, 慈愛之心, 油然而生, 蜂蟻之於君也, 敬畏之心, 自然而生, 此可見其心之本善, 與人同也. 然則物亦可以正其心而爲修齊治平之事耶? 曰, 是則局於形也. …… 而惟局於形, 是以終無其理."

(質)이 본래적 상태를 왜곡하며, 현실 혹은 현상에서 차이와 문제를 불러일으킨다는 것이요, 그에 대한 극복이 모색된다는 것이다. 위에서 우리는 담헌이 상정한 자연세계는 인간의 도덕을 포함하는 확장된 자연주의 그리고 그 자체 나름의 도덕 가치를 구현하는 확장된 도덕주의의 세계였음을 지적한 바 있다. 바로 그런 점에서 담헌의 물학은 일체의 가치를 배제시킨 순수 이론학인 근대적 자연학과는 다른 성격을 가진 것이라고 할 수 있다.

형(形)과 질(質)의 관점에서 자연세계는 부조화한 것이요, 그 본래성을 상실하거나 적어도 상실할 수 있는 것으로 이해된다. 이것은 분명 자연세계를 이해하는 데 가치 개념이―물론 그것은 인간중심적인 것이 아니라고 주장한다고 하더라도―다시 동원되고 있음을 보여 준다. 이것은 담헌이 제시하는 자연과 인간의 역사, 즉 그 현실성에 대한 설명에서 분명히 확인된다.

상고(上古) 시대에는 오로지 기화(氣化)만 있어서 사람과 물(物)이 많지 않았으며, 그들의 타고난 성품이 깊고 두터웠고 정신과 지혜가 맑고 밝았으며 행동거지도 순박하였다. …… 조수(鳥獸)와 어별(魚鼈)도 모두 제 수명을 누렸고 초목과 금석(金石)도 각각 자신의 몸을 보전하였다. 하늘에는 음란하거나 요사스러운 재앙이 없었고, 땅에는 무너지거나 말라 버리는 해가 없었다. 이것이 사람과 물의 근본이며, 진정한 태화(太和)의 시대였다.

중고(中古)로 내려오면서부터 지기(地氣)가 비로소 쇠해지자 사람과 물들이 생겨남에 점점 박잡하고 흐린 데로 굴러가게 되었다. 남녀(男女)가 서로 모임에 곧 정욕(情欲)을 생성하고, 정기(精氣)를 감촉하여 아이를 배니, 비로소 형화(形化)가 있게 되었다. 형화가 있음으로부터 사람과 물은 번성하였으니, 지기(地氣)는 더욱 누설되어 기화(氣化)가 끊어졌다. 기화가 끊어지니 사람과 물의 생겨남에 오로지 정(精)과 혈(血)만 타고나게 되었고, 그 때문에 찌꺼기와 더러운 것만 점점 자라나고 맑고 밝은 마음은 점점 퇴축되었다. 이것이 천지의 비운(否運)이요, 화란(禍亂)의 시초였다. …… 이렇게 되자 만물(萬物)은 각각 제 몸을 사적(私的)인 것으로 하였고, 백성들이 싸우기 시작했다. …… 땅의 힘이 손상되었고, 분노하고 원망하여 저주하는 음란하고 더러운 기(氣)가 올라가자 하늘의 재앙이 나타나게 되었다.[126]

분명히 기(氣)와 형(形)·질(質) 사이의 구분을 전제로 담헌은 심(心)이 형(形)의 단계에 이르러—이것이 꼭 시간적인 전개일 필요는 없다—본래성을 상실하였다고 말하고 있다. 그리하여 인간 사이의 불평등과 악이 생기게 되었고 자연도 부패하여 이상(異常)현상을 나타내게 되었다는 것이다.

담헌은 인간의 도덕 문명이 바로 이러한 문제를 해결하기 위한 것이라고 보았다.

그러므로 예악(禮樂)과 제도는 성인(聖人)이 그것으로 새는 것을 막고 끌어서 보충해 주어 한 시대를 제어하는 방편이었다. 그러나 정욕의 뿌리

---

126 『湛軒書』內集 卷4,「毉山問答」, "邃古之時, 專於氣化, 人物不繁, 鍾禀深厚, 神智淸明, 動止純厖. …… 鳥獸魚鼈, 咸遂其生, 草木金石, 各葆其體, 天無淫沴之災, 地無崩渴之害, 此人物之本, 眞太和之世也. 降自中古, 地氣始衰, 人物生成, 轉就駁濁, 男女相聚, 乃生情欲, 感精結胎, 始有形化, 自有形化, 人物繁衍, 地氣益泄而氣化絶矣. 氣化絶則人物之生, 專禀精血, 滓穢漸長, 淸明漸退. 此天地之否運, 禍亂之權輿也. …… 於是萬物各私其身而民始爭矣. …… 地力損矣, 忿怒怨詛, 淫穢之氣, 昇而天災現矣."

는 뽑히지 않았고 이욕의 근원이 막히지 않았으니 그 형세가 마치 하천에 댐을 쌓은 것 같아 필경에는 무너져 터지고 만다는 것을 성인은 이미 알고 있었다.[127]

담헌은 그러나 예악 제도는 결국 근본적인 해결책이 아니며, 그의 해결을 위해서는 이욕(利慾)의 근원을 막는 것, 곧 수양(修養)의 노력이 필수적임을 이야기하고 있다. 즉 이에 이르러서 담헌은 전통 성리학의 후예로서 자신의 면모를 드러내었다고도 할 수 있다.[128]

인간의 경우, 기(氣) 혹은 형(形)·질(質)에 의한 차이와 불균형, 불평등의 존재들은 제도적으로나 수양적으로 극복되어질 수 있는 것이라고 한다면, 자연의 이상(異常)현상은 어떠한가? 자연, 곧 물에서는 인간의 수양과 같은 수양이 불가능함을 담헌은 이미 지적하였다. 그러므로 인간의 방식으로 그것은 극복될 수 없는 것이다. 그렇다면 그것을 어떻게 이해해야 할 것인가? 자연은 불균형을 노출하면서 존재하는 것이 자연스러운 것이요, 따라서 우리는 그것을 그대로 용인하는 것으로 만족해야 하는 것일까?

자연의 이상현상과 관련하여, 존 헨더슨은 중국 명·청대 학자들이 전통의 상관적(相關的) 자연관에 대해 비판하면서 불가지론(不可知論)적 태도를 취함으로써 근대 자연과학의 발달을 저해했던 반면에, 서양에서는 그러한 불균형 혹은 이상현상을 불가지론적으로 접근하지 않고

---

127 앞의 글, "是以禮樂制度, 聖人所以架漏牽補, 權制一時, 而情根未拔, 利源未塞, 勢如防川, 畢竟潰決, 聖人已知之矣."
128 백민정(2008)은 담헌이 "윤리적 수양 문제에 있어서는 여전히 주자학의 주요 방법론을 그대로 차용했던 점을 인정하지 않을 수 없다."(119면)라고 말한다.

자신들의 자연 이해를 수정함으로써 합리적으로 설명하려고 시도하였고, 그것이 근대 자연과학의 탄생으로 이어졌다고 지적한 바 있다.[129] 즉 상관주의적 사유 방식 자체가 문제가 아니라 그것을 철저하게 관철하지 못한 불철저성이 문제라는 것이다. 어쨌든 자연세계 속의 이상현상에 대해 그대로 불가지론적으로 방치하는 것 이외에, 적극적으로 설명하려는 입장이 또 하나의 중요한 입장이 될 수 있다는 것이다. 그렇다면 담헌의 경우는 어떠한가?

담헌이 기화로부터 형화로의 변화를 설명하면서 '지기(地氣)가 쇠약하여 짐'이라고 하는, 생명을 기반으로 한 자연주의적 설명 방식을 택한 것은 담헌이 단순히 전자의 길을 가지 않았다는 것, 즉 단순히 전통의 음양오행설과 천인감응에 기초한 나름의 합리적 우주를 파괴하고 단순히 불균형을 노출시키는 데 만족하지 않았다는 것을 의미한다. 그는 나름대로 자연법칙에 따라 그것을 합리적으로 설명하려고 시도했다고 볼 수 있는 것이다. 담헌에게 그것은 분명 '자연의 운행상 자연스러운 것[天時之必然也]'[130]이었다.

물론 담헌이 그것을 그대로 용인하는 것은 아니었다. 이상(異常)현상

---

129 존 헨더슨은 그런 관점에서 "명·청대 중국에는 케플러·뉴턴·라이프니츠·뉴랜즈와 같이 상관적 우주론에 근거함으로써 오히려 근대과학으로 들어갈 수 있었던 과도적인 인물들이 없었던 것이다."라고 하였다. 존 헨더슨 저, 문중양 역주(2004), 284~287면 참조. 담헌은 분명 그 과도기 후의 전개 양상이 서양의 근대과학과 상당히 다를 수 있다 해도, 그와 같은 '과도적인 인물'에 속할 수 있지 않을까? 물론 이것은 좀 더 살펴보아야 할 과제이다. 그를 위해서는 서양 근대 초기의 과학자들 및 명·청대 학자들과 담헌을 비교 연구하는 것이 필요할 것이다.

130 이것은 淸의 발흥에 대해 그 필연성을 담헌이 언급하면서 했던 말이다. "南風(천자의 덕)이 떨치지 못하고 오랑캐[胡]의 운수가 날로 자라남은 곧 人事의 감응이요, 天時의 필연이다.[夫南風之不競, 胡運之日長, 乃人事之感召, 天時之必然也.]"(『湛軒書』 內集 卷4, 「毉山問答」) 이를 자연의 이상현상에도 적용할 수 있다고 본다.

은 자연주의적으로 설명된다고 하더라도, 여전히 이상현상임에는 틀림이 없다. 다만 그 자체로 그것을 개선할 수 있는 역량이 현실적으로 부족할 뿐인 것이다. 담헌은 다른 곳에서 자연의 물(物)이 그 본래성에서는 또한 그러한 개선과 수양이 가능하다고 말함으로써, 심의 동일성과 자연의 통일성에 대한 자신의 입장을 일관적으로 유지하였다.

> 만일 능히 찌꺼기를 씻어 버리고 그 순수한 데로 돌아가면 비록 물(物)이라도 어찌 수제(修齊)의 일을 하지 못한다 하겠는가? 오직 형(形)에 국한되었으므로 마침내 그런 이치가 없는 것이지, 어찌 형에 국한되었다 해서 그 심(心)이 또한 다르다 하겠는가?[131]

즉 담헌은 자연에서도 수양의 계기를 결코 철회하지 않은 것이다. 이것은 담헌의 물학 혹은 자연학(인간학과 정치사회학을 포함하여)이 단순히 현상의 이론적 '설명'에 그치는 것이 아니라, 본래적 상태와 현실적 상태의 괴리를 설정하여, 자연주의적으로 설명하고 진단하되, 거기에서 더 나아가 실천적 '변화'와 문제의 '해결'을 지향하는 실천학의 성격을 지니고 있음을 의미한다.[132]
이는 곧 담헌의 물학이 서양의 근대 자연과학과는 상당히 다른 지향

---

131 『湛軒書』內集 卷1, 「答徐成之論心說」, "若能滌盡滓穢, 復其純粹, 則雖物亦何可不爲修齊之業也, 而惟局於形, 是以終無其理, 何可以形之局而謂其心之亦異耶?"
132 이와 관련하여 韓醫學 방면에서 人體에 대한 통합적 접근을 수행한 東武 李濟馬(1838~1900)에 주목할 필요가 있다. 東武는 잘 아는 바와 같이 인간 체질에 대한 분류를 시도하고 있는데, 이것은 불균형성을 가져오는 形과 質에 대해 分類的 방식으로 접근하여 이른바 '보다 큰 조화'를 제시했으며, 더 나아가 그에 대한 실천적·문제 해결적 접근을 수행한 것으로 이해할 수 있다.

과 내용을 가지고 있음을 의미한다. 담헌의 물학에서 자연세계는 단지 대상세계로 기술(記述)되는 것이 아니라, 본래적 상태 혹은 본질을 실천하고 구현하는 주체로서 기술되며 평가된다. 이는 한편으로 분명 자연세계를 도덕으로부터 분리시키지 않는 전통 성리학적 세계상을 계승한 측면이라고 할 수 있지만, 다른 한편으로 그것은 앞에서 이미 지적한 바와 같이, 그 내부에서 인간중심주의 혹은 인간적 도덕중심주의를 탈각시켰다는 점에서 전통 성리학의 세계상과는 구별되며, 더 나아가 그를 극복하여 간 측면이 있는 것이다. 그런 점에서 담헌 물학의 실천학적 성격은 보편적 이론학의 성격과―적어도 담헌의 구상 내에서는―충돌하지 않는다고 할 것이다.

4) 담헌 물학의 방법

담헌은 자연에 대한 인식의 필요성에 대해 다음과 같이 말한다.

대체로 천(天)이라는 것은 만물의 시조(始祖)이며, 태양은 만물의 아버지이고 땅은 만물의 어머니이며 별이나 달은 만물의 여러 아버지뻘이다. 천지의 기운이 만물을 낳으며 또 기르니 그 은(恩)이 막대하며 만물이 숨을 쉬게 하며 갈(渴)할 때는 물을 주어 함육(涵育)하니 그 은택(恩澤)이 막후(莫厚)하다. 그러나 인간은 몸이 다하도록 하늘을 머리 위로 하고 땅을 밟고 지나고 있으나 천지의 체상을 알지 못한다. 이것은 마치 종신토록 부모에게 의탁하고 있으면서도 부모의 연령이나 체모를 알지 못하는 것과 같으니 어찌 이와 같은 사실이 가(可)할 것인가? 내가 알고 있는 하늘은 그것이 높고 멀다는 것뿐이고, 내가 알고 있는 땅은 그것이 두텁고 넓다는 것뿐인즉, 이것은 마치 내가 아는 아버지는 남자라는 것뿐이고,

내가 알고 있는 어머니는 여자라는 것뿐이라고 말한 것과 어찌 다를 것
인가?[133]

천지(天地) 자연은 만물의 시조요, 어버이이니 알지 않으면 안 된다
는 것이다. 흥미롭게도 이것은 마치 마테오 리치가 『천주실의(天主實
義)』서문에서 천부(天父)에 대한 지식의 필요성을 역설한 것을 상기시
킨다.[134] 분명 담헌이 그것을 의식했는지는 확실하지 않지만,[135] 어쨌
든 여기에서 그는 명확하게 자연 인식의 필요성을 역설하고 또한 전
통 자연 지식의 빈곤을 지적하고 있는 것이다. 담헌은 이어서 그러한

---

133 『湛軒書』外集 卷6,「籌解需用外編下」,「測量說」, "盖天者萬物之祖, 日者萬物之父, 地
者萬物之母, 星月者萬物之諸父也, 絪縕孕毓, 恩莫大焉, 响濡涵育, 澤莫厚焉. 乃終身戴
履而不識天地之體狀, 是猶終身怙恃而不識父母之年貌, 豈可乎哉? 若曰天吾知其高且
遠而已, 地吾知其厚且博而已, 則是何異於日父吾知其爲男子而已, 母吾知其爲女子而已
者哉?"
134 마테오 리치 지음, 송영배 · 임금자 · 장정란 · 정인재 · 조광 · 최소자 옮김(1999), 30~
34면 참조. "나라에도 주인[主]이 있는데, 天地에만 주인[主]이 없겠습니까? 나라가
하나(의 군주)에 통섭되는데, 어찌 천지에만 두 주인이 있겠습니까? 따라서 君子라면
우주의 근본[原]이요, 창조[造]와 생성[化]의 으뜸[宗]을 반드시 잘 인식하여 앙모
하고 사색해 보지 않을 수 없습니다. …… 생각건대, 우리들이 이런 '최고의 존자'를
흠숭한다고 하는 것은 다만 분향드리고 제사 지내는 것만이 아니라, 만물의 '근본이
되는 아버지[原父]'의 造化시키는 큰 공능을 항상 생각하는 데에도 있습니다. 그분께
서 반드시 지극한 지혜로써 이 세상을 경영하시고, 지극한 능력으로 이 세상을 완성시
키며, 至善으로 이 세상에 필요한 것을 갖추어 주시어서, 개개 사물과 萬類들이 필요로
하는 바를 모두 결함 없이 해 주심을 알아야만 비로소 大倫을 안다고 말할 수 있습니
다.〔邦國有主, 天地獨無主乎? 國統於一, 天地有二主乎? 故乾坤之原, 造化之宗, 君子不
可不識而仰思焉. …… 顧吾人欽若上尊, 非特焚香祭祀, 在常想萬物原父, 造化大功, 而
知其必至智以營此, 至能以成此, 至善以備此, 以致各物萬類所需, 都無缺欠, 始爲知大倫
者云.〕"
135 안영상은 담헌의 知 · 覺 · 慧의 人物無分 논리가, 마치 그의 지동설이 선교사들이 부정
한 논리를 발전시킨 것일 가능성이 있었던 것처럼, 『天主實義』에서 西士의 三魂說을
비판하는 中士의 입장에서 재구성한 것일 가능성이 있다는 흥미 있는 주장을 제시했다.
안영상(2006), 167~172면 참조.

빈곤의 원인을 진단하고 이를 극복하기 위한 방법을 제시하면서 다음과 같이 말했다.

그러므로 천지의 체상을 알고자 할 때는 의구(意究)하는 것은 불가하며 이색(理索)하는 것이 불가하니, 오직 기기(器機)를 만들어 이것으로써 측정하며 수를 계산하여 이것으로써 추측(推測)한다.[136]

즉 전통 자연학의 빈곤은 의(意)로 구(究)하고[意究] 이(理)로 찾았기[理索] 때문이라는 것이다. 의(意)로 구하고, 이(理)로 찾는다는 것은 생각으로 추측하고, 이치로 따져 본다고 하는 매우 주관적인 방법론을 가리키는 것으로, 결국 담헌이 지적하는 것은 방법론의 빈곤이었다.

담헌은 그에 대해 규기(窺器)와 추수(推數)의 방법을 제시하였다. 즉 관측기구를 만들어 측정하고, 수학적으로 계산한다는 것이다. 이것은 일견 객관적으로 관찰하고 수학적으로 해석하여 법칙을 발견해 나간다고 하는 서구 근대과학의 방법을 정확히 간파하여, 이를 물학의 방법으로 채택하자고 주장하는 것으로 보여진다.[137] 비록 추수라고 한 것이 자연에 대한 수학적 해석 가능성에 대한 근대적 신념을 어느 정도 반영하고 있는지에 대해서는 명확하지 않으며, 그가 그러한 방법을 어느 정도 실제로 활용했는가에 대하여 회의할 수 있다[138]고 하더라도, 그것은

---

136 『湛軒書』外集 卷6,「籌解需用外編下」,「測量說」, "故欲識天地之體狀, 不可意究, 不可以理索, 唯製器以窺之, 籌數以推之."

137 朴星來(1981), 118면 참조.

138 임형택 교수는, 담헌의 「毉山問答」에 보인 '과학적 안목'은 기구에 의한 관측 및 수리의 논증이라는 과학적 방법론을 수반하지 못한, 형이상학적 차원의 통찰이었다고 지적하고, 담헌의 지향과 사상적 의의는 그의 근대 자연과학적 성취에 있는 것이 아니라

분명히 전통적인 물학(物學)의 한계를 극복한 새로운 방법을 제시한 것이라고 할 수 있다.

담헌의 이러한 진전에는 분명 중국을 통해 들어온 서양 과학, 즉 서학(西學)의 영향이 있었던 것으로 추정된다. 담헌의 다음과 같은 발언은 그것을 명백히 보여 준다.

명나라 만력(萬曆, 명 神宗의 연호) 연간에 이마두(利瑪竇)가 중국에 들어오면서부터 서양 사람의 교통이 시작되었다. 산수(算數)를 가지고 전도(傳道)하기도 하고, 또 의기(儀器)를 전공하여 기후를 귀신처럼 측량하기도 하고, 역상(曆象)에 정묘(精妙)함은 한·당(漢唐) 이후 없던 것이었다. …… 이 때문에 서양의 학문이 성하기 시작하여 천문(天文)을 말하는 이들은 모두 그들의 기술을 조술(祖述)하게 되었다. …… (중국의 천문학은) 세차(歲差)의 법 같은 것에는 끝내 그 상세함을 얻지 못하였으니, 곧 망상(妄想)과 억측(臆測)으로 구한 것이요, 그 방법을 가지고 한 것이 아니었던 것이다. 이제 서양의 법은 산수로써 근본을 삼고 의기(儀器)로써 참작하여 온갖 형상을 관측하므로, 무릇 천하의 멀고 가까움, 높고 깊음, 크고 작음, 가볍고 무거운 것들을 모두 눈앞에 집중시켜 마치 손바닥을 보는 것처럼 하니, '한·당 이후 없던 것이라' 함은 망령된 말이 아니리라.[139]

생태론적 사유에 있다고 주장하였다. 임형택(2000), 177~178면 참조.

139 『湛軒書』外集 卷7,「劉鮑問答」, "皇明萬曆中, 利瑪竇入中國, 西人始通, 有以算數傳道, 亦工於儀器, 其測候如神, 妙於曆象, 漢唐以來所未有也. …… 由是西學始盛, 談天者皆祖其術. …… 然如歲差之法, 亦終不得其詳, 則由妄想億中, 而求之不以其道也. 今泰西之法, 本之以算數, 參之以儀器, 度萬形窺萬象, 凡天下之遠近高深巨細輕重, 擧集目前, 如指諸掌, 則謂漢唐所未有者非妄也."

그러나 담헌 물학의 형성은 단지 서학의 영향으로 이루어졌던 것은 아니며, 전통 성리학의 기초 위에서 나름의 물학을 전진시켜 간 결과이기도 하다.[140] 담헌의 생명 중심의, 인간의 도덕적 자율성을 그 체계 내에 허용하는 '확장된 자연주의'의 입장은 바로 전통 성리학을 토대로 하여 전개하여 간 것이라고 할 수 있다. 그것은 물론 당대의 사회 현실과 자연학의 발전[141] 그리고 서학과의 만남 가운데 치열하게 이루어진 것이었다. 담헌의 물학이 실제로 이러한 물학의 방법론을 어떻게 구현해 내고 있었는가 하는 것과는 별도로, 그 사이에 어떤 결코 조화될 수 없는 세계관적 상위가 내재되었을 가능성이 있다고 하더라도, 물학을 서학의 그러한 방법론 위에 정초하는 것—서학의 자연학으로 자신의 물학을 대체하는 것이 아니라—그것이야말로 담헌이 진실하게 꿈꾸었던 것이었다고 해야 할 것이다.[142]

---

140 담헌의 物學의 구체적인 내용과 성취에 대해서는 김문용(2005) 참조.

141 담헌의 物學이 조선 후기 축적된 동시대의 자연학적 지식과 어떤 관련이 있는지에 대해서는 이 논문에서 다루지 못했다. 그와 관련하여 조선 후기, 서학과의 만남에서 조선 내부적으로 축적하고 있었던 자연학적 지식의 역할을 강조한 연구로 문중앙(2005) 참조. 또한 김석문과 담헌의 천문지식을 비교하여 서술한 연구로 小川晴久(1979) 참조.

142 許南進(1993)은 "홍대용의 기철학은 도덕적 가치로 세계를 바라보는 유가적 형이상학에서 벗어나 보다 근대적인 세계관의 정립에 한 걸음 다가선, 성리학적 형이상학과 과학의 접합으로의 사상체계라고 평가할 수 있겠다."라고 결론지었다. 150~151면 참조. 李東歡 교수 역시 홍대용의 사유에는 매우 초보적인 단계이기는 하지만, 서구 근대의 과학적 안목과 도학적 유기체관이 서로 결합되어 있다고 논평하고, 홍대용의 사유에서 우리 역사의 근대로의 내재적 발전의 논리를 발견할 수 있다고 하였다. 李東歡(1999), 136 · 164면 참조.

6. 맺음말 — 새로운 문명에의 전망

담헌은 전환기의 지성이었다. 그는 누구보다 먼저 새로운 문명의 전환을 예견하고 그에 반응하였다.[143] 아직 새로운 문명의 빛이 희미한 깜박임에 불과하고, 현실은 또한 어떤 의미에서는 여전히 밝게 빛나고 있었으므로, 일반인에게는 어두움에 대한 자각과 빛에의 갈망은 절실할 수 없었다. 그러나 우리는 담헌의 「의산문답」에서, 자신의 문명에 대한 근본적인 절망과 새로운 지식과 문명에 대한 갈망을 토로하는 담헌의 분신, 허자(虛子)를 만날 수 있다. 허자는 다음과 같이 말한다.

자허자(子虛子)는 숨어 살면서 독서한 지 30년 동안에 천지의 조화와 성명(性命)의 은미(隱微)함을 궁구하고 오행(五行)의 근원과 삼교(三敎)의 진리를 달통하여 인도(人道)를 경위(經緯)로 하고 물리(物理)를 깨달아 통했다. 심오한 원위(源委)를 환히 안 다음에 세상에 나가 남에게 이야기했더니 듣는 자마다 웃었다. 허자가 말하기를 "작은 지혜와 더불어 큰 것을 이야기할 수 없고 비루한 세속 사람과 더불어 도(道)를 이야기할 수 없다."라고 하며 서쪽으로 연도(燕都, 북경)에 들어가 그곳 선비와 더불어 이것저것 이야기할 때 여관에서 60일 동안이나 있었으나 마침내 알 만한 사람을 만나지 못했다. 이에 허자가 슬피 탄식하면서 말하기를 "주공(周公)이 쇠했는가? 철인(哲人)이 죽었는가? 우리 도(道)가 글렀는가?" 하고 행장을 차려 돌아왔다. 이에 의무려산(醫巫閭山)에 올라 남쪽으로 창

---

143 임형택(2009) 참조. 임형택 교수는 '실학'의 의의를 문명의 전환이라는 관점에서 볼 것을 제안하고 있다.

해(滄海)와 북쪽으로 대막(大漠)을 바라보고 눈물을 줄줄 흘리면서 말하기를 "노담(老聃)은 '호(胡)로 들어간다.'라고 했고, 중니(仲尼)는 '바다에 뜨고 싶다.'라고 했으니, 어찌 알 건가, 어찌 알 건가." 하고는 드디어 세상을 도피할 뜻을 두었다.[144]

허자는 30년의 독서 끝에 전통 학문과 문명에 통달하였으나, 사람들의 비웃음만 샀으며, 중국에까지 가서 소통하고자 하였으나 실패하고 절망에 빠져 울부짖은 것이다. 좀 과장되고 희화화되었지만, 이러한 소통의 부재와 절망이 표현하는 것은 무엇인가? 그것은 곧 전통 문명의 한계에 대한 절망이며, 그만큼 더 새로운 문명에 대한 전망이자 갈망이었다. 담헌은 성리학적 세계관의 정점에서 한편으로 당시 조선 사회의 정치적·학술적 상황으로부터 그리고 아마도 서학을 접하면서, 그의 한계를 직시하고 새로운 문명을 감지하여 그것을 갈망하였던 것이다.

연행(燕行)은 그러한 새로운 문명의 실체에 접근할 수 있는 중요한 기회였다. 바로 그 새로운 문명의 소식이 바로 중국 북경으로부터 온 것이었기 때문이다. 그러나 새로운 문명에의 갈망과 모색은 연행을 통해서도 해소되지 못하였다. 그는 항주(杭州)의 선비들을 비롯해 여러 중국 지식인들과 깊은 교유를 하고, 북경의 천주당을 찾아 서양 선교사들과 대화하였으나 결과는 만족스럽지 못한 것이었다.

---

144 『湛軒書』內集 卷4,「毉山問答」, "子虛子隱居讀書三十年, 窮天地之化, 究性命之微, 極五行之根, 達三敎之蘊, 經緯人道, 會通物理, 鉤深測奧, 洞悉源委, 然後出而語人, 聞者莫不笑之. 虛子曰, "小知不可與語大, 陋俗不可與語道也." 乃西入燕都, 遊談于搢紳, 居邸舍六十日, 卒無所遇, 於是虛子喟然歎曰, "周公之衰耶? 哲人之萎耶? 吾道之非耶?" 束裝而歸, 乃登毉閭之山, 南臨滄海, 北望大漠, 泫然流涕曰, 老聃入于胡, 仲尼浮于海, 烏可已乎, 烏可已乎, 遂有遯世之志."

이에 담헌은 자신의 그러한 소회를, 그리고 자신이 전진하여 낸 새로운 문명에의 전망을 「의산문답」을 통해 제시하고자 하였다. 「의산문답」에서 담헌은 자신을 허자(虛子)로 두고, 새로운 문명에의 전망은 실옹(實翁)의 입을 통해 정리하고 전달하였다.

　　허자는 혼잣말로 "내가 허(虛) 자로 호(號)를 한 까닭은 장차 천하의 실(實)을 살펴보고 싶어 한 것이며, 저가 실(實) 자로 호한 것은 장차 천하의 허(虛)를 타파시키고자 함일 것이다. 허는 허대로 실은 실대로 하는 것이 묘도(妙道)의 진리이리니, 내 장차 그의 이야기를 들어 보리라." 하고……[145]

실옹(實翁)의 이야기는 곧 담헌의 '실학(實學)'이었다. 그것을 우리는 위에서 새로운 '물학'의 건립으로 다소 장황하게 풀어 보았다. 그것은 17, 18세기 조선성리학을 기초로 하여 그를 발전적으로 변용하고 전개시켜 간 것이었다. 그것은 단지 전통 성리학을 서학으로 교체한 것은 아니었다. 담헌은 분명 천주교를 통해 들어온 서양 과학에서 천주교적 요소를 제거하는 날카로운 안목을 가지고 있었다. 더 나아가 그는 서양 선교사들이 소개한 중세의 과학을 자신의 사유의 힘에 의해서 뿐 아니라 전통적 세계관과 과학의 성취에 힘입어,[146] 일부 근대 자연과학에 가깝게 진전된 형태로 변형하여 이해하는 저력을 보여 주었다. 그러나 그것은 또한 단지 근대 자연과학을 지향하는 것은 아니었다.

---

[145] 『湛軒書』內集 卷4, 「毉山問答」, "虛子曰, '我號以虛, 將以稽天下之實, 彼號以實, 將以破天下之虛, 虛虛實實, 妙道之眞, 吾將聞其說.'"
[146] 小川晴久(1990), 36~39면 참조.

담헌의 물학은 어느 정도 전통적인 자연관과 연속성을 유지하면서 그를 근대적—좁은 의미에서가 아니라 넓은 의미에서—으로 전개시켜 낸 것이었으며, 적어도 그러한 전망을 가진 것이었다. 그것은 적어도 그 지향에서는, 강력한 자연주의적 환원론에 근거한 근대 자연과학과는 다르면서 동시에 전통 성리학의 도덕주의적 환원론을 극복하고 근대 자연과학의 방법을 채용하여 전통적 세계상을 과학의 수준으로 전개한 형태였다. 그것은 또한 오늘날의 관점에서는, 근대 자연과학과 대등하게 존재할 수 있는 또 하나의 과학적 모델의 정립을 전망하게 하는 것이었다.[147]

　　어떤 점에서, 담헌이 제시한 세계상은 『천주실의』에서 제시한 서학의 세계상에 대한 전통적 세계상으로부터의 적극적 대응이었을 가능성도 있으며, 그러한 것을 스스로 의식하고 있었을 수도 있다.[148] 그가 이(理)와 심(心) 개념을 새롭게 규정하고 만물의 동일성을 강조한 배경에는 『천주실의』의 이(理)와 심(心)에 대한 비판적 고찰과 중국의 '만물일체론(萬物一體論)'에 대한 비판[149] 그리고 그에 대한 자신의 대결의식이 자리 잡고 있었을지도 모른다.[150] 그렇다면 담헌이 제시하는 세계상은 『천주실의』에서 제시된 서학의 세계관에 대해 전통적 세계관을 재해석함으로써 능동적으로 대응하고자 한 사례로 적극 평가할 수 있을 것이

147　앞서 언급한 東武 李濟馬의 四象醫學이 그러한 과학의 한 실제를 제시하고 있는 것은 아닐까? 그에 대해서는 별도의 논고가 필요하다.

148　주 135) 참조.

149　『天主實義』 제2편에 '理'에 대한 비판, 제4편에 '性'과 '心' 그리고 '萬物一體論'에 대한 비판적 고찰이 담겨 있다. 마테오 리치(1999) 참조.

150　이 문제에 대해서도 좀 더 포괄적이고 철저하게 검토해 보는 것이 필요하다. 『天主實義』를 필두로 하여 예수회원들이 전한 중세 기독교와 유교 사이의 대화와 상호 변용에 대해 폭넓게 연구한 최근의 성과로 김선희(2008) 참조.

다.[151] 그리고 담헌에 대한 서학의 영향은, 설사 서양의 과학이라고 하더라도 일방적인 것은 아니었다고 할 수 있는 것이다.

담헌은 중국 문명의 변방에서 새로운 문명을 꿈꾸었으며, 변방에 있었기 때문에 더욱 새로운 문명을 꿈꿀 수 있었다. 그가 꿈꾼 새로운 문명은 중국의 그것을 넘어서며, 또한 새로이 소개되던 서학의 그것을 넘어서는 것이었다. 그것은 실로 인간과 자연 모두에 대한 오래고도 새로운 전망을 간직한 것으로, 중심의 주변에서 성취한 주변부 사유의 역전이며, 진보적 보편성을 선취한 것이었다.[152] 역사의 전개는 담헌을 전통의 말미로 밀어 버렸지만, 그가 꿈꾸었던 것은 바로 오늘 우리의 삶을 구성할 수도 있을 어떤 것이었다. 실로 조선 후기는 어떤 변화의 조짐이 일어나고 있던 때였다. 오늘날 확정된 의미의 '근대'는 아니었다고 하더라도 그것은 분명 우리가 가질 수도 있었던 그 무엇이었다.

이 논문은 결국 조선 후기 문명의 전환기에서 담헌이 꿈꾸었던 것을 오늘 우리의 삶 가운데서 공감해 보는 작업이었다. 위당 정인보가 민족적(도덕적) 자각에 공감하였다면, 이 논문에서 우리는 간략하게나마 담헌이 꿈꾸었던 또 하나의 꿈, 전통적인 학문의 토대 위에 서학의 방법을 통합하여 새로운 물학을 건립하고자 했던 꿈에 대해 공감해 보고자 하였다. 이 시점에서 우리는 담헌이 말한 실심(實心)과 실사(實事)의 '실학(實學)'이 바로 그러한 두 가지 꿈을 통합한 것이었다고 해석할 수 있을 것이다. 그것은 오늘의 시점에서, 그 이후 19세기에 본격적

---

151 필자는 心개념과 관련하여 星湖에서 그러한 능동적 대응의 한 면모를 살펴본 적이 있다. 문석윤(2009a) 참조.
152 담헌이 꿈꾼 새로운 사회의 전망에 대해서는 이 연구서에 수록된 박희병 교수의 논문을 참조.

인 서구 문명의 유입에 따라 등장한 동도서기(東道西器)론이나 계몽주의적 서화(西化)론을 넘어선 어떤 전망을 가진 것이었다고 이해할 수 있지 않을까?[153]

그래서 우리는 다시 한 번 실옹(實翁)에게 다음과 같이 물어야 할 것 같다.

> 옛사람의 찌꺼기[糟粕]에 마음을 붙이고 종이 위의 문투만 외면서 속된 학문에 몸을 의지해 온 까닭에 작은 것을 보고 도(道)로 여겨 왔는데, 이제 부자의 말을 들으니 심신이 개운하여 깨달은 바가 있는 듯합니다. 감히 대도(大道)의 요체를 묻나이다.[154]

---

153 中體西用이나 東道西器가 道와 器의 내적 관계에 대한 진지한 성찰 없이 단지 도덕정신이나 철학의 영역에서는 東을, 과학의 영역에서는 西를 선택적으로 결합한 것이라고 한다면, 담헌의 物學은 體와 用, 東과 西를 융합하고자 한 하나의 의미 있는 시도로 평가할 수 있다. 이러한 측면에 대해서는 김문용(2011)을 참조. 김문용 박사의 이 글은 좀 더 확장되어 이 연구서에 같이 수록되었다.

154 『湛軒書』內集 卷4, 「毉山問答」, "虛子海上鄙人也, 棲心古人之精粕, 誦說紙上之套語, 浮沉俗學, 見小爲道. 今也聞夫子之言, 心神惺悟, 如有所得, 敢問大道之要."

參 考 文 獻

洪大容(1939刊),『湛軒書』, 新朝鮮社 ;『韓國文集叢刊』 248, 민족문화
　　추진회.
민족문화추진회 편(2008),『국역 홍대용 담헌서』 1～5, 한국학술정보
　　(주).
朱　熹,『大學章句』.
_____,『朱子語類』.

강명관(2007),『공안파와 조선 후기 한문학』, 소명출판.
金都煥(2007),『湛軒 洪大容 硏究』, 景仁文化社.
김문용(2005),『홍대용의 실학과 18세기 북학사상』, 예문서원.
김영식(2005),『주희의 자연철학』, 예문서원.
김인규(2008),『홍대용 조선시대 최고의 과학사상가』, 성균관대 출
　　판부.
김태준(1987),『洪大容評傳』, 民音社.
_____(1998),『홍대용』, 한길사.
김필동(1999),『차별과 연대-조선 사회의 신분과 조직』, 문학과지
　　성사.
김형효(2003),『물학 심학 실학-맹자와 순자를 통해 본 유학의 사유』,
　　청계.
문석윤(2006),『湖洛論爭 형성과 전개』, 동과서.
박희병(1999),『한국의 생태사상』, 돌베개.
송영배(2004),『동서 철학의 교섭과 동서양 사유 방식의 차이』, 논형.

연세대학교 국학연구원 편(2005), 『韓國實學思想研究 4: 科學技術篇』, 혜안.

연세대학교 국학연구원 편(2006), 『韓國實學思想研究 1: 哲學歷史學 篇』, 혜안.

유봉학(1999), 『조선 후기 학계와 지식인』, 신구문화사.

이동환(2006), 『실학시대의 사상과 문학』, 지식산업사.

李佑成(2010), 『李佑成 著作集 1: 韓國의 歷史像』, 창비.

임형택(2000), 『실사구시의 한국학』, 창작과비평사.

_____(2009), 『문명의식과 실학—한국지성사를 읽다』, 돌베개.

鄭寅普(1955), 『薝園國學散藁』, 文教社.

한영우·정호훈·유봉학·김문식·구만옥·배우성·고동환(2007), 『다시, 실학이란 무엇인가』, 푸른역사.

마테오 리치 지음, 송영배·임금자·장정란·정인재·조광·최소자 옮김(1999), 『天主實義』, 서울대 출판부.

벤저민 엘먼 지음, 양휘웅 옮김(2004), 『성리학에서 고증학으로』, 예 문서원; Elman, Benjamin A.(2001), *From philosophy to philology: intellectual and social aspects of change in late Imperial China*, Harvard University Press.

조셉 니담 저, 李錫浩·李鐵柱·林楨埰 역(1986), 『中國의 科學과 文 明 2』, 乙酉文化; Joseph Needham(1962), *Science and Civilisation in China*, Vol.II, Cambridge University Press.

존 헨더슨 저, 문중양 역주(2004), 『중국의 우주론과 청대의 과학혁명』, 소명출판; John B. Henderson(1984), *The Development and Decline of Chinese Cosmology*, Columbia University Press.

구만옥(2005), 「朝鮮後期 實學的 自然認識의 擡頭와 展開」, 연세대 국
　　　학연구원 편, 『韓國實學思想研究 4 : 科學技術篇』, 혜안.

김문용(2011), 「湛軒 洪大容의 우주/자연 이해와 '과학'—서학중원설
　　　및 동도서기론과의 관계를 중심으로」, 『제1회 실학연구 공동
　　　발표회: 조선 후기 實學史의 재조명』(2011년 8월 26일), 재단법
　　　인 실시학사.

김선희(2008), 「중세 기독교적 세계관의 유교적 변용에 관한 연구」,
　　　이화여대 박사학위논문.

김진균(2010), 「성호 이익을 바라보는 한문학 근대의 두 시선—1929
　　　년 문광서림판 『성호사설』에 게재된 변영만과 정인보의 서문
　　　비교 연구」, 『泮橋語文研究』 28, 泮橋語文學會.

류인희(1991), 「洪大容 哲學의 再認識」, 『東方學志』 73, 연세대.

문석윤(1999), 「朱熹에서의 理性과 歷史」, 『泰東古典研究』 16, 泰東古
　　　典研究所.

＿＿＿(2004), 「다산 정약용의 새로운 도덕이론—마음에 대한 새로운
　　　이해」, 『哲學研究』 90, 대한철학회.

＿＿＿(2005), 「조선 후기의 주요 논쟁과 쟁점」, 한국국학진흥원 국
　　　학연구실 편, 『韓國儒學思想大系 Ⅲ : 哲學思想編 下』, 한국국
　　　학진흥원.

＿＿＿(2008), 「湖洛論爭 形成期 未發論辨의 樣相과 巍巖 '未發'論의
　　　특징」, 『韓國思想史學』 31, 韓國思想史學會.

＿＿＿(2009a), 「星湖 李瀷의 心說에 관하여—畏庵 李栻의 「堂室銘」
　　　에 대한 비판을 중심으로」, 『철학연구』 86, 철학연구회.

＿＿＿(2009b), 「조선 후기 성리학에서 『孟子』 '浩然章' 논란과 그 의
　　　의—宋時烈의 「浩然章質疑」를 중심으로」, 『한국문화』 47, 서
　　　울대 한국문화연구소.

_____(2010), 「『맹자』의 性, 心, 聖人의 도덕론」, 『인간・환경・미래』 5, 인제대 인간환경미래연구원.

문중앙(2005), 「전통적 자연인식 체계의 사적 변화」, 연세대 국학연구 원 편, 『韓國實學思想研究 4: 科學技術篇』, 혜안.

閔丙禧(2008), 「朱熹의 "大學"과 士大夫의 사회・정치적 권력－制度 에서 心의 "學"으로」, 『中國史研究』 55, 中國史學會.

朴星來(1981), 「洪大容의 科學思想」, 『韓國學報』 23, 일지사.

朴熙秉(2001), 「洪大容 研究의 몇 가지 爭點에 대한 檢討」, 震檀學會 編, 『湛軒書』, 一潮閣.

백민정(2008), 「湛軒 洪大容의 理氣論과 人性論에 관한 재검토」, 『退 溪學報』 124, 퇴계학연구원.

宋榮培(1994), 「洪大容의 상대주의적 思惟와 변혁의 논리」, 『韓國學 報』 74, 일지사.

신정근(2004), 「홍대용과 경험 중심의 인식론적 리기관의 재생」, 『철 학사상』 13, 서울대 철학사상연구소.

안영상(1998), 「星湖 李瀷의 性理說 研究」, 고려대 박사학위논문.

_____(2006), 「실학의 인간관－성호・다산・담헌・혜강을 중심으로」, 연세대 국학연구원 편, 『韓國實學思想研究 1: 哲學歷史學篇』, 혜안.

유봉학(1992), 「18~19세기 연암일파 북학사상의 연구」, 서울대 박사 학위논문.

이경보(2006), 「존재론과 윤리론의 갈등－홍대용 사상의 철학적 기초」, 『한국실학연구』 12, 한국실학연구회.

李東歡(1999), 「洪湛軒의 世界觀의 두 局面－道學과 實學 思想과의 相須적 연계 관계의 한 형태」, 『韓國實學研究』 창간호, 한국 실학연구회.

李英順(2007), 「『毉山問答』을 통해 본 洪大容의 生態 思想 研究」, 인
　　　하대 석사학위논문.

李佑成(2010a), 「實學研究序說」, 『李佑成 著作集 1: 韓國의 歷史像』,
　　　창비.

＿＿＿(2010b), 「18세기 서울의 都市的 樣相─實學派 특히 利用厚生派
　　　의 성립 배경」, 『李佑成 著作集 1: 韓國의 歷史像』, 창비.

＿＿＿(2010c), 「李朝後期 近畿學派에 있어서 正統論의 展開」, 『李佑
　　　成 著作集 1: 韓國의 歷史像』, 창비.

林宗台(2005), 「지구, 상식, 중화주의─李瀷과 洪大容의 사유를 통해
　　　서 본 서양 지리 학설과 조선 후기 실학의 세계관」, 연세대
　　　국학연구원 편, 『韓國實學思想研究 4: 科學技術篇』, 혜안.

임형택(2000), 「洪大容의 『毉山問答』─'虛'와 '實'의 의미 및 그 산문
　　　의 성격」, 『실사구시의 한국학』, 창작과비평사.

정소이(2010), 「정약용 심성론의 변천과 전개(Chong Yak-yong's Theory
　　　of Human Nature : Its Development and Significance)」, 서울대
　　　박사학위논문.

趙南浩(1993), 「김창협 학파의 양명학 비판」, 『哲學』 39, 한국철학회.

趙成山(2006), 「조선 후기 낙론계 학풍에 대한 연구 현황과 전망」, 『오
　　　늘의 동양사상』 14, 예문동양사상연구원.

최영진·홍정근·이천승(2003), 「湖洛論爭에 관한 研究成果 분석 및
　　　전망」, 『儒教思想研究』 19, 한국유교학회.

한정길(2006), 「實學의 異學觀」, 연세대 국학연구원 편, 『韓國實學思
　　　想研究 1: 哲學歷史學篇』, 혜안.

許南進(1993), 「洪大容의 과학사상과 이기론」, 『아시아문화』 제9호,
　　　한림대.

＿＿＿(1994), 「朝鮮後期 氣哲學 研究」, 서울대 박사학위논문.

小川晴久(1979),「地動說에서 宇宙無限論으로－金錫文과 洪大容의 世界」,『東方學志』21, 연세대 국학연구원.

_____(1990),「氣의 哲學과 實學－洪大容의 경우」,『碧史李佑成 敎授停年退職紀念論叢 : 民族史의 展開와 그 文化』하, 창작과 비평사.

| 湛 軒 |

湛軒 社會思想의 論理와 體系

박희병 | 서울대학교 국어국문학과 교수

1. 머리말

2. 『임하경륜(林下經綸)』의 사회사상

3. 『의산문답(毉山問答)』의 사회사상

   1) 『의산문답』의 저작 시기

   2) 실옹과 허자

   3) 『의산문답』의 논리와 체계

4. 맺음말

1. 머리말

본고는 담헌(湛軒) 홍대용(洪大容)의 사회사상을 검토함을 목적으로 한다. '사회사상'이란 일반적으로 '사회적 이념이나 제도에 대한 구상 내지 모색'을 의미한다. 잘 알려져 있다시피 담헌은 새로운 학문을 구축하였다. 담헌이 구축한 이 새로운 학문은 단지 사회사상만으로 다 설명될 수 있는 것은 아니지만, 그럼에도 그 핵심에 사회사상이 자리하고 있다는 것이 필자의 생각이다. 담헌의 학문론 속에 포섭되어 있는 여러 사상적 계기들은, 비록 그것이 꼭 사회사상에 해당하는 것은 아니라 할지라도, 사회사상과 간접적으로 관련을 갖거나 일정한 연관을 맺고 있는 경우가 적지 않다. 이 점에서 담헌 사회사상의 검토는 그 학문론 전반 혹은 그 사상 전반에 대한 검토와 불가피하게 맞물려 있는 과제라 아니할 수 없다.

담헌은 당대의 주류 학문인 정주학(程朱學)에서 출발했으나, 당대 조선의 학자들이 보여 주던 정주학의 말폐에 깊은 의혹과 회의를 품지 않을 수 없었다. 담헌은 정주학을 공부하면서도 서학(西學)에 깊은 관심을 가져 천문학과 수학을 연구했으며, 병학(兵學)에도 남다른 관심을 쏟았다. 말하자면 그는 도학 공부만 한 것이 아니라 자연과학과 실용지학(實用之學)을 함께 공부했던 셈이다. 이는 그가 이른바 연행(燕行)을 통해 '중국'이라는 텍스트를 정독(精讀)하기 이전에 이미 그러했던 것이다. 이것이 담헌 사상 형성의 제1단계에 해당한다.

담헌은 35세 때인 1765년 연행을 떠나 1766년 귀국하였다. 담헌의 중국 여행은 그의 학문과 사상에 아주 중요한 모멘트가 되었다. 담헌은 중국에 가기 전에 이미 학문적으로 자기대로의 경지를 이룩했다고 보이며, 조선 학계의 최전선(最前線)에 있었던 것으로 생각된다. 그렇긴 하지만 이 단계의 담헌은 비록 조선의 학문방식과 조선 지식인의 일반적 사유 방식에 깊은 이의와 의혹을 품고 있었음에도 불구하고, 그것을 부수어 나가면서 그 대안에 해당하는 새로운 논리구조와 사유체계를 모색하거나 구상하는 데까지는 이르지 못했던 것으로 보인다. 담헌의 중국 여행이 담헌 사상의 형성 과정에서 중차대한 의미를 갖는 것은 바로 이 때문이다. 즉 '중국 여행'이라는 외적 계기는 담헌 사유의 내적 조건으로 인해 빛을 발할 수 있었던 것이다. 달리 말하면 담헌에게 있어 중국이라는 계기는 그 사유의 내적 조건의 연장선상에 있는 것이었다고 할 만하다. 이로 인해 담헌의 '중국 읽기'는 이전의 조선 지식인 그 누구와도, 그리고 이후의 조선 지식인 그 누구와도 다른 의미를 갖게 된다. 그러므로 담헌의 중국 여행은 그 사상 형성의 제2단계에 놓인다고 할 만하다.

중국에서 돌아온 후 담헌은 주지하다시피 중국에서 사귄 몇 명의 인물과 지속적으로 편지를 주고받으며 우정을 나눔과 동시에 학문적인 교류를 전개하였다. 이 과정에서 담헌은 자신의 사유 내지 입장을 좀 더 분명히 하거나, 조선 학문의 문제점을 좀 더 뚜렷이 자각할 수 있게 된다. 한편 담헌은 중국에서 돌아온 후 몇 년에 걸쳐 조선의 보수적 학자인 본암(本庵) 김종후(金鍾厚)와 치열한 사상 논쟁을 벌인다. 이 논쟁은 담헌에게 조선 학문의 허위성과 오활함을 더욱 통절히 절감케 하는 계기가 되었다. 이 논쟁을 거친 담헌은 사상적으로 위축되기는커녕 이전보다 훨씬 더 담대하고 적극적으로 새로운 학문과 사상을 모색하는 쪽으로 나아가게 된다. 이 논쟁은 담헌을 사문난적(斯文亂賊)으로 몰 수도 있을 만큼 위험한 것이었고, 담헌 스스로도 그 점에 적지 않은 위구

심(危懼心)을 느껴야 했지만, 그럼에도 이 논쟁을 거치면서 담헌은 사상적으로 더욱 전투적으로 바뀌게 되고, 성리학 혹은 유교 바깥의 사상들, 이른바 '이단'으로 간주되는 사상들을 전면적으로 재검토하면서 사상의 영역에서 '정통'과 '이단'의 경계를 허무는 작업을 꾀하게 되었다. 그리하여 이 시기의 담헌은 비단 정주학만이 아니라 양명학 그리고 유학만이 아니라 서학, 불교, 제자백가도 모두 진리를 일정하게 구현하고 있다는 생각에 도달하게 되었다. 제자백가 가운데는 특히 장자(莊子)와 묵자(墨子)가 주목되었다. 묵자는 맹자 이래 유학자들이 늘 '양주묵적(楊朱墨翟)'으로 병칭하면서 그것을 배우면 금수에 가깝게 된다며 가장 극렬하게 이단으로 내친 대상에 해당한다. 담헌은 이런 묵자에 내포된 사상 계기를 적극적으로 수용하여 자신의 사상을 만들어 나갔다. 이런 점에서 담헌은, 기존 연구에서는 결코 그렇게 보지 않았지만 단순히 유자(儒者)로만 파악되어서는 안 될 듯하다. 그는 비록 유교에서 출발했으나, 사상 전개의 어느 국면에서 장자와 묵자를 포섭함으로써 유교를 벗어나는 지점까지 나아가게 되었으며, 그리하여 유교가 강조하는 차별과 차등에 대한 대안으로서 '평등'을 사상적 지향점으로 내세우게 되었다. 이 시기가 담헌 사상 형성의 마지막 단계, 즉 제3단계에 해당한다. 담헌은 바로 이 시기에 『임하경륜(林下經綸)』과 『의산문답(醫山問答)』, 이 두 문제적 저작을 저술한 것으로 추정된다.

『임하경륜』에는 조선이라는 나라를 좀 더 튼튼하게 만들고 백성들을 잘살게 하기 위해서는 행정·군사·교육 제도에 있어 어떤 획기적인 개혁이 필요한가, 양반이라는 유식(遊食) 계급을 어떻게 할 것인가, 사민(四民) 즉 사농공상(士農工商)은 과연 어떻게 이해되어야 옳은가, 사회적으로 세습되는 직분(職分), 즉 신분은 승인되어야 하는가, 교육은 지배층 자제에게만 허용되어야 하는 것인가 아니면 모든 인민에게 허용되어야 마땅한가, 인재등용 즉 국가의 관리등용에 있어 어떤 사회적 제한을 두어야 하는가 아니면 능력에 따른 기회의 평등을 보장해야 하는가, 왕실의 사치는 어떻게 제한할 것인가, 간관(諫官) 제도는 왜 혁파되어야 하며 그 대안은 무엇인가, 전쟁을 어떻게 보아야 하며, 평화 시에 무비(武備) 특히 축성(築城)을 어떻게 해야 하는가 하는 등등의 문제에 대한 담헌의 의견이 개진되어 있다.

『의산문답』에는 인간이란 어떤 존재인가, 인간과 사물은 어떤 관계에 있는가, 진정한 학문이란 어떠한 것인가, 우주는 어떻게 구성되어 있으며 그 속에서 지구는 어떤 위치에 있는가, 인간과 문명의 관계, 욕망·소유·지배·폭력과 국가의 관계, 성인(聖人)과 예악형정(禮樂刑政), 즉 성인과 사회적 제도와의 관계 등등은 여하히 이해되어야 하는가, 화이(華夷)의 관계에서 볼 때 중국의 역사는 어떻게 파악될 수 있는가, 그리고 화(華)와 이(夷)는 엄별되어야 마땅한가 아니면 본질적으로 평등한 존재인가, 중화주의＝중국중심주의 및 화이론의 이론적·역사적 초석을 놓은 책인 공자의 『춘추(春秋)』는 과연 어떻게 이해되어야 할 것인가, 그것은 시공간을 뛰어넘는 절대적 진리를 담지하고 있는가 아니면 역사적·지리적·문화적으로 제약된 진리를 담지하고 있을 뿐인가 하는 등등의 인간·자연·사회·역사와 관련된 중차대하고 심오한 물음들이 근저에 자리하고 있으며, 이에 대한 담헌의 견해가 제시되어 있다.

요컨대 『임하경륜』에는 담헌의 사회정치적 견해가 보다 구체적으로 제시되어 있다면, 『의산문답』에는 인간과 자연과 세계에 대한 전연 새로운 기획(企劃), 전연 새로운 사유틀이 원리적(原理的)으로 모색되고 있다. 그러므로 담헌의 사회사상을 온전히 파악하기 위해서는 이 두 저작을 같이 검토하지 않으면 안 된다.

서상(敍上)한 바와 같이, 담헌 사상의 전개는 크게 세 단계로 구획된다. 제1단계는 제2단계와 연결되고, 제2단계는 제3단계와 연결된다. 제1단계와 제2단계 사이에는 단절과 연결이 함께 존재하며, 제2단계와 제3단계 사이도 마찬가지다. 그런데 담헌 사상 형성 과정의 단절과 연결을 살피는 것도 중요하지만, 그보다 더 중요한 것은 단계에 따라 어떤 지적(知的) 도약, 어떤 인식의 진전과 비상(飛翔)이 나타나는가 하는 점을 살피는 데 있다. 이 점에 주목해야 사상가로서 담헌의 분투 내지 고투 그리고 그 사유의 발전 과정이 온전히 파악될 수 있겠기 때문이다. 기왕의 연구에서는 대체로 담헌의 사상이 시간적 계기 관계 속에서 이해되지 못하고, 평면적으로 혹은 부조적(浮彫的)으로 파악된 면이 없지 않다.

　담헌의 '사회사상'에 대한 언급으로는, 비록 산발적인 논의지만 천관우 씨의 「홍대용」(1965)과 「홍대용의 실학사상」(1979)이 주목된다. 본격적인 논의로는, 조광 교수의 「홍대용의 정치사상연구」(1979), 신용하 교수의 「담헌 홍대용의 사회신분관과 신분제도 개혁사상」(1991)을 꼽을 수 있다. 이들의 논의는 공통적으로 민족주의적·근대주의적 시각을 견지하고 있음이 특징적이다. 이 경우 민족주의와 근대주의는 서로 결부되어 있다. 민족적 자긍심의 주관적 강조와 자생적 근대화의 맹아를 발견하려는 시도는 서로를 안받침하고 있음으로써다. 이런 시각은 그 시대의 인식틀에 좌우된 것일 터인데, 지금 보면 부담스러운 부분이 없지 않다. 따라서 이런 시각을 걷어내 버리고, 가능한 한 담헌 당대의 사회역사적 틀 속에서 그의 사회사상이 갖는 의의와 한계를 따져보는 일이 일차적으로 긴요하다고 생각된다. 담헌 사상의 후대적 전망도 어디까지나 이를 토대로 할 때에만 공소(空疎)함을 면할 수 있을 것이다.

담헌의 사회사상에 대한 논의에서 화이론(華夷論)에 대한 검토는 특히 중요하다. 담헌의 사회사상이 화이론에만 국한되는 것은 물론 아니지만, 화이론에 대한 그의 인식 태도는 여타의 사회사상적 의제(議題)들, 이를테면 '문명'을 보는 그의 시각이라든가, 인간과 사물의 관계에 대한 그의 존재론적·인식론적 태도라든가, '중심'과 '주변', '안'과 '밖'에 대한 그의 가치론적 판단 등과 서로 내면적으로 깊이 맞물려 있으며, 일종의 논리적·이론적 정합성(整合性)을 구축하고 있다. 사상가로서의 담헌의 특출함과 심원함 그리고 자연과학자로서의 면모에 기초하고 있는 것으로 여겨지는 '발본적(拔本的)'이자 '관계적(關係的)'인 사유특성[1]이 바로 여기에서 잘 드러나는 셈이다.

이런 점에서 본다면, 담헌의 화이론을 그 자체만 떼어 내어 논의하는 방식은 필경 오독(誤讀)이나 천박한 이해로 귀결될 수밖에 없다고 생각된다. 그러므로 담헌의 이른바 '역외춘추론(域外春秋論)'의 본래면목(本來面目)이 무언지에 대한 논의는, 그것이 개진된 『의산문답』의 끝부분만을 손쉽게 검토하는 것으로 결판날 문제가 아니다. 담헌 사유 전개의 특성을 충분히 감안하고 십분 존중하여 『의산문답』이라는 텍스트를 발본적이고 관계적으로 들여다 보지 않으면 안 된다. 본고에서는 이 사실에 유의하여 담헌의 역외춘추론에 대한 기존의 논의들을 비판적으로 점검함과 동시에 그 사회사상적 의의를 깊이 따져 보고자 한다.

---

1 '발본적'이란 존재나 문제의 근원을 궁구하는 래디컬한 태도를 이름이요, '관계적'이란 여러 개의 項이나 요소가 서로 관련을 맺으면서 존재나 실체를 구성하는 사물이나 현상의 존재 방식에 유의하는 데서 도출되는 태도다. 담헌이 조예가 있었던 수학이나 천문학은 이런 발본적이며 관계적인 사유를 특히 요청하는 학문 분야다.

2. 『임하경륜(林下經綸)』의 사회사상

　『임하경륜』의 저작 시기는 미상이다. 하지만 담헌이 중국에서 돌아온 이후 쓴 것만은 분명하다. 필자는 대체로 이 책이 담헌이 중국에서 돌아온 뒤 천안의 향저(鄕邸)에 머물 때 썼을 가능성이 높다고 추정한다.[2]

　담헌이 이 책을 저술한 의도는 '변법경장(變法更張)',[3] 즉 '제도 개혁'을 통해 '모국병민(耗國病民)'[4]의 조선을 구하려는 데 있었던 것으로 생각된다. 담헌은 학문의 궁극적 목적이 '징심구세(澄心救世)'라고 말한 바 있는데,[5] 이 책은 그 실천이다.

　이 책에는 조선을 개혁하는 방안의 대강(大綱)이 제시되어 있는데,

2　책명에 '林下'라는 말이 들어 있음에 유의할 필요가 있다. 이 말은 '물러나 은거하는 산림이나 시골'을 의미한다. 그래서 '林下人'이나 '林下士'라고 하면 곧 隱遁之士를 뜻한다. 이런 점을 고려하면, 이 책은 담헌이 仕宦하지 않고 재야에 있을 때 쓴 책으로 추정된다. 담헌은 영조 50년인 1774년 侍直 벼슬을 한 이래 서거한 해인 1783년까지 계속 벼슬길에 있었다. 그러므로 이 책은 적어도 1774년 이전에 쓰인 책이라 할 것이다. 혹 중국에 가기 전에 쓴 책은 아닐까 하는 의문을 품어 볼 수도 있으나, 책의 내용 중에 명분과 문벌을 중시하는 조선의 신분제를 해체하려는 기획이 발견됨을 고려할 때 연행 이후 집필된 것이 분명하다. 담헌은 중국 여행을 통해 명분과 문벌을 중시하는 조선 신분제도의 문제점 및 무위도식하는 양반 遊食層의 문제점을 절실히 자각했음으로써다 (이 점은 홍대용 저, 김태준·박성순 역(2001), 334면 참조). 이렇게 본다면, 이 책의 저작 시기는 1766년에서 1774년 사이로 압축된다. 담헌은 중국에서 돌아와 京邸에서 생활했으나 1767년 11월 부친상을 당해 鄕里인 천안으로 내려가 삼년상을 치렀다. 喪期가 끝나자 1770년 다시 서울로 돌아온다. 이런 생애를 고려한다면, 이 책은 담헌이 服喪 중 향리에 있을 때 썼을 가능성이 크다. 그렇기는 하나 1770년 서울로 돌아온 후에 썼을 가능성도 완전히 배제하기는 어렵다.

3　『국역 담헌서』 I, 내집 권3, 보유, 『임하경륜』, 442면. 이하 본고에서 인용한 『임하경륜』의 면수는 모두 이 책의 것이다. 그리고 인용된 번역문은 대개 필자가 조금 고친 것임을 미리 밝혀 둔다.

4　이 말은 『국역 담헌서』 I, 내집 권2, 『계방일기』 3월 29일조에 보인다.

5　『국역 담헌서』 II, 외집 권1, 『杭傳尺牘』, 「손용주에게 준 글」, 136면.

그 초점은 행정제도, 토지제도, 군사제도, 교육제도, 인재등용 방식, 축성법 등에 맞춰져 있다.

우선적으로 주목할 것은 토지제도다. 이는 국가의 물적(物的) 기초와 관련될 뿐만 아니라 지배구조, 생산관계와 관련됨으로써다. 그러므로 토지제도에 대한 구상은 사회 전체의 청사진에 대한 밑그림이 된다. 담헌이 "분전제산(分田制産)의 법이 없이 그 나라를 다스리는 자는 모두 구차할 뿐이다."[6]라고 한 것은 그가 이 문제의 중요성을 자각했음을 보여 준다. 담헌은 토지의 균분(均分)을 주장했으며, 토지 세습을 인정하지 않았다.[7] 토지가 부호나 권세가의 수중에 집중되는 것을 막아 민(民)의 항산(恒産)을 보장함으로써 사회와 국가의 안정을 꾀한 것이다.

행정제도와 군사제도는 이런 분전(分田)의 기초 위에 체계화된다. 그 특징은 정연한 수리성(數理性)에 있다. 이는 담헌의 수학자로서의 면모를 반영하는 게 아닌가 생각된다. 『임하경륜』의 사회사상이 이처럼 수리적 논리성을 담보하고 있음은 독특한 점이라 할 만하다.

행정조직의 장(長)은 군사조직의 장(長)을 겸한다. 그리하여 도백(道伯)은 대장군을, 군수는 장군을, 현감은 교위(校尉)를, 사장(司長)은 기총(旗摠)을, 면임(面任)은 대장(隊長)을 겸한다. 대장군은 9명의 장군을 통솔하고, 장군은 9명의 교위를 통솔하며, 교위는 9명의 기총을 통솔하고, 기총은 9명의 대장을 통솔하며, 대장은 9명의 병사를 통솔한다. 대장군은 모두 십만 명을 거느린다. 군제(軍制)를 이렇게 운용하면 9도를 합쳐 군사 수가 백만 명이 된다.

얼핏 보면 굉장히 강력한 군사국가를 염두에 두고 있는 듯하나, 꼭

---

6 『임하경륜』, 438~439면.
7 앞의 책, 430면.

그런 것은 아니다. 담헌은 무비(武備) 없이는 안정적인 국가 경영이 지속되기 어려운바, 무비가 제도적·일상적으로 갖춰지지 않으면 안 된다고 생각했던 듯하다. 여기에는 잦은 외침을 겪은 조선의 특수한 사정이 고려되었을 터이다. 그뿐만 아니라, 담헌이 강조한 무비는 어디까지나 자국을 지키기 위한 것이었지 침략을 위한 것이 아니었다. 이는 그가 "군사란 싸움 않는 것이 가장 좋고, 싸움하는 것이 가장 나쁘다."[8]라면서 반전주의적 입장을 취하고 있는 데서 잘 확인된다. 이 점에 대해서는 후술한다.

홍미로운 점은 행정제도와 군사제도의 통일이라는 담헌의 구상이 일본 도쿠가와시대의 봉건제에서 일정한 힌트를 얻은 것으로 보인다는 사실이다. 주지하다시피 에도시대 일본의 막번제(幕藩制)에서는 군제(軍制)와 행정조직이 통일적으로 운용되었다. 그리고 다이묘(大名)로부터 그 휘하의 최하위 권력에 이르기까지 군사의 통솔이 일사불란하게 이루어졌다. 물론 일본의 경우 병농분리를 기초로 하여 '병(兵)'은 사무라이 계급에 의해 전담되었고, 조선의 경우 병농일치를 기초로 하고 있다는 큰 차이가 있다. 담헌은 단지 군권과 행정권의 통일적 운용이 무비의 측면에서 도움이 된다고 판단해 이런 구상을 했던 게 아닌가 생각된다. 일본 봉건제가 갖는 군사국가의 면모를 지향하고자 해서가 아니라는 말이다.

한편 외관(外官)의 장(長), 즉 도백이나 군수, 면임 등은 3년마다 실적을 점검하되 직책을 잘 수행했으면 종신토록 근무할 수 있게 했다. 종신 근무를 허용한 것 역시 일본의 제도를 참작한 듯하다.[9] 담헌은 왜

---

8 앞의 책, 437면.
9 참고로 원중거의 『화국지』에는 大阪尹에 대해 이렇게 서술하고 있다. "대판윤은 반드시

이렇게 해야 하는지에 대해서는 언급하고 있지 않지만, 추측컨대 목민관의 잦은 교체가 탐관오리를 낳거나 아전의 발호(跋扈)를 초래하는 등여러 가지 부작용을 야기함으로써 민생을 도탄에 빠지게 한 당대 조선의 현실을 고려한 결과가 아닐까 한다.[10]

담헌은 군주는 사치와 낭비를 일삼지 말아야 하며, 이 점에서 백성의 모범이 되어야 한다고 생각했다.[11] 그리하여 '내수사(內需司)와 궁결(宮結)을 혁파하여 호부(戶部)에 붙일 것'을 구상하고 있다. 이는 군주권의 일정한 제한으로 볼 수 있다.

담헌은 이처럼 왕실의 물적 기반을 축소시킴으로써 군주권의 제한을 꾀하고 있을 뿐만 아니라, 벌열(閥閱) 출신의 일부 관료들에게만 언로가 제한됨으로써 생기는 문제점을 간파하고 다음과 같은 주장을 펼치고 있다.

> 마땅히 양사(兩司, 사간원과 사헌부를 이름 – 인용자)를 혁파하여 위로 공경(公卿)으로부터 아래로 서예(胥隷)에까지, 가까이는 환시(宦侍)로부터 멀리는 농민에 이르기까지 각기 일을 수행함에 있어 소회(所懷)가 있으면 반드시 아뢰도록 하여야 한다.[12]

문무를 다 갖춘 인재로써 그 자리에 둔다. …… 일단 사람을 얻으면 종신토록 일을 맡기며 큰 죄가 없는 한 尹을 바꾸지 않는다.''(원중거 저, 박재금 역(2006); 126면). 담헌은 『임하경륜』을 쓰기 전 『화국지』를 읽은 것으로 추정된다.

10 반계 유형원(1622~1673) 역시 지방관의 짧은 임기와 잦은 교체가 지방행정의 난맥을 초래한다고 보아 久任을 주장하였다. 하지만 반계는 담헌과 달리 관찰사의 임기는 6년, 수령의 임기는 9년이 적당하다고 했다. 『國譯註解 磻溪隨錄』(三), 卷13 任官之制, 任滿遷轉, 2·9·11면 참조.

11 『임하경륜』, 435면.

12 앞의 책, 431면.

여기서 보듯, 언로를 상하의 전(全) 관리와 인민들에게 개방해야 한다고 말하고 있다. 인민을 포함시킨 것은 '인민권'의 신장이라는 점에서 주목할 만하다. 사실 『임하경륜』에서 가장 돋보이는 것은 바로 이 민권의 신장에 대한 숙고에 있다고 필자는 생각한다. 민권의 신장은 문벌의 제한과 신분제의 해체를 통해 획책된다. 한편 문벌의 제한과 신분제의 해체는, 전 인민(여성은 제외)에게 교육의 기회를 부여해야 한다는 주장 및 인간은 누구나 예외 없이 근로(勤勞)에 종사해야 한다는 '만민개로(萬民皆勞)'의 주장을 통해 실현된다.

바로 이 대목이 『임하경륜』이 담고 있는 사회사상 중 가장 정채를 발하는 부분이 아닌가 한다. 신분제를 없애어 기본적으로 모든 사람이 노동을 해야 한다는 것, 양반의 세습은 인정될 수 없으며 공경(公卿)의 자제라 하더라도 능력이 안 되면 하층의 일을 해야 마땅하다는 것, 농공상 출신의 자제라 하더라도 재능이 있고 훌륭하면 등용되어 조정에서 국정을 관장해야 한다는 것, 이런 주장들은 '모든 인민에게 똑같이 교육의 기회가 부여되게 해야 한다'는 구상으로부터 출발한다는 사실에 유의하지 않으면 안 된다. 당시 조선 사회의 양반 지배는 양반의 '지식 독점'에 의해 안받침되고 있었다. 이 점에서 지식은 곧 지배 및 권력과 통하는 것이었다. 반대로 지식의 부재 내지 결핍은 피지배를 의미했다. 그러므로 인민에게 교육의 기회를 부여해야 한다는 담헌의 구상은 가히 혁명적인 성격의 것이라 하지 않을 수 없다. 조선 사회의 기본 프레임과 지배관계를 허물고 새로운 틀을 기획한 것이라는 의미를 갖기 때문이다. 이로써 담헌은 민(民)의 손에 항산(恒産)의 물질적 기초인 '토지'와 '지식'이라는 칼, 이 둘을 쥐어 준 셈이다. 그것은 새로운 사회관계, 새로운 사회체제를 야기할 것이었다.

앞서 『임하경륜』이 보여 주는 행정제도와 군사제도의 상호 연관 및 그 체계성에 대해 언급한 바 있지만, 이 체계성은 바로 이 혁신적인 교육제도의 구상과 긴밀히 연결된다는 사실에 주목할 필요가 있다. 담헌이 구상한, 사회의 최하위 단위에서부터 이루어지는 학교교육은 정연하고 유력한 행정체계의 뒷받침 없이는 불가능하다. 이 점에서 『임하경륜』의 행정·군사 체계는 교육제도와 연쇄적 관계를 맺고 있다 할 것이다.

그럼 이제부터 담헌의 주장을 좀 더 자세히 들여다보기로 한다. 다음은 교육에 대한 그의 구상이다.

안으로 왕도(王都)의 9부(九部)와 밖으로 도(道)에서 면(面)까지 모두 학교를 설치하고 각각 교관(敎官)을 두는데, 면에는 각각 재(齋)가 있고, 재에는 반드시 장(長)이 있다. 면에서 8세 이상의 자제들을 다 모아서 가르치는데, 효제충신의 윤리를 가르치고 활쏘기·말타기·글씨 쓰기·셈하기의 기예로써 연습시킨다.[13]

'왕도의 9부'란 한성을 9개의 행정조직으로 나눈 것을 이른다. 이에서 보듯, 가장 하위의 촌락 단위에까지 학교를 두어 모든 8세 이상의 자제들을 가르칠 것을 구상하고 있다. 국가에 의한 일종의 의무교육이다. 여기서 말하는 '자제'가 양반 자제에 국한되는 것이 아니라 사농공상의 모든 자제임은 곧 이어지는 담헌의 말을 통해 알 수 있다. 경향(京鄕) 각지에서 이루어지는 이 의무교육에서는 문무(文武)가 고루 가르쳐지고, 또한 도덕[14]과 기예가 함께 가르쳐진다.

---

13 앞의 책, 433면.
14 '효제충신의 도'를 말하고 있음에서 보아, 유교에 기반한 덕성 교육을 염두에 두고 있음

그런데 이 의무교육은 교육 기회의 평등한 부여라는 의의를 지니는
데 그치지 않으며, 인재등용과 연결된다. 담헌의 말을 계속 들어 보자.

그중에 재주와 행실이 뛰어나 쓸 만한 자가 있으면 사(司, 면보다 상위
의 행정단위-인용자)로 보내어 사의 교관이 모아 가르치게 한다. 그중 우
수한 자를 뽑아 차례로 태학(太學)으로 보낸다. 태학에서는 사도(司徒)가
관장하여 가르치는데, 그 말과 행동을 관찰하고 학식과 재주를 시험하여
매년 정월에 그중 어질고 능한 자를 조정에 추천해서 관직을 제수하여
책임을 맡긴다. 재주는 높은데 관직이 낮은 자는 차례로 승급시키고, 능
치 못한 자는 물리친다.[15]

이에서 보듯, 교육을 통해 우수한 자를 추천하는 방식으로 인재가
등용된다. 이는 곧 과거시험을 통한 인재등용 방식의 부정을 의미한다.
당시 조선의 과거제도는, 국가가 필요로 하는 실력 있는 인재를 뽑는다
는 과시(科試)의 원래 취지가 이미 사라졌다고 해도 과언이 아니었다.
온갖 부정행위가 만연했을 뿐 아니라, 설사 제대로 합격한 자라 할지라
도 그가 과거시험을 위해 오랫동안 공부한 것은 국가를 위해 아무짝에
도 도움이 안 되는 것이었다. 게다가 갈수록 문호(門戶)를 막아 버려 벌
열 가문의 자제가 아니면 도무지 선발되기 어려웠다. 그러니 점점 더
소수 특권층이 부와 권력을 세습적으로 장악해 가는 형국이었다. 그 피
해는 고스란히 '민국(民國)', 즉 인민과 국가에 돌아갈 수밖에 없었다.
담헌이 과거제도를 없애고 교육에 의한 인재선발 방식으로의 전환을

─────────

을 알 수 있다.
15 『임하경륜』, 433면.

구상한 것은 이런 점을 고려한 결과가 아닌가 생각된다.

그런데 더 중요한 것은, 이러한 인재선발 방식이 궁극적으로 신분제의 철폐와 맞물려 구상되고 있다는 사실이다. 담헌은 다음과 같이 말한다.

> 면(面)에서 가르칠 때는 그중 뜻이 높고 재주가 많은 자는 위로 올려 조정에서 쓰도록 하고, 자질이 둔하고 용렬한 자는 아래로 돌려 야(野)에서 쓰도록 하며, 그중에 생각을 잘하고 솜씨가 재빠른 자는 공업(工業)으로 돌리고, 이(利)에 밝고 재물을 좋아하는 자는 상업으로 돌리며, 꾀를 좋아하고 용맹이 있는 자는 무반(武班)으로 돌리고, 소경은 점치는 데로, 궁형(宮刑)을 당한 자는 문 지키는 데로 돌리며, 심지어 벙어리와 귀머거리, 앉은뱅이까지 모두 일을 하게 해야 한다. 유의유식(遊衣遊食)하며 일하지 않는 자는 군장(君長)이 벌을 주고 향당(鄉黨)에서 버려야 한다.[16]

여기에서 보듯, 인재의 선발은 신분제의 제한을 받지 않는다. 달리 말해, 인재의 선발 방식이 기존 신분제의 폐기를 낳는다. 사람들은 타고난 신분에 따라서 사대부가 되든가 서민=농공상이 되는 것이 아니라, 그 재주와 자질에 따라 국정을 담당하기도 하고 상공업에 종사하기도 하며 농업에 종사하기도 하고 무직에 종사하기도 한다. 그리고 모든 사람은 놀면서 밥을 먹어서는 안 되며, 저마다 자신이 할 수 있는 일을 하지 않으면 안 된다. 이른바 '만민개로(萬民皆勞)'다.

담헌의 만민개로 사상은 일차적으로 당대의 유식층(遊食層)인 양반

---

16 앞의 책, 433~434면.

을 염두에 둔 것이 아닌가 생각된다.[17] 양반은 아무리 가난해도 농공상의 업(業)에 종사하지 않고 무위도식하였다. 농공상에 종사하면 비루하게 여겨 더 이상 양반으로 치지 않는 사회 분위기 때문이었다. 그래서 굶어 죽을지언정 근로는 하지 않았다. 조선 후기에 들어와 양반은 자꾸 늘어나고, 그에 따라 일하지 않는 인구도 증대되었다. 양반들은 한정된 벼슬자리를 놓고 생사를 건 쟁투를 벌이니 국정이 제대로 될 리가 없고, 노는 인구가 많으니 국가재정은 어려워질 수밖에 없으며, 따라서 서민에 대한 수탈이 엄혹해졌다. 이제 권력과 부는 서울의 고문세족(高門世族)의 양반들, 이른바 경화세족(京華世族)에 독점되어 갔다. 같은 양반이라도 시골 양반은 찬밥 신세였다. 조선은 마침내 '문벌 사회'로 화(化)한 것이다. 그리하여 국가 전체가, 사람으로 치면 '기혈순환(氣血循環)'이 안 되는 위중한 상황에 빠져 버렸다. 담헌이 주창한 만민개로는 당대 조선이 봉착한 이런 악순환을 해결하기 위해 무위도식하는 양반으로 하여금 농공상에 종사할 수 있게 하는 길을 터주고, 문벌에 의한 권력과 부의 독점과 세습을 끊어 버려 계층 간의 사회적 유동성을 높이려는 의도가 담지되어 있다고 판단된다. 즉 조선을 기혈(氣血)이 통하는 건강하고 튼튼한 사회, 근로의 기풍이 전 사회적으로 관철되는 활기가 넘치는 국가로 만들기 위한 방책이었다고 생각된다.

담헌이 얼마나 확고하게 신분 사회와 문벌 사회를 부정했는지는 다

---

17 『계방일기』의 1775년 3월 29일조에 담헌의 이런 말이 보인다. "생산하는 자는 여럿이고 소비하는 자가 적은 것이 나라 다스리는 큰 법이거늘, 소위 '遊民으로서 벼슬자리를 요행으로 얻으려 함'은 耗國病民하는 일이니, 이 점 마땅히 깊이 생각하셔야 할 것입니다." 인용된 말 가운데 '遊民으로서 벼슬자리를 요행으로 얻으려 함'이라는 구절은 무위도식하는 양반층을 가리킨다. 흥미롭게도 『임하경륜』의 생각과 상통된다 하겠다. 『계방일기』의 이 말에는 『임하경륜』의 생각이 반영되어 있는 게 아닌가 한다.

음 말에서 더욱 분명히 드러난다.

우리나라는 본래부터 명분(名分)을 중히 여겼다. 양반들은 아무리 심한 곤란과 굶주림을 받더라도 팔짱 끼고 편케 앉아 농사를 짓지 않는다. 간혹 실업에 힘써서 몸소 천한 일을 달갑게 여기는 자가 있으면 모두들 나무라고 비웃기를 노예처럼 무시하니, 자연히 노는 백성은 많아지고 생산하는 자는 줄어든다. 재정(財政)이 어찌 궁하지 않을 수 있으며, 백성이 어찌 가난하지 않을 수 있겠는가? 마땅히 법을 엄히 세워, 사농공상에 소속되지 않은 채 무위도식하는 자에 대해서는 관(官)에서 형벌을 주어 세상의 큰 치욕이 되게 해야 한다. 재능과 학식이 있다면 비록 농부나 장사치의 자식이 조정에 들어가 앉더라도 참람할 것이 없고, 재능과 학식이 없다면 비록 공경(公卿)의 자식이 천한 일에 종사한다 하더라도 한탄할 것이 없다. 상하(上下)가 온 힘을 다하여 그 직분을 닦도록 하며, 부지런함과 게으름을 상고하여 상벌을 베풀어야 한다.[18]

신분제는 국가에 의해 직(職)의 세습이 강제될 때 성립된다. 상기 인용문이 보여 주는 담헌의 구상에 의하면, 양반이라는 직분은 강제력에 의해 세습되는 것이 아니다. 농공상 역시 마찬가지다. 능력과 자질에 따라 기존에 사(士)였던 자도 농공상에 종사할 수 있고, 농공상이었던 자도 사가 될 수 있다. 사와 농공상 사이에 넘을 수 없는 어떤 벽 같은 것은 없다. 사가 농공상이 되는 것이 부끄러운 일이 아니요, 농공상이 사가 되는 것이 그리 이례적인 일도 아니다. 이렇게 되면 사농공상 사

---

18 『임하경륜』, 434면.

민(四民)은 신분 개념이 아니라 '직업'으로서의 의미를 갖게 된다. 따라서 위 인용문 중 '상하(上下)가 온 힘을 다하여 그 직분을 닦도록' 한다고 했을 때의 '직분'(원문은 '職')이라는 단어에는 신분적 의미관련이 소거되고 직업[19]으로서의 의미관련이 담겨 있다고 할 것이다. 담헌이 상하(上下)의 부지런함을 강조할 때에도 여기에는 자기 직업에 대한 근면함이 강조되고 있을 뿐 신분적 요구는 없다고 생각된다.

  사실 중국의 경우 사민(四民)은 이미 송대(宋代) 이래 신분이 아니라 직업으로서의 의미를 갖는 것이었다. 담헌은 중국 여행을 통해 청나라에서는 사(士)와 농공상 간에 엄격한 구분이 없다는 것, 사(士)가 상인의 일에 종사하는 것이 하등 수치스런 일이 아니라는 것, 상인도 독서를 하며 사(士)와 같은 생활을 할 수 있다는 것을 직접 목도한 바 있다. 그리고 절강 선비들과의 필담을 통해 문벌에 따른 조선의 인재등용 방식이 보편성을 갖지 못하며 아주 부끄러운 제도라는 점을 자각하였다. 그러므로 담헌의 중국 체험은 조선 사회에서 문벌과 신분을 폐지하고자 한 자신의 구상에 일정한 참조가 되었을 수 있다. 하지만 앞서 지적했듯, 담헌의 이런 구상에는 국가에 의해 이루어지는 전 인민에 대한 교육이 전제되어 있다는 사실을 잊어서는 안 된다.

  이처럼 『임하경륜』에는 '평등'의 지향이 강하다. 그렇기는 하지만, 국가의 민에 대한 통제는 오히려 강화되는 경향이 발견된다. 다음에서 그 점이 확인된다.

  백성은 각각 전리(田里)를 지켜서 죽어 장사를 지낸다든가 혹은 이사

---

19 이때 이 '직업'이라는 말에 귀천이 배제되는 것은 아니라고 생각된다.

를 함에 있어 살고 있는 마을에서 벗어나지 못하도록 한다. 만약 부득이
한 경우가 있을 때에는 관에 보고하여 인가장을 받은 다음 그의 본적(本
籍)을 없앤다. 이사 가는 곳에서는 즉각 관(官)에 보고하여 입적(入籍)시키
고 전토(田土)를 받는다. 관에 보고도 않고 제 마음대로 이사하는 자는 벌
을 준 다음 그가 살던 곳으로 되돌려 보내며, 관에서 인가장도 없이 이사
를 허가한 자는 그 면임(面任)에게 벌을 주어야 한다.[20]

이에서 보듯, 국가 혹은 공동체에 의한 민의 규제가 강화되고 있다.
이는 어떻게 해석되어야 할까? 이 문제는 담헌이 구상한 균분제 및 병
농일치에 기초한 행정·군사 조직과 관련지어 볼 필요가 있다고 여겨
진다. 그런 구상은 기본적으로 민의 토지에의 긴박(緊縛)을 필요로 하기
때문이다. 민이 자유롭게 마구 옮겨 다니면 이 모든 구상은 수포가 될
수밖에 없는 것이다.

그뿐만 아니라, 당시 조선은 유민(遊民)이 사회적 문젯거리였다. 가
혹한 수탈과 잦은 기근으로 농민이 토지에서 유리(遊離)됨으로써 생긴
문제였다. 이들은 부랑자로 각지를 떠돌거나 도회지로 유입되어 걸식
을 하기 마련이었으며, 혹은 도적 떼가 되기도 하였다. 그러므로 민을
토지에 긴박시키려는 담헌의 구상은 유민 문제에 대한 해결책이기도
하다고 생각된다.

『임하경륜』에서 주목되는 또 하나의 사상은 절검(節儉)에 대한 강조
다. 담헌은 가정이든 국가든 사치함보다 더 나쁜 것이 없는바, 집과 기
물(器物)은 오직 튼튼하고 깨끗함에만 힘써서 쓰는 데에 알맞도록 하고,

20 『임하경륜』, 434면.

재물만 낭비할 뿐 쓰는 데에 유익이 없는 것은 일체 금지시켜야 한다고 했다.[21] 이 문제에 있어서 담헌은 지배층, 특히 왕실부터 모범을 보여야 한다고 했다. 앞에서 언급한 바 있는 내수사의 혁파도 이런 사고의 연장선상에 있다 할 것이다.

담헌은 과학기술을 중시하고 이용후생적 사고를 지녔으므로, 모름지기 인간은 교지(巧智)를 잘 발휘해 물(物)의 이용을 늘림으로써 생산을 계속 확대하고 그에 비례해 재화(財貨)의 소비를 늘려야 한다고 생각했을 것으로 오해하기 쉽지만, 실은 전연 그렇지 않다. 담헌은 재화는 아무리 써도 다하지 않는 것이라고 생각하지 않고 한정이 있다고 보았던 것 같으며, 이 때문에 낭비와 사치를 일삼지 말고 오직 '적용(適用)'에 힘써야 한다고 했다.[22] 담헌이 말한 적용은 '재용의 유용하고 검소한 사용'을 의미한다. 담헌에게 있어 이 단어는 '실용(實用)'이라는 말과도 통한다고 생각된다. 물론 실용이라는 말은 '공리공론의 배격'이라는 함의도 갖지만, 동시에 '실다운 사용'이라는 함의도 가짐에 유의할 필요가 있다. '실다운 사용'은 '실질'의 숭상과 연결되는바, 낭비나 남용(濫用)이 아닌 검소와 절용을 전제하고 있다 할 것이다. 적어도 담헌에게 있어 '이용'이나 '실용'에는 '적용'이 전제되어 있다고 보지 않으면 안 된다.[23]

---

21 앞의 책, 435면.
22 『湛軒書』 內集 卷4, 『林下經綸』, "惟務適用."
23 이 점과 관련해, 담헌이 『임하경륜』에서 "사람의 마음이 영리해지고 기구가 편리해진 데서 말세의 衰薄함을 징험할 수 있다."라고 하는 한편, 『계방일기』에서 "山海의 이로움을 다 개척하지 못하여 백성과 나라가 함께 가난함을 면치 못하오니, 이것은 太公·管仲의 법이 없는 까닭입니다."(1765년 3월 29일조)라고 한 데 유의할 필요가 있다. 두 진술은 서로 모순되는 것처럼 보일 수 있으나, 기실 담헌의 본래면목은 '이용은 하되 절제가 필요하다'는 데 있는 것으로 판단된다.

이 점에서 담헌의 실용 내지 이용(利用)에 대한 주장은, 사치를 일정하게 긍정하면서 재용을 가능한 한 소비하는 것이 좋다는 쪽으로 생각한 초정(楚亭) 박제가(朴齊家)와는 세계관적 토대를 달리한다. 근대주의적 견지에서 본다면 초정의 주장이 좀 더 진보적이고 근대적인 데 가깝고, 담헌의 생각은 상대적으로 낙후된 것이며 중세의 테두리를 벗어나지 못한 것으로 간주될 수 있겠으나, 근대주의의 시좌(視座)를 벗어나 생각해 본다면 꼭 그런 것만은 아니다. 초정이 인간중심주의적 입장에서 물(物)의 무제한적인 개발과 사용, 그에 따른 생산의 지속적 증대가 바람직하다는 가치론을 견지했다면, 담헌은 물에 대한 존중[24] 위에서 인간과 물(=자연)의 공존을 추구하는 가치론을 견지하면서 인간중심주의를 제한하는 입장을 취했다고 할 만하다. 그러므로 만일 탈근대적인 견지에서 본다면, 양인에 대한 평가는 달라질 수 있다. 아무튼 양인의 인간관과 자연관, 나아가 문명관에는 서로 양립하기 어려운 상위가 존재한다. 초정이 생산력주의를 제일의적으로 밀고 나간 것과 달리, 담헌이 생산관계 내지 사회관계를 중시한 것도 이 점과 관련이 없지 않다고 여겨진다.

『임하경륜』에 개진된 또 다른 사회사상으로 평화주의 내지 반전주의가 주목된다. 담헌의 말을 직접 들어 보자.

(가) 한무제(漢武帝)는 천하의 군사를 떨쳐 일으켜 천 리의 땅을 개척하였으나, 흉노 백 명을 죽이는 데 죽은 군사가 반이 넘었고, 소와 양 천 마리를 얻는 데 태창(太倉)의 곡식이 탕갈(蕩竭)되었으니, 이는 무(武)를 지

---

24 필자는 일찍이 『의산문답』을 논하면서 담헌의 物에 대한 이런 태도를 '尊物的' 태도라고 명명한 바 있다. 박희병(1999), 262면.

나치게 쓴 허물이다.[25]

(나) 병법은 싸움 않는 것이 가장 좋고, 싸움 좋아하는 것이 가장 나쁘다.[26]

(다) 행군하는 군사는 험지에서 피곤하고, 백성은 짐 실어 나르는 데 지친다. 이기면 군사가 반은 상하고, 이기지 못하면 국토를 도리어 잃게 된다. 그리고 기근이 따르게 되어 적국이 틈을 엿보게 된다. 성인(聖人)이 전쟁을 취하지 않는 이유가 여기에 있다.[27]

(라) 무릇 병기란 사람을 해치는 도구다.[28]

(마) 해자를 설치해 놓고 강함을 다투다가 사상자를 반이나 내는 것은 병법의 재앙이며, 성을 공격하고 땅을 공략하여 백 번 싸워 다 이기는 것은 병법으로서 하위(下位)다. 인의(仁義)가 나라 안에 행해지고 적국(敵國)도 밖에서 쉬게 되어 싸우지 않고 남의 군사를 굴복시키는 것이 곧 성인(聖人)의 사람 살리는 도구이며, 병법으로서 최선이다.[29]

이들 예문에서 보듯, 담헌은 전쟁의 폐해를 들어 전쟁, 특히 침략전쟁에 대한 반대를 분명히 하고 있다. 국가 간에 분쟁이 있을지라도 전

---

25 『임하경륜』, 437면.
26 앞의 책, 같은 곳.
27 앞의 책, 같은 곳.
28 앞의 책, 441면.
29 앞의 책, 442면.

쟁이 아닌 평화적인 방법으로 문제를 해결해야 한다고 했으며, 무력 사용의 충동을 경계하고 있다. 『임하경륜』에는 무비(武備)의 중요성이 극히 강조되고 있으며, 그 일환으로 축성법에 대한 자세한 서술이 보인다. 하지만 상기 예문들을 통해 볼 때 담헌이 무비를 강조한 것은 전쟁을 억제하고 평화 상태를 지속시키기 위한 것이었음을 알 수 있다.

3. 『의산문답(毉山問答)』의 사회사상

1) 『의산문답』의 저작 시기

『의산문답』은 담헌 만년의 저작일 것으로 추정되어 왔으나 정확한 저작 시기는 알려져 있지 않다. 담헌이 1773년 중국인 손유의(孫有義)에게 준 시 중에 『의산문답』의 '인물균(人物均)' 그리고 그로부터 도출되는 '화이일(華夷一)'의 사상과 통하는 생각이 피력되어 있음을 감안한다면, 이때 이미 『의산문답』에 나타나는 주요한 관점의 일부가 형성되고 있었던 게 아닌가 생각된다.

담헌이 두 종류의 중국 여행기를 집필한 것은, 이미 알려져 있는 대로 1775년 이후의 일이다. 담헌은 이들 중국 여행기에서 중국을 '대국 (大國)'으로 높이고, 조선은 변방의 일개 오랑캐로 낮추었다. 심각한 '자비(自卑)'라고까지 말할 수는 없지만, 그래도 다소간 '자비'의 태도가 없다고는 말할 수 없다. 또한 중국 여행기에서는 청(淸)을 인정하면서도 그 의관과 복식제도에 대해서는 끝까지 시비를 거는 입장이었다. 이와 달리 『의산문답』에서는 '자비'의 태도가 '자존'의 태도로 지양되고 있으며, 의관과 복식의 문제를 상대주의에 의거해 새로운 시각에서 보고 있다. 요컨대 『의산문답』에서는 『담헌연기(湛軒燕記)』 등 중국 여행기의 시좌(視座)가 지양되어 있다. 이런 점을 고려한다면 『의산문답』은 담헌이 중국 여행기를 집필한 이후 다시 사유를 진전시켜 나가면서 사상을 가일층 심화시킨 뒤의 저작으로 추정된다. 『의산문답』이 보여 주는 호한한 스케일이라든가, 다양한 사상과 학지(學知)를 자유롭게 혼융하여 일가(一家)의 사상을 종합적·독창적으로 전개해 보이는 역량 역시 이 책을 담헌 최만년(最晚年)의 저작으로 추정케 한다. 담헌은 자신의 평생 공부와 온축(蘊蓄)된 사유를 이 책에 쏟아 낸 것이다. 이 점에서 이 책은 담헌 사유의 종결편으로서의 의미를 갖는다고 할 만하다.

『의산문답』의 저작 시기와 관련된 또 하나의 중요한 단서는 연암(燕巖) 박지원(朴趾源)의 다음 발언이다.

홍대용 역시 책을 쓰지 못했습니다. 저는 그의 지전설(地轉說)을 믿어 의심치 않습니다. 그는 일찍이 저에게 자기 대신 그 설을 책으로 쓸 것을 권했지만, 저는 조선에 있을 때 바빠서 못했습니다.[30]

『열하일기(熱河日記)』의 「곡정필담(鵠汀筆談)」 중 연암이 중국인들에게 담헌의 지전설에 대해 말한 대목이다. 연암은 1780년에 중국에 갔다. 『의산문답』에는 지전설은 물론이려니와 분야설(分野說)에 대한 부정, 달세계에 대한 언급 등 「곡정필담」 중 연암의 말과 합치하는 내용이 적지 않다. 따라서 상기한 연암의 말을 준신(準信)한다면, 담헌은 적어도 1780년 이후에 『의산문답』을 집필한 게 된다. 혹 담헌은 연암이 중국에 가기 전에 이미 『의산문답』을 저술했는데 다만 연암이 그걸 몰

30 朴趾源, 『燕巖集』 卷14, 『熱河日記』, 「鵠汀筆談」.

랐을 수도 있다. 하지만 두 사람이 누구보다 친밀한 사이였음을 감안한다면 그럴 가능성은 대단히 희박하다고 본다.

이상의 추론을 통해 볼 때, 『의산문답』은 적어도 1780년 이후에 씌어진 담헌 최만년의 저작임을 알 수 있다. 담헌의 몰년이 1783년이니, 죽기 얼마 전의 저술인 셈이다. 초정의 『북학의(北學議)』가 1778년에 저술되었으니 그보다 뒤의 책이다. 아직 심증에 불과하지만, 필자는 담헌이 연암의 『열하일기』, 특히 「곡정필담」을 읽고 그에 자극을 받아 『의산문답』을 집필한 게 아닐까 하는 생각을 갖고 있다. 「곡정필담」의 상기 인용문은 담헌의 발분지심(發憤之心)을 불러일으킬 만한 것이다.

2) 실옹과 허자

주지하다시피 『의산문답』은 실옹(實翁)과 허자(虛子)의 문답 형식으로 되어 있다. '실옹'과 '허자'는 그 이름에서 알 수 있듯 각각 '실(實)'과 '허(虛)'를 대변하는 인물이다. 담헌은 젊은 시절 이래 '실'을 숭상하고 '허'를 배격했지만, 중년 이후 이런 입장은 더욱더 강화되어 간 것으로 여겨진다. 이 경우 '실'이란 실심(實心)·실지(實地)·실사(實事)·실용, 실학 등을 뜻하며, '허'란 허례·허식·허위·공론(空論)·허학(虛學) 등을 뜻한다. 즉 담헌에게 있어 '허'는 폐기되거나 극복되어야 할 학문 태도 내지 학문 방법이었으며, '실'은 새롭게 추구되면서 정초되어야 할 대안 학문의 핵심적 방법 내지 가치에 다름 아니었다. 이 점에 유의한다면 『의산문답』은 '학문론'을 둘러싼 첨예한 투쟁의 장이라 할 수 있다. 그것은 당대 조선의 일반적이면서 주류적인 학문에 대항하여 그와는 성격을 달리하는 새로운 학문을 옹호하고 정립하기 위한 것이었다. 따라서 크게 보아 사상투쟁의 성격을 띠는 것이었다.

한편 『의산문답』에는 다음과 같은 말이 보인다.

　　허자는 혼잣말로 이리 말하였다.

　　"내가 허(虛)로써 호(號)를 삼은 까닭은 장차 천하의 실(實)을 살펴보고
싶어 한 것이며, 저가 실(實)로써 호를 삼은 것은 장차 천하의 허(虛)를 깨
뜨리고자 함일 것이다. 허허실실(虛虛實實)은 참되고 오묘한 도이니, 내
장차 그의 이야기를 들어 보리라."[31]

　　이는 허자의 입을 빌려 이 책의 '담론적(談論的) 전략'을 밝힌 것이라
할 만하다. 즉 허와 실의 대립적 설정이 일종의 '방법적' 고려에 의한
것임을 간취할 수 있다.

　　그런데 하나의 문제가 있다. 허자에 담헌의 상(像)이 반영되어 있다
는 점이 그것이다. 가령 허자를 묘사하고 있는 다음 구절들을 잠깐 보
기로 하자.

　　(가) 허자는 숨어 살면서 독서한 지 30년에 천지의 조화(造化)와 성명
(性命)의 은미함을 궁구하고 오행(五行)의 근원과 삼교(三敎)의 진리를 달
통하여 인도(人道)를 경위(經緯)로 하고 물리(物理)를 깨달아 통했다. 심오
한 이치를 측량하고, 일의 시말과 내막을 환히 안 다음에 세상에 나가 남
에게 이야기했더니 듣는 자마다 비웃었다.

　　허자가 말하기를,

---

31 『국역 담헌서』 I, 내집 권3, 『의산문답』, 449면. 이하 본고에서 인용한 『의산문답』의
　　면수는 모두 이 책의 것이다. 그리고 인용된 번역문은 대개 필자가 조금 고친 것임을
　　미리 밝혀 둔다.

"작은 지혜와 더불어 큰 것을 이야기할 수 없고, 비루한 세속 사람과 더불어 도를 이야기할 수 없다."

하고 서쪽으로 연경(燕京)에 들어가 중국 선비들과 필담하며 60일 동안이나 머물렀으나 마침내 알 만한 이를 만나지는 못했다. 이에 허자가 슬피 탄식하면서 말하기를,

"주공(周公)이 쇠했는가? 철인(哲人)이 죽었는가? 우리 도가 글렀는가?"

하고 행장을 차려 돌아왔다.

(나) 허자가 말했다.

"젊었을 적에 성현의 글과 시례(詩禮)의 공부를 익혔고, 커서는 음양의 변화와 인(人)과 물(物)의 이치를 탐구하였습니다. 마음을 기르는 데에는 충(忠)과 경(敬)으로써 했고, 일을 꾀하는 데는 성실과 민첩함으로써 했으며, 경제(經濟)는 『주관(周官)』에 근본했고 출처(出處)는 이윤(伊尹)과 여상(呂尙)을 본받았습니다. 이외에도 예술(藝術)과 성력(星曆)과 병기(兵器)와 변두(籩豆)와 수율(數律)에 이르기까지 제한하지 않고 널리 배웠으나 육경(六經)을 표준으로 삼고 정자(程子)와 주자(朱子)의 학설을 절충하였습니다. 이것이 허자가 배운 것입니다."

(가)는 『의산문답』맨 처음에 해당한다. 이 바로 뒤에, 허자가 조선으로 귀국하는 도중 의무려산에 올라가 실옹을 만나는 대목이 나온다. (나)는 실옹이 허자에게 '네가 배운 것을 말해 보라'고 하자 허자가 대답한 말이다.

이들 예문은 모두 담헌의 체험과 학문을 반영하고 있다. 그렇기는 하나 허자가 바로 담헌이라고 말할 수는 없다. 『의산문답』의 초두에서 실옹은 허자가 아첨하는 말과 입에 발린 말을 늘어놓는 데 대해 거듭

타박을 주고 있는데, 허자의 이런 면모는 담헌이 아니라 조선의 유자(儒者)들, 특히 속유(俗儒)의 일반적 행태를 반영하는 것이라고 생각된다. 그뿐만 아니라, 이후 전개되는『의산문답』의 전개 과정에서도 허자의 언행이 꼭 담헌을 반영하는 것이라고 말하기는 어렵다.

이렇게 본다면 허자에는 담헌의 삶이 일정하게 반영되어 있음과 동시에 담헌이 아닌 조선의 일반적 유자의 면모가 반영되어 있다고 할 수 있다.『의산문답』에서 담헌의 분신은 분명 실옹이다. 그렇다면 담헌은 비록 제한된 것이기는 하지만, 왜 허자에다 자신의 삶을 일정 부분 투사한 것일까? 그것은 담헌이 학문과 사상의 '자기갱신' 내지 '자기부정'을 분명히 하기 위해서였다고 생각된다.『의산문답』에는 "학문의 미혹이 천하를 어지럽힌다〔道術之惑 亂天下〕."라는 말이 연거푸 나온다. 학문이 올바른 세상을 만드는 데 얼마나 중요한지를 강조한 말이다. 제대로 된 사회와 나라를 만들기 위해서는 실답고 올바른 학문이 있지 않으면 안 된다. 구래(舊來)의 학문으로는 이것이 불가능하다. 실옹의 말에 의하면, 기존의 학문은 '미혹된 학문'이다. 허자는 바로 이 미혹된 학문을 한 사람으로 지목된다〔吾固知爾有道術之惑〕. 새로운 학문을 정립하기 이전까지는 담헌 역시 크게 보아 구래의 학문에 매몰되어 있었고, 이점에서 미혹된 학문을 했다고 할 터이다. 그러므로 실옹은 '갱신된 담헌', '이전의 자기가 지양된 담헌'이라고 할 만하다. 허자에 담헌의 어떤 계기가 내포된 것은 그러므로 학문의 자기갱신 과정에 대한 담헌의 뚜렷한 자각을, 그리고 높은 자기성찰력을 보여 주는 것이라고 해야 할 것이다.

하지만 그렇다고 해서 허자를 전적으로 담헌의 또 다른 분신으로만 보는 것은 정당하지 않다. 앞서 지적했듯, 허자는 허학에 매몰된 조선의 속류적 유자를 대변하고 있기도 하기 때문이다. 바로 이 허학에의 매몰이라는 점에서 허자에 내포되어 있는 두 개의 계기는 동일적이다.

『의산문답』의 사회사상에 대한 본격적 논의에 들어가기 전에 또 하나 예비적으로 점검해 두어야 할 것은 이 작품의 서두에서 확인되는, 허자를 대하는 실옹의 어투다. 이 어투는 실옹의 도(道), 즉 그 사상적 풍모와 연관된다고 생각됨으로써다.

허자가 실옹을 보고 '현자(賢者)'라고 이르자, 실옹은 코웃음을 치며 네가 말하는 현자란 어떤 자냐고 묻는다. 허자는 이렇게 답한다.

> 주공(周公)과 공자(孔子)의 업(業)을 높이고 정자(程子)와 주자(朱子)의 말을 익혀서 정학(正學)을 부지(扶持)하고 사설(邪說)을 물리치며, 인(仁)으로 세상을 구제하고 명철함으로써 몸을 보전하는 자가 유문(儒門)에서 말하는 현자입니다.[32]

실옹은 허자의 이 말을 듣자 웃으면서 "네가 학문의 미혹됨이 있음을 진실로 알겠다."[33]라고 대꾸한다. 허자의 이 말은 조선 학인이 견지한 유가적 내지 정주학적 학문론을 요약한 것이라 할 만하다. 하지만 실옹의 반응은 지극히 냉소적이고 부정적이다. 실옹의 이런 반응과 어투는, 그가 허자와는 사상=학문을 달리함을 드러내는 것이라고 판단된다. 실옹은 허자에게 '(너는) 유자(儒者)의 학문에 강령(綱領)이 모두 갖춰진 자'인데 또 무엇이 부족해서 내게 도를 묻느냐고 힐난하는가 하면[34] "너는 유자(儒者)로구나. …… 이제 나는 너에게 대도(大道)를 말하

---

32 『의산문답』, 451~452면.
33 앞의 책, 452면.
34 앞의 책, 453면.

기에 앞서 본원(本源)부터 일러 주겠다."[35]라면서 '인물균(人物均)'으로 요약되는 자신의 존재론을 설파한다.

실옹의 이런 태도, 이런 반응, 이런 어투는 그가 유문(儒門)에 속한 자가 아님을, 다시 말해 그가 유자가 아님을 말하는 것이다. 유자인 자가 유자에게 '너는 유자로구나'라는 식으로 말할 리는 없다. 실옹은 허자에게 "나의 학문이 공자만 못한 줄 어찌 알겠느냐."[36]라고 말하고 있는데, 이 말도 유자라면 결코 할 수 없는 말이다. 성인(聖人)으로 추앙되는 공자에 대한 불경(不敬)의 죄를 짓는 말이기 때문이다.

이처럼 『의산문답』에서 실옹이 유문에 속하지 않은 사람, 즉 유가의 테두리 안에 있지 않은 사람으로 설정되어 있음은 각별한 주목을 요한다. 실옹이 허자가 '유자'임이 확인되자 보여 주는 저 냉소적인 태도와 어투는, 그 자신의 학문적·사상적 정체성에 대한 뚜렷한 자의식의 표현일 수 있다. 이 자의식은 다름 아닌 담헌의 자의식이라는 점에서 문제의 심각성이 있다. 그러므로 『의산문답』의 본론 부분에서 전개되는 실옹과 허자의 문답 그리고 그것을 통해 점차 윤곽이 드러나는 실옹의 '대도(大道)'는 유문의 강령에는 없는, 다시 말해 유가 학문에는 속하지 않은 내용들이다. 이 점에서 실옹의 '대도'는 유가의 경계를 벗어난 새로운 진리인식이고, 인간과 세계에 대한 새로운 논리적 재구성이며, 삶과 자연과 사회에 대한 새로운 패러다임의 정초라고 할 만하다.

---

35 앞의 책, 같은 곳.
36 앞의 책, 451면.

3) 『의산문답』의 논리와 체계

『임하경륜』이 국내의 사회경제적·정치적 문제들에 대해 논하고 있다면, 『의산문답』은 인간과 물(物)의 관계, 천지와 우주의 원리, 인간과 문명의 관계, 국가의 발생, 중국사에서의 호한(胡漢) 관계, 화이론의 문제 등에 대해 논하고 있다. 전자는 구체(具體)의 수준이 높고 실제적인데 반해, 후자는 추상(抽象)의 수준이 높고 이론적 성향이 강하다. 다시 말해 전자는 구체적인 맥락에서 사회역사적 문제를 논하고 있음에 반해, 후자는 인간·자연·우주·역사·세계에 대한 존재론적·인식론적 탐구를 꾀하고 있다. 이 점에서 『의산문답』은 대단히 원리적이며, 래디컬하다. '래디컬하다'고 말한 것은 이 책이 도저한 사유를 통해 통념적 인식론과 존재론을 전복시키고 있음을 말함이다.

『의산문답』에는 자연과학과 관련된 서술이 많다. 이 때문에 과학사 연구자들이 많은 관심을 보여 왔다. 이 책이 과학사에서 주목받는 것은 당연한 일이지만, 그렇다고 해서 이 책을 한갓 과학사의 자료로만 간주하는 것은 옳지 않은 일이다. 이 책은 그 속에 담겨 있는 과학사상까지 포함해, 인간과 세계를 종합적으로 논한 하나의 창의적인 '사상서'로 보아야 한다.

『의산문답』에서는 제일 먼저 '인물균(人物均)'이 논해진다. 이 인물균 사상은 낙론(洛論)과 연맥이 닿는 부분이 전연 없는 것은 아니나, 그렇다고 해서 낙론만으로 다 설명될 수 있는 것은 아니다. 낙론에서 '사람과 초목·금수가 존재론적으로 균등하다'고 말한 적은 없기 때문이다. 담헌은 "대도(大道)를 해침은 긍심(矜心)보다 심한 것이 없는데, 사람이 사람을 귀하게 여기고 물(物)을 천하게 여김은 긍심의 근본이다."[37]라고 말하고 있는바, 인간중심주의에 입각한 기존 학문의 기저

136

(基底)를 허물면서 '물'에 대한 존중 위에 학문을 새롭게 정초하고 있다. 낙론이 '인물성동(人物性同)'을 주장했다고 하여 유가의 인간중심주의에 대해 깊이 성찰하거나 그것을 폐기한 것은 아니다. 실옹은 인물균을 논하며 이렇게 말한다.

> 옛사람이 백성에게 혜택을 입히고 세상을 다스림에는 물(物)을 본받지 않음이 없었다. 대체로 군신 간의 의리는 벌에게서, 병진(兵陣)의 법은 개미에게서, 예절의 제도는 박쥐에게서, 그물 치는 법은 거미에게서 각각 취한 것이다. 그러므로 "성인(聖人)은 만물을 스승으로 삼는다."라고 한 것이다. 그런데 너는 어째서 하늘의 입장에서 물을 보지 않고 사람의 입장에서 물을 보느냐?[38]

기존 연구에서는 인용문 중의 "성인(聖人)은 만물을 스승으로 삼는다."라는 구절을, 담헌이 '물리(物理)의 연구 필요성을 제기'[39]한 것으로 보았다. 나아가 담헌은 낙론에서 물(자연)에 관한 새로운 관점을 도출한 바, 그의 물론(物論)은 이용후생학의 철학적 기초를 이루는 것으로 이해하였다.[40] 하지만 이러한 이해는 오독에 기초하고 있다고 보인다. 인용문은 물과 인간 사이에 아무 차등이 없다는 것, 그리하여 인간은 물을 존중하고 물에게서 배우지 않으면 안 된다는 사실을 말하고 있을 뿐이다. 물과 인간은 평등하다, '그러니' 물을 잘 이용해야 한다, 이렇게 말

---

37 앞의 책, 455면.
38 앞의 책, 같은 곳.
39 유봉학(1995), 106면.
40 앞의 책, 107면 참조.

한 것이 아님에 유의해야 한다.

담헌이 제기한 인물균 사상은 이후 전개되는 『의산문답』의 논리 전개에서 존재론적 및 인식론적 기초를 이룬다. 이 인물균 사상이 논리적·공간적으로 확대되면서 지구와 뭇별의 균등함, 화이(華夷)의 균등함이 설파되기에 이른다. 이처럼 『의산문답』의 체계 내에서 인물균 사상이 여타의 주장과 어떤 논리적 연관관계를 맺고 있는가, 논리적으로 어떤 정합성을 이룩하고 있는가를 아는 것은 퍽 중요한 일이다. 이들이 드러내는 연관관계, 이들이 보여 주는 정합성에서 핵심적인 것은 '균(均)', 즉 '평등성'이다. 이 평등성은 인식의 자기중심적 국한성, 존재의 왜곡된 자기중심성에서 탈피해야 비로소 확보된다. 담헌이 인물균 사상에서 힘주어 말하고자 한 것은 바로 이 점이다. 그러므로 인물균 사상에서 물에 대한 이용의 관점이 도출된다고 이해함은 담헌의 주지(主旨)를 정확하게 파악한 것이 못 된다. 담헌이 인물균 테제를 통해 말하고자 한 것은 물에 대한 존중, 즉 '존물(尊物)'의 태도라고 할 것이다.[41] 인간은 물과 관계를 맺고 살아가는 존재이므로, 이 존물의 태도는 필경 인간에 대한 이해 방식과 인간에 대한 규정의 수정을 요청할 것이다. 이 수정은 인식론과 존재론의 수정이면서 동시에 학문 패러다임의 수정에까지 이르는 거대한 세계관적 기획의 의미를 갖는다. 담헌은 이런 사태를 예견하면서 작심하고 『의산문답』을 썼다고 생각된다.

인물균 사상에서 확인되는 이런 '존물'의 태도가 낙론으로부터 절로 도출될 수 있는 것은 아니다. 그 사이에는 논리의 비약이 존재하기 때문이다. 이런 점을 고려한다면, 『의산문답』이 "심성론적인 정통 주자학

---

41 이 점은 박희병(1999), 262면에서 이미 언급된 바 있다.

으로부터 받았던 낙론적 소양이 그(담헌-인용자)의 새로운 사물관·자연관·인간관·세계관에 어떻게 일관되고 있는가를 분명하게 보여 주고 있다."[42]라고 봄은, '방법론'상 이 저술의 사상적 호한(浩瀚)함과 불온함, 자유로움과 담대함, 그 성취의 정도를 정당하게 파악하는 데 장애가 됨을 알 수 있다.

그렇다면 이 '존물'이라는 담헌의 독특한 시좌는 어떻게 마련될 수 있었을까? 담헌은 낙론적 교양 외에 장자와 묵자의 사상을 자기식으로 전유(專有)함으로써 이런 사유에 도달할 수 있었다고 생각된다. 물론 장자나 묵자가 대놓고 '존물'을 말한 것은 아니다. 하지만 장자와 묵자의 사상에는 존재의 '무차등', 존재의 '평등'을 향한 강한 지향성이 있다. 담헌은 장자와 묵자의 사상에 내재해 있는 이런 계기를 자기대로 발전시켜 인간중심성에서 벗어나 물에 대한 새로운 관점을 정립한 것이 아닐까 한다.

인물균 사상에서 주목해야 할 또 한 가지는 '인물균'이 '천(天)'의 관점을 매개함으로써 도출되고 있다는 사실이다. 실옹의 다음 말에서 그 점이 확인된다.

사람의 관점에서 물을 보면 사람이 귀하고 물이 천하지만, 물의 관점에서 사람을 보면 물이 귀하고 사람이 천하다. 하늘의 관점에서 보면 사람과 물이 똑같다.[43]

사람의 관점이 옳은가, 물의 관점이 옳은가? 아니면 둘 다 인정되어

42 유봉학(1995), 106면.
43 『의산문답』, 454면.

야 하는가? 아니면 둘 다 그른가? '사람'의 관점은 인간 세상에서 일반적으로 통용되는 것으로서 흔히 진리로 간주된다. 담헌은 모두가 당연시하는 이 진리를 물의 관점을 끌어들임으로써 무력화시켜 버린다. 인간의 관점은 자기중심성의 소산일 뿐인 것이다. 따라서 비록 그 내부에서는 진리로 확신될 수 있을지 모르나, 물과의 관계 속에서 본다면 절대적 진리성을 승인받기 어렵다. 그렇다면 물의 관점이 옳은가? 그 역시 자기중심성의 소산이라는 점에서는 다름이 없고, 이 점에서 절대적 진리성을 인정받을 수 없다. 요컨대 담헌은 전적으로 물의 편에 서는 것도 아니지만, 그렇다고 해서 통용되고 있는 인간의 관점을 옹호하고 있는 것도 아니다. 담헌은 양자의 이런 일면성을 벗어난 진리를 '하늘'의 관점에서 구하고 있다. 이 경우 하늘은 '공정성'의 궁극적 근거가 된다. 하늘은 '만물의 할아버지'로서,[44] 공평무사(公平無私)함을 담보함으로써다. 담헌의 사유행위에서 '하늘'이 이처럼 올바른 인식의 근거, 즉 진리의 최종적 근거라는 사실은 잘 기억해 둘 필요가 있다.

인물균에 대한 논의에 이어 『의산문답』은 천지(天地)에 대한 논의로 들어간다. 여기서는 천문, 우주, 지구, 방기잡술(方技雜術) 등에 대한 담헌의 견해가 제시된다. 자연과학에 대한 논의는 바로 이 부분에 집약되어 있다. 따라서 담헌의 자연과학자로서의 면모를 접할 수 있다. 하지만 담헌에 있어 자연과학 연구는 자연과학 연구 그 자체로 끝나는 일이 아니다.[45] 또한 그의 서양 과학 수용은 단순한 수용이 아니다. 만일 단순한 수용이라는 관점에서 이해하려고 할 경우 다소 실망스럽게도 파

---

44 "땅은 만물의 어머니요, 해는 만물의 아버지이며, 하늘은 만물의 할아버지다."(앞의 책, 478면)
45 박희병(1999), 262면 참조.

편적이거나 왜곡된 수용의 양상만이 확인되지 않을까 한다. 담헌은 서양 과학의 성과를 수용하되, 그것을 자신의 체계, 자신의 존재론과 인식론의 틀 속에서 받아들이고 있기 때문이다. 따라서 담헌의 자연관이나 물관(物觀)은 서양의 그것과 그 본질에 있어 다를 수밖에 없다. 담헌의 자연과학을 정당하게 이해하기 위해서는 이 점에 대한 투철한 인식이 필요하지 않은가 한다. 그래야 담헌의 자연과학 연구가 그 자체로 끝나지 않고 구경(究竟) 인간과 자연, 사회에 대한 문제로 되돌아오고 마침내 그것을 보는 '눈'의 전환을 초래하고 있음을 알 수 있게 됨으로써다.[46] 말하자면 자연과학 연구는 인문학 및 사회과학 연구와 연결되어 있으며, 서로가 서로를 안받침하고 있는 형국인 것이다.

여기서 『의산문답』의 자연과학적 측면에 대한 의의와 한계를 자세히 논할 겨를은 없다. 그것은 그쪽의 연구로 미루기로 한다. 다만 본고의 주제인 사회사상과 관련되는 것에 한해 약간 논의를 하기로 한다.

잘 알려져 있는 사실이지만, 『의산문답』에서는 지구설(地球說) 및 지전설(地轉說)이 제기되어 있다. 지구설이야 담헌 이전의 인물들도 말한 이가 있으니 새로운 것이 아니지만, 지전설을 자세히 말한 이는 조선 학인 중 담헌이 처음이다. 문제는 이 지구설과 지전설을 토대로 담헌이 다음과 같은 주장을 펴고 있다는 점이다.

악라인(鄂羅人, 러시아인 – 인용자)은 악라를 정계(正界)로 삼고 진랍(眞臘, 캄보디아 – 인용자)을 횡계(橫界)로 삼으며, 진랍인은 진랍을 정계로 삼고 악라를 횡계로 삼는다.

---

46 앞의 책, 같은 곳.

또 중국은 서양에 대해 경도(經度)의 차이가 180도에 이르는데, 중국인은 중국을 정계(正界)로 삼고 서양을 도계(倒界)로 삼으며, 서양인은 서양을 정계로 삼고 중국을 도계로 삼는다.

그러나 실에 있어서는 하늘을 이고 땅을 밟는 사람으로서 지역에 따라 다 그러하니, 횡(橫)이나 도(倒) 할 것 없이 다 정계다.[47]

지구는 둥그니 특정한 어떤 나라, 특정한 어떤 지역이 정계(正界)일 수 없으며, 모두가 정계라는 주장이다. 이 주장은 지구상의 국가에 중심은 없다는 주장으로 이해된다.

지구 상의 국가에 대한 담헌의 이런 상대주의적 인식은 적어도 지리적으로는 국가의 평등을 낳는다. 지리상 중심과 주변은 없고, 모두가 중심이기 때문이다. 담헌의 이 상대주의는 지구설이나 지전설에 근거한 것이며, 따라서 자연과학에 근거를 둔 것이라는 견해가 제기되어 있다. 또 지전설은 유럽의 과학적 성과를 수용한 것으로 추정되니, 결국 담헌의 상대주의는 유럽의 과학에 이론적 근거를 두고 있다는 견해도 제기되어 있다.[48] 이런 주장은 완전히 틀린 것이라고 말할 수는 없을지 모르지만, 사태를 지나치게 단순화시키면서 담헌의 사상적 성취를 자연과학에 기인한 것으로 '환원'시킴으로써 사상가로서 담헌의 주체적 몫을 협애하게 만들어 버리고, 담헌 사유행위의 다단(多端)한 계기들에 대해 고찰할 기회를 차단한다는 점에서 문제다. 지구설이나 지전설을 주장한 동서양의 학자들이 모두 상대주의적 관점에 이른 것은 아니다. 지금도 마찬가지다. 누구나 지구가 둥글다는 것을 알고 있으나 그렇다

---

47 『의산문답』, 460면.
48 川原秀城(2010), 163면.

고 해서 그 때문에 상대주의적 관점을 갖지는 않는다. 그러므로 담헌은 극히 희소한 사례라 할 것이다. 그렇다면 다른 사람은 그렇지 않았는데, 왜 담헌은 지구설이나 지전설에서 상대주의를 도출하게 됐는지에 대한 설명이 필요하다.

지구설이나 지전설에서 저절로 상대주의가 도출되는 건 아니라고 생각한다. 지구설이나 지전설은 그 자체로는 '무가치적'이다. 거기에 가치의 문제를 개입시키면서 사태를 가치적으로 정위(定位)하는 것은 바로 특정 사상가의 몫이다. 담헌의 경우 바로 이 '가치적 정위'에 있어 장자나 묵자 사상에 내재하는 '존재론적 평등'의 계기를 원용한 게 아닌가 생각된다. 이렇게 본다면 특정한 과학적 지식 자체에서 바로 어떤 인식의 원리나 인식의 방법적 틀이 주어지는 것이 아니라, 다른 여러 가치적 매개와 숙고가 개입된다는 사실에 유의할 필요가 있다. 필자가 '과학 환원주의'를 경계하는 이유가 여기에 있다.

그런데 정계(正界)와 도계(倒界)의 구분을 원천적으로 부정하는 담헌의 사유는, 정학(正學)과 사설(邪說), 달리 말해 정통과 이단에 대한 담헌의 사유 태도와 상동적(相同的)이라는 점에서 흥미롭다. 앞서 살핀 바 있지만, 『의산문답』의 초두에는 정학의 부지(扶持)와 사설의 배척에 대해 운위하는 허자의 말과 허자의 이 말을 '미혹된 학문'이라고 냉소하며 꾸짖는 실옹의 말이 나온다. 실옹이 허자의 말에 대해 그런 반응을 보인 것은, 정학을 부지하고 사설을 배척하는 일이 잘못된 학문행위라고 보았기 때문이다. 우선 '정학'이라는 말 자체가 문제다. 특정한 학문을 '정학'이라 규정하면, 그 외의 다른 학문은 모두 '비(非)'정학이 되고 만다. 비정학이 바로 사설이다. 이런 태도는 사실 '학문적'이라고 하기 어렵다. 학문이란 타자를 향해 열려 있어야 함으로써다. 그러므로 만년의 담헌은 이처럼 정학과 사설을 나누고, 사설을 배척하고 억압하는 조선의 학문 행태에 반대하였다. 담헌은 1776년 중국인 손용의에게 보낸 편지와 1779년 중국인 엄구봉에게 보낸 편지에서, 사람들이 저마다 자기가 좋아하는 학문을 하더라도 현군자(賢君子) 됨에 해로울 것이 없고 대동(大同)에 아무 해가 없다고 말한 바 있다.[49] 학문과 사상에 대한 담헌의 이런 개방적 면모는 그가 중국 여행에서 돌아온 후 김종후와 치열한 논전을 벌인 경험이 중요한 촉매제가 되었다고 판단된다. 담헌은 이 논전을 통해 생각과 의견, 사상이 다르다는 이유로 상대방을 억압하면서 입에 재갈을 물리려는 태도는 심히 잘못된 것이라는 통절한 깨달음을 얻게 된 것으로 생각된다. 담헌이 1779년 엄구봉에게 보낸 편지 중에 '나의 연래의 세상 경험으로도 자못 깨달아 해득한 것이 있으니'[50] 운운한 것은 바로 이를 말함이었다.

　필자가 여기서 말하고 싶은 것은, 담헌의 이런 실존적 체험 역시 지구설이라는 가치중립적인 자연과학적 학지(學知)로부터 '지구 상의 어떤 국가도 정계를 주장할 수는 없다'는 가치적 판단을 도출케 하는 데 관여하고 있는 것으로 보인다는 사실이다.

　한편 담헌은,

　　　지구가 해와 달의 중심은 되지만 오위(五緯, 수·화·목·금·토의 오성 －인용자)의 중심은 될 수 없고, 해가 오위의 중심은 되나 여러 성계(星界)

---

49 『국역 담헌서』 II, 외집 권1, 『杭傳尺牘』, 103·136면.
50 앞의 책, 103면. 담헌이 중국에서 돌아온 직후 아직 김종후와의 논전이 있기 전에 중국인 엄성에게 보낸 편지(앞의 책, 「철교에게 준 편지」, 26~27면)를 보면, 적어도 이 시기까지는 담헌에게도 정학을 지키고 이단을 배척하려는 태도가 있었음이 확인된다. 이를 보더라도 담헌이 개방적인 사상적 면모를 갖게 된 데에는 김종후와의 논전 경험이 크게 작용한 것임을 알 수 있다.

144

의 중심은 될 수 없다. 태양도 중심이 될 수 없는데 하물며 지구임에랴!

라고 말함으로써, 지구가 우주의 중심이라는 설을 부정하고 있다. 그리하여 담헌은 다음에서 보듯, 지구와 뭇별을 서로 상대화하고 있다.

> 하늘에 가득한 별치고 세계(世界)로 되지 않은 것이 없으니, 별의 세계에서 본다면 지구도 또한 한 개의 별이다. 한량없는 세계가 공계(空界)에 흩어져 있는데, 오직 이 지구가 그 중심에 있다는 말은 있을 수 없는 것이다.
> 이러므로 모두 세계로 되지 않음이 없고, 모두 회전하지 않음이 없다. 여러 다른 세계에서 보는 것도 이 지구에서 보는 것과 마찬가지로 각기 스스로를 중심이라 하나니, 각각의 별이 모두 세계인 것이다.[51]

인/물, 정계/도계, 정학/이단의 관계에 대한 인식과 마찬가지로, 가치론적인 우열, 중심과 주변의 구분을 해체하고, 수평적인 시각 다시 말해 평등한 눈을 견지하고 있음을 알 수 있다. 『의산문답』의 초두에 제시된 '인물균'이라는 평등의 존재론이 그 범주를 달리하면서 계속 확대되고 있는 것이다.

우리는 지구에 살고 있으니까 우리가 살고 있는 이 지구를 소중하게 생각하며 그것이 우주의 중심이라고 생각하기 쉽다. 하지만 다른 별의 입장에서 생각하면 다른 별 역시 그러하다. 자기중심적으로 생각하면 모두 자기가 중심이라고 여기게 된다. 하지만 인식의 자기중심적 한계

---

51 『의산문답』, 462면.

에서 탈피하면 너도나도 모두 중심은 아니며, 서로 각자의 세계일 뿐이다. 담헌이 말하고자 한 것은 바로 이 사실이다.

그렇다면 중심을 부정한 채 각자의 세계를 그대로 인정하는 이런 인식론은 서로에 대해 어떤 태도를 취하게 될까? '존중'이다. 존중은 상대방을 인정하고, 상대방에 적대적인 태도를 취하지 않으며, 스스로 겸손한 마음을 갖고, 상대를 있는 그대로 용납하려는 태도에서 비롯된다. 또한 상대에 대한 진정한 존중심은 자기비하의 감정이 없어야 가능하다. 요컨대 자기비하도 없어야 하고 긍심(矜心), 즉 스스로 뽐내면서 남을 얕보는 마음도 없어야 한다. 그뿐만 아니라 승심(勝心), 즉 남을 제압하고 꺾어 버리려는 마음이 있어서도 안 된다. 크게 보아 그것은 '관용'과 '공생(共生)'의 정신 위에서만 구현될 수 있다.

인물균으로부터 이단과 사설(邪說)의 용납에 이르기까지 그리고 공관병수(公觀倂受)의 학문 방법론[52]에 이르기까지, 그 근저에 자리하는 것은 '상대에 대한 존중'의 태도다. 담헌이 제기한 평등의 존재론과 인식론에 이런 정신적 태도가 전제되어 있음을 간과해서는 안 된다. 이 태도는 근원적으로 묵자의 '겸애'와 일정하게 서로 연결된다고 생각된다. 담헌이 일본인에 대한 '박애(博愛)'를 말한 것[53]도 그 연장선상에 있다고 생각된다.

이처럼 담헌에 있어 물(物)에 대한 존중의 사상은 타자(他者)에 대한 인정과 자(自)와 타(他)의 공생으로 이어진다. 그것은 '자'만 긍정하고 '타'를 부정하거나 배격하는 것도 아니지만, '자'를 비하하면서 '타'를 긍정하고 높이는 것도 아니다. 자존과 타존(他尊)의 동시적 긍정인 것이

---

52 이에 대해서는 박희병(1999), 266면 참조.
53 『국역 담헌서』 I, 내집 권3, 「원현천이 田숨로 돌아갈 때 주다」, 398면.

다. 자존은 타존의 전제가 되고, 타존은 자존의 전제가 되는바, 둘은 상호 관계 속에 있고, 상호 규정된다. 타존을 전제로 하고 있기에 이 자존은 승심(勝心)이나 긍심(矜心), 자기중심성에 함몰되어 있지 않으며 정당하다. 나중에 보듯, 자존은 평화의 감수성과도 연관된다. 자존을 전제로 하기에 이 타존은 자기소외나 자기부정, 자기왜곡을 낳지 않으며 조화로운 관계를 연출한다.

『의산문답』에서 자연과학에 대해 논하고 있는 부분 가운데 주목되는 또 하나는 잡술(雜術)과 방기(方技) 등 온갖 미신적인 것이 부정되고 있다는 점이다. 음양오행설 및 그와 관련된 생극(生克), 비복(飛伏) 등이 부정될 뿐 아니라 천인감응설(天人感應說)과 분야설(分野說), 풍수설, 길흉화복설 등이 모두 부정된다. 가령 분야설은 이렇게 서술되어 있다.

> 이 지구 세계를 태허(太虛, 우주를 이름―인용자)와 비교한다면 미세한 티끌만큼도 안 되며, 저 중국을 지구 세계와 비교한다면 십수분의 1밖에 되지 않는다. 전 지구로써 별의 도수(度數)에 결부시킨다면 혹 할 말이 있으려니와, 한쪽에 있는 구주(九州, 중국을 이름―인용자)로써 여러 별세계에 억지로 배합시켜 나누기도 하고 합치기도 하여 재앙과 상서(祥瑞)를 엿보다니 그 허망하고도 허망함은 말할 나위가 없다.[54]

음양가(陰陽家)로부터 비롯된 이 분야설은 구주(九州), 즉 중국이 바로 세계라는 관념의 소산이다. 중국중심적 세계관에 우주적 외피(外皮)를 뒤집어씌워 놓은 것이다. 담헌은 중국이 바로 세계는 아니라는 것,

---

54 『의산문답』, 469면.

중국은 세계의 일부분에 지나지 않는다는 사실을 지적함으로써 간단하게 분야설을 깨뜨려 버리고 있다. 후술되지만, 이 분야설의 부정은 화이론의 부정과도 무관하지 않다. 중국이 곧 세계라거나 세계의 중심이라는 관념이 부숴져 버리면 화이론 역시 그 지반이 무너져 버리게 됨으로써다.

『의산문답』에서 자연과학에 대해 논하고 있는 부분 가운데 주목되는 또 다른 하나는 '생명'에 대한 담헌의 관심이다. 예를 들어 본다.

(가) 하늘은 기(氣)일 뿐이요, 해는 불일 뿐이며, 땅은 물[水]과 흙일 뿐임을 알게 된다. 만물은 기(氣)의 조박(精粕)이요, 불이 만들어 낸 것이며, 땅의 혹이다. 이 셋 중 하나만 없어도 조화(造化)가 이루어질 수 없다는 것을 어찌 의심하겠는가?[55]

(나) 사람과 물(物)이 살아 움직임은 태양 빛에 근본한 것이다. 가령 하루아침에 해가 없어진다면 온 세계는 얼어붙고 온갖 물체는 녹아 없어질 텐데, 태(胎)와 알과 뿌리와 씨가 어디에 근본하겠는가? 그러므로 이르기를 "땅은 만물의 어머니요, 해는 만물의 아버지며, 하늘은 만물의 할아버지다."라고 하는 것이다.[56]

(다) 대저 흙은 물(物)의 모체요, 생(生)의 근본이다.[57]

---

55 앞의 책, 478면.
56 앞의 책, 같은 곳.
57 앞의 책, 482면.

젊은 시절 담헌은 성리학 공부에 몰두하여 기철학(氣哲學)을 정립하였다.[58] 예문들에서 확인되는, 생명의 근원 및 생명활동에 대한 담헌의 이해는 기철학(氣哲學)과 서양의 과학지식을 결합시킨 것이라는 특징을 갖는다.

담헌은 생명의 생성과 전개에 불·물·흙이 필수적이며, 이 중 흙은 '물(物)의 모체요 생의 근본'이라고 보고 있다. 흙은 '생의 근본'이기에 생명의 소멸, 즉 죽음과도 밀접한 관련이 있다. 흙은 '비단으로도 족히 그 아름다움에 겨룰 수 없고, 구슬로도 족히 그 깨끗함에 비길 수 없는', '참으로 아름답고 참으로 깨끗한 것'[59]으로 간주된다. 따뜻하고 윤택함이 흙보다 더 귀한 것은 없다는 것이다.[60] 그렇건만 사람들은 죽음에 임해서는 염습(殮襲)하는 의복이 두텁지 못할까 염려하고 관곽(棺槨)과 회석(灰石)이 단단하지 못할까 염려하며 오직 흙을 멀리하기를 꾀할 뿐, 흙이 유해(遺骸)의 보장(寶藏)임을 알지 못한다.[61] 요컨대 인간은 흙에서 왔으니 죽어서 흙으로 돌아가는 것은 그의 근본으로 회귀함에 다름 아니라고 본 것이다.

이 점에서 담헌은 맹자가 묵자를 배척하며 박장(薄葬)을 나무란 것에 동의하지 않고 있으며 "'관(棺)을 무겁게 하고 명기(明器)를 써야 한다', '흙이 어버이 피부에 닿지 않아야 한다'라는 의론은 폐단이 없지 않다."[62]라고 말하고 있다. 또한 담헌은 주자(朱子)의 산릉의장(山陵議狀)이 술가(術家)의 말만 주장한 것이 너무 심한데도 유종(儒宗)이 한 말

---

58 이 점은 허남진(1995); 박희병(1999) 참조.
59 『의산문답』, 482면.
60 앞의 책, 같은 곳.
61 앞의 책, 같은 곳.
62 앞의 책, 483면.

이라고 묵수하고 있으며, 이 때문에 간사한 말이 퍼져서 세상에 송옥
(訟獄)이 들끓고 있음을 신랄하게 비판하고 있다.[63]

이처럼 생명의 근원으로서의 흙에 대한 담헌의 자연과학적 성찰은
장례제도 내지 장례문화라는 사회적 의제에 대한 논의로 수렴되고 있
다. 그리하여 자연, 즉 생의 본원(本源)과 유리된 제도와 문화에 내재된
낭비성과 불합리함에 대해 지적하고 있다. 이 과정에서 묵자를 두둔하
고 있음은 의미심장한 일이다.

생명 및 생명활동에 대한 담헌의 남다른 관심은 다른 한편으로 지구
에 대한 물활론적(物活論的) 이해를 낳고 있다. 다음 예문이 참조된다.

(가) 지구는 활물(活物)이다. 맥락(脈絡)과 영위(營衛)가 실상 사람의 몸
과 같은데, 다만 그 몸뚱이가 크고 무거워 사람처럼 뛰고 움직이지 못할
뿐이다.[64]

(나) 지구는 물과 불의 찌꺼기다. 물과 불이 아니면 지구는 능히 살아
활동할 수 없다. 회전하고, 산과 강의 위치를 정하고, 만물을 만들어 내
자라게 하는 것은 물과 불의 힘이다.[65]

(다) 대저 지구는 허계(虛界)의 활물(活物)이다. 흙은 그의 살이고, 물은
그의 정기(精氣)와 피이며, 비와 이슬은 그의 땀이고, 바람과 불은 그의
혼백이며 영위(營衛)다. 그러므로 물과 흙은 안에서 빚어내고, 태양의 화

---

63 앞의 책, 484면.
64 앞의 책, 481면.
65 앞의 책, 같은 곳.

기(火氣)는 밖에서 쪼이므로, 원기(元氣)가 모여 온갖 물(物)을 낳는다. 풀
과 나무는 지구의 모발이고, 사람과 짐승은 지구의 벼룩이며 이[蝨]다.[66]

여기에서 보듯, 담헌은 지구 전체를 하나의 생명체로 이해하고 있다.
근래의 가이아(Gaia) 이론과 통하는 관점이다.[67] 이처럼 지구를 살아 숨
쉬는 활물(活物)로 보고 있음에서 담헌의 물관(物觀) 내지 자연관(自然觀)
의 일단이 드러난다. 이러한 물관 내지 자연관에서는 인간과 물(物)은
서로 긴밀하게 연결된 존재이며, 서로 의지해 장엄한 생명활동을 전개
해 나가는 주체'들'로서 파악되게 마련이다. 인간에 의한 물(物)의 일방
적 지배가 이론적으로 정당화되지 않는다는 말이다. 거기서는 근대인
의 관점과 달리 인간과 물(物)은 다 함께 존재의 근원과 맞닿아 있다는
의식이 강렬하게 전제되어 있다. 그러므로 우리는 이 지점에서 다시 담
헌이 제창한 '인물균'의 메시지와 거기에 내포된 존물(尊物)의 함의를
곱씹어 볼 필요가 있으며, 이를 오만한 근대주의나 과학주의의 관점에
서 폄하하거나 무시할 일은 아니라고 생각한다.

그런데 더욱 중요한 것은 곧 검토하게 되지만, 담헌의 이런 자연 이
해가 인간, 역사, 문명에 대한 이해와 연결된다는 사실이다. 자연과학
적 논의가 끝나면 『의산문답』의 세 번째 구성 부분인 인물지본(人物之
本)·고금지변(古今之變)·화이지분(華夷之分)에 대한 논의가 시작된다.
인과 물(物)의 근본, 고금의 변화, 화이에 대한 분변, 이 셋은 논리적으
로 서로 맞물려 있다. 인과 물의 근본에 대한 논의는 고금의 변화를 논
의하기 위한 것이고, 고금의 변화에 대한 논의는 화이에 대한 분변을

---

66 앞의 책, 484면.
67 박희병(1999), 283면 참조.

위한 것이다. 이렇게 본다면 화와 이에 대한 분변이 『의산문답』 세 번째 구성 부분의 꼭짓점을 이룬다 할 것이다.

먼저 인물지본(人物之本)에 대한 논의부터 보기로 한다. 담헌은 인과 물(物)의 형성에는 기화(氣化)와 형화(形化) 두 종류가 있는데, 기화는 순전히 기(氣)의 작용으로 인한 것이고, 형화는 암수의 교접으로 인한 것이라고 말하고 있다. 상고시대에는 오로지 기화만 존재했기 때문에 인과 물이 많지 않았으며, 인과 물은 서로 해치는 일 없이 화락하고 조화롭게 살 수 있었다고 했다. 이 단계의 인간은 욕심도 없고, 물(物)에 자뢰(資賴)할 필요도 없었으니, 조수(鳥獸)와 어별(魚鼈)이 모두 제 마음대로 살고 초목과 금석(金石)도 각각 제자리를 보전할 수 있었다고 했다. 이처럼 담헌이 그려 놓고 있는 상고시대는 인과 물이 서로 해치지 않고 자족적으로 생을 영위하는 세계로, 신화적 상상력의 소산이다.

하지만 중고(中古)로 내려와 '형화'가 생기면서 '기화'는 끊어졌다. 이에 따라 인과 물이 늘어나고, 정욕이 생기게 되었으며, 인과 물은 각각 제 몸을 위하기에 이르렀다. 인간은 음식과 의복과 주거를 위해 물(物)을 마음대로 약탈했는데, 그 때문에 조수와 어별이 제대로 살 수 없게 되고, 초목과 금석이 형체를 보전할 수 없게 되었다. 상고시대가 보여 주던 인과 물의 화락한 관계는 이제 찾아볼 수 없게 되었다.

이처럼 담헌은 중고시대에 접어들면서 '자기중심성'이라는 것이 대두하고, 기교한 꾀가 나타나며, 인간에 의한 자연의 수탈이 야기된 것으로 보고 있다. 흥미로운 것은 담헌이, 인간의 자연에 대한 지배와 수탈이 인간에 의한 인간의 지배와 수탈을 낳는 것으로 보고 있다는 사실이다. 인 대 물의 관계가 인 대 인의 관계로 전이됨에 대한 통찰이다.

담헌은 지배/피지배 관계와 정치권력의 탄생을 다음과 같이 서술하고 있다.

용맹스럽고 지혜롭고 욕심 많은 자가 그 중간에 나서 제 마음과 같은 자를 이끌어 각각 우두머리 노릇을 하게 되매, 약한 자는 수고롭게 일하고, 강한 자는 그 이익을 누렸다. 땅을 쪼개어서 서로 차지하려고 눈을 부라리며, 무기를 소지해 싸우고 주먹을 뻗쳐 육박전을 벌이니, 마침내 백성의 삶을 해치게 되었다.[68]

군장(君長)과 국가의 탄생 과정을 그리고 있다. 담헌은 욕망과 소유의 발생, 그리고 인간의 자연 수탈이 마침내 국가와 지배자(군장)를 낳게 되고, 폭력을 초래하게 됐다고 보고 있다. 욕망, 소유, 자연의 수탈, 지배, 피지배, 국가, 폭력, 인민, 군장 등 제 개념의 발생 과정 및 상호 연관성에 대한 담헌의 사회학적 통찰은 대단히 놀라운 것이라 이를 만하다.

담헌은 이에 더해 다음에서 보듯, 무기의 탄생에 대해서도 주목하고 있다.

교(巧)한 자가 재주를 부려 살기(殺氣)를 도발하였다. 쇠를 정련하고 나무를 쪼개어 흉기를 만들었다. 날카로운 칼과 창, 흉악한 활과 화살로 성(城)을 다투고 땅을 다투매 시체가 들을 가득 덮었다. 인민의 재앙이 이에 이르러 극에 달하였다.[69]

여기까지가 『의산문답』에 서술된 인과 물의 근본에 대한 논의이다. 이 논의는 구체적으로 특정한 나라를 염두에 두고 한 것이라기보다는

---

68 『의산문답』, 485~486면.
69 앞의 책, 486면.

인간과 물의 관계에 대한 일반적·추상적 차원에서의 사유라고 여겨진다. 이 점에서 그것은 『의산문답』의 초두에 보이는 '인물균'이라는 테제를 역사적인 맥락 속에서 재음미한 측면이 없지 않다. 인과 물은 그 본질상 평등하고 화락한 관계지만 시간의 흐름에 따라 그 본질이 퇴색되었다고 보는 것이 담헌의 기본 관점이 아닌가 한다.

바로 이 '시간의 흐름'에 대한 성찰은 일종의 '역사의식'을 보여 주는 것이라 할 것이다. 담헌이 시간의 흐름을 어떻게 봤는가는 "혼돈(混沌)이 뚫어지매 대박(大樸)이 흩어졌다."[70]라는 말에 잘 압축되어 있다. '혼돈' 운운한 이 말은 원래 『장자(莊子)』에서 유래한다. 그것은 인간에게 교지(巧智)와 사려 분별이 늘어남에 따라 천기(天機)와 천진(天眞)이 사라지게 되었음을 말한다. 곧 도(道)의 상실이다. 이렇게 본다면 '인물지본'에 대한 담헌의 서술에는 장자적 관점이 원용되고 있다고 할 만하다. 중고시대 이래 보이는 인간의 정욕과 소유와 자연 수탈과 지배와 피지배는 사실 '문명화'의 과정과 일치한다. 담헌은 인류의 문명화 과정에 내재된 모순과 문제들을 장자의 눈을 빌어 통찰하고 있는 셈이다.

그렇다면 담헌은 문명화를 부정하고 있는 것일까? 그렇지는 않다. 문명화라는 것이 어떤 파괴와 가치의 훼손 위에서 이루어진 것이라는 점을 예리하게 지적하면서도, 일단 그것을 현실로 인정하고 있다. 이 점은 '사실'과 '현재'를 중시하는 담헌의 리얼리스트로서의 면모를 보여 주는 것이라 할 만하다. 곧 검토하게 되지만, 담헌에게 있어 '성인(聖人)'이란 존재는 인류가 처한 이런 현실을 인정함으로써만 의미를 갖게 된다.

---

70 앞의 책, 489면.

인물지본에 대한 논의가 지극히 원론적이고 추상적인 수준의 것이라면, 이어지는 고금지변(古今之變)에 대한 논의는 대단히 구체적이며 실제의 중국 역사에 바탕을 두고 있다.

담헌은 먼저 중국에서 가장 잘 다스려진 시대는 복희(伏羲), 신농(神農), 황제(黃帝), 요순(堯舜) 때라고 말하고 있다. 이들은 모두 성인(聖人)으로 간주되는 인물들이다. 이들은 스스로 검소한 덕을 닦음으로써 백성을 잘살게 했는데, 이들이 펼친 정치의 요체는 시대를 따르고 풍속에 순응한 데 있다고 했다. 성인은 비록 옛날의 화락한 시대를 원하지 않음이 아니었으나 지금 세상에 옛 도를 돌이키는 것은 불가능하다고 여겼으며, 이 점이 성인의 성인다운 점이라고 보았다. 그리하여 성인은 예악(禮樂)과 제도라는 방편을 통해 인간의 욕망을 일정하게 제어하는 데 그쳤다고 했다.

담헌은 이후의 중국 역사를 대체로 문명적 타락의 심화 과정으로 이해하고 있는바, 이른바 3대(三代)로 일컬어지는 하(夏) · 은(殷) · 주(周)도 요순 이전과는 비교할 수 없다고 보고 있다. 특히 담헌은 주(周)에 대해 상당히 비판적인 입장을 취하고 있는데, 이 점은 주목을 요한다. 다음 예문이 참조된다.

(가) 주나라는 문(文)을 숭상하여 전례(典禮)와 문물이 지나치게 갖춰졌다.[71]

(나) 주나라의 제도는 오로지 화려하고 사치함만 숭상하였다. …… 영대(靈臺)와 벽옹(辟雍)은 겉모양을 아름답게 꾸몄고, 구정(九鼎)과 천구(天

球)는 보물로 간직되었으며, 옥로(玉輅)와 주면(朱冕)은 복식을 사치스럽게한 것이었고, 구빈(九嬪)과 어첩(御妾)은 좋은 여색을 빼앗은 것이었으며, 낙읍(洛邑)과 호경(鎬京)에서는 토목공사가 번다하였다. 무릇 진시황과 한무제는 이를 본받은 것이다.[72]

(다) 미자(微子)와 기자(箕子)를 버리고 무경(武庚)을 세워서 은(殷)나라의 도가 다시 일어나지 못하도록 하였으니, 주나라의 속마음을 어찌 숨길수 있겠는가. 성왕(成王)이 즉위하매 관숙(管叔)과 채숙(蔡叔)이 형제간에다투었던바, 주공이 3년 동안이나 동쪽을 정벌하여 창과 도끼가 다 부숴지고 여덟 번이나 매방(妹邦, 은나라 紂王의 도읍지)에 고시(告示)하였으나백성들이 귀순하지 않았으니, 주나라가 은나라를 대신하여 천하를 차지하려는 마음이 어찌 없었다고 할 수 있겠는가.[73]

담헌은 충(忠)을 숭상한 하(夏)나라와 질(質)을 숭상한 은(殷)나라가주나라보다 낫다고 생각했음이 분명하다.[74] 주나라가 '문(文)', 즉 전례(典禮)와 문물의 화려함과 세련됨을 숭상한 데 반해, 이 두 나라는 상대적으로 꾸밈을 덜 숭상하고 순후함과 질실함을 추구했다고 봤기 때문이다. 담헌의 이런 생각에는 검소와 절약이야말로 인간이 이 세계와 관계를 맺으며 살아감에 있어 올바르고 가치 있는 삶의 태도라는 자신의확고한 윤리적이자 정치학적이며 문명론적인 관점이 전제되어 있다 할것이다. 인간과 물의 관계를 염두에 둘 때 인간은 절검을 견지하는 것

---

72 앞의 책, 487면.
73 앞의 책, 488면.
74 앞의 책, 447면 참조.

이 옳다고 본 점에서 '윤리적'이고, 특히나 왕실을 위시한 지배층은 솔선하여 검소한 삶을 실천해 보이는 것이 훌륭한 정치라고 생각한 점에서 '정치학적'이며, 절검과 질실함이 추구된 세상이야말로 성세(盛世)라고 본 점에서 '문명론적'인 것이다. 담헌의 이런 윤리적·정치학적·문명론적 관점에는, 앞에서 지적된 장자의 영향만이 아니라 묵자의 영향또한 감지된다. 절검을 중시했던 묵자는 하(夏)나라의 우(禹)임금을 가장 이상적인 군주로 여겼다. 형암(炯庵) 이덕무(李德懋)의 『앙엽기(盎葉記)』에 인용된 『설원(說苑)』의 다음 말이 참조된다.

> 묵자가 말했다. "하(夏)나라 우(禹)임금은 궁실을 낮고 작게 만들고, 음식을 소박하게 하였으며, 흙으로 된 뜰은 고작 세 계단의 높이였고, 옷은 가는 베로 만들어 입었으니, 이때에는 보불(黼黻)의 무늬가 있는 비단은 쓸 곳이 없었고, 오직 질기고 오래가는 옷감에만 힘썼다. 무릇 백성은 주견(主見)이 없어 임금을 마음으로 삼으니, 진실로 위에서 하지 않는다면 아랫사람이 어찌 그 일을 하겠는가."[75]

묵자가 하나라의 도를 따랐음은 『회남자(淮南子)』의 다음 말에서도 확인된다.

> 묵자는 유자(儒者)의 업(業)을 배우고 공자의 술(術)을 받았으나, 그의 생각으로는 예(禮)는 번거로워서 좋지 않고, 후장(厚葬)을 하면 재산이 허비되어 백성이 가난하게 되며, 복(服)을 오래 입으면 생산이 상실되어 일을 해치게 된다고 여겼기 때문에, 주나라의 도를 배반하고 하나라의 정

---

75 『국역 청장관전서』 IX, 권57, 『앙엽기』 4, 214면.

치를 따랐다.[76]

이처럼 묵자가 하나라를 모델로 삼았던 것과 달리, 공자는 주나라를 모델로 삼았다. 주나라의 세련된 예악과 문물을 문명의 이상으로 간주한 것이다. 공자의 다음 말이 그 점을 잘 보여 준다.

주나라는 2대(하나라와 은나라를 말함—인용자)를 살펴 증감(增減)하였다. 빛나도다, 그 문(文)이여! 나는 주나라를 따르겠노라.[77]

이 경우 '문'이란 문물과 제도의 꾸밈과 세련됨을 뜻하는 말이다. 질박함, 검소함, 순후함, 실질적 가치 등의 의미를 갖는 '질(質)'이라는 말과는 대립되는 개념이다.

유교에서는 공자의 이런 관점을 따르며 주나라의 문화와 제도를 이상화하였다. 따라서 유가 지식인이 주나라 문물을 비판적으로 보는 법은 없다. 하지만 앞의 예문에서 보듯, 담헌은 주나라를 이상화하기는커녕 그 전례(典禮)와 문화가 사치와 낭비, 대대적인 토목공사(이는 백성에게 고통을 야기한다) 위에 구축된 것이라는 모순을 지님을 지적하고 있다. 담헌의 이런 지적은 동아시아 일반의 유교적 관점에서 보더라도 대단히 이례적인 것에 해당하지만, 당대 조선의 맥락에서 본다면 더더욱 이상한 것이라 아니할 수 없다. 왜냐하면 17세기 이래 조선 학계에서는 일반적으로 춘추대의(春秋大義)를 표 나게 내세우며 존주(尊周), 즉 '주(周)에 대한 존숭'을 슬로건으로 내세웠기 때문이다. 그리하여 주는 '중

---

76 앞의 책, 214면.
77 『論語』, 「八佾」.

화'의 상징으로서, 완전한 문명적 가치를 구현하고 있는 것으로 절대화 되었다.

담헌이 중국사를 개관하면서 주나라를 이상화하는 태도를 취하지 않고 있음은 당대 조선을 지배하고 있던 '존주의식(尊周意識)'에 대한 비판적 음미의 결과일 수 있다. 담헌은 유가가 아니라 묵가의 입장에서 사태를 바라봄으로써 주나라 정치와 제도가 보여 주는 낭비와 허례(虛禮)의 측면을 직시할 수 있었을 터이다. 아무튼 담헌이 주나라를 가치적으로 절대화하는 입장에서 벗어나 있었다는 점은 각별히 유의해 두지 않으면 안 된다. 이 점은 뒤에 논할 화이론의 문제와도 일정하게 연결되기 때문이다.

담헌이 중국사를 보는 기본 관점 그리고 문명을 읽는 기본 관점은 '절검'의 여부에 있었다고 말할 수 있다. 그리하여 주나라 이래 중국은 점점 더 문약(文弱)과 사치, 낭비, 허례로 빠져 들어간 것으로 이해된다. 이는 "혼돈(混沌)이 뚫어지매 대박(大樸)이 흩어졌고, 문치(文治)가 승(勝)해지매 무력이 쇠했다."[78]라는 말에 잘 집약되어 있다.[79]

『의산문답』의 '고금지변'에 대한 서술은 다음의 말로써 끝난다.

요(遼)나라와 금(金)나라는 서로 주인 노릇 하다가 원(元)나라에 합쳐졌고, 주씨(朱氏, 명나라 황제의 성-인용자)가 왕통을 잃으매 천하는 오랑캐의 손아귀에 들어갔다. 남풍(南風, 천자의 덕-인용자)이 떨치지 못하고 호(胡)의 운수가 날로 자라남은 인사(人事)의 감응이기도 하지만, 천시(天時)

---

78 『의산문답』, 489면.
79 담헌은 정치에서 文武의 균형을 이루는 것이 긴요하다고 보았다. 문치가 勝하면 武의 경시를 낳게 되고, 이는 국가를 위태롭게 한다고 본 것이다.

의 필연이다.[80]

이에서 보듯, 중국의 역사는 한족 국가의 쇠락과 북방 민족인 호(胡)의 흥기로 특징지워진다고 말하고 있다. 인용문 중 '호(胡)의 운수가 날로 자라남은 인사(人事)의 감응이기도 하지만 천시(天時)의 필연'이라는 구절은 주나라 이후 중국이 패도(覇道)를 일삼으며 문명의 폐단을 드러낸 데 반해, 호(胡)는 실용과 검덕(儉德)을 숭상함으로써 인심과 천명(天命)을 얻었음을 가리키는 말이다. 특히 이 구절은 청나라의 중국 통치를 정당화하는 발언이다.

흥미로운 점은, 담헌이 당대 조선의 학인들과는 전연 다른 관점에서 중국과 오랑캐를 보고 있다는 사실이다. 일반적으로 조선 학인들은 중국이 그 우수한 문명에도 불구하고 부당하게도 야만적인 오랑캐인 청에 점거되었다고 봤지만, 담헌은 거꾸로 중국이 그 문명에 내재한 약점과 모순 때문에 쇠락할 수밖에 없었고 오랑캐는 실용을 추구했기 때문에 흥기하게 되었다고 보았다. 이런 사유 과정에서 담헌은 호=오랑캐를 결코 야만시하고 있지 않다. 오히려 다음에서 보듯 그 질실한 덕을 긍정하고 있기까지 하다.

어떤 자는 말한다.

"나무와 돌의 재앙은 유소씨(有巢氏)에게서 비롯되었고, 조수(鳥獸)의 화난(禍難)은 복희씨에게서 시작되었으며, 기근(飢饉)의 걱정은 수인씨(燧人氏)에서 유래되었고, 교묘함과 거짓됨을 일삼는 지혜와 화려한 풍속은 창힐(蒼頡)에게서 근본하였다. 봉액(縫掖)의 위용이 좌임(左衽)의 편리함만

80 『의산문답』, 490면.

못하고, 읍양(揖讓)의 허례가 모배(膜拜, 胡의 인사법-인용자)의 진솔함만 못하며, 문장의 공언(空言)이 말 타고 활 쏘는 실용만 못하고, 따뜻하게 입고 더운 밥 먹어 신체가 약해진 것이 저 추운 장막에서 유죽(乳粥)을 먹어 근골이 굳세진 것만 못하다."

이는 혹 지나친 의론일지 모르지만 중국이 떨치지 못한 것은 그 까닭이 오래전부터 있었던 것이다.[81]

수사학적 전략을 동원해 '어떤 자'의 말이라고 둘러대고, 또 그것만으로는 안심이 안 됐던지 '혹 지나친 의론일지 모르지만'이라는 안전장치를 마련해 놓고 있기는 하나, 이 말이 담헌의 심중을 드러내 보인 것임은 췌언이 필요치 않다.

이상의 '고금지변'에 대한 서술이 끝나면 『의산문답』의 종결부인 '화이지분(華夷之分)'에 대한 논의가 시작된다.

먼저 허자가 다음과 같이 문제를 제기한다.

공자가 『춘추』를 짓되 중국은 '안'으로, 사이(四夷)는 '밖'으로 하였습니다. 중국과 오랑캐의 구별이 이와 같이 엄격하거늘 지금 부자(夫子, 실옹을 가리킴-인용자)는 "인사(人事)의 감응이요 천시(天時)의 필연이다."라고 하니, 옳지 못한 것이 아니겠습니까?[82]

공자가 『춘추』를 지은 목적은 난신적자(亂臣賊子)를 벌하고, 존주양이(尊周攘夷)를 밝히기 위함이라고 전통적으로 운위되어 왔다. 춘추 대

---

81 앞의 책, 489면.
82 앞의 책, 490면.

일통(大一統)이니 춘추대의(春秋大義)니 하는 것은 이런 관점에서 유래하는 말이다. 이처럼 『춘추』는 중국중심주의를 이념적으로 부지(扶持)하는 경전이다. 『춘추』에서 중국은 '안'에 해당하며 문명을 뜻하는 반면, 오랑캐는 '밖'에 해당하며 야만을 뜻한다. 내외(內外)를 엄별한 것이다. 상기 허자의 말은 이 점을 지적한 것이다. 그것은 『춘추』를 이념적 근거로 삼아 존주대의(尊周大義)를 외치면서, 청나라를 오랑캐의 나라로 깔보며 야만시한 당대 조선의 분위기를 그대로 반영하고 있다.

사실 17세기 이래 조선 학계에서는 『춘추』에 기대어 소중화주의를 강화하였고, 급기야 조선중화주의라는 허구적 이데올로기를 만들어 내는 데까지 이르렀다. 극단적인 명분론과 자고자대(自高自大)의 유아적인 허위의식 위에 구축된 이 조선중화주의는 기실 중화주의의 '기괴한' 변형에 다름 아니었다. 그것은 조선의 학계와 사상계를 황폐화시키면서 인식의 '정저와적(井底蛙的)' 불모를 낳고 있었다. 그 결과 아전인수와 자기중심주의에 갇혀 사실과 현실을 왜곡하면서 맹목(盲目)에 빠져들게 되었다. 이 모든 것을 뒷받침해 준 책이 『춘추』였다. 그리하여 숭명배청(崇明排淸)을 주장하는 조선 학인들에게는 '춘추 담론', 즉 춘추론(春秋論)이 무엇보다 중시되었다.

담헌이 중국에서 돌아온 후 김종후와 논전을 벌일 때에도, 김종후는 춘추대의에 입각해 담헌을 사문난적으로 몰면서 그 입에 재갈을 물리려고 하였다. 이에 담헌은 자신은 직접 본 '사실'과 '현실'을 말했을 뿐이건만 의리를 끌어와 자기를 윽박지르려 한다면서 강하게 반발한 바 있다.[83]

---

83 『국역 담헌서』 I, 내집 권3, 「또 직재에게 답하는 편지」 참조. 특히 337면의 다음 말이 참조된다. "그런데 집사는 앞뒤로 몰아치고 大義를 고집하여 사람을 곧 賊의 일변으로

당시 담헌과 김종후의 논쟁을 지켜보고 있던 김이안(金履安)은 「화이변(華夷辨)」이라는 글을 지어 담헌의 대청관(對淸觀)을 비판하고, 청=오랑캐, 조선=중화라는 기존의 조선중화주의의 정당성을 재확인하고 있다. 이 글에서 김이안은 "성인(聖人)께서 『춘추』를 지으신바, 그 의리는 오랑캐를 배척함보다 큰 것이 없다."[84]라고 전제한 뒤, 인간에 부속되어 있는 것이 두 가지가 있는데 하나는 이적(夷狄)이고 하나는 금수(禽獸)라고 하였다. 그리고 이 이적과 금수가 설치면 인류가 어지럽게 된다고 보았다. 한편 옛날에는 지리를 기준으로 화이(華夷)를 구분하여 중국의 동쪽은 동이(東夷), 서쪽은 서이(西夷), 남쪽은 남이(南夷), 북쪽은 북이(北夷)라고 했지만, 지금은 오랑캐인 청이 중국을 점거한 바람에 사정이 달라져 지리를 기준으로 삼을 수 없고 문화를 기준으로 삼아야 하는데, 그럴 경우 중국의 예악문물(禮樂文物)을 보존하고 있는 '예의지방(禮義之邦)'인 조선이 '중화'일 수밖에 없다고 했다.

이런 사정을 고려하면서 상기 허자의 말을 음미할 필요가 있다. 그럴 경우 허자의 말은 청을 중국으로 승인한 담헌의 생각에 대한 당대 조선 학계의 반발을 염두에 두어 설정된 것이라고 해석될 수 있을 터이다. 다음은 허자의 말에 대한 실옹의 대답이다.

하늘이 내고 땅이 길러 주는, 무릇 혈기(血氣)가 있는 자는 똑같이 사람이며, 무리 가운데 뛰어나 한 곳을 맡아 다스리는 자는 똑같이 군왕(君王)이며, 문을 겹겹이 만들고 해자를 깊이 파서 삼가 강토(疆土)를 지킴은 똑같이 국가다. 장보(章甫)건 위모(委貌)건 문신(文身)이건 조제(雕題)건 간

돌리니 나로서는 실상 곤란하지 않을 수 없소."
84 金履安, 『三山齋集』卷10, 「華夷辨」上.

에 똑같이 습속이다. 하늘의 관점에서 본다면 어찌 안과 밖의 구분이 있겠는가.

그런 까닭에 각각 제 나라 사람과 친하고, 제 임금을 높이며, 각각 제 나라를 지키고, 각각 제 풍속을 편안히 여김은 중국과 오랑캐가 하나다.[85]

'장보(章甫)'는 은나라의 관(冠)이고, '위모(委貌)'는 주나라의 관이며, '문신(文身)'과 '조제(雕題)'는 몸과 이마에 그림을 새기는 오랑캐의 풍속을 말한다.[86] 한편 "중국과 오랑캐는 하나다."라는 말의 원문은 "華夷一也"다.

상기 인용문에는 '똑같이'라는 단어가 네 번 나오는데 원문은 '균(均)'이다. 『의산문답』의 앞부분에 서술된 '인물균'의 '균' 자와 똑같은 의미다. 네 개의 '균' 자는 최종적으로 '일(一)'이라는 글자로 총괄된다. 의미상 '균'과 '일'은 차이가 없다. 따라서 상기 인용문에는 다섯 개의 '균'이 언급되고 있다고 봐도 좋다. 그 최종적 귀결이 '화이일야(華夷一也)'인 것이다. 이 점에서 '화이일'은 '화이균'으로 바꿔도 무방하다. '화이균'으로 바꿔 놓으면 이 테제가 '인물균'이라는 테제의 논리적·범주적 확대라는 사실이 금방 드러난다. 이처럼 『의산문답』에서 인물균은 지구와 뭇별이 같다는 '지성균(地星均)'을 거쳐 '화이균'에까지 논리적으로 관철되고 있다. 이 점에서 『의산문답』의 일관된 기저를 이루는 것은 '평등의 존재론'이라고 말할 수 있다. 이 존재론을 철두철미 관철해 내기 위한 인식론적 방법론이 곧 상대주의인 것이다.

---

85 『의산문답』, 490면.
86 『禮記』, 「王制」에 "東方曰夷, 被髮文身, 有不火食者矣. 南方曰蠻, 雕題交趾, 有不火食者矣."라는 말이 보인다.

그러므로 『의산문답』을 읽을 때 '화이균'만 딱 떼어 내어 보려는 태도는 정당하지 않다. 그런 태도는 담헌 사유의 긴 호흡과 맥락을 온전히 파악하지 못하게 할 뿐만 아니라 '화이균' 자체의 의미조차 제대로 파악하지 못하게 할 소지가 크다. 인물균이 변주(變奏)되어 화이균이 되며, 따라서 화이균을 안받침하는 것이 인물균이라는 사실을 아는 것은 『의산문답』의 논리구성과 체계를 이해하는 데 대단히 중요하다. 또한 화이균을 통해 인물균은 그 존재론의 외연을 더욱 확장하면서 세계관적인 스케일과 두께를 갖추게 된다. 요컨대 『의산문답』의 종결부에 제시된 이 '화이균'이라는 테제는 인간과 사물의 관계에 대한 물음에서 출발한 담헌의 존재론이 마침내 정치사상 내지 사회사상과 연관을 맺는 쪽으로 확장되었음을 의미한다. 이 의미는 결코 범상히 봐서는 안 될, 대단히 심중한 것이다.

다시 상기 인용문으로 돌아가 보자. 인용문 중 "하늘의 관점에서 본다면 어찌 안과 밖의 구분이 있겠는가."라는 말이 보인다. 이 말은 "하늘의 관점에서 보면 사람과 물(物)이 똑같다."[87]라는 말과 어법상 동일하다. 여기에서 '하늘'이 다시 거론되고 있음에 유의해야 한다. 이미 앞에서 언급한 바 있지만, 담헌의 사유에서 '하늘'이란 공평무사한 인식을 담보하는 최종 근거가 된다. 다른 각도에서 보면 그것은 인식의 국한성을 넘어서서 공평무사한 인식을 가능하게 하는 높은 정신적 차원을 의미한다. 그러므로 '하늘'의 관점에서 보는 것은 '도', 즉 총체적 진리에 이르는 길이다. 중요한 것은 하늘의 관점에서 보면 이것과 저것의 일면성이 '지양'된다는 사실이다. 담헌은 『의산문답』에서 '하늘'

87 『의산문답』, 454면.

의 관점을 통해 모든 자기중심성을 해체해 버리고 있다. 이 자기중심성의 해체는 새로운 '진리인식', 새로운 존재인식, 새로운 세계인식을 가능하게 하고 있다.

'화이균'도 마찬가지다. 담헌은 이 테제를 '하늘'의 관점에서 도출해 냄으로써, 몇천 년간이나 동아시아를 규율해 온 화이론을 탈주술화(脫呪術化)해 버리고 있다. 이제 '안'과 '밖'은 없으며, 모든 국가와 군주는 물론이려니와 습속조차도 평등하다는 점이 선언된다. 중화의 의관 복식은 문명적이고 우등하며, 오랑캐의 문신하는 습속은 열등하고 야만적인 것이 아니다. 그것은 단지 습속의 차이일 뿐이다. 따라서 예악문물의 존재 여부로 화이를 차등적으로 구분하여 이(夷)를 인간과 금수의 중간쯤에 있는 존재로 치부하는 관점은 원천적으로 성립될 수 없게 된다. 하늘의 관점에서 공평무사하게 본다면 모든 인간은 다 똑같기 때문이다. 그러므로 타인종에 대한 멸시의 관점은 정당성을 상실한다.

중국을 상대화하면서 평등한 여러 국가 중의 하나로 간주하는 이런 관점은, 이미 『의산문답』의 '천문지리'부(部)에서도 나타난 바 있다. 지구설을 말하면서 지구 상의 국가 중에 어느 한 나라가 정계(正界)일 수는 없다고 한 것 그리고 분야설(分野說)을 비판하면서 중국은 지구의 십 몇분의 일에 불과한바 지구 혹은 세계의 중심으로 간주될 수 없음을 내비친 것이 그것이다.

실옹의 말은 계속 이어진다. 좀 더 들어 보기로 한다.

대저 천지의 변화에 따라 인과 물(物)이 많아지고, 인과 물이 많아짐에 따라 물아(物我)가 나타나고, 물아가 나타남에 따라 안과 밖이 구분된다. …… 대저 자기의 것이 아닌데 취하는 것을 '도(盜)'라 하고, 죄가 아닌데 죽이는 것을 '적(賊)'이라 한다. 사이(四夷)가 중국 땅을 침략하는 것을

'구(寇)'라 하고, 중국이 무력을 남용해 사이(四夷)를 치는 것을 '적(賊)'이라 한다. 그러나 구(寇)와 적(賊)은 똑같다.[88]

'인과 물이 많아짐에 따라 물아(物我)가 나타나'게 되었다는 진술은, 앞서의 '인물지본'의 논리를 이은 것이다. 물아가 나타나면서 안과 밖의 구분이 생기게 되었다는 것은 '안'과 '밖'의 개념이 어떻게 발생하게 됐는지에 대한 설명이다. 요컨대 안과 밖의 구분은 존재의 '자기중심성'의 대두와 연관된다는 말이다. 자기의 관점에서 보면 자기가 중심이 되니 자기가 '안'이 되고, 남이 '밖'이 된다. 하지만 자기중심성을 벗어나 본원으로 돌아가서 보면, 안과 밖이 따로 있지 않으며 물아(物我), 즉 '나와 남'은 각각 평등하다. 즉 자(自)와 타(他)는 그 누구도 중심이 아니며, 서로 수평적 관계에 있을 뿐이다.

이 '안'과 '밖'의 부정은 춘추의리에 따라 내/외, 즉 화/이를 엄격히 구분한 기존의 조선 학계가 취한 관점에 대한 전면적 부정이라 할 것이다. 더욱 놀라운 것은 중국이 오랑캐를 공격하는 행위의 부당성을 지적하고 있다는 점이다. 물론 담헌은 오랑캐가 중국 땅을 침략하는 행위도 부당한 것임을 지적하고 있다. '도둑질'이라는 것이다.[89] 담헌에 의하면 중국이 무력을 남발해 오랑캐를 치는 행위는 '죄가 없는데 죽이는 짓', 즉 무도하게 살인을 일삼는 행위에 다름 아니다. 담헌은 중국이 오랑캐

---

88 앞의 책, 490~491면.
89 이 점은 여진족의 중국 점거에 대한 비판의 의미를 갖는다고 볼 만하다. 담헌은 이 점을 분명히 짚고 넘어가고 있기는 하나, 그렇다고 해서 담헌이 『의산문답』에서 청의 중국 지배를 부정한 것은 아니다. '華夷一'의 논리는 청이 오랑캐라고 해서 '중국'임을 부정하는 견해의 정면 부정이기도 하기 때문이다. 이 점에서 '화이일'이 청=중국의 승인을 정당화하는 논리이기도 함은 말할 나위도 없다.

를 공략하는 행위나 오랑캐가 중국을 침략하는 행위는 근본적으로 똑같은 범죄행위로 보고 있다. 『임하경륜』에서 확인된 담헌의 평화주의, 반전주의가 여기서도 그 모습을 드러내고 있다 할 것이다.

그렇다면 화와 이는 어떻게 서로 관계를 맺는 것이 옳은가? 담헌은 이 점에 대해서는 아무 말도 하고 있지 않다. 하지만 담헌의 논리를 따라가며 그 사유의 빈 틈을 메우는 것이 허락된다면, 다음과 같은 추정을 해 볼 수 있을 것이다. 화와 이는 자기중심성을 버리고 서로의 차이와 습속을 상호 인정하면서 서로 침략하는 일 없이 각각 평화롭게 살아가도록 해야 한다는 것이다.

『의산문답』은 실옹의 다음과 같은 말로 종결된다.

공자는 주나라 사람이다. 왕실이 날로 낮아지고 제후들이 쇠약해지자 오(吳)나라와 초(楚)나라가 중국을 어지럽혀 도둑질하고 해치기를 싫어하지 않았다. 『춘추』란 주나라 역사책인바, 안과 밖에 대해 엄격히 한 것이 또한 마땅하지 않겠는가.

그렇기는 하나 만일 공자가 바다에 떠서 구이(九夷)에 들어와 살았다면 중국의 예악문물로 오랑캐를 변화시킴으로써 주나라의 도를 역외(域外)에 일으켰을 것이니, 안과 밖의 구분과 존양(尊攘)의 의리상 본래 마땅히 '역외춘추'가 있었을 터이다. 이것이 공자가 성인인 까닭이다.[90]

이는 앞에서 허자가 공자의 『춘추』를 거론한 데 대한 답인데, 이른바 '역외춘추론'으로 잘 알려져 있는 대목이다.

---

90 『의산문답』, 491면.

우선 주목해야 할 것은, 비록 간단하긴 하지만 이 대목이 담헌의 '춘추론'에 해당한다는 점이다. 조선 후기에 제기된 춘추론은 예외 없이 주(周)와 공자를 절대화하는 관점 위에서 화와 이의 구분, 안과 밖의 엄별(嚴別)을 정당화하였다. 하지만 담헌은 완전히 새로운 관점을 제시하고 있다. 즉 그는 『춘추』에 대해서까지도 예(例)의 상대주의적 관법을 적용하여 주(周)의 『춘추』만이 아니라 역외 『춘추』, 즉 오랑캐의 『춘추』도 있을 수 있음을 말하고 있다. 주(周)의 『춘추』에서는 주(周)가 안이고 오랑캐는 밖이 될 수밖에 없지만, 오랑캐의 『춘추』에서는 거꾸로 오랑캐가 안이고 주는 밖이 된다. 그리하여 오랑캐의 『춘추』가 '안'인 오랑캐를 높이고 '밖'인 주(周)를 배척함은 당연한 일이 된다. 인용문 중 "안과 밖의 구분과 존양(尊攘)의 의리상 본래 마땅히 '역외춘추'가 있었을 터이다."라는 말은 바로 그런 뜻이다.

　이처럼 담헌은 『춘추』의 지위를 상대화시키고 있다. 말하자면 『춘추』는 '하늘'의 관점은 아니며 '사람'의 관점에 해당하는 셈이다. 사람의 관점에서는 사람이 귀하고 물이 천하지만, 물의 관점에서는 반대가 된다. 일찍이 담헌은 물의 관점이든 사람의 관점이든 모두 자기중심적이라는 점에서 인식의 국한성을 드러낸다는 점을 지적한 바 있다. 하늘의 관점에서 볼 때에만 인식의 국한성이 극복되고 진리의 전체상이 획득된다. 비록 말은 함축적이지만 『춘추』에 대해서도 똑같은 논법이 관철되고 있음에 유의하지 않으면 안 된다. 『춘추』의 경우 물(物)에 해당하는 것이 곧 역외 『춘추』일 터이다. 이렇게 본다면 담헌의 '춘추담론'은 역외 『춘추』를 상정함으로써 지금까지 절대시되어 온 『춘추』의 지위를 상대화하는 쪽으로 인식의 전환을 꾀하는 데 일차적 목표가 있다 할 것이다.

　하지만 이것이 담헌 춘추담론의 궁극적 목표는 아니다. 담헌은 『춘추』가 특정한 역사적·공간적 관련을 갖듯이, 역외『춘추』 역시 특정한 역사적·공간적 관련을 갖는다고 보고 있다. 그 점에서 둘은 모두 일면적이며 특수한 것이다. 따라서 담헌이 역외『춘추』를 상정한 것은『춘추』를 배격하고 역외『춘추』를 옹호하기 위해서가 아니다. 역외『춘추』는『춘추』의 절대화를 깨뜨리기 위한 일종의 방법적 사유일 뿐, 앞으로『춘추』보다 역외『춘추』를 더 중시해야 할 것이라거나『춘추』보다 역외『춘추』가 더 진리성을 담지하고 있다는 뜻을 피력한 것은 아니다. 이렇게 봐야 인물균에서 화이론에 이르기까지 인식론적으로는 상대주의를 견지하면서 궁극적으로 '하늘'의 관점에서 존재의 평등성을 관철해 가는『의산문답』서사(敍事)의 본질이 이해된다.

바로 이 점에서 기왕에 써 오고 있는 '역외춘추론'[91]이라는 용어는 오해의 소지가 적지 않다. 그것은 얼핏 담헌이 '역외춘추'를 옹호한 주장을 펼친 것으로 받아들여질 수 있기 때문이다. 가령,

'역외춘추'론은 봉건명분(封建名分)의 그 시대에 있어서 담헌이 주창한 '민족자주', '민족주의'론이다.[92]

라는 진술에서 그런 점이 확인된다. 역외『춘추』를 거론한『의산문답』의 이 대목을 민족주의적으로 해석함은 천관우 씨의 다음 말에서 이미 발견된다.

---

91 '역외춘추론'이라는 용어는 이우성(1973)에 언급된 '역외춘추의 이론'이라는 말에 기원하는 것으로 보인다.
92 이상은(1974), 27면.

170

모화(慕華)냐 북학(北學)이냐보다 더 근본적인 중국관과 민족의식이 담헌에게 있었음을 보는 것이요, 대명의리(對明義理)를 감히 의심치 못하던 당시로서는 실로 혁명적 자아의 각성을 보는 것이다.[93]

이처럼 담헌이 말한 『춘추』와 역외 『춘추』의 두 대립항 중 단지 역외 『춘추』에 대해서만 주목하려는 태도나, 그런 태도에서 도출된 '역외춘추론'이라는 용어는 불가피하게도 민족주의적 색채를 강하게 띨 수밖에 없다.[94] 물론 담헌이 역외 『춘추』를 상정하여 『춘추』를 상대화하고 그것이 갖던 중심성을 해체해 버림으로써 중국중심주의를 탈피함과 동시에 타자화된 조선을 '자기화'할 수 있었음은 인정해야 할 사실이다. 하지만 이 경우 조선이라는 '자기'의 회복은 저 중국이라는 '타자'를 배척하고 멸시하고 주변화함으로써 획득된 것이 아니라는 사실에 유의해야 한다. 그것은 어디까지나 인식론적으로나 존재론적으로 중국과 조선을 '균(均)'한 것으로, 즉 평등한 것으로 간주함으로써 획득된 것이다. 그리고 이 평등성은 '자기'에 대한 정당한 존중, 자기의 정당한 회복은 말할 나위도 없고, 타자에 대한 존중까지 내포한다. 이 점이야말로 담헌 사유의 고점(高點)을 보여 주는 것이며, 담헌이 최종적으로 도달한 화이에 대한 사유의 남다른 점이다. 단적으로 말해 그것은 '화'의 중심성을 허물어 버리면서도 '이(夷)'인 '자기'를 새로운 중심으로 구축하지도 않으며 '화'를 배척하거나 멸시하지도 않는다는 데 그 특징이 있다. '화'와 '이'는 각각 개별적 '주체'로서 공존하고 공

---

93 천관우(1974), 231면.
94 유봉학(1995), 143면의 '조선을 중심으로 하는 화이론을 생각하는 데서 기존의 화이론을 넘어서는 것'이라는 진술에서도 그런 경향이 감지된다.

생하지 않으면 안 된다. 역외 『춘추』라는 방법적 사유의 귀결처는 바로 여기다.[95]

이상의 논의를 토대로 『의산문답』에 제시된 몇 가지 핵심적인 개념의 논리적 상동성(相同性)을 표식으로 정리해 보면 다음과 같다.

(a) : (b)
인 : 물
지 : 성
내 : 외
화 : 이
춘추 : 역외춘추

두 대립항 중 (a)는 기존의 관념에서 '중심'으로 간주된 것들이다. 아무도 거기에 회의와 의심을 품지 않았으며, 당연한 진리로 통용되었다. (b)는 중심이 아닌 것, 즉 주변에 해당한다. 담헌은 '하늘'의 관점, 다시 말해 (a)와 (b)의 일면성=자기중심성이 지양된 관점에서 그 관계를 존재론적으로 재정립한다. 그 결과는 (a)와 (b)의 평등성이다. 이 평등성은 (a)의 우월감의 부정임과 동시에 (b)에 대한 멸시감의 부정의 결과다. 담헌은 이론적으로 (a)와 (b)의 어느 일방도 두둔하고 있지 않다. 양자의 동시긍정이다. 따라서 둘 사이에는 위계(位階)관계나 상하(上下)관계가 아니라 수평적인 상호적 관계성만이 존재하게 된다. 중심과 절대성의

---

95 이런 점을 고려할 때, 말을 굳이 새로 만든다고 한다면, '역외춘추론'이라는 말보다는 '춘추상대화론'이라는 말이 더 합당하지 않나 생각된다. '춘추상대화론'은 『춘추』를 상대화하는 논의라는 뜻이다.

해체, 그것을 통한 시점(視點)의 상대화가 확보해 낸 새로운 사고 틀이다. 이로써 기왕의 통념과 편견은 적어도 이론적으로는 완전히 불식되었다.

『의산문답』의 종결부가 보여 주는 이 화이론의 부정을 통한 화이의 무화(無化) 및 동시긍정은 담헌이 이전부터 갖고 있던 생각은 아니었다. 그것은 담헌이 오랜 지적(知的) 숙고(熟考)와 사유행위의 고투(苦鬪)를 통해 그 생애의 마지막에 도달한 생각이었다. 이 점에서 그것은 담헌의 자기사유의 부정이자 갱신이기도 하다.

이미 언급했듯, 담헌 당대의 조선 학인들이 일반적으로 갖고 있던 화이론은 조선=화, 청=오랑캐라는 등식이었다. 이 등식은 특히 노론계 학인들에 의해 공고화되었다. 이 화이론은 중원=화, 조선=오랑캐라는 등식을 부정하면서 그 관계를 전도하고 있다는 점에서 '전도된' 화이론이라 명명할 수 있다. 이 전도된 화이론은 현실을 도외시하고 명분을 극대화한 결과 초래된 일종의 희비극이다. 전도된 화이론은 기이하게도 화이론의 강화를 초래하면서 현실인식의 불모를 낳았다. 중국에 가기 전의 담헌 역시 이런 화이론의 틀 속에 있었을 것으로 보인다.

하지만 중국을 여행하면서 담헌은 이 전도된 화이론의 허구성을 이내 깨닫게 된다. 청나라 문물에 대한 세밀한 관찰과 음미의 결과, 청나라는 곧 중화이며 조선은 한갓 오랑캐에 지나지 않는다는 사실을 직시한 것이다. 전도된 화이론은 지역과 종족이 아닌 문화에 의해 화이가 결정된다는 관점을 취했다. 그래서 조선이 비록 종족적으로 한족(漢族)도 아니고 지리적으로 중원에 있는 나라도 아니지만 문화적으로 중화의 예악문물을 따르고 있기에 '화'이며, 청은 그 좌임(左袵)의 복식과 변발(辮髮)의 습속을 보여 준다는 점에서 더러운 '이'라고 보았다. 이와 달리 중국 여행 시의 담헌은 '지리적' 기준에 따라 화이가 구분된다는 쪽으로 자신의 관점을 수정하고 있다. 조선은 자기가 '화'라고 우쭐대지만 이는 실제에 맞지 않는 웃기는 일이며, 우물 안 개구리의 소견에 지나지 않는다고 본 것이다. 조선은 동쪽 변방의 작고 가난한 나라에 불과하며, 그래서 사람들의 식견도 고루하기 짝이 없다는 쪽으로 인식의 전환이 일어난다. 그 대신 중국 즉 청나라는 '대국(大國)'으로 인식된다. 조선은 알고 보니 '동이(東夷)'에 불과하다는 담헌의 깨달음은 전도된 화이론에 대한 비판과 조선 학인의 부당한 자고자대의 감정과 학적 태도에 대한 반성에 그치는 것이 아니라, 조선에 대한 다소간의 자기비하를 낳고 있다고 판단된다. 전도된 화이론의 '자기의식'만이 허위적이고 왜곡된 것이 아니라 '조선은 동이에 불과하다'는 깨달음 위에 재구축된 화이론의 '자기의식' 내에도 또 다른 왜곡이 있었던 것이다. 담헌이 중국에서 귀국한 후 김종후와 논쟁을 벌일 때만 하더라도 아직 화이론의 부정까지 사유하지는 못했다. 담헌은 다만 재구축된 화이론으로 전도된 화이론에 대항했을 뿐이었다. 다음 말에서 그 점이 잘 확인된다.

우리 동방이 오랑캐가 된 것은 지세(地勢)가 그러한 때문인데, 또한 어찌 숨길 필요가 있겠소? …… 내외(內外)의 분(分)이나 세류(世類)의 별(別)은 실로 하늘이 정해 놓은 것이니, 중국을 높여서 귀히 여긴다 한들 무슨 잘못이 있겠소?[96]

이에서 보듯, 이 시기만 하더라도 담헌은 지리적·종족적 기준에 따

---

96 『국역 담헌서』 I, 내집 권3, 「또 직재에게 답하는 편지」, 338면.

라 화이를 구분하였다. 반면 김종후는 조선중화론을 신봉한 이들이 그러하듯 오직 문화적 기준에 의거해 화이를 구분하였다.

하지만 담헌은 이후 화이론에 대한 사유를 계속 심화해 감으로써 마침내 『의산문답』에서 전도된 화이론과 재구축된 화이론 모두를 동시에 지양하기에 이른다. 전자에서는 조선이 중심이고 후자에서는 청＝중국이 중심이었으나, 이제 지양된 화이론에서는 중심이 부정된다. 이처럼 『의산문답』의 '화이지분'에 대한 논의가 김종후나 김이안 등에게서 확인된 바 있는 조선중화주의에 대한 부정을 의미할 뿐 아니라, 담헌 자신이 이전에 견지해 온 화이론의 부정을 의미한다는 점은 특기할 만하다. 담헌은 이전에 비록 청＝중국을 승인함으로써 현실적 대청관(對淸觀)을 확립할 수는 있었지만 화이론의 긍정과 자기비하감의 수반이라는 딜레마를 해소할 수는 없었다. 이와 달리 『의산문답』에 제기된 '화이일(華夷一)'은 청＝중국의 승인과 화이론의 부정을 '동시에' 수행한 의의를 갖는다. 특히 담헌이 기존의 자기 관점을 부정한 것은, 북학론이 전제하고 있는 '중국＝화, 조선＝이'라는 화이론의 부정을 의미한다는 점을 간과해서는 안 된다.[97] 적어도 『의산문답』의 단계에서 담헌은 북학론에 내포된 자비적(自卑的) 자기의식 및 중국중심주의를 지양하고 있다 할 것이다.

그런데 학계의 소수 의견이긴 하나, 역외춘추론을 담헌이 문화적 기준에 따른 화이론을 견지했음을 보여 주는 것이라 해석하는 입장이 제

---

[97] 흔히 담헌의 『의산문답』을 '북학론'과 연관 지어, 그것이 북학론의 이론적 초석을 놓은 것이라거나 북학론으로 나아가는 도정을 보여 주는 것이라고 말하는 것을 목도하게 된다. 예컨대 유봉학(1995), 143면 참조. 하지만 필자는 이런 견해에 동의하지 않는다. 이 점에 대해서는 추후 稿를 달리해 논하고자 한다.

기되어 있다.[98] 이 입장은 '역외춘추'에 대한 언급 중 다음 구절 즉,

> 그렇기는 하나 만일 공자가 바다에 떠서 구이(九夷)에 들어와 살았다
> 면 중국의 예악문물로 오랑캐를 변화시킴으로써 주나라의 도를 역외(域
> 外)에 일으켰을 것이니, 안과 밖의 구분과 존양(尊攘)의 의리상 본래 마땅
> 히 '역외춘추'가 있었을 터이다. 이것이 공자가 성인인 까닭이다.

라고 한 것을 그 근거로 삼는다. 그리하여 인용문 중 공자가 주나라,
즉 중국의 문화로써 오랑캐를 변화시켜 주나라의 도를 오랑캐에 일으
켰을 것이라는 말은, 문화에 따른 화이(華夷)의 구분을 인정한 것이라고
해석된다.

상기 인용문만 딱 떼어 놓고서 그 문면만 본다면 그렇게 해석될 소
지도 없지 않다. 하지만 이런 해석은 『의산문답』의 전체 구조와 논리
전개의 삼엄한 연관관계를 외면하거나 간과하고 있다는 점에서만이 아
니라, '문장작법상' 이 구절이 『춘추』를 상대화하기 위해 서술된 것이
라는 점을 제대로 파악하고 있지 못하다는 점에서도 문제다.

공자는 주나라 사람이니, 그가 역외에 오더라도 주나라 도를 설파할
것은 당연하다. 담헌은 인용문의 바로 앞 구절에서 '공자는 주나라 사
람'임을 분명히 하고 있다. 주나라 사람이기에 주나라를 '안'으로, 오
랑캐를 '밖'으로 하여 '존양(尊攘)'의 의리를 천명했다는 것이다. 하지
만 공자가 만일 오랑캐에 옮겨 와 살면, 그는 '용하변이(用夏變夷)'하여
주나라 도를 오랑캐에 실현하되 이제는 거꾸로 오랑캐를 '안'으로, 중

---

98 조영록(1982); 조성을(1995).

국을 '밖'으로 하여 존양의 의리를 펴리라는 것이다. "안과 밖의 구분과 존양(尊攘)의 의리상 본래 마땅히 '역외춘추'가 있었을 터이다."라고 함은 그런 의미다.

여기서 담헌이 말하고자 한 바는 '용하변이'에 무게가 실려 있지 않다. 공자를 끌고 들어왔으니 '용하변이'가 따라 들어왔을 뿐이다. 그렇다면 글쓰기의 전략상 담헌이 말하고자 한 바는 어디에 있었을까? 『춘추』를 지은 공자라도 오랑캐에 옮겨 와 산다면 오랑캐를 '안'으로 하여 춘추의리를 전개하리라는 말 바로 거기에 포인트가 있다고 할 것이다. 이렇게 본다면 『의산문답』에서는 『춘추』만 상대화되는 것이 아니라 '공자'까지도 일정하게 상대화된다고 말할 수 있다. 공자는 그가 어디에 있든 간에 안과 밖의 의리를 절대적으로 고수하는 것이 아니라 그가 속한 공간에 따라 안과 밖을 바꾸는 인물이기 때문이다. 만일 김종후 같은 사람이 공자에 대한 『의산문답』의 이런 서술을 봤더라면 필시 공자에 대한 '불경(不敬)'으로 간주했을 것이 틀림없다. 공자는 절대불변으로 '중국'의 공자이고, 그로 인해 중국이 세계의 중심, 즉 '안'이라는 믿음이 보장되는 것인데, 담헌은 '중국의 공자'만이 아니라 '오랑캐의 공자'도 있을 수 있다는 말을 하고 있지 않는가.[99]

---

99 흥미롭게도 일본 에도시대의 사상가 아사미 케이사이(淺見絅齋, 1652~1711)도 담헌처럼 『춘추』를 상대화하면서, 만일 공자가 일본에 태어났더라면 중국이 아니라 일본을 중심으로 『춘추』의 뜻을 세웠으리라는 말을 하고 있다(박희병(2002), 379~380면 참조). 아사미 케이사이든 담헌이든, 공자를 높이면서도 공자의 화이론을 이전과는 달리 해석함으로써 『춘추』에 기반을 둔 화이론 자체를 무력화시켜 버리는 전략을 택하고 있다는 점에서는 동일하다. 하지만 중국중심주의를 허문 뒤에 어떤 새로운 世界像을 수립하는가 그리고 '주체'를 어떻게 규정하고, 주체와 타자의 관계를 어떻게 설정하는가에 있어서는, 양인은 완전히 다른 길을 추구하고 있다. 이 점에 대해서는 박희병(2002)을 참조할 것.

그러므로 상기 인용문에서 "이것이 공자가 성인인 까닭이다."라는 말을 맨 끝에 굳이 덧붙인 까닭은, 혹 있을지도 모르는 반발을 의식한 결과가 아닌가 한다.[100] 이 지점에서 우리는 조선중화주의자들이 중국이 '안'임을 믿어 의심치 않았으며, 이 믿음을 지탱하기 위해 허구적인 조선중화주의를 주장한 것임을 상기할 필요가 있다. 따라서 오랑캐의 공자, 오랑캐의 『춘추』를 운위하고 있는 담헌의 진술은 문화적 화이론인 조선중화주의의 부정일 뿐만 아니라 전통적인 화이론이 내세우는 중국중심주의의 부정이기도 하다.

공자를 상대화하는 담헌의 어법은, 원중거(元重擧)가 일본에서 만난 구정로(龜井魯)의 다음 말을 연상시킨다.

> 부자(夫子, 공자를 말함-인용자)께서 송(宋)나라에 계시면 송나라가 되는 것이고, 월(越, 공자 당시 오랑캐로 간주되었음-인용자)에 계시면 월이 되는 것입니다 …….[101]

원중거는 이 말을 듣자 '큰 성인(聖人)을 인용한 것은 잘못'임을 지적한다. 송나라의 공자가 있는가 하면 월나라의 공자도 있을 수 있다는 구정로의 말이 불경(不敬)을 범한 것임을 지적한 것이다. 구정로가 이런 말을 한 본심은, 일본을 자꾸 오랑캐라고 하는데 공자 같은 성인도 만

---

100 이 점에서 이 말은 실제상 공허한 말이며, 일종의 수사학적 책략이라고 할 것이다. 여기에서만이 아니라 『의산문답』에서는 곳곳에 이런 글쓰기의 수사학적 책략이 보인다. 그러므로 『의산문답』을 제대로 이해하기 위해서는 그 글쓰기 방식 내지 문장작법상의 특징에 유의할 필요가 있다. 『의산문답』이 '철학'이기만 한 것이 아니라, '문학'이기도 하다는 사실이 이런 데서 잘 확인된다.

101 원중거 저, 김경숙 역(2006), 175면.

일 일본에 계신다면 일본의 풍속을 따르며 그것을 옳다고 하리라는 것을 밝히기 위함이다. 중국중심주의에 대한 항의인 것이다.

문장작법상으로 본다면, 담헌이 『의산문답』의 '고금지변'부(部)에서 주나라를 이상화하지 않고 그 예악문물과 제도와 정치의 문제점 및 모순을 자못 비판적으로 지적한 것은, 역외『춘추』에 대해 언급한 대문과 일정한 조응관계에 있음을 주목할 필요가 있다. 주나라의 절대화 내지 이상화를 거부하는 이런 서술 태도는 역외『춘추』 대문에서 『춘추』를, 그리고 슬그머니 공자를 상대화하는 것과 전연 연관이 없지 않으며, 예상되는 심리적 반발을 다소라도 줄이기 위한 게 아닌가 생각된다.

앞서 언급한 '용하변이(用夏變夷)'라는 말은 송시열(宋時烈)도 쓴 바 있다.[102] 일인(日人) 학자 야마우찌(山內) 교수는 『의산문답』에 이 말이 사용된 것에 주목하여 담헌이 송시열 이래의 소중화의식을 견지하고 있다는 결론을 내리고 있지만,[103] 이는 텍스트의 오독에서 기인한다.[104] 이것은 서두에서 결말에 이르기까지 논리적으로 그리고 문장작법상으로 용의주도하게 결구(結構)된[105] 이 사상서(思想書)를 단장취의(斷章取義)해 읽으려는 태도에 다름 아니다.[106]

끝으로 진리인식과 화이론, 진리인식과 사회사상의 관계에 대해 몇

---

[102] 주지하다시피 이 말은 원래 『맹자』, 「등문공」 上에서 유래한다.

[103] 山內弘一(1996).

[104] 야마우찌 교수는 자신의 결론을 정당화하기 위해 『의산문답』에 개진된 '華夷一' 테제를 단지 '레토릭'에 불과한 것이라며 무시해 버리고 있다. 만일 '화이일' 테제가 레토릭에 불과하다면 『의산문답』은 전체적으로 레토릭으로 가득 찬 책이 되고 말 것이다.

[105] 정인보 선생은 1939년에 씌어진 「湛軒書序」에서 이 점을 정확히 지적하고 있다. 이 지적은 지금도 유의될 필요가 있다고 생각한다.

[106] 야마우찌 교수가 쓴 논문의 또 다른 문제점은 담헌 사상의 발전 과정을 제대로 사려 깊게 살피지 않고 있다는 점이다. 그 결과 아쉽게도 자신의 선입견과 주관을 극복할 기회를 갖지 못했다.

마디 덧붙이기로 한다. 결론부터 말한다면, 담헌의 경우 진리인식과 화이론, 진리인식과 사회사상은 대체로 나란히 가는 양상을 보여 준다.

담헌의 진리인식이 성리학의 테두리 안에 있을 때에는 춘추대의, 대명의리론, 엄격한 정학(正學)·이단론이 특징적으로 드러난다고 생각되며, 그 진리인식이 탈성리학적 지향을 높여 가는 단계에서는 비록 아직 중국중심적 세계관을 벗어난 것은 아니나, 소중화론 내지 조선중화론이 논리적으로 신랄히 비판된다. 이와 함께 정학과 이단의 엄격한 경계 허물기가 이루어지기 시작한다. 다시 말해 정학을 옹호하고 이단을 배척하는 편협한 태도에 대한 반대가 표명된다. 이에 따라 이단에 대한 부분적 긍정이 서서히 이루어진다.

담헌의 진리인식이 마침내 탈유교적 지향을 드러내는 단계에서는 상대주의의 인식론과 평등의 존재론이 구축되기에 이른다. 이 단계에서는 존재를 '차등'하는 데 대한 반대의 태도가 두드러지며, 인간과 물(物), 주체와 타자, 한 종족과 다른 종족, 한 국가와 다른 국가, 정학과 이단은 수평적으로 파악된다. 모든 개별적 존재는 그 자체로 긍정되며, 우/열, 중심/주변의 관계로 파악되지 않는다. 상대주의적 인식론에 의거하면 존재들은 저마다 '주체'에 해당되기에, 존재들 간에는 상호 인정이 요청된다. 따라서 어떤 주체도 다른 주체를 배척하거나 멸시하는 일이 정당화될 수 없다. 그러므로 여기서의 '주체'는 개념적으로 오만하거나 지배적이거나 폭력적이거나 남을 이기려고 하는 성향을 갖지 않으며, 자주적(自主的)이되 상호적(相互的)이고, 자존적(自尊的)이되 타존적(他尊的)이다. 그것은 한마디로 겸손하고 열려 있는 주체에 가깝다고 판단된다. 이 때문에 평화와 반침략이 강조된다. 이처럼 담헌은 자신의 사유행위를 생애의 최만년까지 밀고 나감으로써 원래 자신의 사상적 기반이었던 유교를 넘어, 평등의 존재론에 기반한 전연 새로운 세계관을 수립해 낼 수 있었다. 그리하여 허위적 자고자대와 왜곡된 자기 비하, 이 양자의 동시지양(同時止揚)을 통해 진정한 본연의 '자기의식'에 도달할 수 있었다. 이 자기의식은 지적(知的)으로 아주 높고 대단히 반성적인 정신 위에 정초된 것이며, 견고한 논리와 삼엄한 체계에 의해 지지되고 있다. 이 점에서 그것은 전근대 조선 사상사 내지 정신사에서 공전절후(空前絶後)의 최고의 의식형태를 보여 주는 것이라 이를 만하다. 하지만 담헌이 『의산문답』에서 거둔 사유의 성취는 비단 한국 사상사에서만 의의가 있는 일은 아니다. 그것은 동아시아 사상사, 나아가 세계 사상사에서도 주목될 만한 일이 아닌가 생각한다.

4. 맺음말

지금까지 『임하경륜』과 『의산문답』을 각각 검토해 보았다. 이제 논의를 종합해 보기로 한다.

『임하경륜』에는 절검의 중요성이 강조되고 있다. 특히 절검은 군주가 솔선수범하지 않으면 안 된다고 보고 있다. 이런 관점은 『의산문답』에서도 똑같이 발견된다. 다만 『의산문답』에서는 이런 관점이 원리적으로 더욱 확장되어 있으며, 역사와 문명을 평가하는 잣대가 되고 있다.

『임하경륜』에서는 옛 법의 고수가 아니라 현재의 실정에 맞게 법과 제도를 바꾸는 일, 즉 변법경장(變法更張)의 중요함이 역설된다. 『의산문답』에는 비록 상고시대가 이상화되어 있기는 하나, 그럼에도 옛 도를 회복하는 것은 불가능한 일인바 만일 억지로 회복하려고 한다면 재앙이 따를 것이라고 했다. 수시변통(隨時變通)을 강조한 것이다. 이 점에서 『의산문답』은 상고주의(尙古主義)를 취하고 있지는 않으며 '지금'과 '현실'에 대한 고려가 중시된다. 청나라를 중국으로 승인하고 있음도 그런 태도의 소산이다. 이처럼 변법경장과 수시변통을 강조하고 있다는 점에서 두 책은 서로 통한다.

『임하경륜』은 당대 조선 사회를 향한 경세론이고, 『의산문답』은 비록 최종적으로는 화이론의 격파에 맞춰져 있지만, 기저적(基底的)으로는 존재의 원리를 새롭게 정초하는 데 목적을 둔 세계관적인 기획(企劃)의 성격을 띤다는 차이점이 있음에도 불구하고, 양자 모두 기본적으로 '약자'와 '주변'을 옹호하면서 평등에 대한 강한 지향성을 보인다는 점에서는 일치한다. 가령 『임하경륜』에서 인민에 대한 균등한 토지 분배를 주장한 것이라든가, 문벌과 특권, 직(職)의 세습을 부정하고 재능과 자질에 따른 인재등용을 주장한 것이 그런 사례에 해당한다 할 것이다. 『의산문답』에서 '균(均)'에 대한 강조는 책 전체에 일관되어 있다. 유교는 기본적으로 차등과 위계(位階) 위에 구축된 사상체계다. 그러므로 반차등을 내걸면서 평등을 강조한 것은 꼭 유교의 철폐라고까지는 말할 수 없겠지만, 유교를 벗어난 측면, 달리 말해 탈유교적 측면이 있는 것으로 보아야 할 것이다. 탈유교적 측면은 장자와 묵자를 그저 수사학적으로 차용하고 있는 것이 아니라 사상의 심부(深部)에까지 깊이 끌어들이고 있음에서 단적으로 확인된다.

요컨대 담헌은 굳이 유교 안에서만 해결책을 찾으려는 태도를 버리고, 사상적으로 자유로운 모색을 꾀하면서 '평등'을 강조하는 사회사상을 정립해 간 것이라고 말할 수 있을 터이다. 이에서 조선의 '실학'이 과연 어느 지점에까지 나아갔는지가 극명하게 드러난다 할 것이다.

參考文獻

金履安, 『三山齋集』.

朴趾源, 『燕巖集』.

원중거 저, 김경숙 역(2006), 『조선 후기 지식인, 일본과 만나다』(『乘
  槎錄』의 國譯), 소명출판.

_____ 저, 박재금 역(2006), 『와신상담의 마음으로 일본을 기록하다』
  (『和國志』의 國譯), 소명출판.

유형원 저, 한장경 역(1962), 『國譯註解 磻溪隨錄』, 충남대.

이덕무 저, 『국역 청장관전서』, 민족문화추진회.

洪大容, 『湛軒書』.

_____ 저, 이상은 역(1974), 『국역 담헌서』, 민족문화추진회.

_____ 저, 김태준·박성순 역(2001), 『산해관 잠긴 문을 한 손으로
  밀치도다』(『을병연행록』의 抄譯), 돌베개.

박희병(1999), 『한국의 생태사상』, 돌베개.

유봉학(1995), 『연암일파 북학사상연구』, 일지사.

川原秀城(2010), 『朝鮮數學史』, 東京大學出版會.

박희병(2002), 「淺見絅齋와 홍대용―중화적 화이론의 해체양상과 그
  의미」, 『대동문화연구』 40, 성균관대 대동문화연구원.

신용하(1991), 「담헌 홍대용의 사회신분관과 신분제도 개혁사상」, 『한
  국문화』 12, 서울대 한국문화연구소.

이상은(1974), 「담헌서 해제」, 『국역 담헌서』 Ⅰ, 민족문화추진회.

이우성(1973/1982), 「실학파의 문학과 사회관」, 『한국사상사대계』 Ⅰ,
  성균관대 대동문화연구원 ; 『한국의 역사상』, 창작과비평사.

조 광(1979), 「홍대용의 정치사상연구」, 『민족문화연구』 14, 고려대 민족문화연구소.

조성을(1995), 「홍대용의 역사인식」, 『진단학보』 79, 진단학회.

조영록(1982), 「17∼18세기 尊我的 화이관의 한 시각」, 『동국사학』 17, 동국사학회.

천관우(1965/1974), 「홍대용」, 『한국의 인간상』 4, 신구문화사 ; 「담헌 홍대용」, 『한국사의 재발견』, 일조각.

_____(1979), 「홍대용의 실학사상」, 『근세조선사연구』, 일조각.

허남진(1995), 「홍대용의 철학사상」, 『진단학보』 79, 진단학회.

山內弘一(1996), 「洪大容の華夷觀について」, 『朝鮮學報』 159, 朝鮮學會.

| 湛 軒 |

湛軒의 天文·宇宙 理解와 科學

김문용 | 고려대학교 민족문화연구원 HK교수

1. 머리말

2. 천문·우주 이해의 배경과 방법

　　1) 학술·사상사적 배경

　　2) 방법으로서의 수학과 의기(儀器)

3. 우주론의 구성

　　1) 우주론과 지원설의 정위(定位)

　　2) 지전설의 논거와 연원

　　3) 지구중심설의 부정과 우주무한설

4. 유학과 과학 그리고 담헌

　　1) 서학중원설(西學中源說)과 담헌

　　2) 동도서기론(東道西器論)과 담헌

5. 맺음말

1. 머리말

담헌(湛軒) 홍대용(洪大容)은 친구인 연암(燕巖) 박지원(朴趾源, 1737∼1805)이 지전설(地轉說)을 그의 독창적인 학설이라고 주장한 이래, 한국 과학사상사의 가장 중요한 인물 가운데 한 사람으로 간주되어 왔다. 한때 담헌의 지전설이 독창적인 것이냐를 둘러싸고 논란이 일기도 했지만, 현재로서는 그가 고대 그리스의 헤라클레이데스가 주창한 지구자전설을 부정적으로 소개한 한문서학서 『오위역지(五緯曆指)』를 보았을 것이고, 따라서 그의 독창성은 그것을 긍정적으로 바꾸어 생각한 정도일 뿐이라는 견해가 유력하다.[1] 게다가 그보다 반세기 앞서 살았던 김석문(金錫文, 1658∼1735)의 '지전설'이 밝혀지면서, 그것이 비록 담헌의 견해와는 현격한 차이가 있는 것이라 하더라도 이래저래 담헌 지전설의 독창성 문제는 빛을 바랜 상태이다.

지전설을 포함한 우주론 분야 이외에, 담헌의 과학사상사적 업적으로 주목을 받아 온 또 하나가 수학 분야이다. 한편에서는 그의 『주해수용(籌解需用)』이 전통 수학의 바탕 위에 서양 기하학을 대거 수용한, 조선 후기 실학 또는 수학사의 귀중한 결실이라는 견해가 존재한다.[2] 그러나 담헌이 이해하고 활용한 기하학이 구면삼각법을 포함하여 당시 중국에 전해진 서양 기하학의 수준에 미치지 못하는 초보적인 정도에 불과할 뿐 아니라, 천원술(天元術)을 비롯한 전통 수학에 대한 이해조

---

1 박성래(1981), 160면.
2 한영호(2001) 참조.

차 그다지 깊지 못했다는 최근의 평가가 좀 더 진전된 것으로 인정되어야 할 듯하다.[3]

요컨대 담헌은 이제 독창적인 과학자·과학사상가라기보다는 조선에서 서양 과학을 비로소 발견하고 그 중요성에 눈뜨기 시작한 인물에 해당하며, 조선의 선각자이기는 하지만 그의 출현이 당시 중국과 일본의 경우에 비교할 때 적지 않게 늦은 편에 속한다는 견해가 지배적이라 할 수 있다.[4] 이러한 인식은 조선시대 과학사상사에 대한 이해, 특히 중국·일본 등과의 비교사적 관점의 확대와 더불어 확립되고 확산된 것이었다. 그 결과, 그의 과학사상에 대한 근래의 연구는 그것 자체보다는 사상사 일반의 맥락 위에서 그 의미 연관을 탐색하는 데로 집중되는 경향을 보여 왔다고 할 수 있다.

이 글은 이러한 경향을 참조하면서 천문과 우주에 대한 담헌의 이해를 재검토하는 데 목표를 둔다. 천문학과 우주론은 '하늘'이라는 대상을 매개로 긴밀히 결합되어 있으면서도 방법론적으로 일정한 차이를 가진다. 이에 따라 양자는 오랫동안 지식의 계보, 학문의 사회적 위상 측면에서도 구별되는 경향을 보여 왔다. 그러나 17세기 이래 서학(西學)의 출현은 이러한 경향에 변화의 계기를 부여하고, 양자 사이의 상호작용을 새롭게 추동하는 효과를 가져왔다. 담헌의 천문학과 우주론은 바로 그러한 시대적 맥락에서 형성된 것이었다. 그런 만큼 그의 천문·우주론에 대한 검토는 양자 사이의 접촉과 작용의 양상에 주목하는 일이 필요하다.

이 글은 먼저 담헌의 천문학과 우주론 형성의 배경과 방법 및 그 이

---

3 川原秀城(2010), 151~154면 참조.
4 박성래(1995), 261면.

론적 성취 수준을 검토하고, 이어서 우주론을 구성하는 주요 논점 몇 가지에 대한 분석에 집중한다. 그럼으로써 그 안의 서양적 연원과 동양적 연원을 대비하고, 이를 바탕으로 유학과 과학의 결합 양상을 검토하고자 한다. 이러한 과정을 통해 우리는 그의 천문·우주론의 이론적 특징과 갈래를 확인함은 물론, 그것이 함축하고 있는 학술·사상사적 의미를 음미해 볼 기회를 가지게 될 것이다.

2. 천문·우주 이해의 배경과 방법

1) 학술·사상사적 배경

우주·자연에 관한 담헌의 관심은 어디에서 비롯된 것일까? 일부에서는 그의 가계에 대한 검토를 통해 가학적(家學的) 연원을 언급해 왔다. 담헌의 10대 종조인 홍언필(洪彦弼, 1476~1500)과 그의 아들 홍섬(洪暹)이 각각 영의정이 되어 관상감사(觀象監事)를 겸했고, 홍언필의 서자인 홍원(洪遠)과 홍조(洪造)가 각각 관상감정(觀象監正)과 그 첨정(僉正)에 임명되었으며, 홍섬의 서자들 또한 관상감정의 직책을 가졌다. 담헌의 직계로는 11대조인 홍형(洪泂, 1446~1500)이 관상감사로 추증된 일이 있지만,[5] 이는 아마도 아들인 홍언필의 공로에 따른 것이라고 보아야 할 것이다. 이렇게 보자면, 남양 홍씨 가문의 일부에 천문학이나 역산학 전통이 형성되었다 하더라도 서자들의 계보를 중심으로 한 것이었고, 그나마 담헌에게는 혈연적으로 결코 가까웠다고 할 수 없다. 따

---

5 김태준(1998), 167면; 川原秀城(2010), 143면.

라서 그의 천문·우주에 대한 관심의 주요 연원으로 가학을 거론하는 데는 한계가 있어 보인다.

가학보다 좀 더 자주 언급되어 온 것으로, 그가 수학했던 석실서원(石室書院) 주변의 상수학(象數學) 전통이 있다. 이때 상수학이란 역학(易學)의 한 갈래이자 자연물과 인간사에 대한 법칙적인 탐구를 추구하는 대표적인 학문 분야(名物度數之學)로서 의미를 가지는 것이었다. 여기에는 우선 김창흡(金昌翕)의 문인이었던 김석문 그리고 담헌과 마찬가지로 김원행(金元行)의 문인이었던 황윤석(黃胤錫)이 석실서원 주변 상수학의 대표적인 인물로 거론되었다.[6] 그러나 김원행 본인의 경우를 포함하여 석실서원의 전체적인 분위기가 특별히 상수학에 경도되었다는 증거는 발견되지 않는다. 정황상 담헌이 낙론(洛論) 계열의 선배인 김석문의 글을 보았을 가능성은 크지만, 스스로 그에 관한 언급이나 흔적을 남기지 않았고, 그가 황윤석과 교류하기 시작한 것 역시 학계에서 추정해 온 바와는 달리 생애 말년에 가까운 46세에 이르러서였다.[7]

물론 18세기 조선의 천문학이나 우주론과 관련하여 그 학술·사상사적 배경의 차원에서 당시 상수학의 확산을 거론하는 것은 분명 의미 있는 일이다. 우리의 시야를 당시 서울·경기 지역의 서인 계열 지식인들에게로 넓힐 때, 양란 이후 그들 사이에 상수학이 확산되어 가고 있었음은 분명해 보인다. 여기에는 신흠(申欽)을 비롯한 평산 신씨 가문,

---

6 유봉학(1992), 73~77면.
7 『頤齋亂藁』에 따르면, 황윤석은 1776년 8월 4일에 大貞洞(지금의 정동 부근) 집으로 담헌을 찾아갔지만 만나지 못하였다. 이때 그는 "이 사람과 나는 동문이지만 한 번도 본 적이 없는데, 지금 일부러 찾아왔으나 만나지 못해 안타깝다."라고 하였다. 황윤석은 이튿날 다시 찾아가 드디어 담헌을 만나고 다음과 같이 기록을 남겼다. "덕보(담헌의 字)가 나를 보고서 놀라고 기뻐하면서 易學의 관심 사항을 묻고 『律曆淵源』에 이르기까지 많은 말을 나누었다……."

김육(金堉)을 위시한 청풍 김씨 가문, 최명길(崔鳴吉) 등의 전주 최씨 가문, 그 외에 조성기(趙聖期)·이단상(李端相) 등의 경우가 대표적인 사례로 거론되어 왔다.[8] 18세기에 서양 천문·역산학의 전래가 본격화되면서 상수학과 천문·역산학의 결합 양상이 나타났는데, 대표적인 인물로는 김석문·최석정(崔錫鼎)·정제두(鄭齊斗)·서명응(徐命膺) 등이 있었다. 이들을 통해 상수학은 전통적인 역학의 범위를 벗어나 천문·역산학을 포함하는 자연학 또는 자연과학으로서의 성격을 좀 더 분명히 해가고 있었다.

문제는 담헌의 경우이다. 그는 초기 저작으로 보이는 「주역변의(周易辨疑)」에서 상수역(象數易)이 아닌 의리역(義理易)의 관점으로 『주역』을 이해하였고, 그런 맥락에서 주희(朱熹)의 상수역 저작인 『역학계몽(易學啓蒙)』에 의문과 비판을 제기하였다.[9] 심지어 「의산문답(毉山問答)」에서도 대표적인 상수학자 중의 한 사람인 소옹(邵雍)을 가리켜, 잘 알지도 못하면서 '억지로 큰소리쳐 세상을 기만했으니, 이는 소옹이 자신을 기만한 것'이라고 혹평하기도 하였다.[10] 이러한 점은 그의 천문·우주론 형성의 시대적 배경으로서 상수학의 확산을 고려할 수 있다고 하더라도, 엄밀한 의미에서 상수학을 그 직접적인 동기나 연원으로 인정하기는 어려운 것임을 보여 준다. 그는 북경에 다녀온 이후, 북경에서 사귄 반정균(潘庭筠)에게 『황면재집(黃勉齋集)』과 함께 『천문류함(天文類函, 天學初函의 오기)』과 『소자전서(邵子全書)』를 구해 보내 달라고 청하면서,

8 조성산(2007), 43~55면.
9 『湛軒書』 上, 內集 권1, 「啓蒙記疑」.
10 『湛軒書』 上, 內集 권4, 「毉山問答」, 329면, "邵堯夫達士也, 求其理而不得, 乃曰天依於地, 地附於天. …… 堯夫知不及此, 則强爲大言, 以欺一世, 是堯夫之自欺也."

뒤의 두 책은 평생 보고 싶어 하던 책이라고 하였다.[11] 그가 소옹의 학문 또는 상수학에 대해 관심을 갖게 된 것은 분명해 보이지만, 아마도 그것은 천문·우주에 대한 관심의 동기라기보다 탐구의 결과 또는 연장이라고 보아야 하지 않을까 한다.

천문·우주에 대한 담헌의 관심 배경으로 상수학보다 더 주목할 필요가 있는 것이 고학(古學)이다. 그는 말하기를 "나는 10여 세 때부터 고학에 뜻을 두어 장구(章句)만 일삼는 답답한 유자(儒者)는 되지 않겠다고 맹서하였고, 아울러 군국(軍國)과 경제(經濟)의 사업을 흠모하였다."[12]라고 하였다. 그리고 담헌과 교유했던 이송(李淞)은 그가 옛 육예(六藝)의 학문에 뜻을 두어 음악으로부터 천문에 이르기까지 상수(象數)·명물(名物)에 조예가 깊었다고 술회하였다.[13] 이때의 '고학'과 '옛 육예의 학문'은 담헌이 스스로의 학문적 지향을 표현하기 위해 사용한 또 다른 용어인 '실학(實學)'과 서로 통하는 것으로, 그 안에 천문·우주에 대한 관심을 포괄하는 어떤 것이었다.

그러면 당시 조선 지식인들에게서 고학은 어떤 의미를 가지고 있었는가? 양란을 경과하면서 조선의 지식인들 사이에는 명대의 학술과 문풍에 대한 지식이 확대되고, 그런 만큼 그 영향도 증대해 갔다. 그런 가운데 17세기의 일부 문장가들은 명대의 이른바 전·후 칠자(七子)로

---

11 『湛軒書』上, 外集 권1, 「與秋書」, "承問以願得之書, 至有郵寄之計, 則故人厚意也. 東方貢使相望, 中國書籍, 頗有流傳. 惟黃勉齋集, 只有四五卷小本, 聞有全集中, 有論禮書多可觀, 每年購諸京市, 終未得之. 其他如邵子全書及天文類函兩書, 平生願見, 而諒其卷秩不少, 設或有見在者, 何可遠寄耶!"

12 『湛軒書』上, 外集 권1, 「與汝軒書」, "容自十數歲, 有志於古學, 誓不爲章句迂儒, 而兼慕軍國經濟之業."

13 『湛軒書』下, 附錄, 李淞, 「湛軒洪德保墓表」, "德保獨有志於古六藝之學, 象數名物, 音樂正變, 硏窮覃思, 妙契神解. 天文纏次, 日月來往, 象形制器, 占時測候, 不爽毫釐."

대표되는 진한고문파(秦漢古文派)의 문풍을 수용하여 '시는 반드시 한·위·성당이요[詩必漢魏盛唐], 문은 반드시 선진·양한[文必先秦兩漢]'이라는 기치를 내걸고 고문운동을 전개하였다. 여기에는 이수광(李睟光)·유몽인(柳夢寅)·신흠·조경(趙絅)·정두경(鄭斗卿)·허목(許穆) 등 당색과 학맥을 넘어 당대의 주요 문장가들이 두루 포함되었다. 이들의 고문운동은 단순히 고문사(古文辭)의 미적 가치를 중시하는 문장학적 측면에서만이 아니라, 주희를 포함한 송대 이래 주석가들의 해석을 거치지 않고 육경 고문에 직접 다가가려 했다는 점에서 경학사적으로도 중요한 의미를 가지는 것이었다. 특히 허목의 경우는 고문에 대한 취향이 고례(古禮)·고전(古篆)·고경(古經)에 대한 관심으로 확장되고, 그럼으로써 이후 근기남인계 고학운동의 선구를 이루었다.[14]

물론 이 고문운동과 담헌의 고학 지향을 곧바로 연결하기에는 곤란한 점이 없지 않다. 그가 속해 있던 노론 낙론 계열은 김창협(金昌協)·김창흡 이래로 송시열(宋時烈)의 주자학 순정주의를 계승하여 진한고문보다는 당송고문(唐宋古文)을 중시하는 경향을 강하게 드러내었다. 상수학이 한대(漢代) 역학에 내원을 두는 것이라는 점에서 볼 때, 그것이 석실서원에서 그다지 유행하지 못했던 사실도 이와 무관하지 않을 것이다. 그러나 그는 청년기에 노론 당론에 이의를 제기하여 스승 김원행으로부터 질책을 받기도 했거니와,[15] 그의 지적 성장 과정을 반드시 낙론이나 석실서원의 범위 안에 가두어 이해할 필요는 없을 것이다. 고문운동은 당시 학계에 탈송학(脫宋學)의 가능성을 열고, 심성론 너머로 군국·경제나 육예 등에 대한 학술·사상적 전망을 제공해 주었다고 할

---

14 조성산(2007), 208~216면.
15 『湛軒書』上, 內集 권1, 「湛上記聞」.

수 있다. 담헌의 고학은 이러한 시대적 조류에 접맥되어 있었던 것이다.

이렇듯 담헌의 천문·우주에 대한 관심을 그의 고학 지향과 연관 짓는 것은 의미가 있다. 그러나 그 의미가 일정한 범위 안에 제한되는 것임은 물론이다. 그가 옛 육예[禮樂射御書數]의 학문에 뜻을 두었다고는 하지만 '수(數)'로 상징되는 천문·우주론은 육예의 일부에 불과한 것이기 때문이다. 이에 천문·우주론에 대한 그의 관심과 노력을 자극한 좀 더 직접적인 요인으로 거론하지 않을 수 없는 것이 바로 서학이라는 이름으로 전래된 유럽의 과학·기술이다. 그의 언설이나 행적 가운데 천문·우주와 관련된 최초의 것은 29세에 나주에서 나경적(羅景績)을 만나고, 그를 도와 2년간에 걸쳐 혼천의(渾天儀)를 제작했던 일이다. 그때의 일에서부터 우리는 그와 서양 과학·기술의 접촉을 확인할 수 있다.

석당(石塘) 나경적(羅景績)이 …… 끝내 말하기를 "선기옥형(璿璣玉衡)의 혼천(渾天) 제도는 주자 문하에 유법(遺法)이 있으나 말이 자세하지 않고 후인들도 고증한 것이 없다. 이에 감히 의문스러운 것은 버려두고 빠진 것은 보충하되 서법(西法)을 참고하여 여러 해 동안 관찰하고 생각한 끝에 대략 방법을 알아냈다. 그러나 집이 가난하여 제작비용을 장만하지 못해 그 뜻을 이루지 못하고 있다."라고 하였다. 대개 혼천의 제도는 나도 일찍이 관심을 두었으나 그 요령을 얻지 못했었다.[16]

담헌은 진작부터 혼천의에 대해 관심을 가지고 있었다. 이는 그의

---

16 『湛軒書』下, 外集 권3, 「乾淨衕筆談」, "羅石塘景績, …… 終言璣衡渾天之制, 有朱門遺法, 而微言未著, 後人廓所考證. 乃敢闕疑補缺, 參以西法, 仰觀俯思, 殆數歲而略有成法, 家貧無力, 不能辦功役之費以成其志云. 蓋渾天之制, 余亦嘗有意焉, 而未得其要."

친구이자 스승 김원행의 아들인 김이안(金履安)의 언급으로도 확인된다.[17] 그러던 차에 시계를 비롯한 각종의 기계 제작에 지식과 기술을 겸비한 나경적을 만나 새롭게 안목이 트이고, 35~36세에 걸쳐 진행된 연행(燕行) 시점에는 혼천의 제작 경험이 그의 지적 경력의 중요한 항목으로 자리 잡게 되었다. 여기에서 주목할 것은 그때의 지식·기술이 서양적인 것, 즉 서법에 많이 의존하는 것이라는 점 그리고 그가 이 점을 범상한 일인 듯이 표현하고 있다는 점이다. 연행 중의 언설이나 행적을 보면, 담헌은 이때 이미 혼천의뿐 아니라 천문·역산학 전반에 걸쳐 일정하게 조예를 이루고, 그런 가운데 서법에 대한 긍정적인 관점을 확립하고 있었다. 북경의 유리창(琉璃廠) 거리에서 만난 항주인(杭州人)들에게 그는 이렇게 말하였다.

　　논천(論天)과 역법(曆法)은 서법(西法)이 매우 뛰어나 전에 없던 것을 새로이 드러낸 것이라고 할 수 있다. 그러나 그 학문[學]은 우리 유가의 상제 칭호를 도둑질하고 불가의 윤회설로 치장한 것으로 천박하고 비루하여 가소롭다.[18]

　명말·청초 이래로 중국에 전래된 서양 문화를 과학과 종교로 나누어 이해하는 것은 이미 낯설지 않은 논법이었다. 담헌은 그것을 각각 서법과 서학으로 구분하고, 서학이 천박하고 비루한 것임에 반해 천

17　金履安,『三山齋集』권8,「籠水閣記」, "余少讀虞書璣衡之文, 則心悅之, 嘗採註家言, 縛竹爲器, 轉之旋旋如紡車, 淺陋可笑. 然遇朋友可語, 輒出而辨質焉, 洪君德保其一人耳."
18　『湛軒書』下, 外集 권2,「乾淨衕筆談」, "論天及曆法, 西法甚高, 可謂發前未發. 但其學, 則竊吾儒上帝之號, 裝之以佛家輪廻之語, 淺陋可笑."

문·역산학 분야의 서법은 중국과 조선에 없던 뛰어난 것임을 분명히 한다. 그는 이러한 이해를 바탕으로 유럽의 천문·역산학을 습득하는 데 노력을 기울였다. 담헌은 서양 선교사들에게 오성(五星)의 행도(行度)와 역법(曆法)의 어려운 부분을 묻고 천문 관측기구를 구입하려고 하는 일관(日官) 이덕성(李德星)과 함께 북경의 남천주당을 찾아갔다. 결국 관측기구는 구입할 수 없었지만 별자리〔宿度〕 문제와 관련하여 그들과 의견을 나누었다.[19] 귀국할 때 『수리정온(數理精蘊)』을 구입하여 가져오는 등[20] 서양 천문·역산학 서적을 두루 수집하였고, 연행 이후는 항상 수리서(數理書)를 읽고[21] 잠자리에서도 연구에 힘써 천문·역산〔象數〕의 중요하고 난해한 곳에 이르면 종종 밤새도록 잠을 못 이루기도 하였다.[22] 그럼으로써 그의 천문학과 우주론은 서양 천문·역산학을 중요한 지적 원천으로 삼게 되었다.

이상은 명말·청초 이래의 서양 과학·기술이 담헌에게서 천문·우주에 대한 관심을 촉발한 초기 동인은 아닐지 몰라도, 관심을 지속적으로 자극하고 이해를 발전시켜 가는 데 무엇보다 중요한 요인이었음을 보여 준다. 결국 그의 우주론과 자연학은 동양과 서양, 조선과 중국 사이의 문화교류사적 맥락에 일차적 연관을 가지는 것이었다. 그렇다고 하여 그의 천문·우주론이 전적으로 서양 과학·기술의 영향에 수동적이었음을 의미하는 것은 아니다. 그것은 가학적 연원과 17세기 이래 상

---

19 『湛軒書』 下, 外集 권7, 「劉鮑問答」.
20 黃胤錫, 『頤齋亂藁』 二冊, 권11, 299면. 황윤석은 金履安으로부터 담헌이 연행 귀국길에 『數理精蘊』 한 질을 새로 구입해 왔다는 말을 듣고 기록을 남겼다.
21 『湛軒書』 下, 附錄, 朴齊家, 「乾坤一草亭題詠」, "一遇餘杭士, 常觀數理書."
22 『湛軒書』 下, 附錄, 洪大應, 「從兄湛軒先生遺事」, "每於枕上, 加窮格之工, 至象數肯綮難解處, 往往徹曉失眠."

수학의 확산 정황은 차치하더라도, 고학을 지향하는 새로운 학풍을 배경으로 동아시아 내부의 과학·기술 전통과도 일정한 연계를 가지고 있었다. 서양적 연원의 비중이 아무리 컸다 하더라도 그것은 동양적 연원 위에 첨가되는 형식을 벗어나지 않았다고 할 수 있다.

2) 방법으로서의 수학과 의기(儀器)

담헌은 서양의 과학·기술 특히 그 천문·역산학에 대해 무엇을 얼마나 알고 있었는가? 이는 그것이 담헌의 천문·우주론에서 차지하고 있던 위상과 역할의 문제와는 별도로, 그 지식 자체의 범위와 깊이에 관한 문제이다. 우선 천문·역산학 지식의 대략적인 범위를 확인하기 위한 방안으로, 그가 입수한 서양 과학·기술 관련 도서 목록을 검토해 볼 필요가 있다. 그가 연행 이전에 어떤 책을 소장하거나 열람했는지에 대해서는 아직 확인할 길이 없다. 책의 제목이 분명하게 확인되는 것은, 그가 북경에서 언급하고 직접 구입해 오기도 한 『수리정온』이다. 황윤석은 담헌을 처음 만나고 며칠 후 다시 그의 집을 방문하여 형암(炯庵) 이덕무(李德懋)·초정(楚亭) 박제가(朴齊家)·연암을 만나 이야기를 나누고, 담헌이 소장하고 있던 과학·기술 관련 서학서들을 열람하였다. 여기에는 『수리정온』 이외에 『역상고성(曆象考成)』 상·하, 『역상고성후편(曆象考成後編)』, 『팔선대수표(八線對數表)』, 『대수천미표(對數闡微表)』 그리고 페르비스트(F. Verbiest, 南懷仁)의 『태서곤여전도(泰西坤輿全圖)』도 포함되어 있었다.[23]

---

23 黃胤錫, 『頤齋亂藁』 四冊, 권22, 395면, "…… 是日, 觀德保所藏曆象攷成上下後編, 及數理精蘊, 并八線對數表, 對數闡微表. 又觀泰西坤輿全圖, 康熙甲寅西士南懷仁, 所增修者,

『수리정온』과『역상고성』은 각각 53권, 42권에 달하는 거질로『율려정의(律呂正義)』5권과 함께 3부작 총 100권의『율력연원(律曆淵源)』을 구성하는 것들이다. 그리고『팔선대수표』와『대수천미표』는 본래『수리정온』에 부록으로 포함되어 있던 표의 일부이다. 이런 점을 감안하면, 그는 연행에서 돌아오면서『수리정온』뿐 아니라『율력연원』을, 아마도『율려정의』까지 포함하여 그 전질을 구입해 왔을 가능성이 크다. 이『율력연원』은 강희제가 천문·역산학 및 음악학 지식을 정리·보급할 목적으로 편찬을 명하여 옹정 2년(1724년)에 출간한 것으로, 천문·역산학 지식의 수준이 1634년에 편찬된『숭정역서(崇禎曆書)』(135권)의 수준을 크게 넘어서는 것은 아니라는 평가를 받는다.『숭정역서』는 명청 교체 이후『서양신법역서(西洋新法曆書)』100권으로 개편되어 시헌력(時憲曆)의 토대가 된 것이다. 그리고『역상고성후편』은 쾨글러(I. Kögler, 戴進賢)가 케플러의 타원궤도설을 수용하여 1741년에 완성한 것인데, 담헌은 이것 역시『율력연원』과 함께 들여왔을 가능성이 있다.

그 외에 담헌이 소장한 서양 과학·기술서 목록에 추가해야 할 것이 『천학초함(天學初函)』이다. 이것은 이지조(李之藻)가 1628년에 마테오 리치(Matteo Ricci, 利瑪竇) 등의 초기 서학서들을 모아 간행한 총서로 기독교 교리를 담은 '이편(理編)' 9종, 과학·기술 방면의 '기편(器編)' 10종으로 구성되어 있다. 담헌이 반정균에게 이 책을 구해 달라고 부탁한 것은 1767년에서 1768년 사이일 것으로 추정된다.[24] 그리고 반정균이

共八疊, 爲圖者二, 各列赤道半天, 爲一圖." 담헌은 이날 황윤석에게『역상고성후편』을 빌려 주고, 2년 후 內兄 金致益을 통해『역상고성』과『수리정온』도 빌려 주었다(『頤齋亂藁』五冊, 권27, 326면).

24 반정균은 1767년 8월 21일에 부친 편지에서『三綱行實圖』등 조선의 서적을 보내 줄 것을 요청하고, 담헌에게도 필요한 책을 말하면 보내 주겠다고 하였다(허경진·천금매

『천학초함』의 반질을 구해 보내 준 것은 그로부터 10년이 지나서였다. 반정균은 책과 함께 보낸 편지에서 『천학초함』 가운데 『동문산지(同文算指)』·『태서수법(泰西水法)』·『천문략(天問略)』 등 몇 가지는 가지고 있을 만하지만, 초성(超性)을 말하는 부분은 불경스럽고 예수의 행적을 말하는 부분은 더욱 황당하다면서 서학에 대한 경계를 당부하였다.[25] 이것으로 볼 때 담헌이 반정균으로부터 전해 받은 『천학초함』 반질은 앞의 세 책과 함께 『기하원본(幾何原本)』을 포함하는 '기편' 10종일 것이라는 추정이 설득력이 있다.

그러고 보면 담헌이 황윤석의 방문을 받고 『율력연원』을 보여 주었던 1776년 시점에는 실제로 『천학초함』 '기편'을 입수하지 못했을 가능성이 크다. 아마도 그 얼마 후에야 그것을 입수했을 것이고, 그때는 이미 담헌이 갑자기 사망하기까지 5년 정도의 기간밖에 남지 않은 시기였다. 이를 감안할 때 그가 『천학초함』 '기편'을 얼마나 이해하고, 또 그 지식을 『주해수용』 등 자신의 저작에 얼마나 반영할 수 있었을지 궁금하지 않을 수 없다. 그리고 지식 구성의 측면에서 『천학초함』과 『율력연원』의 관계가 반드시 단계적인 것은 아닐지라도 『천학초함』이 상대적으로 입문적 성격이 강한 것은 분명하다. 이러한 측면에서, 거의 독학으로 일관한 담헌이 서양 천문·역산학을 얼마나 체계적으로 깊이 이해할 수 있었을지 역시 궁금한 점으로 남는다.

(2008), 260면 참조). 이에 대한 담헌의 답장 시기는 앞의 주 11)에서 인용한 담헌의 편지 내용으로도 추정할 수 있다.

25 『燕杭詩牘』, '潘庭筠이 담헌에게 보낸 제5신', "又委覓天學初函一書, 後得半部, 其中筭指水法天問畧數種, 稍可存. 至其言超性處, 語多不經, 至耶蘇事蹟, 尤多荒誕, 而西人之遍遊諸國者, 無非欲傳耶蘇之學. 倘從其說, 必須盡棄所學, 而彼得以陰行其叵測之心, 如呂宋之被兼幷, 日本之成仇讐, 皆傳聞所最確者."(허경진·천금매(2008), 277면에서 재인용). 이에 대해서는 일찍이 김양선(1974), 136면에서 출전 표기 없이 언급된 적이 있다.

이제 『주해수용』을 중심으로 담헌의 천문·역산학의 성격과 수준을 검토해 보자. 다음은 천문·역산학 전반에 대한 그의 기본적인 이해와 관점을 보여 주는 대표적인 언급 가운데 하나이다.

천지의 모습〔體狀〕을 알고자 할 때는 …… 오직 기기(器機=儀器)를 만들어서 관측하고, 수를 계산하여 추론한다. 관측기기는 여러 가지가 있지만 모나고 둥근 것〔方圓=規矩〕을 벗어나지 않는다. 추론도 비록 여러 가지 방법이 있으나 삼각법〔句股〕보다 요긴한 것이 없다. 관측하고 추론하는 순서는 반드시 방위를 먼저 구분하고, 다음으로 척도를 정한다. 방위를 구분하여 남극·북극을 측량하고, 척도를 정하여 땅을 측정한다. 우선 지구를 측정하고 다음에 여러 천체로 옮겨 간다. 이와 같이 하면 천지의 모습에 대해 그 대강을 얻을 수 있다.[26]

담헌은 기기를 통한 관측과 수를 통한 추론을 천문·역상학적 방법론의 핵심으로 파악한다. 여기에 도구로서의 관측기기와 수학이 원리적으로 전통적인 규구와 구고 개념을 벗어나지 않음을 확인하고, 이어서 방위 측정으로부터 거리 측정으로, 지구에 대한 측정으로부터 천체에 대한 측정으로 옮겨 가는 방법론적 순서를 제시한다. 이렇듯 관측과 추론, 의기(儀器)와 수학을 천문·역산학의 핵심적인 방법과 도구로 파악하는 관점은 그의 저작 여러 곳에서 표현을 조금씩 달리하며 반복적으로 표현되었다. 그리고 그때마다 그것은 서양 천문·역산학, 즉 서법

---

26 『湛軒書』下, 外集 권6, 『籌解需用』, 「測量說」, "故欲識天地之體狀, …… 唯製器以窺之, 籌數以推之, 窺器多製, 而不出於方圓, 推雖多術, 而莫要於勾股. 其窺推之序, 必先辨方, 其次定尺, 辨方以量極, 定尺以度地. 先測地球, 次及諸天, 凡天地之體狀, 可得其梗槩矣."

의 장점으로 간주되었다.[27]

이러한 그의 이해를 독창적인 것이라고 할 수는 없다. 명말 이래로 서양 천문·역산학의 장점이 기기 관측과 수리 추론, 줄여서 측산(測算)에 있음은 누누이 주장되던 것이었다.[28] 조선에서도 그보다 두 세대 정도 뒤에 남병철(南秉哲)이 서양인들의 장점으로 기계(器械)와 수술(數術)에 정교했던 점을 들었던 것도 같은 맥락에 있는 것이었다.[29] 그럼에도 불구하고 담헌이 수학과 의기의 중요성을 포착하고 그것에 직접 노력을 기울인 사실은 서양 천문·역산학의 수용 과정에서 중요한 의미를 가지는 것임에 틀림이 없다.

그러면 수학과 의기 자체에 대한 담헌의 탐구는 어떠했는가? 먼저 수학의 경우를 살펴보자면, 한마디로 그는 동양 수학의 근간 위에 서양 수학의 접맥을 시도했다고 할 만하다. 이 점은 그가 『주해수용』의 「총례」에서 제시하는 인용 서목에 조선과 중국 그리고 서양의 수학서가 골고루 포함되어 있다는 점으로도 알 수 있다.[30] 동양 수학을 근간으로

---

27 『湛軒書』上, 外集 권1, 「與孫蓉洲書」, 462면, "泰西人之學, …… 若其算術儀象之巧, 實是中國所未發."; 下, 外集 권7, 「劉鮑問答」, "利瑪竇入中國, 西人始通, 有以算數傳道, 亦工於儀器, 其測候如神, 妙於曆象, 漢唐以來所未有也."; 앞의 글, "今泰西之法, 本之以算數, 參之以儀器, 度萬形窺萬象."; 下, 外集 권6, 「籌解需用」, 「測管儀」, "盖自西法之出, 而機術之妙, 深得唐虞遺訣. 儀器以睨之, 算數以度之, 天地之萬象無餘蘊矣."

28 예를 들면 다음과 같은 표현이 있다. 『四庫全書總目提要』권134, 「天學初函五十二卷」, "西學所長, 在於測算. 其短, 則在於崇奉天主, 以炫惑人心."

29 南秉哲, 『圭齋遺藁』권5, 「書推步續解後」, "彼西人者, …… 唯器械數術是務. …… 見其器械之精, 數術之微……"

30 『籌解需用』의 인용 서목에는 중국의 책으로 송대 揚輝의 『續古摘奇數法』, 원대 朱世傑의 『算學啓蒙』, 명대 程大位의 『算法統宗』, 청대 蔣守誠의 『算法全書』그리고 조선의 책으로 慶善徵의 『詳明數訣』과 朴繘의 『數原』, 서양 과학·기술서로 마테오 리치의 『渾盖通憲圖說』과 『曆象考成』, 『數理精蘊』등이 포함되어 있다(담헌의 표기에서 지금 통용되는 표기와 다른 것은 川原秀城(2010), 143면을 참고하여 수정하였음).

삼았다는 것은 저술 방식이 계산법에 대해 원리적 설명을 시도하기보다는 예제를 제시하고 그것에 대한 해법의 알고리즘을 제시하는 것으로 일관하는 데서부터 드러난다. 그리고 문제 유형 등 내용적인 측면에서도 동양 수학의 흔적을 많이 남기고 있는데, 그러한 흔적이 짙었던 쪽은 역시 기하학보다 산술 부문이었다.『수리정온』에 이미 서양식 다차방정식 계산법인 차근방(借根方)이 소개되어 있었지만, 담헌은 그것보다 동양의 천원술(天元術)을 채택하기도 하였다. 그러나 그가 천원술을 적용하는 과정을 보면, 단순히 설명이 소략하다는 차원을 넘어 과연 천원술을 충분히 이해하고 있었는지 의심케 하는 면모를 보여 주고 있기도 하다.

서양 수학의 원용은 기하학 부문에서 두드러지고 있었다. 담헌의 기하학은 무엇보다 전통적인 구고법(句股法) 대신 서양의 삼각법을 수용하고 있다는 점에서 주목할 만하다. 그 외에 그는『역상고성』과『수리정온』에서 여러 가지 예제를 끌어오기도 하는데, 그것들을 단순 반복하기보다 수치를 바꾸고 풀이 과정도 되풀이하지 않으려는 노력을 보여 주었다. 그러나 풀이 과정에서 도형을 제시하지 않는 등 동양 수학식 접근법은 여전히 한계로 남아 있었다. 따지고 보면 담헌이 이해하고 활용한 삼각법도『수리정온』의 평면삼각법에 불과할 뿐,『역상고성』에서 활용하고 있던 구면삼각법은 아니었다. 이는 담헌의 기하학 지식이 당시 전래된 서양 천문·역산학을 충분히 이해할 수 있는 수준까지는 도달하지 못했음을 의미하는 것이다.[31]

담헌의 수학 이해가 당시 천문·역산학에서 요구하는 수준에 미치

---

31 담헌의 산술과 기하학 수준에 대한 이상의 서술은 한영호(2001); 川原秀城(2010), 140～154면을 참고하였음.

지 못하였다는 사실은 그것 자체로 그의 천문학과 우주론의 낮은 수준을 의미한다고 볼 수 있다. 그러나 실질적인 의미에서 그 수준이란 것이 주로 서양 수학, 특히 기하학에 대한 이해 수준을 의미하는 것이라고 할 때, 우리는 이 점과 관련하여 그 개인의 능력이나 노력의 차원을 넘어 동·서양 수리 관념의 차이에 대해 좀 더 숙고해 볼 필요가 있다. 『기하원본』에 실린 마테오 리치의 다음 언급은 이 문제에 좋은 시사를 준다.

수학자〔幾何家〕는 오로지 사물의 분한(分限)을 살피는 사람이다. 만약 그 분한을 쪼개어 수효〔數〕를 문제 삼으면 사물이 얼마나 많은가를 드러내고, 만약 통째로 그것의 크기〔度〕를 문제 삼으면 사물이 얼마나 큰가를 가리킨다. 그 수효와 크기를 물체로부터 벗어나 추상적으로 논하면, 수효는 산술학자〔算法家〕를 만들어 내고 크기는 기하학자〔量法家〕를 만들어 낸다. 그것들을 물체 위에서 구체적으로 논하면, 음의 조화 문제로 수효를 논하여 음악가가 되기도 하고, 천체가 운동하는 주기 문제로 크기를 논하여 천문·역산가가 되기도 한다.[32]

리치는 수학을 사물에 개재하는 수효와 크기에 기초하는 것으로 파악한다. 수효를 문제 삼는 것은 산술이고, 크기를 문제 삼는 것은 기하학이다. 그런데 주의할 것은 산술이든 기하학이든, 수학은 모두 수효

---

32 利瑪竇 口譯, 『幾何原本』, 「譯幾何原本引」, "幾何家者, 專察物之分限者也. 其分者若截以爲數, 則顯物幾何衆也, 若完以爲度, 則指物幾何大也. 其數與度, 或脫於物體而空論之, 則數者, 立算法家, 度者, 立量法家也. 或二者在物體而借其物論之, 則議數者, 如在音相濟爲和而立律呂樂家, 議度者, 如在(動天)迻運爲時體而立天文曆家也."

와 크기를 사물에서 분리해 내어 추상적으로 논하는 학문이라는 점이다. 그렇지 않고 수효와 크기를 사물과 직접 연관 지어 논하게 되면 음악이나 천문·역산학을 비롯한 온갖 구체 과학이 된다.『기하원본』은 선분의 길이, 면의 넓이, 각도의 크기 등 사물의 크기를 추상적으로 문제 삼는다는 점에서 수학, 그중에서도 기하학 저작에 해당한다. 이는『기하원본』이 정의·공준·공리로부터 연역적으로 추론되는 사유 체계를 함축하고 있었음을 의미한다.[33]

반면에 담헌의 기하학에는 이러한 연역적 사유에 대한 의식이 분명하게 드러나지 않는다. 그는 일상적 회계 분야든 천문 분야든 구체적인 사례를 벗어난 기하학의 원리적 설명에는 관심을 보이지 않았다. 이것을 단순히 담헌의 이해 부족으로만 간주할 수 있을까? 담헌과 동시대인으로서 당시 사대부 천문역산가 중의 제일인자였다고 할 수 있는 서호수(徐浩修, 1736~1799)는『수리정온』해설서를 저술하면서 "한갓 그 법(法)을 말할 뿐 아니라 반드시 그 원리〔所以然之故〕를 밝혔다."라고 하여『수리정온』을 극찬하였다. 그러면서도 그는 "사물을 떠나 수를 말하면 허수(虛數)가 되고, 사물에 나아가 수를 말하면 진수(眞數)가 된다."[34]라고 하여 수리 관념의 구체성을 강조하였다. 이는 리치가 의미했던 추상 학문으로서의 수학(특히 기하학) 개념을 서호수가 저버렸음을 의미한다. 담헌과 서호수 그리고 아마도 당시 다수 유학자들의 뇌리에서, 순수 추상물로서의 수리 관념은 의미도 없고 참되지도 않은, 단지 공허한 가공물에 지나지 않는 것이었다고 할 수 있다.

이제 천문 의기에 대한 탐구를 검토해 볼 차례이다. 나경적의 도움을

---

33 安大玉(2007), 62면.
34 徐浩修,『私稿』,「數理精蘊補解序」, "離物而言數, 是爲虛數, 卽物而言數, 是謂眞數."

얻어 제작한 혼천의가 전통적인 제도에 서법을 참작한 것이었음은 이미 앞 절에서 언급한 바이다. 담헌은『주해수용』말미의「농수각의기지(籠水閣儀器志)」를 통해 자신의 의기들에 대해 비교적 상세한 설명을 남겨 놓고 있어 그 실상을 이해하는 데 도움을 준다. 그가 소개하는 의기는 통천의(統天儀)·혼상의(渾象儀)·측관의(測管儀)·구고의(句股儀) 등 네 종류인데, 일종의 삼각자에 해당하는 구고의를 제외하고 세 가지를 소개하자면 다음과 같다.

통천의는 서양의 시계 기술을 적용하여 항성〔天〕·태양·달 삼진(三辰)의 운동 연관을 파악할 수 있도록 한 일종의 천문시계이다. 여기에는 시계 기술을 적용한 점 외에 사유의(四遊儀)를 제거하는 등에서도 새로운 점이 발견되지만, 땅의 모형을 구형이 아니라 판형〔地板〕으로 만드는 등 의외로 많은 측면에서 전통적 혼천의 제도가 잔존해 있음을 보게 된다. 혼상의는 천구에 별자리를 새겨 넣어 시간의 경과에 따라 그 이동을 파악할 수 있도록 한 장치이다. 현재로서는 그 별자리 구성이 새로운 천문학 성과를 얼마나 반영하고 있었는지 알 수 없고, 다만 통천의와 달리 전통적인 수격식 구동 장치를 장착하였다는 점이 특징적이다.[35]

이상의 두 가지와 비교할 때 측관의는 특별한 면이 있다. 그것은 쟁반 모양의 크고 작은 두 평판(內輪과 外輪)을 겹쳐 놓은 평면 의기의 일종으로, 절기의 시점과 그때마다 주야의 장단 그리고 하루 중의 시간 경과 등을 알 수 있게 한 장치이다. 이것은 우르시스(S. de Ursis, 熊三拔)의『간평의설(簡平儀說)』을 기초로 삼고 그 외 몇몇 서양식 과학기술서

---

35 한영호(2003) 참조.

를 참작한 것으로 전적으로 서양식 의기라 할 만하다. 이러한 점에서 다른 의기들과 달리 담헌이 북경에 다녀온 이후 뒤늦게 제작된 것이라는 추정이 설득력이 있다.[36] 그런데 여기에서 좀 더 주목할 것은 측관의라는 명칭이다. 이는 하늘을 측정하는 대롱을 포함하고 있는 것으로 오해하게 하지만, 정작 담헌의 설명에는 그런 것에 대한 언급이 없거니와 그 평면 의기에 그런 것이 장착될 여지도 없다. 여기에는 혼천의와 같은 동양의 천문 의기가 글자 그대로 우주의 모형을 의미하는 것으로, 관측을 위한 보조수단일 수는 있어도 관측의 직접적인 도구인 경우는 드물었다는 점을 참고할 만하다.

화이트헤드는 근대 과학의 형성 과정에서 피타고라스를 비롯한 고대 그리스 합리주의자들의 부활을 의미 있게 평가하면서 '피타고라스에게서 얻을 수 있는 실제적인 가르침은 측정한다는 것 그리고 이를 통해서 수로 규정되는 양에 의해 질을 표현한다는 것'[37]이라고 하였다. 그러나 합리주의는 신학적 교의에 기초해서도 성립할 수 있는 것으로, 아무리 수학적 추론에 기초한 새로운 것일지라도 합리주의만으로 근대 과학의 출현을 설명하기는 어렵다. 이런 점에서 화이트헤드는 갈릴레이가 그의 논적들과 달랐던 점을 오히려 '원리에로 환원시킬 수 없고 굽힐 수도 없는 엄연한 사실'을 끈질기게 내세우는 '철두철미한 반주지주의'에서 찾았다.[38] 그러면 담헌의 의기는 천문·우주의 이 '엄연한 사실'에 어떻게 관여하였는가? 다시 측관의로 돌아가 보자.

---

36 한영호·이재효·이문규·서문호·남문현(1999) 참조.
37 A. N. 화이트헤드, 오영환 옮김(1989), 54면.
38 앞의 책, 24면.

측관의가 …… 비록 삼진(三辰)을 남김없이 헤아리고 천체의 운행에 합치시키는 데는 충분하지 못하더라도 의기로 관측하고 계산으로 추론해 가면, 순식간의 짧은 시간도 구별해 내어 게으른 자로 하여금 시간 아끼는 마음이 들게 하고, 절기가 고르게 배분되어 산중에 달력 없다고 걱정하지 않아도 된다. 안목을 넓히고 세상의 분란을 없앤다는 점에서도 학인(學人)이 세속의 병을 고치는 데 도움이 될 것이다.[39]

담헌은 측관의가 비록 충분히 정확하지는 않더라도 시간과 절기의 측정에 도움을 줄 수 있다고 생각하였다. 그런데 이때 시간과 절기의 측정은 사람들의 일상에 효용을 준다는 데서 의미를 가지는 것이지, 갈릴레이가 말한 '엄연한 사실'을 새롭게 드러내는 것과 같은 '과학' 활동으로의 의미를 가지기는 어려웠다. 심지어 담헌은 안목의 확장과 같은 수양론적 효용, 풍속의 교정과 같은 교화론적 효용까지도 감안하고 있었다. 사실 담헌의 이러한 관점은 수학에도 마찬가지로 적용되는 것이었다. 그는 산술이 회계에 실용적일 뿐 아니라 음악이나 서적처럼 본성을 기르고(養性) 지혜를 늘리는(益智) 데도 효과가 있다고 하였다.[40] 돌이켜 보면, 이런 생각은 산학(算學)이 흐트러진 마음을 수습하는 데 도움이 된다고 하여 그것을 긍정했던 유학적 사유의 연장으로서,[41] 서양

---

39 『湛軒書』下, 外集 권6, 『籌解需用』, 「測管儀」, "…… 雖不足以度盡三辰, 妙合天運, 按器覘影, 乘除而推之, 隙駟芒忽, 可以起懶夫惜陰之心, 節氣分齊, 不患山中之無曆. 若其恢拓心目, 消落世紛, 亦或爲學人瞖俗之一助也."

40 『湛軒書』下, 外集 권4, 『籌解需用』, 「籌解需用序」, "其斛斗段匹之率, 并以時法通之, 庶得其實用而當於會計也. 且習是法者, 其潛心攝慮, 足以養性, 探賾鉤深, 足以益智. 此其功, 豈異於琴瑟簡編哉!"

41 李德弘, 『艮齋先生文集』 권5, 「溪山記善錄」, "先生教德弘曰, 讀書筭學, 此亦收放心之法." 구만옥(2010), 324면에서 재인용.

과학을 긍정적으로 수용한 다수의 학자들이 공유하던 것이기도 하였다.[42] 담헌이 수학과 의기를 도구로 삼아 천문과 우주에 '과학적'으로 접근해 갔다고 하더라도, 그것은 어디까지나 유학의 범위 안에서 벌어진 일이라고 할 수 있다.

3. 우주론의 구성

1) 우주론과 지원설의 정위(定位)

『주해수용』이 수학 또는 천문·역산학적 저작에 가깝다면, 「의산문답」은 우주론이나 자연학적 저작에 가깝다. 물론 「의산문답」은 사회·문화 등에 대한 언급도 다수 포함하지만, 언급의 분량이나 논리적 비중에서 우주·자연 분야에 미치지 못한다. 「의산문답」은 우주·자연에 대한 새로운 이해를 바탕으로 사회·문화에 대한 의식 또는 세계관 전반의 전환을 추구한 저작이라 할 수 있다. 그런 만큼 거기에서는 우주·자연에 관한 새로운 지식과 관점이 중요한 의미를 가진다. 그중에서도 특히 주목할 것은 우주론 분야이다. 지식과 관점의 새로움이라는 측면에서 두드러지는 그의 논점은 주로 우주에 관한 논의에 집중되는 경향을 보였기 때문이다.

담헌은 「의산문답」에서 우주·자연에 관한 본격적인 논의를 전개하

---

42 利瑪竇 口譯, 『幾何原本』, 「幾何原本雜議」, "下學工夫, 有理有事, 此書爲益, 能令學理者, 祛其浮氣, 練其精心, 學事者, 資其定法, 發其巧思, 故擧世無一人不當學."; 李圭景, 『五洲衍文長箋散稿』, 「幾何原本辨證說」, "如着意此書, 則雜念不生, 心細如髮, 客氣自消, 然則可作世間全人. 此書之功用, 豈特以數學看哉! 可爲治心之良藥也."

기에 앞서 우주의 전체상에 관한 자신의 이해를 다음과 같이 짤막하게 정리하였다. 우리는 이를 통해 그의 우주론이 함축하고 있는 주요 논점과 성격을 먼저 가늠해 볼 필요가 있다.

> 내 먼저 천지의 정황을 말하겠다. 태허가 아득히 넓은데, 그것을 가득 채우고 있는 것은 기(氣)였다. 안과 밖이 없고 시작과 끝이 없으며, 기가 널리 두터워지고 뭉쳐서 질(質)을 이루었다. 이것이 허공에 두루 흩어져 돌기도 하고 멈추기도 하니, 이른바 땅과 해와 달과 별이 그것이다. 땅의 질은 물과 흙이다〔水土之質〕. 그 몸은 정원(正圓)인데 쉬지 않고 돌면서 공중에 떠 있으니, 만물이 그 표면에 붙어서 살 수 있는 것이다.[43]

이 인용문은 다시, 우리가 살고 있는 땅은 무한한 우주 공간에서 다른 별들과 마찬가지로 둥근 모양을 띠고 끊임없이 돌고 있다는 한 문장으로 요약할 수 있다. 말하자면 지원설(地圓說)과 지전설·우주무한설 등 서로 긴밀히 결합되어 있는 우주구조론적 논점 세 가지가 담헌의 우주론에서 핵심을 차지한다. 여기에 하나 더하자면, 이러한 우주가 태고에 공간을 가득 채우고 있던 기가 스스로 운동하는 과정을 거쳐 형성되었다고 하는 것이다. 이는 발생론적 접근이라 할 수 있는 것으로서 특별히 동아시아의 기론(氣論) 전통에 친연적인 것이었다. 당시 다수의 서양식 우주론은 아리스토텔레스 이래의 사행론(四行論) 전통에 기대어 있었다. 그 이론적 핵심은 월천(月天) 이하의 세계가 위로부터 무게 순

---

43 『湛軒書』上, 內集 권4, 「毉山問答」, 327면, "吾將先言天地之情. 太虛廖廓, 充塞者氣也. 無內無外, 無始無終, 積氣汪洋, 凝聚成質, 周布虛空, 旋轉停住, 所謂地日月星, 是也. 夫地者, 水土之質也. 其體正圓, 旋轉不休, 渟浮空界, 萬物得以依附於其面也."

서대로 불·공기·물·흙으로 구성되어 있다는 것으로서, 구조론적 성격이 강했다. 담헌의 우주론은 서양 우주론의 영향하에 구조론적 접근을 대폭 강화함으로써 특색을 드러냈지만, 그럼에도 불구하고 기본적으로 기론적 전통과 발생론적 접근법을 버리지 않고 있었다는 점을 유념할 필요가 있다.

담헌은 우주론의 세 가지 논점 가운데 먼저 지원설을 내세워 논의를 전개해 간다. 지원설은 서학의 우주론이나 천문학 서적들 그리고 선교사들의 항해 경험을 반영한 세계지도 등을 통해 일관되게 제기된 것으로, 서학이 전해 온 메시지 중에 가장 강력한 것에 해당하였다. 게다가 그것은 동아시아인들의 세계관 문제와 긴밀히 연관되어 있었으므로 저항도 강하고, 역으로 현실적 의의도 클 수밖에 없었다.

지원설에 관한 담헌의 논의는 그 논거와 의의를 중심으로 전개된다. 먼저 그가 내세우는 지원설의 논거를 간략히 정리하자면 다음과 같다.[44] 첫째, 월식 때 달에 생기는 검은 부분은 땅의 모양을 반영한 것인데, 그 그림자가 항상 둥글다.[45] 둘째, 땅의 주변에는 땅의 중심으로 향하는 힘, 즉 '상하의 형세〔上下之勢〕'가 작용한다. 이것 때문에 지구의 사방 어디서든 사람이 땅에서 떨어지지 않고 붙어 살 수 있고, 지구 자체도 다른 곳으로 떨어져 나가지 않고 한곳에 위치해 있을 수 있다.[46]

---

44 담헌은 세 가지 논거를 거론하기에 앞서 "만물의 형태는 원형만 있고 모난 것이 없는 법인데, 하물며 땅이랴!"라는 말을 끼워 넣었다. 이것 역시 지원설 논거의 하나라고 볼 수 있지만, 별다른 설명이 뒤따르지 않고 있어 여기서는 본격적인 논증을 이끄는 말 정도로 해석하고자 한다. 이 구절에 대한 설명은 김문용(2005), 88~89면을 참조할 것.

45 『湛軒書』上, 內集 권4, 「毉山問答」, 328면, "月掩日而蝕於日, 蝕體必圜, 月體之圜也. 地掩日而蝕於月, 蝕體亦圜, 地體之圜也. 然則月蝕者, 地之鑑也. 見月蝕而不識地圜, 是猶引鑑自照, 而不辨其面目也, 不亦愚乎!"

46 앞의 글, 329면, "爾且言之, 爾足墜於地, 爾首不墜於天, 何也? 虛子曰此上下之勢也. 實翁

이것은 한편으로 지원설의 반대 논증에 대한 대항 논리의 성격이 강하지만, 넓은 의미의 지원설 논거에 포함시킬 수 없는 것도 아니다. 셋째, 땅이 평평하다면 높은 곳에 올라가 해외의 태산처럼 큰 산이나 다른 나라를 볼 수 있어야 하는데 실정이 그렇지 못하다.[47]

지원설의 의의는 단연코 중국을 세계의 지리적 중심으로 상정해 왔던 종래의 중국중심적 세계관을 해체하는 데로 모아진다. 담헌은 이를 위하여 우선 구형의 땅 위에 위도와 경도를 설정하고, 이를 통해 각 지역의 위치를 표시할 수 있다고 설명한다. 달리 말하면, 각 지역의 위치는 위도와 경도를 통해 표현할 수 있을 뿐, 정계(正界) · 횡계(橫界) · 도계(倒界)와 같은 가치론적 용어로 표현할 수 있는 것이 아니다. 설혹 그런 구분이 용인된다 하더라도 어느 지역이나 스스로를 기준으로 그렇게 구분할 수 있는 것이지, 중국만이 그 기준을 독점할 수는 없다는 것이 그의 주장이다.[48] 이러한 주장은 말할 필요도 없이 「의산문답」 결론부에 나타나는 상대주의적 · 탈중화주의적 문화관의 지리적 논거로서 의미를 가지고 있었다.

이상의 지원설의 논거와 의의는 모두 서학의 과학 · 기술서 여기저기에서 반복적으로 언급해 온 것들의 범위를 크게 벗어나지 않는다. 담헌은 서학의 전래 이후 지원설의 중국 연원을 주장하는 유학자들 사이에서 심심찮게 거론된 『혼천의주(渾天儀註)』의 계란 노른자위 비유조차

曰然……."

47 앞의 글, 331면, "且曰河海之水, 人物之類, 萃居一面也. 是夷夏數萬里, 遠近均平, 夫泰山巨嶽, 海外國土, 升高測望, 可以一覽而盡之, 其果然乎?"

48 앞의 글, 331~332면, "量地準於測天, 測天本於兩極, 測天之術, 有經有緯. 是以垂線, 而仰測其直線之度, 命之曰天頂, 距極近遠, 命之曰幾何緯度. …… 其實戴天履地, 隨界皆然, 無橫無度, 均是正界."

<〈그림 1〉 페르비스트가 제작한 『곤여전도』

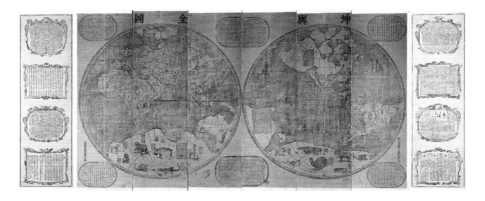

〈그림 1〉 페르비스트가 제작한 『곤여전도』

도 거론하지 않았다.[49] 그런 점에서 담헌의 지원설은 분명 서양적 연원을 가지는 것이었다. 그러나 이러한 사실이 곧 그의 지원설이 가지는 특성과 사상·학설사적 의의를 무화하는 것은 아니다. 이에 그것을 서학서에 나타나는 지원설과 꼼꼼히 비교해 볼 필요가 있다.

과학·기술서 계열의 첫 서학서인 마테오 리치의 『건곤체의(乾坤體義)』 이래로 서양의 우주·천문학을 소개하는 서학서들은 거의 예외 없이 지원설을 중요한 항목으로 삼아 거론하였다. 책마다 내용에 조금씩 차이가 있는데, 어떤 책을 비교 대상으로 삼느냐가 문제이다. 이때 특별히 주목할 만한 책이 바로 페르비스트의 『곤여도설(坤輿圖說)』이다. 담헌이 직접 소장하고 있던 세계지도첩 『(태서)곤여전도』가 이 책의 내용을 전재하고 있는 만큼,[50] 그것이 그의 지원설 수립에 중요한

---

49 張衡, 『渾天儀注』, "天如雞子, 地如雞中黃, 孤居於天內."
50 황윤석이 목격한 담헌 소장의 서학서 목록에 들어 있는 『泰西坤輿全圖』는 통상 『坤輿全圖』로 불리는 세계지도첩을 가리킨다. 황윤석은 다른 책과 달리, 이에 대해서는 특별

자료로 활용되었을 것임에 틀림이 없다. 게다가 그 책은 다른 어느 서학서보다 지원설에 대한 논의가 풍부하다는 점에서도 비교 대상으로서 의미가 크다.

먼저 비교적 단순한 논리구조를 가지는 지원설의 의의 부분부터 비교해 보자. 선교사들이 그토록 지원설을 강조했던 이유가 중국인들의 중국중심주의적 세계관을 문제 삼기 위한 것이었음은 명백해 보인다. 『건곤체의』를 필두로 지구에는 상하가 없으며 사람이 발을 딛고 있는 곳이 아래이고 머리가 향한 곳이 위일 뿐이라는 식의 언급이 지원설마다 따라붙었다.[51] 그런 가운데『곤여도설』은 상권의 마지막에「인물(人物)」항목을 첨가하여 중국중심주의 비판을 문화적인 측면으로 확대하고 있어 주목을 받는다. 그 핵심 논지를 꼽아 보자면, 세상 모든 지역의 문화가 비록 윤리 기준의 구체성, 법도의 치밀함, 예의의 질박과 화려함 등에서 서로 다르지만 끝내 이치를 벗어나지 않는다는 점에서는 마찬가지라는 것이다.[52]「의산문답」의 결론부는 여기에서 계발되었을 가능성이 다분하다고 할 수 있다.

그러면 좀 더 사실적 차원의 논의 성격을 가지는 지원설의 논거 부

히 "강희 갑인년(1674)에 西士 南懷仁이 增修한 것으로, 모두 8첩에 지도가 둘인데, 지도는 각기 적도 반구 하나씩으로 만들었다."라고 설명을 달아 강조하였다. 이 지도첩은 지도 안팎의 여백에 註記를 빽빽하게 달아 놓았는데, 그 내용은 페르비스트가 같은 해에 간행한 세계지리서『坤輿圖說』의 상권에서 전재한 것이다. 이 상권은 땅의 형태부터 지상의 여러 자연현상에 이르기까지 15개의 항목으로 구성되어 있는데,「의산문답」의 여러 주장들, 특히 지원설과 관련하여 유사점 또는 비교점을 많이 담고 있어 주목할 만하다.

51 利瑪竇,『乾坤體義』상, 2앞, "夫地, …… 上下四方, 蓋生齒所居, 渾淪一球, 原無上下. 蓋在天之內, 何瞻非天! 總六合內, 凡足所佇, 卽爲下, 凡首所向, 卽爲上. 其專以身之所居, 分上下者, 未然也."
52 南懷仁,『坤輿圖說』권상,「人物」, 29앞, "普天之下, 人所公同者, 卽靈性也. 其五倫規矩之繁簡, 法度之疎密, 禮貌之華朴, 雖有不同, 終無以出于理外者……."

분은 어떠한가? 『곤여도설』은 책 앞부분의 「지체지환(地體之圜)」과 「지환(地圜)」 두 항목에서 그림을 곁들여 가며 지원설을 논증하는 데 주력하였다. 「지체지환」에서 거론하는 근거는 다음의 세 가지이다. 첫째, 서쪽 지역에 비해 동쪽 지역에서 일출과 일몰을 먼저 볼 수 있는데, 그것은 땅이 평평하지 않고 둥글기 때문이다. 둘째, 땅이 평평하다면 땅 중심의 동쪽은 오전이 짧고 오후가 길며 중심의 서쪽은 그 반대가 되어야 하는데, 실상은 그렇지 않다. 셋째, 사람이 남쪽이나 북쪽으로 옮겨 갈 때마다 남북극 주변 별들의 고도가 변화하는데, 이것은 땅이 남북 방향으로도 둥글기 때문이다. 이러한 논증은 상대적으로 기하학적 연상을 강하게 불러일으킨다는 점에서 특징적이지만, 담헌의 논의에는 등장하지 않았다.

담헌의 경우와 비슷한 논거들은 「지환」에 등장한다. 첫째, 아무리 높이 올라가 보아도 400~500리밖에 볼 수 없는 것은 땅이 둥글어 시야를 가리기 때문이다. 둘째, 월식 때의 그림자로 땅이 구형임을 알 수 있다. 이 두 가지는 내용 면에서 담헌의 첫째·셋째 논거와 그다지 다를 것이 없다. 비교의 여지가 있는 것은 세 번째 논거인데, 「의산문답」에서 상하의 형세라고 한 것을 여기서는 '무게의 중심〔重心〕'이라는 용어로 설명한다. 이를 요약하자면 다음과 같다.

지구 반대편의 바닷물이 엎질러지지 않는 것은 무엇 때문인가? 무게가 있는 물체는 각각 그 중앙에 '무게의 중심', 즉 무게가 향하는 '본래의 장소〔本所〕'를 가지고 있는데, 지구의 중앙은 그 주변 모든 물체의 무게의 중심이다. 지구 반대편의 바닷물이 엎질러지지 않는 것은 그것이 무게의 중심으로, 즉 아래로 향하려 하기 때문이다.[53] 이런 설명에 이어 페르비스트는 지구가 둥근 모양을 띠고 우주의 중심에 떠 있을 수밖에 없는 이유도 같은 논리로 설명해 갔다. 그의 '무게의 중심' 개념은 설핏 뉴턴의 중력 개념을 떠올리게도 하지만, 저 '본래의 장소'라는 용어로 드러나듯이 기본적으로 아리스토텔레스의 사행론을 부연한 것에 지나지 않는다. 그리고 사행론은 사물의 존재와 운동을 그것이 본래적으로 함유하고 있는 사행의 성질에 귀착시킨다는 점에서 본성론적 논법을 벗어나는 것이 아니었다.

그런데 담헌의 상하의 형세란 개념은 이것과 다른 맥락을 가진다는 점에서 흥미롭다. 그는 상하지세의 원인을 두 가지로 설명하였다. 첫째, 지구는 하루에 한 바퀴씩 회전하는데, 그러자면 그 둘레의 속도가 번개나 탄환보다도 빠를 수밖에 없다. 그 과정에서 허공의 기가 지구와 격렬하게 부딪치고, 이내 땅으로 쏟아져 내림으로써 상하의 형세가 생긴다는 것이다.[54] 여기에 둘째로, 자석이 철을 빨아들이고 호박(琥珀)이 티끌을 끌어올리는 것처럼 불꽃과 조수(潮水)는 각각 해와 달에 근본을 두므로 위로 치솟고, 반대로 만물은 땅에 근본을 두므로 아래로 떨어진다는 설명을 추가하였다.[55] 이 두 번째 설명은 일종의 본성론적 접근법에 해당하는 것으로, 역시 담헌의 사고방식의 일면을 지시해 주는 것임에 틀림이 없다.

그러나 우리가 주목할 것은 첫 번째 설명이다. 그것은 추론과 설득

---

53 南懷仁, 『坤輿圖說』 권상, 7뒤~8앞, "或言果大地如圜球, 則四旁在下國土, 窪處之海水, 不知何故, 得以不傾云云. 曰物重者, 各有體之重心. 此重心者, 在重體之中. 地中之心, 爲諸重物各重之本所. 物之重心, 悉欲就之, 凡謂下者, 必遠于天, 而就地心, 凡謂上者, 必就天, 而遠于地心."

54 『湛軒書』 上, 內集 권4, 「毉山問答」, 330면, "夫大地塊旋轉, 一日一周, 地周九萬里, 一日十二時. 以九萬之闊, 趁十二之限, 其行之疾, 亟於震電, 急於炮丸. 地旣疾轉, 虛氣激薄, 閡於空而湊於地, 於是有上下之勢. 此地面之勢也, 遠於地則無是勢也."

55 앞의 글, 331~332면, "且磁石吸鐵, 琥珀引芥, 本類相感, 物之理也. 是以火之上炎, 本於日也, 潮之上湧, 本於月也, 萬物之下墜, 本於地也."

력에서 분명히 문제가 많지만, 시도 자체는 일종의 천체역학적 접근법에 해당한다. 이는 어떤 현상을 관련 요소들 사이의 상호작용을 통해 해명하려 한다는 점에서 사행론식의 본성론적 접근법과 차이가 있는 것이다. 나아가 거기에는 또『포박자(抱朴子)』를 비롯한 도가 계열의 우주론에서 비롯되고 주희도 인용한 바 있는 강풍(剛風 또는 罡風), 즉 높은 하늘에서 빠르게 회전하고 있는 바람의 존재에 대한 고려가 결합되어 있었다고 볼 수도 있다.[56] 모든 서학서가 사행론을 지원설의 강력한 이론 도구로 원용하고 있었음을 고려할 때, 담헌의 지원설에 나타나는 이러한 면모는 기론적 우주론에 대한 그의 집착이 의식적이면서 매우 집요한 것이었음을 짐작케 한다.

2) 지전설의 논거와 연원

연암의 찬탄이 아니더라도 지전설(地轉說)이 담헌의 우주론에서 최고의 득의처인 것은 분명해 보인다. 이 점은 세 논점 가운데 지전설에 관한 논의가 가장 자세하고 치밀하다는 점으로도 알 수 있다. 우선「의산문답」의 세 군데에 걸쳐 언급된 지전의 함의를 정리해 보자면 다음과 같다. 첫째, 지구는 하루에 한 차례씩 매우 빠른 속도로 자전한다.[57] 둘째, 태양과 달 그리고 오행성은 모두 자전과 공전을 병행하는데, 오행성은 태양을 중심으로 공전하고 태양과 달은 다시 지구를 중심으로

---

56 강풍에 대해서는 김영식(2005), 237면 참조.
57 『湛軒書』上, 內集 권4,「醫山問答」, 329면, "雖羽毛之輕, 莫不墜下, 大塊之重, 終古不墜, 何也? …… 夫地塊旋轉, 一日一周, 地周九萬里, 一日十二時. 以九萬之闊, 趁十二之限, 其行之疾, 亟於震電, 急於炮丸. 地旣疾轉, 虛氣激薄, 閡於空而湊於地, 於是有上下之勢. 此地面之勢也, 遠於地則無是勢也."

공전한다. 이때 지구와 달은 금성과 수성의 공전궤도 바깥, 화성·목성·토성의 공전궤도 안쪽에 존재한다.[58] 셋째, 결국 모든 천체(해·달·별 三緯)가 자전과 공전을 병행하는데 유독 지구만 성질이 무겁고 둔하여 공전 없이 자전만 한다.[59] 이 가운데 둘째는 이른바 티코 브라헤(Tycho Brahe)의 태양계구조론에서 따온 것으로 첫눈에 담헌의 지전설이 서양 우주론의 영향하에 형성된 것임을 짐작케 해 준다.

그러면 담헌의 지전설은 서학서 가운데 구체적으로 어떤 책의 영향을 받은 것인가? 이 문제와 관련해서는 그동안 『오위역지』가 유력하게 거론되어 왔다. 『오위역지』는 로(G. Rho, 羅雅谷)가 지은 천문·역산서로, 『숭정역서』에 포함되어 동아시아에 많이 유포된 책 중의 하나이다. 그것은 티코의 태양계구조론을 채택하고 있을 뿐만 아니라, 비록 부정적인 관점에서나마 서학서 중에 제일 처음으로 지구자전설을 소개하고 있기도 하다.

담헌은 티코의 태양계구조론을 수용하면서, 그것과 결합되어 있던 지구 자전에 대한 부정적인 관점을 긍정적인 관점으로 전환했을 뿐이라는 것이 정설에 가깝다. 근래에 이에 대한 수정 의견이 제기되어 관심을 끈다. 담헌이 북경의 남천주당을 방문하였을 때 고가이슬(A. Gogeisl, 鮑友管)로부터 당시 유럽에서 지전설 주장자들이 증가하고 있다는 소식을 들었거나, 지전설을 소개하면서도 그것이 바른 견해가 아니라고 분

---

[58] 앞의 글, 334면, "盖五緯包日, 而日爲心, 日月包地, 而以地爲心, 金水近於日, 故地月在包圈之外, 三緯遠於日, 故地月在包圈之內. 金水之內, 數十小星, 並心於日, 三緯之旁, 四五小星, 並心於各緯. 地觀如是, 各界之觀, 可類而推."

[59] 앞의 글, 340면, "是以七政之體, 自轉如車輪, 周包如磨驢. 自地界觀之, 近地而人見大者, 謂之日月, 遠地而人見小者, 謂之五星, 其實俱星界也. 衆界之成, 體有輕重, 性有鈍疾. 輕而疾者, 轉而能周, 重而鈍者, 轉而不周. 輕疾之極, 周圈極潤, 三緯之類也. 重鈍之極, 周圈切面, 地界之類也."

명하게 못 박은『오위역지』보다는, 그것을 부정하면서도 최근의 새로운 상황을 첨부한『역상고성』에서 영향을 받았을 가능성이 크다는 것이다.[60] 고가이슬로부터 전해 들었을 가능성의 문제는 차치하더라도,[61] 담헌이『역상고성』을 직접 소장하고 있었음이 확인된 만큼 그것으로부터의 영향은 일단 고려해 볼 만하다. 그러나 정작『역상고성』의 지전설 소개는 지나치게 간략하여[62] 담헌이 그것으로부터 지전설의 아이디어를 얻었을 가능성보다는 차라리『오위역지』를 구해 보았을 가능성에 무게를 두는 것이 순리에 가까워 보인다.[63]

하나 더 고려해 볼 만한 것은 앞서 살펴본 페르비스트의『곤여도설』이다. 이 책에는 흥미로운 주장 하나가 실려 있다. 하늘의 양극에 정확히 상응하여 지구에도 남·북 양극이 있는데, 지구가 우연히 움직여 그 양극이 하늘의 양극을 벗어나면 곧바로 굴러서〔轉動〕본래의 지점으로 되돌아가는 힘을 가지고 있다는 것이다.[64] 페르비스트의 의도는 우주의

---

60 川原秀城(2010), 150~151면.

61 북경에서의 傳聞 가능성을 고려하자면, 브누아(M. Benoit, 蔣友仁)의『地球圖說』에 대해 소식을 들었을 가능성도 떠올려 볼 만하다. 이 책에서는 프톨레마이오스·티코·마르샹의 우주구조론을 지구중심설로 소개하고, 여기에 코페르니쿠스의 태양중심설을 병렬하여 이것이 가장 낫다고 주장하였다. 이 책은 담헌이 북경에 다녀온 다음 해인 1767년에 간행된 만큼 그가 북경에서 직접 보았을 리는 없지만, 그렇더라도 그것과 관련된 내용을 전해 들었을 가능성까지 전혀 없는 것은 아니다. 그러나 코페르니쿠스의 태양중심설은 티코의 지구중심설 이상으로 담헌의 지전설과 간격이 있는 것이고, 따라서 그것의 영향을 인정할 경우 담헌의 주장이 가지는 불가사의함의 정도는 훨씬 더 커질 수밖에 없다.

62 『曆象考成』권9,「五星本天皆以地爲心」, "新法曆書又言, 舊說有謂七政之左旋, 非七政之行, 乃地自西徂東日行一周. 治曆之家, 以爲非理, 故無取焉. 而近日又有復理其說者, 殆欲以地之東行而齊諸曜之各行耳. 究之諸曜之行, 終不能齊, 何若以一靜而驗諸動之易明乎!"

63 조선에서는『西洋新法曆書』전질을 간행하기보다 주제별로 分冊하여 간행하는 경우가 많았다. 현재 규장각에는 분책 형식으로 간행된 조선본『五緯曆指』가 남아 있다. 규장각 목록(정경희 識) 참조.

64 南懷仁,『坤輿圖說』권상,「地球南北兩極必對天上南北兩極不離天之中心」, 10앞, "卽使

218

중심이 곧 지구의 본래 장소임을 강조하는 데 있음에 틀림이 없다. 그런데 그는 어떤 경위에서든 이 말을 통해 지구의 우주 중심으로부터의 이탈 가능성, 즉 운동 가능성을 인정한 셈이 되었다. 담헌이 이 구절을 자세히 뜯어보았다고 전제할 때, 그것으로부터 지전설에의 시사를 받았을 가능성이 없지 않다. 담헌이 지구에 양극을 상정하여 회전축으로 삼고,[65] 뒤의 예문에서 볼 수 있는 것처럼 '전동'이라는 용어를 사용하기도 했다는 점을 고려할 때 그 가능성은 적지 않아 보인다. 그러나 지전설의 논거가 될 만한 구체 지식을 제공해 주지는 않는다는 점에서, 이 책에 앞의 두 책만큼의 무게를 인정하기는 쉽지 않을 것이다.

따지고 보면 『오위역지』냐 『역상고성』이냐의 문제는 그다지 중요한 것이 아니다. 양자가 지전에 관한 지식·정보의 수준이나 관점에서 본질적인 차이가 있는 것이 아닌 만큼, 중요한 것은 담헌의 지전설이 서학서에 소개된 지전설, 나아가 서양식 우주론 그 자체와 얼마나 같고 다른가 하는 문제이다. 이 문제야말로 그의 지전설의 학술·사상사적 연원과 위상을 해명하는 데 긴요한 것이라 할 수 있기 때문이다. 여기서는 일단 지전에 관한 소개가 좀 더 자세한 『오위역지』의 설명을 기준으로 담헌의 논의를 비교함으로써 양자 사이의 최대 접촉면을 탐색해 보고자 한다. 『오위역지』는 다음과 같이 지전설을 소개하고 있다.

地有偶然之變, 因動而離于極, 則地亦必卽自具轉動之能, 以復歸于本極與元所, 向天上南北之兩極焉. 夫地球自具轉動之力, 與吸鐵石之力, 無二. 吸鐵石之力, 無他, 卽向南北兩極之力也."

[65] 『湛軒書』上, 內集 권4, 「毉山問答」, 342면, "地界之人, 不知地轉, 故謂天有兩極, 其實非天之極也, 乃地之極也."

혹자는 이렇게 말한다. "종동천이 하루에 한 바퀴를 도는 것이 아니다. 하늘은 땅을 중심으로 좌선(左旋)하면서 안의 여러 하늘을 당겨 함께 서쪽으로 간다. 지금 지면 위에서 여러 별이 좌행(左行)하는 것을 보지만 역시 별의 본행(本行)이 아니다. 대개 별은 밤낮으로 일주하는 운행을 하지 않고, 땅과 공기·불이 합쳐 하나의 구를 이루어 서쪽에서 동쪽으로 하루 한 바퀴씩 가는 것일 뿐이다. 마치 사람이 배를 타고 갈 때 해안의 나무 등을 보면서 자기가 가는 줄은 모르고 해안이 가는 줄로 아는 것과 같다. 여러 별이 서행(西行)하는 것을 보면 이치가 또한 이와 같다. 이는 땅 하나가 움직이는 것으로 천상의 수많은 것이 움직이는 것을 면하게 하고, 땅의 작은 회전으로 하늘의 큰 회전을 면하게 하는 것이다." 그러나 고금의 여러 학자들은 이것이 바른 견해가 아니라고 여겨 왔다.[66]

『오위역지』의 이 글이 지전설에 대한 설명으로 그나마 자세한 편에 속한다지만, 여전히 소략한 수준을 면치 못하는 것이 사실이다. 인용된 혹자, 즉 지전설가의 말에서 두 번째 문장은 부정문으로 바꾸지 않는 한 지전설과 부합하지도 않는다. 그럼에도 불구하고 여기에는 지전설과 관련한 중요한 논법 두 가지가 담겨 있어 담헌의 지전설을 이해하는 데 시사하는 점이 많다. 그 논법의 하나는, 사람이 배를 타고 갈 때 배가 앞으로 가는 것이 아니라 해안이 뒤로 가는 것으로 착각하는 예(舟行·岸行의 문제)를 통해 종래의 천운설(天運說)이나 성운설(星運說)의 오

---

66 羅雅谷, 『五緯曆指』 권1, 「周天各曜序次」, 7뒤, "或曰, 宗動天, 非日一周. 天左旋于地, 內挈諸天, 與俱西也. 今在地面以上, 見諸星左行, 亦非星之本行. 蓋星無晝夜一周之行, 而地及氣火通爲一球, 自西徂東, 日一周耳. 如人行船, 見岸樹等, 不覺己行, 而覺岸行. 地以上人, 見諸星之西行, 理亦如此, 是則以地之一行, 免天上之多行, 以地之小周, 免天上之大周也. 然古今諸士, 又以爲實非正解."

류 가능성을 제기하는 것이다. 다른 하나는, 수효도 많고 궤도 역시 클 수밖에 없는 별이나 하늘이 회전하는 것보다 지구가 회전하는 편이 간편하다고 함으로써 지전설의 타당성을 강조하는 것이다. 전자는 천운과 지전을 관점의 문제로, 후자는 그것을 사실의 문제로 발전시켜 갈 여지를 내장하고 있었다.

담헌은 두 차례에 걸쳐 지전설의 논거를 거론하였다. 첫 번째 논의는 비록 표현이 다르고 설명 분량도 늘어났지만 기본 논법에서 『오위역지』와 유사한 면이 있다. 그는 우선 운동의 상대성에 착안하여 천운과 지전이 관점의 차이일 뿐, 실질적으로는 마찬가지임을 지적한다. 송대의 장재(張載)가 지전의 '미묘한 의미를 드러내고', 서양인들도 '배가 가는가, 해안이 가는가'의 문제를 통해 그것을 잘 추론한 바가 있지만, 그럼에도 불구하고 그들이 측후(測候)에 주로 천운설을 적용했던 것은 그것이 관측과 계산〔推步〕에 편리했기 때문이라고 말한다. 그러나 여기까지일 뿐, 담헌은 운동의 상대성 원칙을 끝까지 관철시키지 못하고, 지구와 우주의 크기 차이를 근거로 천운설을 무리한 것이라고 단정해 버린다. 그럼으로써 『오위역지』와 마찬가지로 관점의 차원에서 사실의 차원으로 전환해 간다. 『오위역지』에서는 그저 하늘이 매우 크고 별도 매우 많다고 했을 뿐이지만, 담헌은 새롭게 '무한한 우주'라는 관념을 도입함으로써 천운설의 반증에 논리적 설득력을 강화하고 있다는 차이가 있을 뿐이다.[67]

---

67 『湛軒書』上, 內集 권4, 「毉山問答」, 333~334면, "地靜天運, …… 在宋張子厚, 微發此義, 洋人亦有以舟行岸行, 推說甚辨, 及其測候, 專主天運, 便於推步也. 其天運地轉, 其勢一也, 無用分說. …… 空界無盡, 星亦無盡, 語其一周, 遠已無量. …… 天運之無理, 不足多辨."

지전설에 관한 두 번째 논의는 조금 다른 양상을 띤다. 담헌은 이렇게 말하고 있다.

무릇 물체의 회전운동〔轉動〕은 허(虛)와 실(實)에 말미암는 것이니, 몸 바깥에 공간〔界〕이 있다. 지금 저 하늘은 그 형체가 지극히 허하고 그 성질은 지극히 고요하며, 그 크기는 무한대이고 그 안은 빈틈없이 가득 채워져 있다. 비록 회전운동을 하려고 해도 그럴 수 있겠는가? 오직 여러 별들의 세계가 각각 회전운동을 하는데, 세차설(歲差說)은 거기에서 말미암는다. 그 회전운동의 형세는 각각의 속도가 있어서 남북과 동서로 정처 없이 옮겨 다닌다. 다만 땅에서 거리가 아주 멀어서 시차가 매우 미세하다. 때에 따라 도상을 그려 왔지만 옛일을 살펴보아도 근거가 없는데, 사람들이 깨닫지 못할 뿐이다.[68]

이제 천운과 지전의 문제는 완전히 사실의 문제로 귀착되고, 회전운동의 원리에 의거하여 천운설을 논박하는 데로 논의가 모아진다. 담헌이 보기에 회전운동이란 어떤 물체로 가득 차 있는 공간에서 비어 있는 공간으로 물체가 움직이는 현상을 가리킨다. 달리 말해 물체가 운동하기 위해서는 그 물체 바깥에 빈 공간이 존재해야 한다. 사실 이 점에서는 모든 운동이 마찬가지이지만, 천운설 비판의 맥락에서 담헌은 일단 회전운동에 초점을 맞추어 그렇게 규정한다. 이제 문제는 하

---

68 앞의 글, 343면, "凡物之轉動, 由於虛實, 而身外有界耳. 今夫天者, 其體至虛, 其性至靜, 其大無量, 其塞無間, 雖欲轉動, 得乎? 惟星宿衆界, 各有轉動, 歲次之論, 所由起也. 其轉動之勢, 各有遲速, 南北東西, 遊移無定. 特以距地絶遠, 視差甚微. 圖象隨時, 稽古無憑, 人自不覺爾."

늘 또는 우주의 경우는 어떠한가에 있다. 그가 생각하는 우주는 기로 가득 채워져 있는 무한한 공간이고, 따라서 그것의 안과 밖의 구분이 따로 존재하지 않는다. 결국 하늘이나 우주가 회전운동을 한다는 것은 불가능한 일이 된다.

반면, 지구를 포함하여 우주 공간에 떠 있는 모든 별들은 각기 형체가 있고, 그 형체의 안과 밖이 있다. 따라서 회전운동을 할 수 있는 것은 하늘이 아니라 바로 이 별들이다. 이렇게 생각함으로써 담헌은 천문학의 논란거리였던 세차 문제에 대해 나름의 접근법을 확보할 수 있게 된다.[69] 별들은 하늘과 상관없이 독자적인 운동 법칙에 따라 회전하는데, 각각의 속도와 방향의 차이 때문에 세차가 발생한다는 것이다. 그에게서는 더 이상 서학서처럼 세차를 야기하는 동서·남북 세차천(歲差天) 같은 번거로운 장치를 설정할 필요가 없어진 셈이다. 그런데 정작 더 중요한 점은, 천운을 성운(星運)으로 대체함으로써 회전운동을 모든 천체의 속성으로 보편화하고, 이를 통해 지구의 회전운동을 당연시하는 기반을 마련했다는 점이다. 다른 별들의 경우와 달리, 지구의 회전은 공전을 제외하고 자전만을 의미한다는 예외적 규정이 차라리 의외로 여겨지는 상태가 된 것이다.

그렇다면 담헌은 지전이라는 사실의 문제에 충분히 '사실적'으로 접근했다고 할 수 있을까? 예상할 수 있는 일이기는 하지만, 그가 스스로 우주 또는 천문·역산의 탐구 방법으로 설정한 기기 관측과 수리 추론

---

69 세차란 동지에 남중하는 별의 위치가 매년 조금씩 동쪽으로 이동해 가는 현상 또는 매년 춘분점이 황도를 따라 서쪽으로 이동해 가는 현상을 말한다. 이는 달·태양·행성 등의 인력으로 인하여 지구 자전축의 방향이 변화하고, 이 때문에 赤極이 黃極을 대략 2만 6천 년을 주기로 일주하는 데서 발생한다. 陳遵嬀(1990), 第4卷 174면 참조.

을 지전설의 수립 과정에 활용한 흔적은 발견할 수 없다. 그가 제시한 두 가지 논거를 통해 확인할 수 있듯이, 담헌은 『오위역지』와 같은 서양식 과학·기술서의 우주론 지식을 토대로 '합리적인' 추론을 진행함으로써 지전설에 도달할 수 있었다고 할 만하다. 그러나 여전히 티코의 지구중심설 또는 지정설(地靜說)과 담헌의 지전설 사이에는 합리적인 추론만으로는 건너기 힘든 간극이 존재하는 것 역시 사실이다. 여기에서 우리는 그로 하여금 과감하게 관점 전환을 실행함으로써 그 간극을 훌쩍 건너뛸 수 있도록 한 어떤 다른 요인을 더 고려해 봄 직하다. 이에 떠올릴 수 있는 것이, 담헌이 서양인과 병렬하여 언급했던 장재이다. 장재가 지전의 미묘한 의미를 드러냈다고 한 그의 말은 바로 장재의 다음 글을 두고 한 말이었다.

무릇 둥글게 도는 물체는 운동에 반드시 장치〔機〕를 가지고 있다. 장치라고 한 이상 운동은 외부에서 비롯되는 것이 아니다. 예나 지금이나 하늘이 좌선한다고 말하지만, 이는 다만 지극히 조잡한 이야기일 뿐으로 해와 달이 출몰하고 항성이 아침·저녁으로 변화하는 것을 살피지 않은 것이다. 나는 하늘에서 운행하는 것은 칠요(七曜, 태양과 달 및 오행성)일 뿐이라고 생각한다. 항성이 낮과 밤을 이루는 것은 다만 지기(地氣)가 한 가운데서 장치에 의해 좌선하기 때문이다. 그러므로 항성과 은하수가 북쪽을 돌아 남쪽으로 향하고, 해와 달이 하늘에 사라졌다 나타났다 한다. 태허는 실체가 없으니 그것이 밖에서 움직인다는 것을 증험할 수 없다.[70]

---

70 張載, 『正蒙』, 「參兩篇」, "凡圜轉之物, 動必有機. 旣謂之機, 則動非自外也. 古今謂天左旋, 此直至粗之論爾. 不考日月出沒, 恒星昏曉之變. 愚謂在天而運者, 惟七曜而已. 恒星所以爲晝夜者, 直以地氣乘機, 左旋於中. 故使恒星河漢, 因北爲南, 日月因天隱見. 太虛無體, 則無以驗其遷動于外也."

장재의 이 글에는 앞서 인용한 담헌의 글에 견주어 놀라울 정도의 유사성, 의미 있는 대비점이 함께 존재한다. 우선 장재는 담헌과 마찬가지로 회전운동의 일반 원리부터 언급한다. 담헌이 회전하는 물체와 그 주변 사이의 역학적 관계에 착안한 반면, 장재는 회전하는 물체 내부에 운동 장치를 부여한다는 점에서 차이가 있을 뿐이다. 그리고 장재는 하늘의 좌선, 즉 동쪽에서 서쪽으로의 1일 1주 회전운동을 부정하고 오직 태양·달·오행성의 운행만을 인정하였다. 이 역시 회전운동하는 천체의 범위를 모든 별에서 태양계 내부의 천체로 제한했다는 점을 제외하자면 담헌의 주장과 유사하다.

끝으로 장재는 지기의 좌선까지 주장함으로써 결정적으로 담헌의 지전설과 가까워진다. 물론 장재의 이 주장은 논란의 여지가 없지 않다. 통상적으로 좌선이란 그 주체가 하늘이든 땅이든 동쪽에서 서쪽으로 회전하는 것을 의미해 왔고, 장재 스스로도 이 인용문의 바로 앞 구절에서 그러한 용례를 보인 바 있다.[71] 그리고 지기라고 하는 것도 과연 땅덩이를 의미하는 것인지, 나아가 그것의 형태를 구형으로 상정하고 있었던 것인지 아닌지 등에 대해서도 분명하지 않다. 이렇듯 의미에 혼란스러운 면이 있는 것은 사실이지만, 그것이 하늘과 항성의 회전운

---

[71] 인용문의 앞 단락에서 장재가 언급한 우주구조론을 요약하자면 다음과 같다. 하늘이 가장 바깥에서 좌선하고, 그 아래의 항성과 일월·오행성 및 땅도 하늘에 연계되어 모두 좌선한다. 다만 땅을 둘러싸고 회전하는 일월·오행성은 땅에도 연계되어 있으므로 회전 속도가 늦어 하늘을 거슬러 움직이는 것처럼 보인다는 것이다.(張載, 『正蒙』, 「參兩篇」, "地純陰凝聚於中, 天浮陽運旋於外, 此天地之常體也. 恒星不動, 純繫乎天, 與浮陽運旋而不窮者也. 日月五星, 逆天而行, 幷包乎地者也. 地在氣中, 雖順天左旋, 其所繫辰象, 隨之稍遲, 則反移徙而右爾.") 이것이 장재가 종래의 左旋右行說을 부정하여 새로 수립하고, 주희 이래로 다수의 유학자들이 지지해 온, 이른바 日月左旋說이다. 이것은 일월뿐 아니라 땅도 좌선하는 것으로 간주하는데, 이때의 좌선은 동쪽에서 서쪽으로 회전하는 것을 의미하는 것으로 앞 인용문의 주장과는 상치한다.

동에 대비되어 언급되고 있다는 점에서, 그 주장을 땅이 매일 서쪽에서 동쪽으로 회전한다는 것으로, 즉 일종의 지전설로 해석하는 데 큰 무리가 따르는 것은 아니다.[72]

물론 장재의 이 인용문을 담헌 지전설의 일차적인 지적 원천으로 인정하기에는 곤란한 점이 있다. 장재는 위 인용문 자체에 불명료한 점을 남기고 있을 뿐 아니라, 인용문의 바로 앞 단락에서 이 인용문과 모순되는 주장을 하는 등 우주의 구조에 관한 체계적인 상을 제시하는 데 그다지 성공적이지 못하였다. 게다가 그의 논의는 담헌이 '지전'을 향해 합리적으로 추론을 이끌어 가는 데 필요한 우주론 또는 천문·역산학 방면의 새로운 지식을 제공해 주는 것도 아니었다. 그럼에도 불구하고 우리는 담헌이 여전히 기론적 우주론에 뿌리를 두고 있었고, 그것의 주요 사상적 연원이 바로 장재였다는 점을 상기할 필요가 있다. 담헌은 지전설을 수립하고 설명하는 과정에서 장재의 위 인용문을 분명히 의식하고 있었다. 어쩌면 단순히 의식하는 차원을 넘어, 이 인용문이야말로 담헌이 합리적인 추론 과정을 비약하여 자신 있게 지전설로 건너뛸 수 있게 한 디딤돌이었다고 할 수 있을지도 모른다.

3) 지구중심설의 부정과 우주무한설

아리스토텔레스의 우주론에서 다음의 세 가지 명제가 사행론을 바탕으로 긴밀한 연관을 맺고 있었다는 지적은 설득력이 있다. 첫째, 땅은 둥글다. 둘째, 지구는 움직이지 않는 것으로서 우주의 중심이다. 셋

---

[72] 야마다 케이지는 '左旋'이라는 표현을 장재의 착각이라고 규정하고, 이 인용문의 주장을 '일종의 완전한 지동설'이라고 해석하였다. 야마다 케이지(1991), 63면 참조.

226

째, 무거운 것은 중심으로 향하여 떨어지고, 가벼운 것은 밖으로 향하여 상승한다.[73] 앞의 지원설 설명에서 본 것처럼 담헌의 경우에도 셋째 명제는 첫째 명제와 관련하여 중요한 사항이었고, 그것을 해명하기 위하여 상하의 형세라는 나름의 개념을 창안하였다. 문제는 상하의 형세라는 개념이 지구의 빠른 회전, 즉 지전을 전제로 한다는 점에 있었다. 담헌의 우주론은 지전을 상정함으로써 둘째 명제가 의미하는 지정(地靜)과 우주 내부 지구 중심의 원칙을 정면으로 위배하거나 위태롭게 하고, 따라서 자연스럽게 아리스토텔레스의 우주론과는 공존할 수 없게 되었다.

그러면 담헌의 지전설과 지구중심설의 부정 사이에는 어느 정도의 연관이 존재하는 것일까? 이미 살펴본 것처럼 그의 지전설은 공전, 즉 지구의 자리 이동은 인정하지 않는 것이고, 지구가 오행성의 중심은 아닐지라도 오행성의 중심인 태양과 달의 중심이라는 점은 인정하는 것이었다. 이럴 경우 지구가 태양과 달뿐 아니라 항성의 궤도 중심을 이탈하지 않은 채 자전하고, 오행성이 태양 궤도의 주전원(周轉圓) 운동을 하는 것으로 간주한다면, 비록 변형된 형태로나마 지구중심설을 유지할 수 없는 게 아니다. 관건은 담헌이 지구중심설 자체에 대해 어떤 관점을 가지고 있는가에 달려 있는 셈이다.

하늘에 가득한 별들은 나름의 세계가 아님이 없다. 별의 세계[星界]에서 보면 땅의 세계[地界] 또한 별이다. 무량한 세계가 우주 공간[空界]에 흩어져 있으니, 오직 이 땅의 세계만이 교묘히 그 한가운데 있을 이

---

73 安大玉(2007), 191면.

치는 없다. 이 때문에 세계 아님이 없고 돌지 않음이 없다. 뭇 세계에서 보는 것도 땅에서 보는 것과 같으니, 각자가 스스로를 중심이라 하고 다른 별들을 뭇 세계〔衆界〕라 한다. 칠정(七政, 해·달·오행성)이 땅을 둘러싸고 있다고 하면, 땅에서 관측하기에는 실로 그럴 듯하다. 땅을 칠정의 가운데라 하면 가하지만, 뭇별들의 한가운데라 하면 우물 안 개구리의 소견이다.[74]

담헌은 「의산문답」에서 지전설에 대한 설명을 마무리하기에 앞서, 허자의 입을 빌어 우주 내부 지구 중심의 문제를 제기하였다. 이 인용문은 그 문제에 대한 실옹의 답변이다. 답변의 요지는, 지구가 태양계의 중심일 수는 있어도 결코 우주의 중심일 수는 없다는 것이다. 일단 그의 지전설 또는 티코식의 태양계구조론은 태양계 내부 지구중심성에 타격을 가하지만 그것을 결정적으로 무너뜨리는 것은 아님을 알 수 있다. 그러나 지구중심설에 대한 담헌의 부정적 관점은 매우 단호하다. 문맥으로 볼 때, 그의 지전설은 그것 자체가 목표라기보다 지구중심설을 부정하기 위한 수단으로서의 성격을 가진다고 할 수도 있다. 그는 지구중심설 부정이라는 목표를 위해 지전설에서 한 걸음 더 나아가 우주무한설로 나아간다. 우주는 각기 독자적인 세계를 구성하는 별들이 무수히 펼쳐져 있는 무한한 세계이다. 인용문에 연이은 추가 설명에 따르면, 태양이나 지구는 수없이 많은 별들이 모여 하늘을 회전하는 은하

---

74 『湛軒書』上, 內集 권4, 「鼛山問答」, 334면, "滿天星宿, 無非界也, 自星界觀之, 地界亦星也. 無量之界, 散處空界, 惟此地界, 巧居正中, 無有是理. 是以無非界也, 無非轉也. 衆界之觀, 同於地觀, 各自謂中, 各星衆界. 若七政包地, 地測固然, 以地爲七政之中, 則可, 謂之衆星之正中, 則坐井之見也."

속의 한 별에 불과할 뿐이다. 그리고 우주에는 또 이런 은하가 얼마나 되는지 알 수 없을 정도로 많다.[75] 요컨대 우주는 무한하고, 따라서 상하가 없으며,[76] 중심도 없다.

앞 절에서 언급한 것처럼 우주무한설은 천운설의 무리함을 논증하고 지전설을 합리화하는 도구로 활용된 바 있다. 이제는 지전설의 표적인 지구중심설의 완전한 타도를 위해 다시 우주무한설을 동원하고 있는 셈이다. 이렇듯 우주무한설은 지전설을 통한 간접적인 경로와 직접적인 경로 두 가지를 통하여 지구중심설의 부정으로 향하고 있었다. 그러면 이 우주무한설의 논거는 어디에 있는 것일까?

형체〔體〕와 질(質)을 가지고 있는 모든 물체는 끝내 허물어질 수밖에 없다. 응결하여 질을 이루고, 풀어져 기로 돌아간다. 땅이 닫히고 열리는 것은 그 이치가 분명하다. 오직 하늘만은 허한 기가 드넓게 퍼져 있어 아무런 형태도 움직임도 갖고 있지 않으니, 열려서 무엇이 되고 닫혀서 무엇이 되겠는가! 생각할 줄 모름이 심하다.[77]

이것이 우주무한설의 논거와 관련하여 「의산문답」에서 발견할 수 있는 유일한 언급이 아닐까 한다. 이에 따르자면, 만물은 기가 모이고 흩어짐에 따라 생성·소멸한다. 그런데 하늘은 기가 끝없이 넓게 흩어

---

75 앞의 글, 335면, "銀河者, 叢衆界以爲界, 旋規於空界, 成一大環. 環中多界, 千萬其數, 日地諸界, 居其一爾. 是爲太虛之一大界也. 雖然, 地觀如是, 地觀之外, 如河界者, 不知爲幾千萬億, 不可憑我眇眼, 遽以河爲第一大界也."
76 앞의 글, 330면, "太虛之無上下, 其跡甚著."
77 앞의 글, 336면, "物之有體質者, 終必有壞, 凝以成質, 瀜以反氣, 地之有閉闢, 其理固也. 惟天者, 虛氣蕩蕩灝灝, 無形無朕, 開成何物, 閉成何物? 不思甚矣."

져 있는 상태를 의미할 뿐, 그것이 모여서 어떤 형체와 질을 이루고 있는 것이 아니다. 그러므로 하늘, 즉 우주는 공간적으로 한계가 없고, 시간의 경과에 따라 생성·소멸하지도 않는다. 이런 생각은 말할 필요도 없이 기론적 우주론의 전형에 해당한다. 일찍이 장재는 "태허는 실체가 없으니 그것이 밖에서 움직인다는 것을 증험할 수 없다."[78]라고 주장한 바 있다. 여기서 실체가 없다는 것은 우주의 공간적 한계를 이루는 껍질〔軀殼〕로서의 하늘이 존재하지 않는다는 의미이다.

이런 생각의 연원을 따지자면 『진서(晋書)』의 「천문지(天文志)」에 등장하는 선야설(宣夜說)까지 거슬러 올라갈 수 있다. "선야설은 …… 하늘이 질이 없어서 쳐다보면 끝없이 높고 멀며, 흐릿하여 자세히 볼 수 없으므로 푸르다고 한다."[79] 요컨대 선야설은 개천설이나 혼천설과 달리 우주를 감싸는 껍질로서의 하늘, 또는 실체로서의 하늘을 부정함으로써 우주의 무한성을 인정했던 셈이다. 이러한 생각이나 표현은 장재를 거쳐 주희에게도 부분적으로 나타났고,[80] 다시 담헌에게로 이어지고 있었던 것이다. 허공이 곧 하늘이니, 심지어 우물 속이나 병 속의 빈 공간까지 모두 하늘이라고 한 그의 말도 결국 그러한 생각의 또 다른 표현에 지나지 않는다고 할 수 있다.[81]

---

78 張載, 『正蒙』, 「參兩篇」, "凡圜轉之物, 動必有機. 旣謂之機, 則動非自外也. 古今謂天左旋, 此直至粗之論爾. 不考日月出沒, 恒星昏曉之變. 愚謂在天而運者, 惟七曜而已. 恒星所以爲晝夜者, 直以地氣乘機, 左旋於中. 故使恒星河漢, 因北爲南, 日月因天隱見. 太虛無體, 則無以驗其遷動于外也."

79 『晋書』 권11, 「天文志」 상, "宣夜之書云, …… 天了無質, 仰而瞻之, 高遠無極, 眼瞀精絶, 故蒼蒼然也."

80 朱熹(張載, 『正蒙』, 「參兩篇」 주석), "蔡季通云, 西域有九執曆, 是順算. 天無體, 二十八宿便是天體." 물론 주희에게서는 개천설·혼천설에 따라 껍질로서의 하늘을 인정하는 표현도 다수 등장한다.

81 『湛軒書』 上, 內集 권4, 「毉山問答」, 344면, "虛者, 天也. 是以井坎之空, 瓶罌之空, 亦

230

하늘은 실체가 아니고 우주는 무한하다는 생각은 분명 기존 전통에서 특별히 낯설지도 어색하지도 않은 것이었다. 그럼에도 불구하고 담헌의 우주무한설이 주목을 받는 것은 그것을 서양 우주론 수용사의 맥락에 놓고 보았을 때 그러하다. 『건곤체의』를 비롯한 초기 서학서는 프톨레마이오스 이래의 수정천구설을 전제로 하늘을 9중천·11중천·12중천 등으로 상정해 왔다. 이는 당시 선교사들의 천문·우주론 지식을 지배하고 있던 클라비우스가 이심원(離心圓)·주전원(周轉圓) 등 프톨레마이오스 우주론의 번잡한 장치를 제거하면서도 지정설·지구중심설과 함께 고체(수정)천구설을 견지하고 있었던 데 기인한다.[82]

이에 따라 중국과 조선의 유학자들은 9중천설 등을 서양 우주론의 중요한 요소로 이해하고, 경우에 따라 그것을 수용하여 우주론을 재구성하였다. 조선의 경우 담헌에 앞서 지구설·지전설과 함께 9중천설을 응용하여 독자적인 우주론을 수립한 김석문의 경우가 그 대표적인 예이다. 그는 '천체(하늘)는 둥글고 투명하지만 …… 이 역시 물체'라면서 "형기(形氣)가 있는 이상, 그것이 생겨남에 반드시 처음이 있고 그것이 소멸함에 반드시 끝이 있다."라고 하였다. 김석문은 하늘이 실체이며 우주가 유한하다는 생각을 가지고 있었던 것이다.[83]

물론 서학서에서 고체천구설이 계속 유지되었던 것은 아니다. 이미 『오위역지』에서부터 고체천구설에 대한 부정이 등장하고, 이후 그것은 서학서 내부에서 정설로 자리 잡았다. 『오위역지』의 설명을 정리하자면 이렇다. 망원경으로 자세히 관측해 보면 화성과 태양이 만날 때 화

　　天也."
82　Lattis, James M.(1994), pp. 218~219.
83　金錫文, 『易學二十四圖解』, 8면.

〈그림 2〉 티코 브라헤가 생각한 태양계 구조 (출전:『오위역지』)

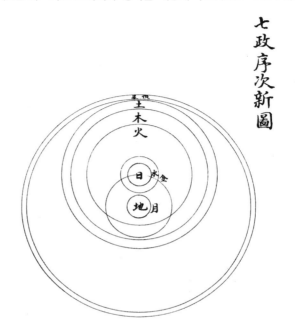

七政序次新圖

성의 시차(視差)가 태양의 시차보다 크다. 이는 그때를 전후하여 화성이 태양보다 가까워졌다는 것을 의미한다. 따라서 화성의 공전궤도는 태양의 공전궤도를 가로질러 지구 쪽으로 다가섰다가 다시 빠져나가는 부분이 존재할 수밖에 없다. 이때 생기는 두 궤도의 양쪽 교차점은 두 궤도 또는 그 궤도들이 붙어 있다고 가정되는 두 하늘이 결코 실체, 즉 딱딱한 고체가 아님을 의미한다.[84]

---

[84] 羅雅谷,『五緯曆指』권1,「周天各曜序次」, "…… 今曰五星以太陽之體爲心. 古曰各星自有本天, 重重包裹, 不能相通, 而天體皆爲實體, 今曰諸圈能相入, 卽能相通, 不得爲實體. 古曰土木火星, 恒居太陽之外, 今曰火星有時在太陽之內." 사실 이러한 견해는 티코의 태양계구조론의 주요 내용 가운데 하나로,『오위역지』를 비롯한 여러 서학서에 그림과

『오위역지』이래의 이러한 변화는 서양 천문·우주론의 영향권으로 편입되어 가고 있던 동아시아 천문·우주론의 행로에 일정한 변화를 초래하였다. 조선에서는 1770년에 편찬된 『동국문헌비고(東國文獻備考)』가 이에 관한 기사를 싣고 있는 것을 볼 수 있는데,[85] 담헌 역시 그러한 변화를 감지하고 숙고의 과정을 거쳤을 가능성이 다분하다. 그러나 서학서에서 이렇듯 하늘의 실체성을 부정하는 것이 곧 우주무한설의 주장과 지구중심설의 부정을 의미하는 것은 아니었다. 우주무한설은 『오위역지』와 『역상고성』은 물론이고, 심지어 코페르니쿠스식의 태양중심설을 주장하는 『지구도설(地球圖說)』(1777년 간행)에서도 분명히 언급되지 않았다.[86] 『지구도설』의 태양중심설은 분명 티코까지의 지구중심설을 부정하는 것이라는 점에서 획기적이었음에 틀림이 없으나, 담헌이 우주무한설을 바탕으로 우주 안에 어떤 중심도 인정하지 않은 것과는 차이가 있었다.

『지구도설』에서는 "지구만 홀로 안정되어 있을 이치가 있겠는가!"라고 하였고, 「의산문답」에서는 "오직 이 땅의 세계만이 교묘히 그 한가운데 있을 이치는 없다."라고 하였다. 두 말의 어세는 비슷하지만 그 의미는 사뭇 달랐다. 『지구도설』의 말은 지구가 태양계의 행성 가운데 하나에 지나지 않음을 주장하는 것이었던 반면,[87] 「의산문답」의 말은 전

함께 소개되어 있던 것이다. 우리는 담헌의 태양계구조론이 티코의 그것에서 유래했다고 말해 왔지만, 엄밀히 말하자면 담헌의 그것이 화성 궤도와 태양 궤도의 교차를 인정하지 않고 있다는 점에서 양자는 분명한 차이가 있다.

85 『增補文獻備考』상, 23a면.
86 『地球圖說』에 대해서는 주 61)을 참조할 것.
87 蔣友仁, 『地球圖說』 10뒤, "今六曜旣皆似地球, 豈有六曜及太陽循環地球, 而獨地球安靜之理乎! 不如設太陽于宇宙中心, 而地球及其餘游曜, 皆旋繞太陽以借太陽之光. 斯論不亦捷便乎!"

우주적 차원에서 지구의 특수성을 해소하고자 하는 의도를 담고 있었다. 이 점은 담헌의 우주론이 서양 천문·우주론의 영향하에 형성·전개되었음에도 불구하고 그것과 다른 연원, 다른 지향을 함께 내장하고 있었음을 의미한다.

4. 유학과 과학 그리고 담헌

1) 서학중원설(西學中源說)과 담헌

담헌의 천문·역산학과 우주론에서 서법(西法)의 영향이 컸음은 분명한 사실이다. 이때 서법이 그의 주장대로 의기를 통한 관측과 수리를 통한 추론을 방법론적 핵심으로 하는 것인 한, 우리는 그것을 과학에 상응하는 것으로 이해해도 무방할 것이다. 이러한 의미의 과학이 비단 서법에만 한정되는 것은 결코 아니지만, 역시 그의 주장대로 서법에 두드러지는 현상이었음에는 틀림이 없다. 그러나 앞에서 살펴보았듯이 그의 천문·우주론, 특히 우주론에는 서법 못지않게 전통적 지식과 기론적 관점 또한 중요한 요소로 남아 있었다. 우주무한론에서 잘 드러나듯이, 그것은 단순히 바탕이자 출발점으로서뿐 아니라 주요 논점을 이끌어 가는 방향타처럼 적극적인 역할을 하기도 하였다.

천문·우주론 분야의 전통적 지식은 그것 자체로 유교의 경전적 지식은 아니더라도, 오랫동안 유교적 가치와 공존하면서 유학화한 지식이 대부분이다. 이렇게 보자면 담헌의 천문·우주론은 유학과 서법 또는 과학이 상호 선택과 배제의 과정을 통해 이룩한 결합물의 하나라고 할 수 있다. 그리고 그의 천문·우주론을 특정한 유형으로 재구성할 수 있다고 보는 한, 상호 선택과 배제의 과정에는 비록 명시적이지 않더라도 일정한 방법과 지향이 내장되어 있었다고 할 만하다. 담헌은 과연 어떤 방법으로 유학과 과학을 결합하고, 이를 통해 무엇을 성취하려고 하였는가? 이와 관련한 대표적인 논법 두 가지를 들어 그의 경우와 비교해 보는 것은 흥미 있는 일이다.

중국에 서학이 출현한 이후 중국 지식인들이 보인 다양한 반응은 수용·거부·절충 등 세 유형으로 분류해 볼 수 있다. 한 견해에 따르자면, 명말·청초의 대표적인 서학 수용파로는 서광계(徐光啓)·이지조(李之藻)·양정균(楊廷筠)·왕징(王徵)·왕석천(王錫闡)·매문정(梅文鼎) 등이 있고, 거부파로는 위문괴(魏文魁)·양광선(楊光先) 등이, 그리고 절충파로는 주로 서학중원설(西學中源說) 계열의 황종희(黃宗羲)·방이지(方以智)와 매문정(梅文鼎) 등이 있다.[88] 그러나 이러한 분류에는 의문의 여지가 없지 않다. 중복 분류된 매문정의 예에서 볼 수 있듯이 수용파와 절충파의 경계가 모호하고, 중·서 절충의 논법에 과연 서학중원설밖에 없을까 하는 것이다.

어떤 면에서 절충파는 서양 과학을 수용하고자 하면서 그것과 병행하여, 중국의 전통 천문·지리·의학 등에 대해서도 깊은 이해와 많은 언설을 남긴 학자들 대부분을 가리키는 것으로 볼 필요가 있다. 왜냐하면 한 사람에게서 두 가지가 공존할 경우 어떤 형태로든 양자 사이의 절충과 조화가 모색될 수밖에 없는 것이기 때문이다. 이렇게 보자면 매문정이 서양 과학의 수용에 아무리 적극적인 태도를 보였더라도, 그는 단순 수용파라기보다 절충파에 속한다. 매문정은 청대 전기 절충파의 대표적인 인물로서 서학중원설을 중·서 절충 또는 조화의 핵심 논법

---

88 熊月之(1994), 61∼74면.

으로 삼았다. 그런 면에서 서학중원설은 중·서 절충을 위한 유일한 논법은 아니지만, 당시 그 방면의 가장 강력하고 영향력 있는 논법으로 인정될 수 있는 것이다.

『명사(明史)』(1735년 완성)의 기록에 따르자면, 서학중원설의 핵심은 다음과 같이 요약될 수 있다. 요임금 때 희씨(羲氏)·화씨(和氏) 네 형제를 사방에 보내어 천문을 관측하게 했는데, 그중에 서쪽으로 보낸 화중(和仲)은 서역 너머까지 멀리 가 중국의 문물을 전했다. 그리고 주대 말엽에 나라가 혼란해지자, 대대로 천문·역산을 담당해 온 주인(疇人)의 자제들이 『주비산경(周髀算經)』을 가지고 서쪽으로 도망갔다. 명대 말엽에 도래한 서양인의 혼개통헌(渾蓋通憲) 기기, 한열오대설(寒熱五帶說), 지원(地圓)의 이치, 정방(正方)의 방법 등은 바로 그때의 『주비산경』에서 연원한다는 것이다.[89]

이러한 골격의 서학중원설은 논자들에 따라 첨삭이 이루어지면서 부연되었고, 그 영향은 18세기 중반 조선의 지식인들에게도 파급되었다. 조선에서 서학중원설을 전면적으로 수용하여 천문·역산학의 주요 논법으로 삼은 대표적 인물은 서명응(徐命膺, 1687~1716)이다. 그는 천문·역산학 방면의 『비례준(髀禮準)』과 『선구제(先句齊)』, 상수역 방면의 『선천사연(先天四演)』 등을 통해 일관되게 서학중원설을 견지하였다. 다음은 『비례준』에 실려 있는 그의 언급 가운데 한 단락이다.

무릇 당시(주나라)의 학사·대부들은 일용(日用)·인사(人事)가 천도(天道)에 근본을 두지 않음이 없었다. 후세에 무수한 사람들이 그들을 추종

---

89 『明史』 권31, 「曆志」.

한 것은 두 책(『주비산경』과 『周禮』)에 상수(象數)가 깃들어 있었기 때문이니, 상수가 밝아지면 도가 밝아진다. 주나라가 쇠퇴해지자 주인(疇人)들은 중원에 장차 난리가 날 것을 알고 많은 사람이 외국으로 도망갔다. 점차 상황이 악화되어 진나라의 분서(焚書)·설금(設禁)에 이르니 두 책은 민간으로 숨어 버리고, 한나라 초엽의 유자들은 사마천 같은 박식한 학자라도 그것을 볼 수 없었다.[90]

인용문의 후반부 두 문장은 중국의 서학중원론자들이 주장해 온 것의 반복에 지나지 않는다. 주목할 것은 상수를 언급하는 두 번째 문장인데, 우리는 여기에서 서명응이 서학중원설을 바탕으로 천문·역산학을 전개하면서 상수학을 주요 방법으로 삼고 있음을 간파할 수 있다. 명말·청초 이래로 서학중원설은 상수학과 친연적인 관계에 있었다고 할 수 있지만, 앞서 언급한 황종희·방이지·매문정 그 누구도 서명응의 경우만큼 상수학적 방법에 대한 의존도가 높지 않았다. 특기할 만한 것은, 황종희의 문하생이면서 방이지의 부친이기도 한 방공소(方孔炤)가 방대한 상수학 저술을 남기고 있다는 점 정도일 것이다.

그러면 왜 상수학일까? 그것은 무엇보다도 우선 종래 유학자들의 천문·역산학을 지배하고 있던 이론이 상수학이었던 데 기인한다. 게다가 상수학은 "일용과 인사가 천도에 근본을 둔다."라는 전통적인 천인상관적(天人相關的) 세계관을 담보해 주는 것이기도 했다. 서명응은 『비례준』이라는 책명이 『주례』가 천상(天象)을 기준으로 삼고 『주비산경』

---

90 徐命膺, 『保晩齋叢書』 7, 「髀禮準序」, 335~336면, "凡當時學士大夫, 日用人事莫不本之天道. 蔚然爲後世所宗者, 賴有二書之寓象數, 象數明, 則道明也. 周衰疇人, 知中原將亂, 多逃之外國, 浸浸至秦焚書設禁, 則二書皆隱於民間, 漢初諸儒, 雖如司馬遷之宏博, 亦未之得見."

이 천수(天數)를 기준으로 삼고 있음을 표현한다고 하였다.[91] 그는 『주례』에 기술된 주대의 문물·제도가 천문에 기초해 있었고, 그런 면에서 『주례』와 역산학 저술인 『주비산경』이 서로 통한다고 보았다. 그리고 이 『주례』와 『주비산경』, 문물·제도와 천문·역산을 일관하는 원리로 상수가 존재한다고 생각하였다.

천문·역산학의 전개 과정에서 서학중원설의 의의는 무엇보다 먼저 서양 천문·역산학에 대한 유학, 특히 주자학의 거부감을 줄임으로써 그것의 수용에 긍정적인 역할을 했다는 점에 있다. "매문정이 이루어 낸 최대의 성취는 서학이나 역산학을 주자학적·경학적 틀 속에서 공존시킬 수 있는 '합리적' 방법을 찾았다는 점에 있었다."[92]라고 하는 평가 역시 그러한 맥락에서 인정될 수 있는 것이다. 그러나 이때의 '공존'은 항구적으로 보장될 수 있는 것이 아니었고, 따라서 궁극적으로 '합리적' 인 것일 수도 없었다. 주자학적 가치관이나 상수학적 논리는 수시로 천문·역산학적 사실에 간섭하고, 서양의 천문·역산학은 임의로 전유되고 왜곡되기도 하였다. 서명응이 『서경(書經)』에서 구복(九服)의 복간 간격을 500리로 설정했던 것을 의식하여 북극 고도 1도당 지면 거리값으로 새로 확립되어 있던 200리 대신 250리를 고수했던 일이 그 사례에 해당한다.[93]

서명응의 주장 이후, 서학중원설은 붕당이나 학맥의 경계를 넘어 조선 지식인들 사이에 널리 확산되어 갔다. 18세기 후반에 활동한 학자들만으로도 이헌경(李獻慶, 1719~1791), 홍양호(洪良浩, 1724~1802), 황윤

---

91 앞의 글, 335면, "牌周牌, 禮周禮, 以周禮準天象, 周牌準天數, 名牌禮準."
92 安大玉(2010), 172면.
93 박권수(2006), 41면.

석(黃胤錫, 1729~1791), 이가환(李家煥, 1742~1801) 등이 서학중원설을 수용한 것으로 확인된다. 이 가운데 황윤석은 서양 과학의 우수성에 대해 인식하고 있던 상황에서 직접 서명응의 설명을 듣고 뒤늦게 서학중원설을 수용한 경우에 해당한다.[94] 서학중원설은 서학이 전래되어 주자학적 세계관과 갈등을 빚어 가고 있던 당시에 유력한 선택지의 하나로 자리 잡아 가고 있었다.

그러면 그들과 동시대를 산 담헌의 경우는 어떠한가? 결론적으로 담헌이 남긴 글에서는 서학중원설에 대한 직접적인 언급이 발견되지 않는다. 오히려 우리는 다음과 같은 주장을 통해 그의 견해가 서학중원설과 어떻게 대비되는지 확인해 볼 수 있다.

하늘에 칠요(七曜)가 있어 그 드리운 모양이 매우 분명한데, 다만 땅에서 아주 멀고 사람의 시력에 한계가 있어 요순〔唐虞〕의 신명(神明)으로도 선기옥형(璿璣玉衡)과 구고술(勾股術)에 기대지 않을 수 없었다. 애석하게도 그 법상(法象)이 실전되어 측후에 근거가 없어졌다. 대신해서 제작해도 담설(談說)이 분잡하고 모두 억측에서 나와 합당함이 작고 오류가 크다. 대개 서법(西法)이 출현한 후부터 기계 기술의 오묘함이 요순이 남긴 비결을 깊이 얻었다. 의기(儀器)로 관찰하고 산수로 측정하니 천지의 만상(萬象)에 남김이 없다. …… 옛날에 이르기를, 천자가 지위를 잃으면 사방의 오랑캐에게서 배운다고 했으니, 어찌 믿지 아니하리오![95]

---

94 노대환(2003) 참조.
95 『湛軒書』 下, 外集 권6, 「測管儀」, "天有七曜, 垂象至著, 惟離地絶遠, 人視有限, 所以唐虞之神明, 猶待於璣衡之器, 勾股之術也. 惜其法象失傳, 測候無據, 代有制作, 談說紛如, 摠出臆想, 小合大差. 蓋自西法之出, 而機術之妙, 深得唐虞遺訣. 儀器以覘之, 算數以度之, 天地之萬象, 無餘蘊矣. …… 古云天子失官, 學在四夷, 豈不信歟!"

관측기기를 소재로 한 이 언급에서 우리는 서학중원설을 구성하는 요소들과 상통하는 여러 주장을 확인할 수 있다. 중국에도 천문·역산학 전통이 존재했다는 것, 그것이 실전되어 전해지지 않는다는 것, 그리고 현재 중국의 천문·역산학보다 서양의 그것이 더 우수하다는 것, 따라서 서양의 천문·역산학을 배워야 한다는 것 등이다. 그러나 여기에는 서학중원설의 핵심적인 요소에 해당하는 것, 즉 서양의 천문·역산학이 중국의 그것에 연원한다는 주장은 강조되지 않는다. "서법이 출현한 후부터 기계 기술의 오묘함이 요순이 남긴 비결을 깊이 얻었다."라는 표현이 논란의 여지가 있지만, 이것은 서양 의기의 도움을 얻어 요순 이후 낙후된 의기를 발전시킬 수 있게 되었다는 정도로 해석해도 무방할 듯하다. 설혹 그것을 서학중원설적인 것으로 인정한다 하더라도, 이런 표현은 그에게 결코 익숙한 것이 아니었다.

담헌은 서학중원론자들과는 달리 천문·역산학을 포함한 과학·기술의 영역에서 중국적 연원과 서양적 연원을 비교적 분명하게 구분하고, 양자의 결합을 자신의 과제로 삼는 편이었다. 여기에는 그가 젊어서부터 상수학, 특히 소옹식의 상수학에 비판적이었고, 대표작인 「의산문답」과 『주해수용』에도 끝내 상수학의 흔적을 남기지 않았던 사실도 관련이 있을 것이다.

2) 동도서기론(東道西器論)과 담헌

흥미롭게도 서학중원설의 핵심 논지를 직접적으로 논박한 인물로 두드러지는 이는 바로 서명응의 아들인 서호수였다. 1777년 사행(使行)에 참여했던 그는 북경에서 옹방강(翁方綱)과 서신을 주고받는 과정에서 자신의 견해를 분명하게 피력하였다. "서양의 신력(新曆)과 고법(古

法)은 완전히 다르며", "음악[樂]과 역상[曆], 주역[易]과 역상은 이치
[理]가 서로 통하지 않는 것은 아니지만, 법(法)이 서로 많이 달라 결코
억지로 끌어다 붙여 모호하게 할 수 없다."[96]라는 것이 그 주장의 핵심
이다. 그는 서양의 천문·역산학이 고대 중국의 그것에 연원을 두고 있
다는 주장을 반박할 뿐 아니라, 역산학이나 악률과 주역 사이의 방법론
적 통일성을 부인함으로써 상수학의 이론적 지위도 부정하였다.

서명응·서호수 부자 사이의 이러한 괴리는 18세기 후반 조선 지식
인들 사이에서 천문·역산학 또는 서학 관련 지식·정보가 빠른 속도
로 확대·심화되고, 그러한 과정에서 자연스럽게 이해의 분기가 진행
되고 있었음을 의미한다. 이것은 무엇보다 『수리정온』과 『역상고성』
전·후편 등으로 대표되는 방대한 규모의 새로운 지식·정보가 유입됨
으로써 초래된 측면이 크다.

서호수는 가학을 바탕으로 1770년 『동국문헌비고』와 1796년 『국조
역상고(國朝曆象考)』의 편찬에 참여하면서 새로운 지식·정보에 폭넓게
접하고, 문광도(文光道, 1727~?)·김영(金泳) 등 당대 최고 수준의 역관
들과 함께 작업하면서 이해를 심화시켜 갈 수 있었다. 황윤석이 서명응
의 집을 찾아가 서호수를 만나고 집안의 천문·역산서를 둘러본 후
"실로 사람은 서울에 살지 않을 수 없구나!"[97]라고 탄식했던 일이나,
서명응이 황윤석과 천문·역산에 관해 논의하면서 "우리 집 서호수를
보았는가? …… 이 아이는 (산법에) 능하지만 나는 그렇지 못하다."[98]라

96 徐浩修, 『燕行紀』 권3, 8월 24일조, "西洋新曆與古法絶異. …… 大抵樂與曆, 易與曆, 理
    未嘗不貫, 而法自迥殊, 決不容傅會而眩耀也."
97 黃胤錫, 『頤齋亂藁』 一冊, 권6, 546면, "信乎! 人不可不居京華也."
98 앞의 책, 551면, "徐令曰, 見我家徐浩修否? …… 此兒則能之, 吾則未能也."

고 아들을 인정했던 사실들이 당시 상황을 엿볼 수 있게 한다.

천문·역산학을 필두로 한 서양 과학의 확산과 그에 대한 조선 지식인들의 이해는 19세기 중엽에 이르러 정점에 이르렀다. 남병철(南秉哲, 1817~1863)과 남병길(南秉吉, 1820~1869) 형제 그리고 그들과 교유했던 중인 산학자 이상혁(李尙爀, 1810~?) 등이 그 정점에 섰던 인물들이다.

그중에 남병철은 박규수(朴珪壽)와 교유하고 벼슬이 대제학·관상감 제조에 이르렀던 인물로서 『해경세초해(海鏡細草解)』, 『의기집설(儀器輯說)』, 『성요(星要)』, 『추보속해(推步續解)』 등의 천문·역산학 저작을 남겼다. 그는 주대 말엽에 주인(疇人) 자제들이 흩어지고 희씨·화씨의 법수(法數)가 끊긴 후, 역대로 도참(圖讖)이나 연찬(演撰), 하도낙서(河圖洛書)나 원회운세(元會運世) 같은 잡술이 유행하였다고 주장하였다. 그리고 명대 말기에 이르러 서법이 들어와 비로소 천문·역산이 다시 상세해졌는데, 사람들이 갖은 빌미로 그것을 탈취하여 중국 것이라고 우긴다고 개탄하였다.[99] 여기에서 우리는 앞서 살펴본 담헌과 서호수의 관점이 남병철에 계승되고 좀 더 분명해졌음을 확인할 수 있다. 이에 더해, 주목할 만한 다른 하나를 그의 주장에서 발견하게 된다.

대개 역법(曆法)이란 것은 하늘에 대한 증험을 으뜸으로 꼽는다. 삼대(三代) 이래로 오늘에 이르기까지 혹은 개천이라 하고 혹은 혼천이라 하며 혹은 정원이라 하고 혹은 타원이라 해 왔지만 하늘이 어디 말이 있었는

---

99 南秉哲, 『圭齋遺藁』 권5, 「書推步續解後」, "然疇人之子弟分散, 羲和之法數不傳, 雜術參互, 妄作紛興. 漢魏之法, 冀合圖讖, 唐宋之術, 拘泥演撰, 河圖洛書之數, 傳者非眞, 元會運世之篇, 言之無據. …… 明萬曆間, 西法始入中國, 今則用其法爲時憲, 中國之士, 乃通其術, 不惟從前知者益精, 言者益詳而已. …… 故一事一物, 莫不奪之爲中國之法, 而亦莫不有其爲中國法之援徵, 誠異哉!"

242

가? 광활한 하늘[大象]과 서로 교차하는 뭇별들은 중(中)·서(西)를 가리지 않는다. 오직 정교한 관측과 계산만이 그것에 부합할 수 있다. 저 일월과 오성이 어찌 세간에 존화양이(尊華攘夷)의 뜻이 있음을 알겠는가! …… 그러므로 하늘의 증험 여부만을 논하고, 사람의 화이(華夷)는 논하지 않는 것이 좋다. 그러나 역상은 비록 유자의 일이기는 하지만 하나의 기예에 불과할 뿐인 것으로 서양인들이 잘한다. 지(知)·인(仁)·성(聖)·의(義)·충(忠)·화(和)의 덕성, 효(孝)·우(友)·목(睦)·연(婣)·임(任)·휼(恤)의 행위, 예(禮)·악(樂)·사(射)·어(御)·서(書)·수(數)의 기예에 모두 통하는 것은 중국의 선비들이 잘한다. 높이고 물리칠 수 있는 것은 실로 여기에 있다. 그리고 물리치는 것은 그 사람을 물리치는 것이지, 그 재주까지 함께 물리치는 것은 아니다.[100]

요컨대 존화양이의 논법에 근거하여 서양 역법을 배척해서는 안 된다는 것이 남병철 주장의 핵심이다. 그는 역법 그리고 아마도 그것을 포함하는 우주·자연에 관한 학문 전체는 오직 관측과 계산만이 탐구의 유용한 준거로 인정되는 영역이고, 그러한 면에서 윤리·도덕의 영역과는 본질적으로 다르다고 본다. 그리고 전자의 영역에서는 서양인이 우세하고 후자의 영역에서는 중국인이 우세한데, 존화양이의 논법을 적용할 수 있는 것 역시 후자의 영역일 뿐이라고 주장한다. 이렇게 보자면 그의 주장은 전형적인 형태의 동도서기론적 논법에 해당한다.

---

100 앞의 글, "盖曆法者, 驗天爲長. 自三代以至于今, 或盖之或渾之, 或輪之或擩之, 天何言哉! 大象寥廓, 諸曜參差, 不擇中西, 惟精測巧算是合. 彼日月五星, 安知世間有尊華攘夷之義哉! …… 是以只論天之驗否, 不論人之華夷可也. 然曆象雖爲儒者之事, 不過是一藝, 西人之所能也. 知仁聖義忠和之德, 孝友睦婣任恤之行, 禮樂射御書數之藝咸通者, 中國之士所能也. 可尊也可攘也, 實在是, 而且攘之者, 卽攘其人, 非幷其所能而攘之也."

결국 그는 종래의 서학중원설을 동도서기론으로 대체하여 서양 과학 수용의 논법으로 삼았던 셈이다.

주지하듯이, 이러한 의미의 동도서기론적 논법은 서학을 종교와 과학으로 나누어 대처했던 성호(星湖) 이익(李瀷, 1681~1763)에게서도 나타나던 것이었다. 연원을 더 추구해 보자면 아마도 우리는 명말·청초의 친서학·반서교론자들 대부분이 동도서기론자에 해당한다고도 할 수 있을 것이다. 당시에 서광계·이지조·양정균·왕징 등이 서양 과학의 수용을 주장함과 동시에 기독교적 세계관에 대해서도 긍정적인 시선을 갖추고 있었음에 반해, 왕석천·매문정 등은 서양 과학만을 인정하고 기독교는 배척하는 태도를 보였다. 후자들은 과학과 종교의 분리를 주장하고, 서양 과학[西器]과 중국 도덕[東道]의 병행을 추구했다는 점에서 어느 정도씩은 동도서기론적 사유에 친연적일 수밖에 없었다고 보아야 한다. 남병철의 주장은 이러한 동도서기론적 논법을 분명히 하고 적극적으로 활용하는 것이었다는 점에서 주목할 만하다.

한 가지 의문점은 이와 같은 과학과 종교, 서기와 동도의 분리·병행이 과학의 발전에 어떤 작용을 하는가 하는 것이다. 그것이 명말·청초의 중국이나 19세기 중반까지의 조선에서 그랬던 것처럼, 서양 과학 수용을 촉진하는 장치로 작용해 왔음은 역사적 사실에 가깝다. 동도서기론자인 남병철이 당대 최고 수준의 천문·역산학자 중의 한 사람이었다는 사실 자체가 이를 방증해 준다. 그러나 그것은 원리적 측면에서 문제점을 내장하고 있었던 것 또한 분명한 사실이다. 문제의 핵심은, 과연 천문·우주 또는 자연의 영역이 남병철이 기대했음 직한 바대로 관측과 계산의 왕국으로서 외부, 특히 윤리·도덕 영역과 관계없이 얼마나 독립·자존할 수 있었을까 하는 것이다.

이 지점에서 우리는 다시 담헌을 반추해 볼 여지가 있다. 그는 서호

244

수나 남병철처럼 서양 과학에 심취해 있었다. 젊어서부터 천문 관측기기의 제작에 참여하고, 새로운 천문·역산학과 우주론 저작을 찾아 탐독하였다. 그러한 과정을 거쳐 천문·우주 문제에서 분명 새로운 각성에 도달해 있었다. 담헌이 남병철보다 두 세대 이상 앞서면서도 그에 못지않게 천문·역산학의 방법으로 관측과 계산의 중요성을 강조할 수 있었던 것은 그런 맥락에서 가능한 일이었다.

그러면 담헌은 종교와 과학, 도덕과 자연을 각각 동·서로 분리·병행할 수 있다는 남병철의 견해에도 동조할 수 있었을까? 우선 담헌에게서는 남병철의 경우와 같이 명백히 동도서기론적이라 할 만한 언급이 쉽게 발견되지 않는다. 오히려 그의 저작 전체를 통해 볼 때, 그는 동도서기론으로부터 벗어나 다른 길로 접어들고 있었다고 하는 편이 설득력 있어 보인다. 담헌의 대표작이라 할 수 있는 「의산문답」은 천지·자연에 대한 새로운 지식을 바탕으로 사회·문화에 대한 인식의 전환을 목표로 하였다. 여기에서 자연과 도덕〔人事〕은 결코 분리될 수 있는 것으로 상정되지 않았다.

이러한 점은 시야를 그의 학문·실천관 전체로 확대해 볼 경우에도 별반 다르지 않다. 담헌은 자신이 추구하는 학행(學行)을 내면적 수양(正心·誠意)과 대외적 활동(開物·成務)으로 나누고, 대외적 활동을 다시 규범 영역(揖讓升降)과 물사(物事) 영역(律曆·算數·錢穀·甲兵)으로 나누어 본다. 이때 내면적 수양과 대외적 활동은 각각 학행의 체(體)와 용(用)에 해당한다. 그리고 규범 영역과 물사 영역은 각각 대외적 활동의 급무(急務)와 대단(大段)에 해당한다.[101] 이러한 학문·실천관에서 두

---

101 『湛軒書』上, 內集 권3, 「與人書〔二首〕」, "正心誠意, 固學與行之體也. 開物成務, 非學與行之用乎? 揖讓升降, 固開物成務之急務, 律曆算數錢穀甲兵, 豈非開物成務之大端乎!

드러지는 특징은 무엇보다도 내면적 수양과 대외적 활동 그리고 인식〔開物〕과 실천〔成務〕, 규범과 물사가 서로 얽히고 긴밀하게 결합되어 있다는 점이다. 이런 그에게서 자연과 도덕, 과학과 종교가 각각 분리되어 서로 내원을 달리한 채 따로따로 존재하는 것이 가능할까? 그러기 쉽지 않은 것임은 불문가지의 일이라 할 것이다.

5. 맺음말

지원설·지전설·우주무한설로 이어지는 담헌의 우주론은 이론적 체계성이 두드러지고 일정한 수준에서 독창성도 인정될 여지가 많다. 반면에 그의 천문·역산학은 몇몇 특기할 만한 면모에도 불구하고 이론적 깊이 면에서 미흡하다는 평가를 면하기 어렵다. 어떤 면에서 그의 천문·역산학은 그것 자체보다는 우주론의 배경이자 방법으로서 의미를 가진다고 할 수 있지만, 양자 사이에 어쩔 수 없는 낙차가 존재하는 것도 사실이다. 전체적으로 담헌의 천문·우주론은 충분히 정합적이었다고 하기 어려운 상태에 머물러 있었다.

그럼에도 불구하고 천문과 우주에 대한 그의 탐색이 유학과 과학,

今高明以律曆算數錢穀甲兵爲小道, 則似矣, 獨無奈其自任, 而設敎則乃在揖讓升降註脚之註脚. 愚未敢知執事之與奪扶抑, 中正而無偏乎!" 이 내용을 도표로 표현하자면 다음과 같다. 김문용(2005), 35면에서 수정하여 인용함.

동양과 서양 사이에서 의미 있는 정향을 드러냈다는 점에서는 이론의 여지가 없을 것으로 보인다. 그것은 당시 천문학과 우주론의 전개를 주도하고 있던 서학중원설이나 동도서기론적 논법과 대비할 때 잘 드러난다. 담헌은 공맹으로부터 주희를 거쳐 온 전통 위에서 서양 과학을 맞이하였지만, 자기 전통에 대해 비교적 자유로운 자세를 취하고 있었다. "음양에 구속되고 리(理)의 본의(本義)에 빠져서 천도를 살피지 못한 것이 선유들의 잘못이다."[102], "옛사람들의 전해오는 말을 믿는 것이 어찌 지금 눈으로 확인할 수 있는 실경(實境)만 하겠는가!"[103] 이런 말들에는 모두 도덕과 자연, 낡은 것과 새로운 것을 대비하고, 각각 전자보다는 후자의 논리적 우선성이나 가치론적 우위를 인정하는 사고가 깔려 있다. 이러한 사고는 담헌으로 하여금 서학중원설이나 동도서기론과는 다른 길, 요컨대 과학을 바탕으로 유학을 갱신하는 길로 접어들 수 있게 하였다.

근래의 한 연구는 담헌의 학문과 사상을 검토하면서, 그가 선교사들의 학설을 『장자(莊子)』의 상대주의적 세계상과 결합시킴으로써 주자학적 상식의 임의성에 대해 반추했지만, 결과적으로 유교의 한계를 넘어 새로운 세계상을 개척하는 데까지 나아가지는 못했다고 평하였다.[104] 담헌은 서양 과학을 수용하면서, 그로 인한 충격을 완화하고 에두르기 위한 장치로 때때로 『장자』적 상대주의를 활용하였다. 그럼으로써 주자학적 세계관의 여러 측면에 반성적 시점을 확보하고, 이를

---

102 『湛軒書』上, 內集 권4, 「毉山問答」, 344면, "實翁曰拘於陰陽, 泥於理義, 不察天道, 先儒之過也."
103 앞의 글, 328면, "且爾與其信古人傳記之言, 豈若從現前目訂之實境也!"
104 임종태(2005), 218면.

통해 부분적으로나마 주자학으로부터의 일탈을 기도하고 유학의 갱신을 도모하였다.

그러면 담헌은 과연 유교의 한계를 넘어설 가능성까지도 가지고 있었는가? 이 문제에는 아무래도 긍정적인 답을 구하기 어렵다. 그가 취했던 방법 자체가 비록 서학중원설이나 동도서기론과는 달랐다 할지라도, 서법의 자극 이외에 유학의 지적 자산을 중요한 원천으로 삼는 것이었다. 그에게서 유교적 윤리·도덕은 우주·자연에 관한 새로운 지식을 바탕으로 반성되고 새롭게 부연되었을 뿐, 근본적인 회의나 부정의 대상이 되지는 않았다. 담헌의 대표작이라 할 수 있는 「의산문답」은 1939년 연활자본 『담헌서』가 발간되기 전까지 본인을 포함한 그 누구에 의해서도 존재가 알려지지 않았었다.[105] 당시 사회로부터 가해지는 '혐의'를 피하기 위해 그가 저작 사실을 숨겼을 가능성이 크다. 이 점은 유학의 갱신을 위한 그의 노력이 역으로 유교적 세계관에 의해 제약받고 있었음을 잘 보여 준다.

---

105 근래에 새롭게 발굴된 박규수의 『尙古圖會文義例』가 『洪氏實言』 또는 『豎山實言』이라는 이름으로 「의산문답」의 일부를 인용하고 있어 주목을 받는다. 그러나 그것이 지금 『담헌서』 속의 「의산문답」과 동일한 것인지에 대해서는 추가 확인이 필요할 것으로 보인다. 김명호(2008), 164면 참조.

金履安, 『三山齋集』, 『한국문집총간』 238, 민족문화추진회.

南秉哲, 『圭齋遺藁』, 『한국문집총간』 316, 민족문화추진회.

徐命膺(2006刊), 『保晚齋叢書』, 규장각한국학연구원.

徐浩修(1976刊), 『燕行紀』, 『연행록선집』, 민족문화추진회.

李圭景(1959刊), 『五洲衍文長箋散稿』, 동국문화사.

洪大容, 『湛軒書』, 경인문화사.

黃胤錫(1994刊), 『頤齋亂藁』, 한국정신문화연구원.

『增補文獻備考』(1985刊), 고전간행회.

康熙御製, 『曆象考成』, 『律曆淵源』.

南懷仁(1967刊), 『坤輿圖說』, 藝文印書館.

羅雅谷, 『五緯曆指』, 『西洋新法曆書』.

利瑪竇, 『乾坤體義』, 『四庫全書』.

_____ 口譯, 『幾何原本』, 『天學初函』.

蔣友仁, 『地球圖說』, 『百部叢書集成』.

張載(1978刊), 『正蒙』, 『張載集』, 중화서국.

『明史』 권31, 「曆志」.

김명호(2008), 『환재 박규수 연구』, 창비.

김문용(2005), 『홍대용의 실학과 18세기 북학사상』, 예문서원.

김영식(2005), 『주희의 자연철학』, 예문서원.

김태준(1998), 『홍대용』, 한길사.

조성산(2007), 『조선 후기 낙론계 학풍의 형성과 전개』, 지식산업사.

安大玉(2007), 『明末西洋科學技術東傳史』, 東京 : 知泉書館.

熊月之(1994), 『西學東漸與晚淸社會』, 上海人民出版社.

陳遵嬀(1990), 『中國天文學史』, 臺北 : 明文書局.

야마다 케이지, 김석근 옮김(1991), 『朱子의 自然學』, 통나무.

川原秀城(2010), 『朝鮮數學史－朱子學的な展開とその終焉』, 東京大
　　　學出版會.

A. N. 화이트헤드, 오영환 옮김(1989), 『과학과 근대세계』, 서광사.

Lattis, James M.(1994), *Between Copernicus and Galileo: Christoph
　　　Clavius and the Collapse of Ptolemaic Cosmology*, The University
　　　of Chicago Press.

구만옥(2010), 「마테오 리치(利瑪竇) 이후 서양 수학에 대한 조선 지식
　　　인의 반응」, 『한국실학연구』 20호, 한국실학학회.

김문용(2000), 「홍대용 자연관의 방법론적 전환」, 『과학사상』 33호,
　　　범양사.

김양선(1974), 「담헌 홍대용」, 한국인물사편찬위원회 편, 『한국인물
　　　사』, 새한서적공사.

노대환(2003), 「조선 후기 '西學中國源流說'의 전개와 그 성격」, 『역
　　　사학보』 제178집, 역사학회.

박권수(2006), 「조선 후기 서양과학의 수용과 상수학의 발전」, 『한국
　　　과학사학회지』 제28권 제1호, 한국과학사학회.

박성래(1981), 「홍대용의 科學思想」, 『韓國學報』 23.

＿＿＿(1995), 「洪大容 『湛軒書』의 西洋科學 발견」, 『진단학보』 79,
　　　진단학회.

安大玉(2010), 「청대 전기 서학 수용의 형식과 외연」, 『중국사연구』
　　　제65집, 중국사학회.

유봉학(1992), 「18~19세기 燕巖一派 北學思想의 研究」, 서울대 박사

학위논문.

임종태(2005), 「지구, 상식, 중화주의-李瀷과 洪大容의 사유를 통해서 본 서양 지리학설과 조선 후기 實學의 세계관」, 연세대 국학연구원 편, 『韓國實學思想研究 4』, 혜안.

한영호·이재효·이문규·서문호·남문현(1999), 「洪大容의 測管儀 연구」, 『역사학보』 164집, 역사학회.

한영호(2001), 「서양 기하학의 조선 전래와 홍대용의『주해수용』」, 『역사학보』 170집, 역사학회.

_____(2003), 「籠水閣 天文時計」, 『역사학보』 177집, 역사학회.

허경진·천금매(2008), 「홍대용 집안에서 편집한『燕杭詩牘』」, 『洌上古典研究』 27집, 열상고전연구회.

湛軒의 音樂 知識과 疏通

송지원 | 서울대 규장각한국학연구원 책임연구원

1. 머리말

2. 담헌의 음악관과 음악 지식

   1) 담헌과 북학(北學)

   2) 이용후생의 음악관

   3) 악률론과 율준(律準) 제시

   4) 담헌의 노래론

3. 담헌의 음악 교류와 내·외적 소통

   1) 악회 활동을 통한 내적 소통

   2) 양금 유입을 통한 외적 소통

   3) 연행(燕行)에서의 음악 체험과 소통

4. 맺음말

1. 머리말

그동안 담헌(湛軒) 홍대용(洪大容)에 관한 연구는 역사와 문학 분야에서 주로 이루어졌고 과학 분야에서 약간의 성과가 나와 있는 형편이다. 대개 대(對)중국 인식, 대외관, 화이관(華夷觀), 중화주의(中華主義), 심론(心論), 소통(疏通)의 시각 등의 문제가 화두였다. 이러한 화두는 조선 후기적 문제의식이기도 하다. 담헌이 살았던 시점, 즉 곁에는 만주족이 지배하는 청(淸)이 건재하고, 정작 자신은 유학의 적통(嫡統)국임을 대내외적으로 천명하며 살아가는 '조선'의 학자로서의 존재적 모순을 목도하며 살아야 했던 시점이었다. 대내적으로 연행(燕行)을 통해 선진 문물에 노출되었던 담헌에게서 위의 문제의식이 표출되었다는 사실은 어찌 보면 당연한 것일 수도 있다. 담헌에 관한 연구 가운데 담헌의 이러한 문제의식을 잘 드러낸 성과가 많았던 것도, 이와 같은 시기적 특성을 반영하는 것이다.

그런데 음악학 분야에서 담헌에 관한 논의는 다른 분야의 상황과 달리 몇 편의 논문에서 제한적인 주제로 다루어졌다. 초기 연구는 노동은에 의해 이루어졌다.[1] 노동은은 담헌의 음악에 관해 고찰하면서 "조선 후기에 실학사상이 새로운 가치관으로 등장하여 음악 문화에 있어서도 '개신악학정신(改新樂學精神)'으로 나타났다."라고 분석하였다. 또 "조선 전기에 중국의 음악 문화가 중심이 되었던 것에서 벗어나 한국 음악에

---

[1] 노동은(1989).

대하여도 민족음악학적인 탐구가 시도되고, 음악의 실제적 측면이 이론과 더불어 실천되며, 사회 계층의 이동으로 실학적 지식인들과 공역(公役)에 묶인 음악인들의 악회(樂會)가 형성되어 음악 양식이 창출되거나, 음악인들의 전문적 기예 추구, 상하에 걸쳐 폭넓게 형성되는 음악 소비집단의 형성 등 새롭고 다양한 음악 사회가 펼쳐지게 된다."라고 밝혔다. 노동은은 이러한 논증 과정에서 담헌의 음악관에 대하여 논의했는데, 이 논문은 본고에서 논하고자 하는 악회 활동의 의미에 관한 논의의 근거를 마련해 주었다.

이어 손태룡에 의해 담헌의 음악사상에 관하여 연구가 이루어졌으며,[2] 이후 담헌이 포함되어 있는 연암 그룹이 조선 후기 음악 문화 발달에 끼친 영향에 대해 조망하는 가운데, 담헌의 음악활동이 지니는 음악 사회사적인 의미에 대해 '줄풍류' 발달의 양상과 함께 다룬 송지원의 논문이 나왔다.[3] 이 논문에서는 담헌이 1772년 양금(洋琴)을 토조(土調)로 해득한 이후 조선의 여러 금사(琴師)들이 양금을 타지 못하는 사람이 없을 정도여서 조선 후기 새로운 음악 문화 형성에 지대한 공헌을 했다는 점을 논증하였다. 이 논의는 송지원의 '조선중화주의의 음악적 실현과 청 문물 수용의 의의'에서 더욱 확대되었으며,[4] 조유회에 의해 조선 후기 실학자의 음악관에 대해 연구하는 글에서 논의가 연장되었다.[5]

한국음악사에서 담헌이 끼친 영향이 적지 않음에도 불구하고 그에 대한 음악사적 연구가 적었던 것은 자료의 한계 때문이다. 담헌이 남긴

---

2 손태룡(1988).
3 송지원(1992).
4 송지원(1999).
5 조유회(2009).

저술은 『담헌서(湛軒書)』와 『을병연행록(乙丙燕行錄)』과 같은 제한된 자료이고, 일부 조선 후기 문인들의 글에 간접적으로 담헌의 음악 관련 활동에 대해 언급한 내용이 있다. 그나마 음악과 관련된 논의는 더욱 제한이 된다. 그러한 이유에서 담헌의 음악과 관련된 논의 또한 제한적일 수밖에 없었다. 그럼에도 불구하고 담헌은 18세기 조선 학계에 새로운 학문적 분위기를 조성한 인물 중 하나임에 분명하고, 그의 음악사적 의미에 대해 보다 다양한 논의가 이루어지고 조명이 되어야 할 인물임은 부인할 수 없다. 따라서 본고는 그러한 자료적 한계를 인식하며 시작되므로 한정된 자료를 통해 어떠한 의미 부여와 해석이 가해져야 할지 고민하는 글이 될 것이다.

담헌은 연암(燕巖) 박지원(朴趾源, 1737~1805)을 비롯한 일군의 학자들과 함께 조선의 사상계에 새로운 학풍을 일으키는 데 기여했고, 청의 문물도 배워야 한다는 개념을 문명 도입론적 관점에서 주장했다. 이는 북학론(北學論)의 사상적 기반이 되기도 했는데, 그러한 한 축에는 연행(燕行)에 대한 경험이 자리하고 있었다.

담헌의 이러한 열린 학문적 태도는 18세기 조선의 음악계에 새로운 변화를 일으키는 데에도 일정한 공헌을 하였다. 중국을 통해 새로운 악기 양금을 도입하여 우리 방식으로 연주할 수 있도록 풀어낸 결과, 우리나라에서 양금이라는 외래 악기가 새로운 역사를 열게 되었다. 담헌의 노력 이후 조선의 금사 가운데 양금을 타지 못하는 사람이 없게 되었고 양금이 줄풍류 음악에서 중요한 역할을 담당하게 되었다. 또 연행 시에는 파이프오르간을 연주하여 그곳 사람들을 놀라게 했으며, 중국 학인(學人)들과 음악적인 토론을 활발하게 벌이며 음악에 대한 인식의 지평을 확장했다. 이러한 담헌의 다양한 경험과 문제의식은 조선 후기 음악의 역동적 발달에 일정 부분 공헌을 하였다.

한편 담헌은 '악회(樂會)', 즉 음악을 통한 소통의 현장을 몸소 연암 그룹 인물들과 함께 가꾸었다. 소통의 여러 방법 가운데 '예술을 통한 사회적 소통'의 방식을 제기한 인물이기도 하다. 이러한 소통 방식은 조선 후기인들에게 음악의 사회적 기능에 대해 재인식할 수 있는 기회를 부여하였다. 따라서 담헌이 음악에 대해 취하고 있는 태도가 무슨 의미를 지니는지 살펴보아야 할 필요가 있다. 이러한 태도는 음악사적으로 어떠한 의미를 남기는지 설명해야 할 것이다.

이에 본 연구에서는 담헌이 조선 후기 음악 발달에 중요한 역할을 담당했음에 주목하여 담헌의 음악관과 음악 지식 및 담헌의 음악 교류 양상과 내·외적 소통 양상에 대해 논해 보고자 한다. 연행을 통해 중국의 선진 문물을 경험하면서 그들 문물이 지닌 여러 장점을 목도한 담헌은 연행 이전에 지녔던 자신의 사고가 연행을 다녀온 후 많이 달라져 있음을 깨닫는다. 이러한 정황은 담헌이 음악을 인식하는 방식과도 연관되므로 담헌과 '북학(北學)'에 대해 먼저 생각해 보고자 한다. 아울러 담헌이 이용후생의 방법의 하나로 음악을 바라보고 있다는 관점에 대해 생각하는 기회를 갖고자 한다. 이는 음악이 삶을 보다 윤택하게 한다는 점에 착안한 것으로, 이용후생의 개념을 물질적 차원에 한정하지 않고 그 이상으로 끌어올려 정신적인 차원에서 바라보고자 하는 것이다.

조선조 내내 악학(樂學) 분야에서 여러 학자들에 의해 많은 논의가 이루어진 '율준(律準)'의 문제는 이념적 허상에 사로잡혀 헛된 실험으로 그치거나 공허한 이론적 논의로 끝나는 경우가 많았다. 담헌은 중국에서 조선에 유입된 악기 양금의 현(絃)으로 율준을 삼을 것을 제안했는데, 그 논의의 시말에 대해 살펴볼 것이다. 한편 진정한 노래, 좋은 노래의 조건을 제기한 담헌의 노래론을 통해 조선 후기의 좋은 노래상에 대해 생각해 볼 것이다.

또한 음악사적 의미에서 담헌의 가장 큰 공헌이라 할 수 있는 악회 활동의 사회사적 의미가 무엇인지 살펴보고자 한다. 기실 담헌의 악회 활동은 음악을 인식하는 태도 변화를 보여 주는 것으로, 보다 적극적으로 학술적 의미를 부여해야 할 부분이라고 생각되기 때문이다. 또 중국에서 들어온 외래 악기를 조선에 정착시켰던 사건의 의미를 생각하는 기회를 갖고자 한다. 아울러 연행의 기회에서 어떠한 음악 교류와 소통을 이루었는지 탐색해 보고자 한다. 이는 연행을 통해 보다 넓은 세계와의 접촉으로 인해 확보된 새로운 세계관 속의 담헌을 고찰할 수 있는 기회가 될 것이다. 예컨대 담헌이 지닌 음악관 가운데 기존의 음악관에서는 드러나지 않았던 새로운 특징들이라고 할 만한 것들은 무엇인지 밝히고, 그러한 특징들의 사상적 연원을 추적해 봄으로써 담헌의 음악 지식과 음악 소통 양상에 대해 연구해 보고자 한다.

2. 담헌의 음악관과 음악 지식

1) 담헌과 북학(北學)

조선 후기 지식인들의 지형도를 그려 볼 때 연행 경험의 유무는 학자적 스케일을 평가하는 데 중요한 기준의 하나가 된다. 연행의 경험은 연행 그 자체로도 중요하지만 연행을 통해 접하게 되는 새로운 세계에 대한 체험을 통해 보다 열린 시각을 확보할 수 있다는 이점 때문에 더욱 소중하다. 열린 시각의 확보는 더욱 열린 세계관을 지닐 수 있게 하며 더 큰 학문적 담론을 가능하도록 하기 때문이다.

연행의 체험을 지니고 있는 학자군으로서 새로운 문물 도입론을 적극적으로 제기했던 이들로 북학파(北學派)가 있다. 이들 대부분은 연행을 다녀왔고 18세기 조선 학계에 새로운 학문적 분위기를 조성하여 소위 '북학사상(北學思想)'을 제기하였다. 북학사상은 조선의 사상계에 법고창신(法古創新)의 문풍(文風)과 경제지학(經濟之學)적인 학풍(學風)에 대해 관심을 불러일으켰고, 청의 문물도 배워야 한다는 북학론(北學論)을 그 이론적 기반으로 하고 있다.[6] 북학파의 중심인물인 연암과 담헌 등은 노론의 학통을 지녔지만, 기존의 노론계열이 제시한 반청적(反淸的) 북벌대의론(北伐大義論)이나 대명의리론(對明義理論)과는 차별화된 사상을 취하였다. 그리고 새롭게 변화하는 현실을 직시하면서 새로운 학문에 대한 열린 태도로 18세기 조선의 학계에 새로운 바람을 일으킨 것이다.

특히 이들은 명(明)에서 청으로 바뀐 이후 중국의 문물 도입은 오랑캐의 것이라 하여 부정적이었던 조선 학계의 분위기를 뒤로하고, 청의 문물이라 하더라도 청이 계승한 '중화의 남아 있는 제도〔中華之遺法〕'이므로 배워야 한다는 논리를 갖추었다. 이는 당시 중국의 문물과 기술을 도입할 수 있는 이론적 기반이 되었다.

이러한 새로운 움직임을 주도한 인물들은 대부분 연행을 다녀오면서 청의 선진 문물에 대해 익히 보고 들어 왔다는 공통점을 지니고 있다. 조선 후기에 청으로부터 수용한 새로운 문물들 대부분이 연행을 통한 것이었음은 주지의 사실이다. 이들에 의해 양금과 같은 새로운 악기가 수용될 수 있었던 것도 여러 차례의 연행을 통하여 노출된 청 문물 수용에 긍정적인 입장을 가졌기 때문에 가능한 것이었다. 담헌은 이러한 학풍의 중심에 서 있었다.

---

6 북학사상에 관한 내용은 유봉학(1995) 참조.

한편 음악적인 측면에서 담헌을 포함하는 북학파 인물들의 사고를 볼 때, 이들은 특히 '음악의 기능에 대한 자각'이라는 면에서 이전 시기와는 다른 태도를 취한다. 이는 몇 가지 점에서 이전 시기의 그것과 비교해 볼 수 있다. 요컨대 음악행위란 개인의 성정(性情)을 함양하는 데 중요한 매체라는 시각에서 한층 더 나아가 '음악행위란 서로 나누기 위한 것'이라는 태도가 한결 강조된다. 이러한 의식은 이전 시기의 그것에 비해 한층 진전된 것이다. 이는 '혼자 하는 음악'보다는 '여럿이 즐기며 하는 음악'에 대하여 열린 태도를 가졌다는 점에서 중요하다. 다시 말하면 음악을 개인의 수양을 위해 '닦는' 것에 비중을 두는 데에서 더 나아가 '여럿이 즐기는', '함께 나누는' 것에 더 무게를 싣게 되었다.

북학파 문인들이 인식한 '함께 나누는' 또는 '함께 만드는' 음악행위에 대한 중요성은 한국음악 장르 가운데 실내악에 해당하는 줄풍류 음악의 발전과 직접적 관련성을 맺는다. 이는 혼자 연주하는 독주보다 여럿이 호흡을 맞추는 합주음악의 중요성을 인식하였기에 가능한 것이기 때문이다. 이들은 합주음악의 질 높은 연주를 위해서는 음악 전문인의 도움이 필요한 것으로 인식하였다. 따라서 연주의 전문성 확보를 위한 방법으로 자신의 음악 연주 모임에 신분이 다른 악공(樂工) 또는 음악 전문인들을 끌어들이기도 하였다.

이들의 더 나은 '함께하는 음악'을 만들기 위한 노력의 일환으로 신분이 다른 음악전문인들과 교류한 사실은 조선 사회에서 '교불택인(交不擇人)', 즉 사람을 가리어 사귀지 않는다는 이유로 비판을 받기도 하였다. 그럼에도 불구하고 이들의 노력은 결과적으로 18세기 조선의 줄풍류 음악을 진흥시킬 수 있는 중요한 역할을 담당하였다. 18세기 줄풍류 음악을 대표하는 '영산회상(靈山會相)'과 같은 음악이 여러 파생곡을 낳아 대규모의 악곡으로 형성된 것 또한 북학파 인물들이 가지고 있던

'함께하는 음악에 대한 중요성'의 자각이 있었기에 가능한 것이었다. 요컨대 조선 후기, 그중에서도 18세기 새로운 학문을 주도했던 북학파 인물들의 음악사상은 조선의 줄풍류 음악을 발전시키는 데 중요한 이념적 기반으로 작용한 것임에 분명하다.

이처럼 북학의 흐름은 조선 후기 음악 사회의 발전에도 밀접한 관련을 지니고 있다. 담헌처럼 연행을 통해 외국 문물에 노출되고 그것에서 큰 문화적 자극을 받았던 일군의 학자들이 조선 후기 음악 사회에서 중심적 역할을 할 수 있었던 것도 그러한 현실과 무관하지 않다. 따라서 북학은 조선 후기 음악, 그중에서도 특히 담헌과 같은 18세기 문인 지식층이 주도한 줄풍류 음악의 발달을 설명할 수 있는 하나의 코드로 작동될 수 있을 것이다.

2) 이용후생의 음악관

담헌이 학문과 예술에 대해 지니고 있는 태도는 이용후생(利用厚生)으로 요약해 볼 수 있다. 이용후생은 이우성 선생이 조선 후기 실학파의 경향을 나누어 정의한 개념 가운데 하나로, 조선 후기 사회 개혁을 위해 많은 고민을 했던 일군의 학자 가운데 특히 상공업의 유통 및 생산 기구, 일반 기술 면의 혁신을 지표로 한 유파로서 18세기 후반의 담헌, 연암, 형암(炯庵) 이덕무(李德懋), 초정(楚亭) 박제가(朴齊家)와 같은 일군의 학자를 그 예로 든 바 있다.[7] 이들은 서울의 도시적 분위기 속에서 성장하여 도시 상공업 발전의 필요성과 유통의 확대 혹은 기술적 혁신

---

7 이우성(1983 ; 2010) 참조.

으로 생산력 발전을 촉진시켜 줄 것을 주창했다.[8] 이용후생파의 이러한 구상은 비단 사회경제적인 면에만 적용되지 않았으며 문학예술 부문에 새로운 바람을 일으키고자 하는 흐름과 결부되어 새로운 문학적 표현, 예술에 대한 새로운 인식을 싹트게 하는 데 하나의 힘으로 작용하였다. 그러한 흐름은 물질적인 측면에서 보이는 결실보다는 내면적이며 정신적인 측면에서 사람들의 삶을 윤택하도록 하는 역할을 하였다.

　　본 절에서는 사회경제적인 측면에서의 이용후생이 아닌, 문화예술의 측면에서 이용후생의 개념이 어떻게 드러나는지 생각해 보고자 한다. 주지하듯이 이용후생은 『상서(尙書)』, 「대우모(大禹謨)」에 나오는 '정덕이용후생(正德利用厚生)'에서 가져온 말로 연암의 『열하일기(熱河日記)』에서 논의된 개념이다.[9] 말 그대로만 본다면 "쓰임을 이롭게〔利用〕 한 후라야 생활을 풍부하게 할 수 있고〔厚生〕, 생활을 풍부하게 한 후라야 그 덕(德)을 바르게 할 수 있다."라는 뜻이지만, 그 의미의 외연을 확대해 볼 때 문화예술 분야, 더 좁게 한정해서 말한다면, 본고에서 고찰하고자 하는 음악 분야에서 유연한 적용이 가능해진다. '음악이 삶을 이롭게 한다'는 개념은 여러 층위에서 긴 논의가 필요한 화두이기도 하지만, 현대적인 의미에서 표피적으로 바라보면 이해하기 어려운 개념만은 아니다. 음악이 우리 삶에서 어떠한 역할을 할 수 있는지 단순히 생각해 보면, 정서 순환에 좋다는 점은 강조할 필요도 없고, 먼저 경직된 삶을 부드럽게 이끌어 줄 수 있고, 여러 사람을 화합하도록 할 수 있으며, 울적한 마음을 풀어 주어 삶을 윤택하게 한다. 담헌은 그러한

8　이우성(2010), 앞의 논문 29면.
9　朴趾源, 『熱河日記』, 「渡江錄」, "利用然後, 可以厚生, 厚生然後, 正其德矣. 不能利其用, 而能厚其生, 鮮矣. 生旣不足以自厚, 則亦惡能正其德乎."

사실을 이미 충분하게 인식하고 있었다.

담헌은 거문고 연주에 능통하였고, 연주하기를 매우 좋아하여 연행 때에도 거문고를 가지고 가서 도처에서 자주 연주하곤 했다.[10] 평소에도 거문고를 상자에 넣어 가지고 다니다가 풍광이 좋은 누대(樓臺)나 경치 좋은 곳을 만나면 음악을 연주하여 간혹 사람들로부터 음악을 너무 즐겨 절제하지 않고 방탕한 것 아니냐는 오해를 사기도 했다. 그러나 담헌은 사람들의 그와 같은 평가에 개의치 않았다. 이는 음악의 효과에 대한 가치 때문이었다.

담헌이 거문고를 알게 된 것은 16, 17세의 일이었는데, 악기를 오랜 기간 배우는 동안 그 묘리를 해득했다고 한다. 담헌은 거문고가 "진세(塵世)의 상념을 씻고 떨쳐 버리기에 그 효과가 시주(詩酒)보다 낫다."라고 생각하였다.[11] 이는 음악의 효용성, 나아가 음악의 가치에 대한 담헌의 시각을 적극적으로 표현한 것이다.

담헌이 생각하는 음악이란 조선시대 유학자를 지배했던 유가악론(儒家樂論)의 원론적 사유[12]를 훨씬 뛰어넘어 있다. 더 정확하게 말하면, 그러한 사유에 얽매여 음악의 효용에 대해 도식적으로 인식하는 것이

---

10 담헌의 『湛軒書』・『乙丙燕行錄』 등의 기록에서 그 정황이 보인다.

11 『湛軒書』外集 卷1,「抗傳尺牘」, "弟自十六七時, 粗解東國之琴, 學之旣久, 頗得其妙. 凡滌散塵想, 宣撥挑鬱, 其功或有賢於詩酒, 是以凡有所往, 必匣而自隨, 每遇風軒月樓一水一石可坐可賞者, 必欣然度曲, 樂而忘歸. 或與歌姬舞女, 雜坐爲歡, 狂蕩慷慨, 不知其不可也. 知我者責以無撿, 不知我者目以伶人, 夫人之多言, 雖亦可畏, 此固不足道也. 惟浮浪者愛其疎放, 謹勅者笑其喪志, 是以蕩子日親, 莊士日遠, 駁駁乎儒門之棄物矣. 乃數年以來, 頗自悔悟, 杜門省愆, 點檢書史, 謝絶紛華, 疎遣襍流, 乘閒據梧, 聊以自娛, 冀以收功於一原, 補過於桑楡, 顧無撿之責伶人之目, 曉曉者方生而未已, 則德之不修, 學之不講, 無怪乎人言之來矣."

12 조선시대 유학자들의 樂에 대한 관념은 『禮記』,「樂記」를 기반으로 형성되고 전개된 것이다.

아니라 '음악은 삶을 윤택하게 해 준다'는 대전제를 바탕으로 음악을 인식하고 있다는 사실을 알 수 있다. 음악을 좋아한다는 이유로 사람들로 하여금 '무절제하고 방탕하다'는 오해를 받았고, 그러한 오해에 대해 크게 개의치 않았던 것도 담헌이 생각하는 음악의 효용에 대하여 전혀 이해하지 못하는 세인들의 편협된 인식 때문이라고 파악했다. 담헌은 음악이 삶을 윤택하게 해 준다는 대전제를 이미 체득했기 때문에 그와 같은 평가에 얽매이지 않은 것이다.

주지하듯이 조선시대에 악(樂)은 육예(六藝)의 하나로 사람들이 교양으로 익혀 왔으며 내면의 수양을 중시하는 도학(道學)적 측면에서 권장되어 왔다. 이는 '금은 삿된 생각을 금하기 위한 것〔琴 禁也 禁止於邪〕'이라는 측면에서 중시되어, 선비라면 늘 곁에 두어야 하는 것으로 여겨졌지만 담헌은 이와는 사뭇 다른 태도로 음악을 인식했음을 알 수 있다.

이용후생의 개념을 물질적 기반을 바탕으로 생각하는 것에서 나아가 정신적 차원으로 끌어올려 확대시켜 볼 때, 담헌의 음악에 대한 태도는 한층 진전된 것으로, 높은 정신적 가치를 추구하고자 하는 맥락에서 확대된 '후생'의 차원으로 그 필요성을 제기한 것이라고 볼 수 있다. 담헌이 음악을 소통의 주요 수단으로 파악하여 악회 활동을 벌이고 음악 교류를 위한 노력을 기울였던 정황의 근거는 음악이 삶의 정신적 가치를 고양시키는 데 중요한 매체라는 사실에 대해 깊이 인식하고 있었다는 사실에서 찾을 수 있다.

3) 악률론과 율준(律準) 제시

조선 후기인들은 악률(樂律)이 어지러워진 시기를 진(秦)나라 이후로 파악해 왔던 일반적 세론을 따르고 있다. 이는 역으로 진나라 이후 제대로 된 악률을 회복하고자 하는 여러 실험이 이루어졌다는 의미이기도 한데, 실제 진나라 이후 율(律)과 관련된 다양한 이론이 많은 학자들에 의해 제시되었다. 예컨대 여불위(呂不韋),[13] 유안(劉安)[14] 등은 율을 불어 소리를 정한다는 취율정성(吹律定聲) 이론을 주장했으며, 삼분손익(三分損益),[15] 취처생자(取妻生子),[16] 배괘배월(配卦配月),[17] 선궁(旋宮),[18] 변

13 秦나라 陽翟사람. 莊襄王 때 丞相으로 있으면서 빈객을 시켜 『呂氏春秋』를 지었다. 『呂氏春秋』, 「仲夏紀」에는 黃鐘律管의 길이를 '三寸九分'으로 제시해 놓았는데 이는 황종 율관의 길이가 구체적으로 제시된 첫 문헌이다.

14 漢高祖의 손자로 淮南王으로 封해졌다. 『淮南子』를 저술하였다.

15 三分損一과 三分益一의 준말로 十二律管의 길이를 산출하는 방법이다. 기본음인 黃鐘 律管의 길이를 정한 후 그 길이의 1/3을 덜어 낸 길이(2/3)로 완전 5도 위의 음을 얻는 三分損一法과 얻어 낸 율관 길이의 1/3을 더하여(3/4) 완전 4도 아래의 음을 얻는 방법 을 거듭하여 十二律을 산출해 낸다. 『樂學軌範』 권1 「十二律圍長圖說」에 자세한 설명 이 있다. 삼분손익법이 실제 음률 산출에 적용되었다는 기록은 『管子』, 「地員篇」으로부 터 찾을 수 있다. 이 이론은 『淮南子』, 『史記』의 「律書」, 『漢書』의 「律曆志」 등에서 정 밀화된다.

16 陽의 律이 陰의 妻를 맞이하고 陰의 呂가 陽의 子를 낳아 음양이 相生한다는 이론을 말한다. 律이 낳는 것은 항상 同位이고 呂가 낳는 것은 항상 異位이므로 律은 取妻하고 呂는 生子한다는 법이다. 즉 同位에 있는 것은 부부를 상징하고 異位에 있는 것은 자식 과 어미의 관계를 상징한다. 陽은 陰을 下生, 陰은 陽을 上生하는데, 下生이란 삼분손일 (2/3, 즉 5도 위의 음)하여 음을 얻는 것이고, 上生이란 삼분익일(4도 아래의 음)하여 음을 얻는 것이다. 『樂學軌範』 卷1, 「班志相生圖說」에 "同位者象夫妻, 異位者象子母. 所謂律取妻而呂生子, 此陰陽相生之正也. 其法皆陽下生陰, 陰上生陽. 下生者皆三分損一, 上生者皆三分益一, 此馬遷班固所生之寸數也."라 하였다. 陽律인 黃鍾은 陰呂 林鍾을 낳 고〔下生〕, 임종은 陽律인 太簇를 낳고〔上生〕, 태주는 陰呂인 南呂를 낳고〔下生〕, 남려 는 陽律인 姑洗을 낳는〔上生〕 식으로 上·下生을 반복하여 십이율을 낳게 되는 것이다.

17 十二律을 주역의 卦와 月에 결부시킨 것을 말한다.
황종(11월) 乾卦 初九, 대려(12월) 坤卦 六四
태주(1월) 乾卦 九二, 협종(2월) 坤卦 六五
고선(3월) 乾卦 九三, 중려(4월) 坤卦 上六
유빈(5월) 乾卦 九四, 임종(6월) 坤卦 初六
이칙(7월) 乾卦 九五, 남려(8월) 坤卦 六二
무역(9월) 乾卦 上九, 응종(10월) 坤卦 六三

18 旋宮之法을 말한다. 旋相爲宮·還相爲宮이라고도 한다. 60조가 이루어지는 원리를 말 하는데 12律을 七聲(宮·商·角·徵·羽·變宮·變徵)에 배합하여 돌아가며 宮聲이 되

반(變半)[19] 등 다양한 이론들이 역사적으로 제기되고 실험되었다. 또 경방(京房),[20] 전낙지(錢樂之),[21] 만보상(萬寶常),[22] 소지파(蘇祗婆),[23] 왕박(王朴)[24] 등과 같은 학자들에 의해 다양한 악률 이론들이 제기된 바 있고, 이러한 이론들은 조선에도 도입되어 여러 학자들에 의해 연구가 이루어졌다.[25] 이 같은 다양한 이론에 대하여는 이후 다산(茶山) 정약용(丁若鏞, 1762~1836)에 의해 『악서고존(樂書孤存)』에서 구체적으로 논증되기에 이르렀다.[26] 즉 진한(秦漢) 이후 여러 학자들에 의해 그릇된 설들이 나왔으므로 다산이 『악서고존』에서 이들 이론에 대하여 면밀하게 연구

게 한 것을 말한다. 宮聲 12, 商聲 12, 角聲 12, 徵聲 12, 羽聲 12로 총 60聲인데 이것이 60조가 된다. 秦 이후로는 사용하지 않다가 唐에 들어서 84調를 만들어 사용하였다.

19 60조 이론에 사용된 용어로 變律의 半聲(淸聲)이라는 뜻이다. 變律이란 삼분손익법의 계산에 의하여 황종·임종·태주·남려·고선·응종·유빈·대려·이칙·협종·무역·중려까지 12율을 얻은 후 계속하여 끝에 얻은 음인 중려의 율관을 다시 三分益一 하면 變半黃鐘의 율관을 얻게 되는데, 그 변반황종은 황종의 반, 즉 청황종보다 조금 짧기 때문에 약간 높은 음이 나온다. 이를 변율이라 하는데 피타고라스 음계에서 생기는 피타고라스 콤마(Pythagorean Comma)에 해당한다.

20 漢代 頓丘人. 字는 君明. 姓은 李인데 京氏로 고쳤다. 音律과 易學에 뛰어났으며 저서로 『京房易傳』이 전한다.

21 南朝 宋나라 사람. 太史令이 되어 渾天儀를 만들었다.

22 隋나라 사람. 음률에 정통하여 詔勅을 받들어 여러 가지 악기를 만들었다.

23 後周 武帝 때 사람으로 瑟을 잘 탔다.

24 五代 後周 東平人. 字는 文伯. 欽天曆을 짓고 雅樂을 바로잡았다.

25 조선에서 이러한 악률 이론을 종합한 책으로는 성종 대에 성현이 지은 『樂學軌範』과 정조 대에 서명응이 지은 『詩樂和聲』이 있다. 『악학궤범』의 악률론에 관하여는 남상숙(2009)에서 본격적인 논의가 이루어졌고, 『시악화성』의 악률론에 관하여는 김수현(2011)에서 연구가 이루어졌다.

26 다산은 『악서고존』에서 "秦나라 이후 六藝의 學이 없어졌는데, 없어졌다가 다시 일어난 것이 다섯이고 일어나지 못한 것이 한 가지이니 『樂經』이 그것이다."라며 "다른 경전에서 산발적으로 보이는 것은 오직 「虞書」 몇 군데와 『周禮』의 5, 6절뿐이다. 古樂을 배우고자 해도 「虞書」나 『周禮』의 적막한 몇 마디뿐이어서 의거할 데가 없다."라고 한 바 있다. 丁若鏞, 『樂書孤存』 卷1, "六藝之學, 遭秦皆減, 減而復興者五, 其不復興者一, 樂是已. 其散見他經者, 惟「虞書」數策, 『周禮』五六節而已. …… 今之學樂者, 欲學古樂, 則「虞書」·『周禮』寂寥數言, 邈焉無憑."

하여 여러 설들을 논하고, 반박하고, 조사하고 고정(考訂)한 것이다.

담헌은 다산보다 약 30여 년 앞선 사람이지만 18세기인으로서 어느 누구에 비해 율력(律曆)·산수(算數) 등의 명물도수(名物度數)에 밝았던 학자로서 다산 이전 악률 이론에 대한 진지한 탐색을 아끼지 않았다. 이미 조선 전기 세종 대에 박연(朴堧, 1378~1458)에 의해 율관에 대한 실험이 이루어진 이후 조선조 내내 악률에 대한 실험과 율준(律準)에 관한 문제는 지속적인 관심을 끌었고 이러한 문제의식이 담헌에게도 이어진 것이다.[27]

담헌은 기본적으로 기장[秬黍]으로 율(律)을 정하는 법에 대해 비판하는 태도를 취한다. 주지하듯이 세종 대에 율관을 제작할 때 우리나라 땅에서 재배된 기장으로 율관을 제작했으나 결국 중국의 것과 크기가 달라 다시 밀랍으로 기장을 만들어 율관을 제작했지만, 이 또한 중국의 황종에 맞지 않아 결국 중국에서 유입된 악기를 기준으로 하여 제작했던 역사가 있었다.[28] 이미 세종 대에 기장으로 율관을 제작했을 때 실패했던 경험이 있었음에도 불구하고 악률 이론에 대해 논하는 여러 기록들에는 여전히 기장으로 율을 구하는 방법에 대해 논의하고 있던 것이 당시 현실이었다. 담헌은 이에 대해 다음과 같이 강하게 비판하였다.

---

27 악률론에 관한 최근 연구로 김수현(2011)이 있다. 이 논문은 서명응의 저작인 『詩樂和聲』의 악률론을 연구한 것이지만 그 역사적 배경을 논의하기 위해 조선 전기의 악률론과 조선 후기 학자인 이만부, 박치원, 황윤석, 이형상, 이익, 홍대용의 악률론을 언급하였다. 이 가운데 이형상과 이익, 홍대용의 악률론은 기존 악률론에 대해 비판적 경향을 지닌 것으로 분석하였다.

28 세종 대의 율관 제작에 관하여는 이혜구(1976) 참조.

대저 성기(聲氣)의 근원은 갑자기 찾을 수 없는데, 진정한 황종률 얻기를 전적으로 기장에 떠맡겼기 때문에 고금이 맞지 않았던 것이 여기에서 더욱 심해졌다. 기장은 사실 천지간의 일물(一物)이므로 어찌 고금이 다르겠느냐만 세월은 풍년과 흉년이 있고, 땅은 비옥함과 메마름이 있으며, 산물은 대소가 있어 때에 따라 일정치 않으니, 옛사람이 기장으로써 율(律)을 구했던 방법은 옳지 못하다. 하물며 천년 후에 정제되지 않은 낡은 법으로 자연의 정성(正聲)을 구하려 하니 가능한 일이겠는가? 난계(蘭溪) 박연(朴堧)은 우리나라에서 음률을 잘 아는 사람으로 알려졌다. 그의 말에 "역대 음률을 제정할 때 기장을 쓰는 것이 일정하지 못하여 그 고하(高下)가 어긋나 있었다. 오늘날 중국과 우리나라 가운데 어디서 진정한 기장을 얻을지 알 수 없는데, 만약 중국의 것과 맞지 않을 경우 우선 임시로 다른 기장을 써서 중국의 황종에 맞추도록 한다."라고 했다. 내 생각에 중국과 우리나라의 기장 가운데 어느 것이 옳은 것인 줄 모르는데 굳이 억지로 중국의 황종(黃鍾)에 맞추려는 것인가? 다만 우리나라의 황종으로 율수(律數)를 밝히되 삼분손익(三分損益)으로 정밀하게 맞도록 한다면 또한 일국(一國)의 정음(正音)을 해치지 않을 것이라 생각한다. 또 "한(漢)의 기장은 옛것에 가깝고, 수(隋)의 기장은 맞지 않으며, 송(宋)의 기장 역시 맞지 않는다."라는 설은 아마도 의심스럽다.[29]

---

29 『湛軒書』外集 卷6, 「籠水閣儀器志」, '黃鍾古今異同之疑', "夫聲氣之元, 旣不可遽求, 則黃鍾之眞, 專責於榘黍, 而古今之不合, 惟此爲甚. 黍固天地間一物也, 豈判然於古今, 而歲有豊歉, 地有腴瘠, 産有小大, 隨而不同, 則古人之以黍求律, 亦末也, 況於千載之後, 欲因不齊之死法, 以求自然之正聲, 可乎? 蘭溪朴氏堧, 東方之號稱曉律者也, 其言曰, 歷代制律, 用黍不一, 高下差異, 則今日中國與我東, 未知熟得眞黍. 若不合於中國, 則姑從權宜, 用他黍求協於中國黃鍾云. 愚謂中國我東之黍未知熟是, 則何可强協於中國之黃鍾乎? 第因我東黃鍾, 使明於律數者十分精審, 於三分損益, 亦不害爲一國之正音耶. 又漢黍近古, 隋黍不協, 宋黍亦不中之說, 竊有可疑." 이하 번역은 민족문화추진회(1974刊), 『국역 담헌서』의 것을 참고했으며 일부 내용을 수정하였다.

기장을 쌓아 그 길이와 체적에 의해 율관을 추출한다고 할 때 기준으로 삼은 기장이 어떠한 토양에서 어떠한 기후로 자랐느냐에 따라 크기가 달라지는 것은 매우 자연스러운 일이다. 그럼에도 불구하고 굳이 자연의 소산인 기장으로 율관을 제작해서 써야 한다는 사실을 고집하고 억지로 중국의 황종에 합치시키려 노력했던 세종 대의 율관 제작 작업에 대해 담헌은 지극히 비합리적인 일로 판단하였다. 심지어 중국 역대로 율준을 제작하기 위한 다양한 시도 가운데는 비합리적이고 권력에 아부하는 방식까지 제기되었던 역사[30]도 있었다. 결국 담헌은 중국의 황종에 억지로 맞추어 율관을 제작하는 방식으로 타협하기에 이르렀던 선조들의 율관 제작은 실패라고 진단하고 있으며, 우리나라의 황종을 바탕으로 율수를 밝혀 삼분손익하여 율관을 산출하는 것이 옳다고 진단하였다.

대저 고금(古今)의 기장이 일정하지 않다는 것은 진실로 그러한데 황종이 송(宋)에 이르기까지 변하지 않고 그대로 존재했겠는가? 온공(溫公)과 촉공(蜀公)은 왜 여기에서 음률을 구하지 않고 굳이 일정하지 못한 기장을 써서 평생토록 옳고 그름을 가려내지 못하고 마치 송사(訟事)를 하듯 하려 했겠는가? 우리는 여기에서 옛 황종이 송나라까지 이르렀다는 것이 신빙성이 없다는 사실을 분명히 알 수 있다.[31]

---

30 송대에 촉의 도사인 위한진이 황제의 가운뎃손가락 마디를 기준으로 삼아 율관을 제작해야 한다는 방식을 제기하여 권력에 아부하고자 하는 설까지 제기되었던 현실을 말한다.
31 앞의 글, "夫古今秬黍之不一, 固其然也, 而可協之黃鍾, 至宋不變而尚存耶? 溫公蜀公何不於此求律而乃欲用必不一之黍, 平生不能定是非, 有若聚訟者然乎? 於此可知古黃鍾之至宋無憑也."

고금의 기장이 굵기나 크기가 일정하지 않고 각각 다르다는 것은 사실 상식이다. 기장이 자라는 지역마다 풍토가 다르고, 시간마다 풍흉이 다르기 때문이다. 그런 까닭에 일정 지역의 기장을 취해 율관을 제작했다 하더라도 황종의 율은 각각 달라질 것이고 그에 따라 음높이도 달라질 것이다. 담헌은 바로 그러한 사실을 지적하고 있다. 누서법에 의해 추출한 율을 기준으로 삼는 것이 옳지 않다는 점을 지적하였다.

　담헌은 또 현율체계 가운데 금현(琴絃)으로 율준을 삼는 방법에 대하여도 비판하고 있다. 기장 알의 크기가 일정하지 않은 것처럼 현의 굵기 또한 줄에 따라 다르기 때문에 율준이 될 수 없다는 것이다.

　　또 금현(琴絃)의 경우도 그러하다. 궁현(宮絃) 81사(絲)의 올의 굵기가 다른 것이 어찌 기장의 크기가 일정하지 못한 것과 무엇이 다르겠는가? 만약 궁현으로 인하여 옛 황종(黃鍾)과 합치되게 구하려면 81사를 기준으로 삼을 수 없으며, 부득불 그 수에서 혹은 더하고 혹은 빼서 쓰지 않을 수 없다. 이미 진정한 황종을 얻기 어려우니, 설령 사광(師曠)이 존재한다 하더라도, 아마 여기에 말미암아 삼분손익(三分損益)으로 정밀하게 구할 수밖에 없을 것이다. 혹자는 "황종의 정률(正律)은 고사하고, 비록 가장 마지막에 산출되는 중려(仲呂)음이라도 진정한 음을 얻어 그것에 좇아 12율을 손익(損益)하여 얻는다면 어찌 황종의 정성(正聲)을 얻지 못하겠는가?"라고 하였다. 이러한 설이 근사하지만, 지금 이를 논하자면 그 손익이 또한 어렵다. 남려(南呂) 이하를 나눌 즈음에 이미 차이가 나 버리지 않겠는가?[32]

32　앞의 글, "且以琴絃言之, 宮絃八十一絲, 絲之粗細, 豈異於黍之大小不一耶? 若因宮絃求協於古黃鍾, 則不可以八十一絲爲準, 而不得不或增或損於其數而用也. 然旣難得眞黃鍾, 則師曠雖在, 亦不過因是而求精於三分損益而已. 或曰黃鍾正律, 姑置勿論, 雖至于末之仲呂, 若得眞品, 從以十二損益, 豈不得黃鍾正聲乎? 此說近似而由今論之, 損益又難, 南呂

기장으로 율을 구할 경우 토양에 따라 각각 다른 크기의 기장이 산출되므로 그것을 바탕으로 하여 구하는 데에는 어려움이 있다는 사실은 앞서 언급하였다. 여기서 담헌은 명주실을 꼬아 줄을 만든 금현으로 율준을 삼아 황종을 얻는 것도 마찬가지라고 이야기하고 있다. 담헌의 「농수각의기지(籠水閣儀器志)」의 이하 내용에서는 그와 같은 불합리함에 대해 논의하고 있다.[33]

결국 담헌은 팔음(八音) 가운데 금음(金音), 즉 쇠붙이로 만든 것을 기준으로 율준을 삼아 황종을 구해야 한다고 그 대안을 제시했다.

> 대저 8음 중에서 금음(金音)이 머리가 되고 12율 중에서는 황종이 근본이 되니, 마땅히 금음(금속)으로써 황종률을 구해야 한다. 악기 가운데 종(鍾)이 곧 금속이니 12개의 특종(特鐘)에 기인하여 삼분손익(三分損益)을 한다면, 그 진율(眞律)을 구할 수 있을 것이다. 다만 편종(編鐘)의 제도에 의심할 만한 것이 다섯 가지가 있으니 비록 합률(合律)만을 구한다면, 어찌 일정한 제도가 없겠는가? 당향(唐鄕)이 제조한 것을 취해 보면, 혹 큰 것은 그 크기가 동이나 항아리만 하고 작은 것은 방울이나 목탁만 하니, 옛날에도 어찌 이럴 리가 있었겠는가?[34]

금음으로 황종을 구해야 하는 이유로 담헌은 악기의 제작 재료인 팔음[35] 중에서 금음이 머리가 되고, 12율 중에 황종이 근본이기 때문이라

以下之分之際, 其能無差乎?"

33 앞의 글.

34 앞의 글, "夫八音之, 金音爲首, 十二律之中, 黃鍾爲本, 當以金音求黃鍾, 而樂器之中, 鍾是金屬, 因十二特編, 三分損益, 則求得眞律, 似或可矣. 而編鍾之制, 又有可疑者五, 雖曰只求合律, 豈無一定之制乎? 取見唐鄕所造, 則或大如盆缸, 小如鈴鐸, 於古則豈有是理?"

는 사실을 들었다. 악기 가운데 제작 재료가 금속인 것의 으뜸은 곧 종(鍾)이다. 따라서 12개의 특종(特鍾)에 기인하여 삼분손익을 한다면 진율(眞律)을 구할 수 있을 것이라 했다. 그러나 금음으로 황종을 구할 것을 제안했지만 편종의 제도가 의심스러워 역시 율준으로 삼기 어렵다고 했는데, 이는 종의 크기가 각각 다르기 때문이라고 하였다.

결국 담헌은 기장을 쌓는 누서법, 명주실을 꼬아 만든 현으로 율준을 삼는 것 그리고 종률체계, 이 모두가 율준을 삼기에 적합하지 못한 것이라 논증하고 있다. 이 가운데 종률체계의 경우 8음 가운데 머리에 있기 때문에 율준을 삼기에 적합한 하나의 조건은 채우고 있지만, 그 역시 제도가 의심스럽다는 이유에서 적합하지 않다고 진단하였다.

담헌은 결국 가장 합리적인 방안을 찾아 제시하였다. 그것은 다름 아닌 양금의 현으로 율준을 삼는 것이다. 이러한 이론은 담헌에 의하여 처음 제기되는 방법으로, 담헌만의 독창적인 견해임이 분명하므로 주목을 요한다. 담헌은 다음과 같이 이야기하고 있다.

이제 어긋나지 않는 고준(考準)이 있으니, 서양금(西洋琴)이 곧 그것이다. 양금의 제도에서 두 괘(棵)는 음양(陰陽)을 나누는 것이요, 넉 줄을 한 벌로 한 것은 사시(四時)에 합치된다. 열두 줄은 열두 달을 상징하는 것이요, 3품(品)으로 분배(分排)하는 것은 천(天)·지(地)·인(人) 삼재를 상징하는 것이다. 근래에 2현(絃), 즉 변궁(變宮)·변치(變徵)를 더하니, 12율(律)과 4청성(淸聲)이 3품에 요연(瞭然)하며, 조현(調絃)도 매우 편리하고 상생(相生)이 분명하다. 비록 홀미(忽微)의 작은 착오가 있어서 문득 흩어지고

---

35 악기 제작 재료에 따른 구분으로 金部(쇠붙이), 石部(돌), 絲部(실), 竹部(대나무), 匏部(박), 土部(흙), 革部(가죽), 木部(나무)의 여덟 가지 구분 방식을 말한다.

어그러져 합치되지 않는다 하더라도 기장의 대소와 줄의 굵기가 균일하지 못해 발생되는 어려움에는 비교되지 않는다. 지금 세상에 정률(正律)을 구하고자 한다면 이 양금을 두고 무엇으로 하겠는가?[36]

양금은 현악기이지만 다른 현악기와는 달리 금속으로 줄을 만든다. 따라서 담헌이 주장하는 율준은 관율(管律)도 종률(鐘律)도 아닌 현율(絃律)이다. 다만 그 현은 명주실이 아닌 금속으로 만든 악기의 현이다. 양금은 악기의 제작 재료로 볼 때 팔음 중 금부(金部)에 속하는 것이다. 이는 담헌이 주장한 "8음 가운데 금음이 머리가 된다."라는 이론을 충족하는 것이 된다.

담헌이 양금으로 율의 기준이 되는 현율을 제시한 것은 세 가지 점에서 율준의 조건을 충족시킨다. 하나는 팔음 가운데 머리가 되는 금음으로 율준을 삼는다는 조건에 충족되고, 다른 하나는 관율을 율준으로 삼을 때 관의 두께나 연주자의 호흡 차이 등에서 나올 수 있는 부정확성 등이 모두 해결된다는 점이다. 또 하나는 금(琴)이나 거문고 등의 현율의 경우 줄의 두께가 각각 다르지만 양금의 줄은 넉 줄이 한 벌로 되어 있고, 줄의 두께가 모두 같다는 점에서 적합하다는 점을 들 수 있다. 결국 이와 같은 모든 요소를 충족시키므로 양금으로 율준을 삼아야 한다고 담헌은 주장하였다.

담헌이 금속의 재질로 된 양금의 줄로 율준을 삼을 수 있다고 주장

---

36 『湛軒書』外集 卷6, 「籠水閣儀器志」, '黃鐘古今異同之疑', "今有不差之考準, 西洋琴是爾. 洋琴之爲制, 兩棵分陰陽也, 一統四絲, 合四時也, 十二絃, 象十二月也, 三品分排, 象三才也. 近加二絃, 卽變宮變徵, 則十二律四淸聲, 瞭然於三品, 且調絃甚便, 相生分明. 雖有忽微之小錯, 輒致散乖而不合, 非比他黍之小大, 絲之粗細難於均一也. 居今之世, 欲求正律, 捨此琴而奚以哉?"

한 것은 이후 다산이 종률체계를 주장했던 내용과 비교할 만한 내용이다. 다산이 종률체계를 주장했던 근거는 팔음 가운데 종의 소리가 가장 길고 가장 웅장하기 때문이라는 데에 있었다.[37] 종의 재료가 팔음 중의 수위를 차지하기 때문이라는 담헌의 주장과는 차이가 있음을 알 수 있다. 그러나 종을 율준으로 삼을 경우 앞서 제시한 바와 같은 문제가 발생하므로 담헌은 역시 금음에 해당하는 타현악기인 양금을 율준으로 삼아야 한다고 했던 것이다. 따라서 조선 땅에 들어온 지 얼마 되지 않은 양금이라는 악기를 율준으로 삼아야 한다는 담헌의 주장은 합리적이면서도 혁신적인 주장이라 할 수 있다.

4) 담헌의 노래론

담헌은 이항(里巷)에서 지어진 가요(歌謠)의 중요성을 강조했다. 그것이 자연의 음향과 절주가 그대로 나오는 것이기 때문이라고 했다. 담헌이 '자연의 음향과 절주'라고 표현한 것은 인위를 가하지 않고 부르는 노래 그 자체를 염두에 두고 말한 것이다. 이러한 음악에 해당하는 것이 곧 민간가요이다. 『시경(詩經)』의 「풍(風)」과 같은 노래를 말하는 것이다.[38]

---

37 丁若鏞, 『樂書孤存』 卷1, "大抵八音迭奏, 五聲交錯, 淸濁高下, 參差不齊, 苟無一元大聲, 總領諸聲, 以節其遲疾長短之度, 則彼八音五聲, 亦錯亂而無紀, 若於八器之中, 歷選其最長最雄之音, 則惟鍾爲首."

38 담헌은 『시경』의 「국풍」에 대해 경학적 차원에서 논의되는 문제의식을 갖고 있는 것 같지는 않다. 다시 말하면 주자가 「국풍」을 '里巷歌謠之作', 즉 시정의 백성들이 지은 것이라고 보는 것에 대해 명말·청초의 학자들에 의해 제기되는 다른 해석, 예컨대 청초의 毛奇齡과 같은 학자에 의해 '성현들이 교화를 목적으로 지은 풍자시'라고 보는 문제의식은 「대동풍요서」에서 드러나고 있지 않다.

담헌이 보기에 『시경』의 「국풍」은 이항의 가요를 따랐기 때문에 혹 덕성을 함양하는 교화가 있기도 하고 아름답지 못함을 풍자하는 뜻도 있지만 모두 당시의 세상을 노래한 것이므로 의미가 있는 것이라 했다.[39] 그런데 주(周)나라 이후 화이(華夷)가 뒤섞여 방언(方言)이 변하고 풍속이 각박해지면서 인위(人僞)가 나날이 늘게 되어 뜻과 글이 서로 응하지 않게 되었고 노래가 교묘해지면서 자연스러움을 잃게 된 것이라 보고 있다. 이 경우 비록 이치가 바르다 하더라도 천기(天機)를 잃게 되는 것이 곧 그러한 이유 때문이라 파악했다.[40]

  담헌은 입에서 나오는 대로 노래가 이루어져 그 곡조가 제대로 만들어지지 않았다 하더라도 거기에서 천진(天眞)이 드러나면 자연에서 나온 것이라 할 수 있으므로 사대부들이 이것저것 주워 모아 애써 인위적으로 지은 것보다 낫다고 하였다. 여기에서 담헌이 좋은 노래의 가장 중요한 특성을 파악하고 있음을 알 수 있다.

  담헌은 「대동풍요서(大東風謠序)」의 앞부분에서 노래 가운데 '좋은 것〔歌之善〕'이 무엇인지 밝혀 놓았다. 곧 꾸미는 것과 졸렬함〔巧拙〕을 버리고, 선악(善惡)을 잊으며, 자연에 의지하고 천기를 발하는 것[41]이 좋은 노래라 했다. 혹은 인위를 내세우고 혹은 이념을, 혹은 기교를 내세워 사라져 가는 노래의 진정한 의미를 회복하고자 하는 담헌의 생각

---

39 『湛軒書』內集 卷3,「大東風謠序」, "詩之國風, 多從里歌巷謠, 或囿涵泳之化, 亦有諷刺之意. 雖有遜於康衢謠之盡善盡美, 固皆出於當世性情之正也. 是以, 邦國陳之, 太師採之, 被之管絃而用之宴樂, 使庠塾鉉誦之士, 田野襂灑之氓, 俱得以歡欣感發, 而日遷善而不自知. 此詩敎之所以自下達上也."

40 앞의 글, "自周以後, 華夷雜糅, 方言日以益變, 風俗澆薄, 人僞日以益滋, 方言變而詩與歌異其體, 人僞滋而情與文不相應. 是以其聲律之巧, 格韻之高, 用意雖密而愈失其自然, 理致雖正而愈喪其天機. 欲以此而紹風雅而化邦國, 則不亦遠乎?"

41 앞의 글, "捨巧拙, 忘善惡, 依乎自然, 發乎天機, 歌之善也."

을 읽을 수 있다.

3. 담헌의 음악 교류와 내·외적 소통

1) 악회 활동을 통한 내적 소통

음악이 '나누는 것'이고 '소통을 위한 것'이라는 개념은 조선 후기적 사고이다. 음악이란 내면적 정서를 함양하기 위해 혼자 하는 것이라는 사고가 지배적이었기 때문이다. 조선의 지식인들은 방 한 켠에 거문고를 비치해 두었다. 육예(六藝)의 하나로 교양을 익히기 위한 목적도 있었지만 글을 읽다가 삿된 생각에 빠져들 때 그것을 떨치기 위한 방법으로 악기 연주를 하기도 했다. 따라서 자신을 위한 악기 연주가 되었고 자신의 내면의 호흡을 찾아 갖추면 되는 연주였다. 또 그 음악이 특별히 기교적으로 훌륭할 필요도 없었다. 이러한 까닭에 조선시대 선비들이 즐기는 음악에서 난해한 기교는 발달하지 않았고 담백한 소리의 여운을 즐길 수 있는 정도에 만족했다.

그러나 담헌이 생각하는 음악은 이러한 사고에서 더 나아가 있었다. 이는 담헌이 활동한 18세기 음악사의 특징을 통해서 역으로 추정해 볼 수 있는 내용이기도 하다. 18세기 민간 지식층의 음악에서 보이는 주목되는 현상으로 음악양식의 다양화, 즉 다양한 파생곡의 발생,[42] 대규모의 악곡 형성, 새로운 악곡의 출현 등을 들 수 있다.[43] 이러한 특징들은

---

[42] 가곡과 영산회상과 같은 음악이 대표적인 예이다. 다양한 파생곡 발생에 관한 음악사회사적 배경에 관한 논의는 송지원(1992)에서 이루어졌다.
[43] 송지원(2003), 7면.

18세기 음악사를 구체적으로 설명해 낼 수 있는 주요 단서가 되는 것으로, 이미 여러 고악보(古樂譜)의 분석 연구를 통해 입증되었으며 일부 사회사적 접근을 통해 설명되었다. 기존 연구 성과들에서 이미 동의한 바와 같이 18세기 이후 음악 사회는 이전과 차별화되는 새로운 국면에 접어들게 된다.

이러한 새로운 양상이 전개될 수 있었던 것은 18세기 문인 지식층의 음악에 대한 태도 변화와 밀접한 관련이 있다. 음악에 대한 태도 변화는 음악 내부의 질서에 의한 내재적 변화에 기인한 것이라기보다는 음악 외부에서 촉발된 것으로 보는 것이 옳다. 다시 말하면 이전 시기에 비해 경제적으로 풍요해졌고 외부와의 빈번한 교류로 인해 사람들의 시야가 확대되고 문화적 욕구 또한 강해져 가는 시기라는 점과 무관하지 않은 것이다.[44]

담헌이 활동하는 때는 곧 이와 같은 시기였다. 보다 풍성한 문화 활동을 가능하게 했던 사회적 분위기, 거기에서 더 나아가 동인적 결속을 바탕으로 움직였던 담헌 주변 사람들과의 문화적 교감, 바로 그것이 담헌과 주변 인물들로 하여금 문화에 대해 보다 열린 시각으로 접근할 수 있도록 허용하였다. 이는 악기를 바라보는 태도도 달라지게 했다.

소위 백악지장(百樂之丈), 즉 모든 악기의 으뜸이라 하여 선비들이 애호했던 거문고의 예를 든다면, 주로 삿된 생각이 들 때 그에 빠져들어 갈 것을 허용하지 않고 성정을 다스리기 위한 목적으로 연주되어 왔다.[45] 선비들의 거문고를 생각할 때 여럿이 모여 합주하는 분위기를 연

---

44 경제적 풍요가 문화적 풍요와 밀접한 관련이 있다는 사실은 일반화되어 있다.
45 李得胤의 『玄琴東文類記』에서 인용해 놓은 김일손의 '琴架銘'의 예로 "琴은 禁하는 것[琴者禁也], 내 욕심 금하는 것[禁吾心也]. 시렁에 두고 높이는 것은[架以尊] 소리

상할 수 없었다. 그러나 담헌과 연암 등의 연암 그룹 인물들의 활동에서는 이전과는 차별화되는 새로운 예술적 분위기가 형성된다. 거문고를 포함한 여러 악기를 여럿이 모여 함께 연주하고 교감하며 감상하는 현장이 자주 연출되었기 때문이다. 이와 같은 분위기는 그 이전 시기에는 없었던 조선 후기 음악 문화의 중요한 특징으로 부각되었다.[46]

성대중(成大中)의 『청성집(靑城集)』에 드러난 담헌 등이 참여한 악회의 모습은 그러한 현장을 대변하고 있다.

담헌 홍대용은 가야금을 앞에 놓고, 성경 홍경성은 거문고를 잡고, 경산 이한진은 소매에서 퉁소를 꺼내 들고, 김억은 양금을 끌어 놓고, 악원공(樂院工) 보안 역시 국수로 생황을 연주하며 담헌의 유춘오에 모였다. 성습 유학중은 노래로 거들고, 효효재 김용겸은 나이 덕으로 높은 자리에 앉았다. 맛있는 술로 취기가 돌자 모든 악기가 함께 어우러진다. 정원이 깊어 대낮인데 고요하고 떨어진 꽃잎은 섬돌 위에 가득하다. 궁조와 우조가 번갈아 연주되니 곡조가 그윽하고 요원한 경지로 들어간다. 김용겸이 갑자기 자리에서 내려와 절을 하니, 모든 사람들이 놀라 일어나 피하였다. 김공이 말하였다. "그대들은 이상하게 여기지 말 것이다. 우임금은 옳은 말을 들으면 절을 했었다. 이것이 곧 천상의 음악인데, 늙은이가 어찌 절 한 번 하는 것을 아까워하리오?"

태화 홍원섭도 그 모임에 참여했는데, 나를 위해 이와 같이 들려주었다.

를 위한 것이 아니리[非爲音也]."와 같은 내용의 거문고 이미지는 조선시대에 일반적이었다.

46 박지원의 『熱河日記』, 이덕무의 『青莊館全書』, 成大中의 『青城集』 등의 문헌에서 이러한 분위기를 충분히 엿볼 수 있다.

담헌이 세상을 떠난 다음 해에 쓰다.[47]

담헌의 가야금, 홍경성의 거문고, 이한진의 퉁소, 김억의 양금, 보안의 생황, 이렇게 다섯 악기가 만나 조촐한 줄풍류 편성의 악회가 열린 장면이다. 여기에 진지한 감상자 홍원섭과 연장자이면서 정조 대 장악원 제조를 지낸 인물 김용겸이 가세했다. 또 신분이 다른 장악원의 악공 박보안이 함께 자리했고, 중인 신분인 김억이 양금을 담당했다. 가장 중요한 두 종의 현악기인 거문고와 가야금, 담헌이 해독하여 조선에 유행이 된 악기 양금 그리고 '황(簧)'의 제작 기술이 쉽지 않아 늘 문제를 일으켰던 악기 생황 등, 당시 가장 중요한 혹은 문제적 악기들이 모두 모였고, 담헌 주변의 인물들로서 악기 연주를 기본으로 한 사람들이 모여 음악적 교감을 이루었다.

이러한 악회는 기본적으로 여러 사람이 모여 음악으로 소통하기 위한 모임이다. 여기에서 문인들이 다루는 악기는 거문고에 국한되지 않고 가야금, 양금, 생황, 퉁소 등으로 다양해진다. 더 이상 혼자 연주하면서 성정을 함양하는 데에 그치지 않고, 여기에서 더 나아가 각자 담당한 여러 종류의 악기로 각자의 역할에 충실한 가운데 연출하는 '음악적 소통'을 위해 모인 현장이다. 여기에 박보안과 같은 신분이 다른 인

---

47 成大中, 『靑城集』 卷6, 「記留春塢樂會」, "洪湛軒大容置伽倻琴, 洪聖景景性操玄琴, 李京山漢鎭袖洞簫, 金檍挈西洋琴, 樂院工普安, 亦國手也, 奏笙簧, 會于湛軒之留春塢. 兪聖習學中侑之以歌. 嘐嘐金公用謙, 以年德臨高坐. 芳酒微醺, 衆樂交作. 園深晝靜, 洛花盈階. 宮羽遞進, 調入幽眇. 金公忽下席而拜, 衆皆驚起避之. 公曰: "諸君勿怪, 禹拜昌言. 此鈞天廣樂也, 老夫何惜一拜?" 洪太和元燮, 亦與其會, 爲余道之如此. 湛軒捨世之翌年記." 이와 관련된 내용은 송지원(1992)에서 이미 연구되었다. 이후 송지원(2003)에서 보다 확대된 논의를 하였다. 이 논문의 번역 일부를 수정하여 다시 제시하였으며 일부 논의는 그대로 가져왔다.

물이 함께한 것은 음악이 아마추어의 그것에서 벗어나 더욱 전문성을 확보해야 한다는 생각을 가졌기 때문이다. 실제 당시에 신분이 다른 음악 전문인들이 문인들과 함께 음악을 연주하는 현장은 여러 자료에서 자주 확인된다. 이와 같은 모임에 대해 당시 세인들이 '교불택인(交不擇人)', 즉 "사람을 가리어 사귀지 않는다."라고 종종 비난했지만, 음악의 전문성 확보를 위해서 신분이 다른 사람들과의 어울림으로 인한 비난은 이들에게 큰 문제가 되지 못했다.

이 악회에 함께한 이들은 음악 외적인 요소는 모두 배제한 채 순수히 음악을 함께 나누고 감상하기 위해 한자리에 모인 것이다. 이들이 연주한 음악이 '성악음악'이 아닌 '기악음악'이라는 사실은 우연이 아니다. 성악음악이 언어에 의존적인 음악이라면, 기악음악은 언어의 의미와 상관없이 음악 그 자체에 몰입할 수 있어 더욱 자율적이기 때문이다.[48]

이 악회에 모인 사람은 대부분 음악에 대해 열린 귀를 가졌고, 연주 솜씨 또한 전문가와 함께 어울려 손색없을 정도의 수준이면서 순수 감상용 음악을 구사하는 이들이었다. 이러한 소통의 현장에는 관객도 함께 자리하고 있었다. 바로 태화 홍원섭이다. 진지한 감상자로 함께 자리한 홍원섭은 음악에 뛰어난 감식안을 지녔다. 다음의 자료를 통해 홍원섭의 수용자적 경험을 살펴본다.

---

48 서양의 경우 기악음악을 성악음악보다 예술적인 것(낭만적인 것)으로 보는 사람 가운데 대표적인 사람이 E. T. A. 호프만이다. 호프만은 특히 기악을 '낭만적' 예술로 본다. 호프만이 사용하는 '낭만적'이라는 개념은 예술의 질적 개념으로, '낭만적이면 예술'이고 그렇지 못하면 '비예술'이라는 의미로 쓴다. 그런 맥락에서 호프만은 모든 예술 중 음악이, 특히 기악음악이 가장 낭만적이라고 주장한다. 연암 그룹 인물들의 樂會에서 연주한 음악이 기악음악이 주가 되었다는 맥락은 호프만의 이론과 비교해 볼 때 몇 가지 시사점이 있어 잠시 소개해 보았다.

오른편의 그림 한 폭에서 평상 위에서 슬(瑟) 타는 이는 담헌이요, 슬을 마주보고 금(琴)을 타는 이는 김생(金生)이며, 슬과 나란히 앉아 항아리 옆에서 귀를 기울여 듣는 이는 태화이다. 슬의 소리는 맑고 금의 소리는 그윽하다. 분리된 상태에서는 맑은 것은 맑을 뿐이요, 그윽한 것은 그윽할 뿐이다. 두 소리가 어울려야 맑은 것은 깊어지고 그윽한 것은 트이게 되니, 깊으면 심원해지고 트이면 화합한다.[49]

담헌이 슬(瑟)을 타고 있는 장면이 보인다. 담헌은 이미 거문고와 가야금 실력으로 정평이 나 있었는데 중국 악기인 슬도 섭렵했음을 알 수 있다. 슬과 잘 어울리는 악기인 금(琴) 또한 조선 사회에서 일반적으로 연주되는 악기는 아니었고 일정 시기가 되면 중국에서 악기를 사 와야 하고, 연주법을 배워 오기도 했지만,[50] 위의 장면에서는 담헌을 둘러싼 인물 가운데에 금슬(琴瑟)을 연주하는 이가 있었다는 사실도 확인된다. 이들의 음악을 감상한 홍원섭은 "슬의 소리는 맑고 금의 소리는 그윽하다. 분리된 상태에서는 맑은 것은 맑을 뿐이요, 그윽한 것은 그윽할 뿐이다."라고 묘사하였다. 금과 슬의 소리에 대해 이렇게 묘사한 것은 수용미학적인 측면에서 주목할 만하다. 수용미학은 수용자의 심미적 경험에 관한 내용을 다루는 청취자의 음악미학을 말한다. 담헌을 둘러싼 18세기의 음악현장에서 이와 같은 소통이 이루어졌다. 음악작품이 일정 기능이나 특정 목적을 위해서가 아니라 순수한 '예술'로, 미적 목

---

49 洪元燮, 『太湖集』卷5, 「書金生畵後」, "右畵一幅, 布床而瑟者湛軒也. 對瑟而琴者金生也. 並瑟而踞, 側耳聽于罃甕之旁者太和也. 瑟之聲淸, 琴之聲幽. 離之, 淸者淸而已, 幽者幽而已. 合之, 淸者深, 幽者暢. 深則遠, 暢則和."
50 중국에서 唐琴, 즉 금을 구입하고 악곡을 배워 오도록 했던 일은 1765년(영조 41)의 연행에서 담헌 일행에 포함된 장악원 악사 장천주의 과제로 부여된 일이기도 했다.

적을 위해 감상되고 있는 이 현장은 예술의 자율성이 최대로 발휘되고 있는 음악현장이라 할 수 있다. 비록 한정된 특정 감상자를 앞에 두고 하는 연주이지만, 이러한 무대는 18세기의 또 다른 음악현장에서도 있을 법한 모양이다.

이들이 연주하는 음악이 줄풍류이고, 공간적으로는 방중악(房中樂)에 해당한다. 줄풍류는 조선 후기의 풍류방 문화를 대표하는 음악이다.[51] 실내에서 현악기를 중심으로 동호인끼리 모여 나누는 음악이다. 줄풍류 음악을 연주할 때에는 특정한 지휘자 없이 거문고를 담당한 연주자가 중심이 되고 여타 악기를 담당한 사람과 교감하며 음악을 연주한다. 그들 사이에 음악을 연주하며 나누는 음악 언어는 소통의 최대치를 열어 놓는다. 이와 같은 악회에 모인 사람은 대부분 음악에 대해 열린 귀를 가졌고, 연주 솜씨 또한 전문가와 함께 어울려도 손색없을 정도의 수준이다. 이와 같은 모임이 이루어진 공간이 풍류방이었고, 이들의 풍류 활동은 18세기 풍류방 문화의 선도적인 모습을 보인다. 이들이 풍류방에서 음악을 연주하는 현장에서는 이미 음악의 자율성이 확보되었던 것이다.

이와 같은 음악의 자율성 확보의 밑바탕에는 음악 내부에 몰입하고자 하는 음악 생산자와 수요층, 향유층의 드러내지 않은 합의가 깔려 있다. 보다 세련된 음악을 선택적으로 듣고자 하는 수요층 또는 향유층, 음악적으로 더욱 완성도 높은 작품을 만들고자 하는 전문 음악인들의 자의식, 이런 것들이 보이지 않는 일정 지점에서 서로 만났기 때문에 비로소 가능해진 것이다. 담헌이 참여한 악회의 음악 소통 현장은

---

51 비슷한 시기에 만들어진 서양의 공개적 연주회장과는 성격이 다소 다르지만, 사회적 특수성을 감안하고 그 형성 맥락을 사회사적으로 비교해 보는 일은 가능할 듯하다.

조선 후기 음악사에서 줄풍류의 발달을 가속화시킬 수 있는 힘으로 작용하였다.[52]

조선 후기 문인들의 음악행위는 앞서 언급한 바와 같이 덕(德)을 함양하기 위해 홀로 음악을 연주하는 것이 일반적이었다. 감상을 위한 연주현장이라면 대개 음악 전문인들이 음악을 연주하고 문인들은 그것을 감상하는 방식이 지배적이었을 것이다. 이때에는 음악인들을 집으로 불러 연주를 듣거나[53] 음악인들을 대동하고 나들이를 나서서 음악을 듣는 방식의 연주 형태가 대부분으로, 앞서 예로 든 경우와는 차원을 달리한 것이다. 이런 경우 연주 행위와 감상 행위는 철저히 분리되어 있다. 연주 행위는 전문 음악인들의 몫이 되고, 감상 행위는 연주자들에게 일정한 대가를 지불한 사람들의 몫이 되는 것이다. 따라서 음악 전문인이 아닌데도 함께 모여 연주하고 때로는 음악에 관한 진지한 토론을 곁들인 음악 소통의 현장은 담헌과 같은 열린 태도를 지닌 학자들에 의해 조성될 수 있었다.

한편 담헌은 당시 음악 전문인들과의 소통도 매우 중시하였다. 앞서 살펴본 유춘오악회의 기록에서 장악원 악공 박보안이 함께 자리했던 것도 그들과의 교감을 중시해서이며 그들의 전문성을 함께 나누는 의미를 지닌다.

담헌이 교류한 음악인 가운데에는 금사(琴師) 연익성(延益成)이 있었

---

52 이하 내용은 송지원(2003) 참조.

53 유득공의 「유우춘전」에 이와 같은 정황이 잘 묘사되어 있는데, 종실 사람들의 연주 요청에 의해 음악 전문가들이 찾아가 음악을 연주하는 장면이다(柳得恭, 『泠齋集』 卷10, 「柳遇春傳」, "宗室大臣, 夜召樂手, 各抱其器, 趨而上堂, 有燭煌煌, 侍者曰, 善且有賞, 動身曰: '諾.' 於是, 絲不謀竹, 竹不謀絲, 長短疾徐, 縹緲同歸, 微吟細嚼, 不出戶外, 睨而視之, 邈焉隱几, 意其睡爾, 少焉欠伸曰: '止.' 諾而下. 歸而思之, 自彈自聽而來爾. 貴游公子, 翩翩名士, 淸談雅集, 亦未嘗不抱琴在坐.").

다. 연익성은 장악원 소속의 음악인으로 추정되는데 담헌은 그를 위해 제문(祭文)을 짓기도 했다. 훌륭한 음악인의 죽음과 그의 음악이 함께 사라져 감을 아쉬워하는 마음을 표현한 것이다.

담헌은 술 한 병, 초 두 자루, 돈 석 냥으로써 연사(延師)의 영을 멀리 영결(永訣)하노라. 그대, 죽었는가? 그대는 허약한 몸으로 53세를 살았으니 불행이라고 할 수는 없을 것이네. 비록 종신토록 가난했으나 뜻은 성색(聲色)이 있는 곳에 펼쳐 족히 즐겼으니, 그대의 삶에 다시 무슨 한이 있겠는가? 몸은 영관(伶官)이었지만 뜻은 훌륭한 선비와 같았고, 행적(行跡)은 배우와 가까웠으나 깨끗한 성품은 추수(秋水)와 같았네. 아! 그대의 어짊을 오직 나만은 아는데, 애석하도다! 사람과 거문고가 모두 없어졌으니, 나는 누구와 더불어 음악을 연주할까. 30년 동안 좋은 정이 이로써 영결이로다. 글자마다 눈물방울 그대는 와서 보는가?[54]

담헌은 장악원의 음악인 연익성과 30여 년 동안 교류했다. 젊은 시절 많은 시간을 함께하며 음악을 배우고 연주한 사이였음을 알 수 있다. 담헌이 다양한 악기를 다루고 일정한 경지에 도달할 수 있었던 것은 담헌의 주변에 연익성과 같은 음악 전문인이 가까이 있었기 때문일 것이다. 음악이 소통을 위해 중요한 것이라는 사실을 인식한 담헌에게 음악인과의 교류는 필수적인 것이었다. 전문 영역으로서의 음악인들의 존재에 대해 인정하고 그들과 교류하며 배우는 태도는 이와 같은 담헌

---

54 『湛軒書』內集 卷4, 「祭延益成文」, “湛軒以酒一壺燭一雙錢三兩, 遙訣于延師之靈. 君其死乎? 以君之虛脆, 得年五十三, 不可謂不幸也. 雖終身食貧, 而肆志於聲色之場, 亦足以樂, 君之生矣, 亦復何恨? 身處伶官而抗志如高士, 跡近俳優而潔性如秋水. 嗟! 君之賢, 惟余知之. 惜乎! 人琴俱亡, 吾誰與操音? 三十年情好, 從此而訣矣, 一字一涕, 君其來鑑.”

의 음악 인식에 기반하여 형성된 것이었다.

2) 양금 유입을 통한 외적 소통

조선 후기 외국에서 새롭게 유입되는 악기는 찾기가 어렵다. 그러한 가운데 중국에서 유입된 악기가 있는데, 이는 곧 양금(洋琴)이다. 양금의 존재는 여러 면에서 주목된다. 조선 후기 중국에서 유입된 외래 악기라는 점에서 그렇고, 중국에서 들어왔지만, 그 뿌리가 중국이 아닌 유럽에 있다는 점에서도 그러하며, 외래 악기로 유입되었지만 짧은 기간에 우리나라에서 정착하고 많은 사람들의 인기를 얻으며 뿌리내렸다는 점에서 그러하다. 그 외에 한 개인의 노력에 의해 우리 음악을 연주할 수 있는 악기가 되어 우리나라에 깊이 뿌리내리게 되었다는 사실도 주목할 만한 일이다.

양금이 우리나라에 들어온 해에 대한 정확한 기록은 없지만 여러 문헌 기록을 통해 추정이 가능하다. 양금의 고악보로서 가장 오래된 것으로 추정되는 순조조 편찬의 『구라철사금자보(歐邏鐵絲琴字譜)』에 의하면 대략 18세기 후반의 어느 무렵에 들어온 것이라 되어 있다. 그 기록을 참고하면 악보 편찬 당시보다 60여 년 전이므로 대략 1770년으로 추정된다. 또 장악원 전악 박보안이 연경에 가서 양금 연주법을 처음 배워 와서 우리나라 음악으로 번역했다고 기록되어 있다.[55]

그러나 다른 문헌을 참조하면 양금이 들어온 또 다른 연대가 제시되어 있다. 강세황(姜世晃, 1713~1791)의 『표암유고(豹菴遺稿)』 중의 「팔

---

[55] 李圭景 編, 『歐邏鐵絲琴字譜』, "有洋琴之屬, 流出我東, 則幾止六十載, 終無飜曲, 徒作文房奇?美而已. 正宗朝年當俟考年, 掌樂院典樂朴寶安者, 隨使入燕, 始學鼓法, 飜以東音."

물지(八物志)」56에 '서양금(西洋琴)'이 소개되어 있는데 이 자료는 그가 50세 나이였던 1762년의 것이다. 이는 『구라철사금자보』를 통해 추정된 양금 유입 연대보다 다소 시기가 앞선다. 강세황은 자료의 말미에 "우리나라 사람이 간혹 사 오는 자가 있는데 그 연주법과 성조(聲調)는 알지 못한다."라고 하여 당시로서는 악기 연주법을 터득하지 못했고 단지 기물(奇物)로서 사 오는 정도 이상의 것이 아니었음을 드러내고 있다.

또 유경종(柳慶種)의 『해암고(海巖稿)』 권7 계미년(1763)의 기록에는 "어느 집에 갔다가 우연히 서양금을 보았는데 그 모양이 괴이하다. 종이에 곡보를 써서 뒤에 붙여 놓았는데 알아볼 수가 없다."라는 내용이 있다. 위의 두 자료에 의하면 적어도 1762년 무렵에 이미 누군가의 연행 시에 사들여 온 악기였음이 확인된다.57

이러한 정황을 볼 때 양금의 도입 초기에는 문방의 기물로 보관되는 정도였지 음악을 연주하는 악기로서 자리하지 못했다는 사실을 알 수 있다. 담헌이 『담헌연기(湛軒燕記)』에 직접 기록해 놓은 다음의 양금 이야기에서도 그 악기가 우리나라에 뿌리내리게 될 것이라는 추측을 쉽게 하기 어렵다.

양금(洋琴)은 서양에서 나온 것을 중국이 모방하여 쓰고 있는 것이다. 오동나무 판자에 쇠줄을 써서 소리가 쟁쟁 울린다. 멀리서 들으면 마치 종이나 경(磬)의 소리 같은데, 소리가 너무 세고 커서 초쇄한 소리에 가깝기 때문에 금슬(琴瑟)의 소리를 따르려면 아직 멀었다. 작은 것은 줄이 열

---

56 八物이란 眼鏡, 西洋琴, 筆, 紙, 硯, 墨, 圖書(印章), 怪石의 여덟 가지를 말한다.
57 이하는 송지원(1999), 242~243면의 내용임.

두 줄, 큰 것은 열일곱 줄인데, 큰 것이 훨씬 우렁차고 맑게 들린다.

담헌이 1765년(영조 41)에 북경을 갔을 때 비로소 접한 양금의 소리에 대해서 기록한 내용에 따르면 "소리가 너무 세고 커서 초쇄한 소리에 가깝기 때문에 금슬의 소리를 따르려면 아직 멀었다."라고 표현했다. 같은 현악기라 인식했기 때문에 중국 악기의 지존이라 할 수 있는 금과 슬에 비교하여 설명하고 있다. 현악기에 대해 '우렁차다'는 표현을 한 것은 양금이 금속성의 울림을 지니고 있기 때문일 것이다.

담헌이 양금을 처음 접한 해가 곧 1765년이었다. 바로 그런 악기를 그로부터 7년 뒤인 1772년에 우리 음악을 연주할 수 있도록 만든 것이 바로 담헌이었다. 처음에는 양금이 '초쇄한 소리'라 묘사하는 정도였지만 그 소리가 우리 악기와 함께 어울리며 만들어질 수 있는 또 다른 조화를 담헌은 이미 예견한 듯하다.

연암의 『열하일기』 중 「동란섭필(銅蘭涉筆)」에는 담헌이 양금을 우리나라 음악을 연주할 수 있도록 한 바로 그 장면을 다음과 같이 기록하고 있다.

구라철현금을 우리나라에서는 서양금이라 부르며, 서양인들은 천금(天琴)이라 하고 중국인들은 이를 번금(番琴) 또는 천금(天琴)이라 부른다. 이 악기가 우리나라에 언제 들어왔는지는 자세히 모르나 토조(土調)에 맞추어 풀어내기는 홍덕보로부터 비롯되었다. 건륭 임진년(1772) 6월 18일에 내가 홍덕보에 집에 가 앉았을 때인데, 유시(酉時)쯤에 이 악기를 해득하였다. 홍덕보는 음악을 감식함에 꽤 예민해 보였고 비록 이것이 작은 기예에 불과하긴 하지만 처음 비롯되는 것이기 때문에 내가 그 일시를 자세하게 기록해 두었던 것이다. 이것은 그 뒤로 널리 퍼져 지금까지 9년 사

이에 제 악사들이 이 철현금을 타지 못하는 자가 없게 되었다.[58]

위의 기록은 양금이 들어온 해를 밝히지는 못했지만 외래 악기의 적극적 수용, 즉 양금을 토조(土調)로 풀어낸 것이 담헌에 의해 1772년에 이루어졌다는 역사적 사실을 알려 준다. 담헌의 양금은 1765년(영조 41) 11월 사은(謝恩)의 목적으로 연행하던 당시 직접 사 온 것이다.

그가 연행을 다녀오면서 직접 구입해 온 양금은 '소리'에 민감한 청년 담헌에게 여러 자극을 주었다. 막상 양금을 사 오긴 했지만 어떻게 연주해야 하는지 알 수가 없었다. 양금을 앞에 놓고 담헌은 이런저런 방식으로 소리를 내 보고 탐구한 결과 악기를 사 온 지 몇 년이 지난 어느 날, 사행을 다녀온 지 7년이 지난 1772년(영조 48) 6월 18일 유시(酉時), 즉 오후 다섯 시에서 일곱 시 사이 어느 무렵, 그의 나이 마흔두 살 때 양금을 토조로 해독했다. 양금으로 우리나라 음악을 연주할 수 있는 조율 방식을 터득하게 된 것이다. 양금은 담헌 말고도 이미 여러 사람들이 중국에서 가져왔기 때문에 이미 조선에 여러 대가 있었다. 그러나 그 누구도 제대로 소리 내지 못했던 터였기에 그의 업적은 매우 소중하다. 연암이 그 일시를 굳이 기록해 놓은 것도 바로 그 현장이 역사적 현장이 분명했기 때문이었다. 담헌의 이 사건 이후 제 악사들이 양금을 타지 못하는 자가 없을 정도가 되었다고 했으니[59] 외래 악기가 수용되어 한국화된 이후 상당한 인기를 끌었다는 사실을 알 수 있다.

---

58 朴趾源, 『熱河日記』 卷15, 「銅蘭涉筆」, "歐邏鐵絃琴, 吾東謂之西洋琴, 西洋人稱天琴, 中國人稱番琴, 亦稱天琴. 此器之出我東, 未知何時, 而其以土調解曲, 始于洪德保, 乾隆壬辰 六月十八日, 余坐湛軒, 酉刻立見其解此琴也. 槪見洪之敏於審音, 而小藝旣系刱始, 故余 詳錄其時日. 其傳遂廣, 于今九年之間, 諸琴師無不會彈."
59 앞의 글.

이후 양금은 지방으로도 널리 퍼져 새로운 소리를 갈망하던 18세기 사람들의 귀를 충족시켜 주었다. 결국 양금은 조선 후기에 가장 인기를 누렸던 음악인 영산회상이나 가곡, 시조 등의 반주 악기로까지 활발하게 연주되는 역사를 갖게 되었으며[60] 18세기 한국 음악사에서 중요한 사건으로 자리하게 되었다. 양금은 외래 악기로서 유입되어 단기간에 민간에 성공적으로 뿌리내린 악기라는 점에서도 중요한 의미가 있다. 이처럼 양금 수용과 정착의 역사의 중심에는 담헌이 서 있었다.

3) 연행(燕行)에서의 음악 체험과 소통

담헌이 18세기 당시에 비교적 열린 시야를 갖고 새로운 학문에 대해 긍정적인 태도를 취할 수 있었던 요인 가운데 하나는 곧 그의 연행(燕行) 경험이다. 1765년(영조 41), 담헌의 나이 35세에 이루어진 연행 체험[61]은 '연행 이전'과 '연행 이후'의 삶을 뚜렷이 구분할 수 있는 계기가 되었다. 문화예술적인 면에서 일정한 안목과 열린 태도를 지니고 있었던 담헌에게 연행에서의 여러 음악 체험은 그의 음악 세계를 넓히는 데 큰 기회가 되었다.

담헌은 서른다섯 살의 나이에 숙부인 홍억(洪檍)의 자제군관 자격으로 중국을 다녀오게 되었고, 연행을 통해 많은 것을 보고 돌아온다. 또 그곳의 지식인들인 엄성(嚴誠), 반정균(潘庭筠), 육비(陸飛)와 같은 인물

---

60 이하 내용은 송지원(1992; 1999)의 내용을 정리하였다.
61 담헌은 季父 洪檍의 자제군관 자격으로 1765년에 연행을 떠났으며 그 이듬해인 1766년 (영조 42) 嚴誠(35세), 潘庭筠(25세), 陸飛(48세)와 같은 중국 지식인을 만나 의형제를 맺을 정도의 친분을 맺고 그들과 긴밀하게 교류하였다.

과 함께 교류하는 가운데 여러 학문 분야에 대해 필담을 나누기도 했는데, 담헌의 이런 경험들은 그의 시야를 넓힐 수 있는 매우 소중한 기회가 되었다.

담헌이 중국을 다녀와서 쓴 일종의 중국 견문록인『담헌연기』·『을병연행록』에는 중국에서 보고 듣고 느낀 이야기들, 또 그곳에서 만난 여러 인물들과 나눈 대화 내용 등이 실려 있다. 그중에는 우리 거문고 소리를 다른 지역 사람들이 어떻게 느끼고 있는지 알려 주는 기록도 포함되어 있어서 우리에게 여러 가지 생각할 여지를 남긴다.

북경 사람들은 현금(玄琴) 소리 듣는 것을 기뻐하지 않는데, 오직 책문(柵門) 사람들은 매우 기뻐하면서 현금을 쟁(箏)인 줄 알고 있었다. 한번 연주할 때마다 부녀자들까지 몰려와 듣곤 하는데, 풍기(風氣)가 우리나라와 가까워서 그런 것인가! 봉성(鳳城)에 묵을 때 일이다. 나이 열네댓 살 되는 주인의 아들은 글자도 꽤나 알고 있었다. 그 아들은 현금 소리를 듣더니 머리를 숙이고 왔다 갔다 하면서 차마 가지 못하고 머뭇거렸다. 뭔지 모르게 이해되는 부분이 있었던가 보다. 계면조에 이르러 소리가 갑자기 처절해지자, 눈물을 머금었다. 그래서 그 연유를 물으니, 얼굴이 빨개지면서 대답을 못했다. 음악이 사람을 감동시킴이 이와 같아서, 슬픔과 원망의 곡이 극진할 때는 사람으로 하여금 눈물까지 흘리게 한다.

책문은 우리나라 국토 최전선에 가까운 중국 쪽 지역이다. 담헌은 북경 사람들이 싫어하는 거문고 소리를 책문 사람들이 관심을 보이는 이유를 '우리나라와 풍기가 가까워서'라고 진단하였다. 또 압록강의 지류 차오허 강〔草河江〕 유역의 펑청〔鳳城〕 지역에 담헌이 묵고 있을 때의 일을 소개하였다. 그 집주인의 열네댓 살 되는 아들이 거문고 소리를 듣고 눈물을 머금었다는 것이다. 열네댓 살의 나이라면 한창 감수성 예민한 사춘기에 접어든 나이인데, 그 사춘기 소년이 우리 거문고 소리를 듣고 눈물을 머금었다고 설명하면서 음악이 사람을 감동시키는 힘에 대해 이야기하였다.

국경을 달리하고 있는 지역의 사람들도 우리 거문고 소리를 듣고 감동해서 눈물을 흘렸으니 풍류를 아는 담헌은 그 광경을 보고 많은 것을 느껴 그 내용을 자신의 중국 견문록인 『담헌연기』에 담아 놓았다. 우리 악기 소리에 대해 당시 외국인은 어떠한 감수성으로 인식했는지, 담헌의 붓끝을 통해 우리에게 전달되었다.

담헌은 1765년(영조 41) 11월 2일 서울을 출발하여 12월 27일에 북경에 도착하였다.[62] 28일에는 예부(禮部)에 자문(咨文)을 바치는 데 따라가 예부의 구조를 구경하고 황실의 의례를 행하는 모습을 보고 이를 모두 기록해 놓았다. 고두(叩頭)와 같은 의례를 할 때 찬례(贊禮)가 외치는 말이 만주의 말이고 소리는 마치 우리나라 사람이 창(唱)하는 소리와 같다고 기록하기도 했다. 담헌은 또 정월 초하루에 있을 조참(朝參) 의례를 위해 홍노시에 모여 미리 연습을 하는 데에도 참여하였다. 외국 사신이 중국의 예절에 익숙하지 못하기 때문에 미리 익히기 위한 습의(習儀)의 기회였다. 이때 담헌은 류쿠국[琉球國]을 비롯한 여러 나라 사신들이 참여하는 예행연습을 경험하기도 했다. 1766년(영조 42) 정월 초하루의 조참례에 대한 묘사는 매우 상세한데, 이 가운데 황제의 음악을 들었던 경험에 대해 자세히 묘사하고 있다.[63]

---

62 『을병연행록』 권2, '이십칠일 북경에 들어가다'(이하 『을병연행록』의 내용을 인용할 경우 현대어로 바꾸어 표기한다).
63 이하 내용은 『을병연행록』 권3, '병술 정월 초일일 조참에 따라가다' 부분에 상세하다.

담헌이 궁의 정문으로 들어갔을 때 뜰의 동쪽에서 종(鐘)과 생황(笙
簧)의 소리가 들려오자 천천히 걸어가며 그 소리를 듣는다. 그 음악은
황제를 위한 것으로 의례 시작 전에 연습을 하기 위해 연주하는 음악이
었는데, 담헌은 이를 조선의 음악과 비교해 설명하고 있다.

> 　　음률은 우리나라의 우조(羽調)에 가깝고 (소리가) 맑고 높아 인간의 소
> 리 같지 않으나 다만 곡절이 번거롭고 촉박하여 유원(幽遠)한 기상이 없
> 고 조격(調格)이 천조(賤調)하여 온후한 맛이 적으니 북방의 초쇄한 소리
> 요, 중국의 고악(古樂)이 아닌가 싶었다.[64]

　　담헌은 만주어로 행하는 의례의 소리, 그리고 황제를 위해 연주하는
음악을 들으면서 그 음악을 조선음악의 우조(羽調)와 가깝다고 했다. 그
러나 그 정서에 대하여는 '온후한 맛이 적은 북방의 초쇄한 소리'라고
평가하였다. 이는 음악의 정서에 관한 내용이기도 하지만 청나라 궁정의
음악을 바라보는 담헌의 시선이 개입된 것이기도 하다. '번거롭고 촉박
한 소리'로서 '유원한 기상이 없다'는 내용은 유가 악론의 입장에서 본
다면 잘 다스려진 나라의 좋은 소리는 아니다. 담헌은 바로 그러한 정
서를 지니고 있는 음악이 황제의 거가(車駕)를 공경히 보내고 맞이하는
지송(祗送)과 지영(祗迎)을 위한 음악으로 쓰이고 있다고 파악했다. 또
그 음악의 특징을 '번거롭고 촉박하다'고 했다. 여기에서 담헌은 황제
를 위한 음악이라면 위의(威儀) 혹은 위엄(威嚴)을 느낄 수 있으리라 기
대했던 듯하다. 그러나 청나라 궁정음악에서 담헌은 그와 같은 특징을

64 『을병연행록』 권3, '이십구일 홍노시 연의에 가다'.

발견하지 못한다.

여기에 이어 황제를 위한 군악(軍樂)에 대해 묘사한 장면도 보인다. 어로(御路) 좌우에 벌여 놓은 군악을 위한 악대가 30쌍에 이른다고 했고 나발과 태평소, 홍사초롱 등이 도열한 악대, 누런 무늬를 굵게 수놓은 붉은 옷을 입고, 붉은 전립을 머리에 쓰고 그 위에 누런 깃을 꽂은 연주자들의 모습도 묘사해 놓았다. 조선에서도 잘 들을 수 없었던 왕의 음악이었지만 중국에서 황제의 음악을 들었으므로 담헌에게는 큰 음악적 경험이 되었음에 분명하다.

황제를 위한 음악 외에도 담헌은 정양문(正陽門) 밖에서 베풀어진 희자(戲子)놀음을 관람한 묘사도 상세히 하였다.[65] 이는 중국 민간예술 체험이라 할 수 있는데, 담헌은 희자놀음을 우리나라의 산대(山臺)놀음과 비교하고 있다. 희자놀음이란 소설 중에서 옛날의 사적을 모방하여 배우들이 역할을 분담하여 펼치는 일종의 연극과 비교할 수 있는 것으로 여염은 물론 천자를 위해서도 연행되었다고 하였다. 담헌은 이러한 연극 무대, 즉 희대(戲臺)에 대하여도 다음과 같이 상세히 묘사하고 있다.

집의 제도는 열세 길이고 사면이 열대여섯 칸이니 동쪽 벽을 의지하여 희대(戲臺)를 만들었다. 서너 칸 장막을 꾸미고 삼면에 비단 장막을 드리워 막았으니, 이는 몸을 감추어 온갖 단장을 꾸며 나오는 곳이다. ……
장막 밖으로 장막을 의지하여 두어 칸 탁자를 높이 꾸미고 그 위에 여러 사람이 늘어앉았으니, 이는 풍류하는 사람을 앉히는 곳이오, 생황과 현자

---

65 『을병연행록』 권3, '초사일 정양문 밖에 가 희자놀음을 보다'.

(弦子), 호금(胡琴)과 작은 북과 큰 징과 검은 아박(牙拍)은 다 풍류하는 도구이다.

이와 같은 장면은 당시 유행하던 희자놀음에 대하여 매우 상세하게 묘사한 것으로 무대의 구조와 음악 반주를 위한 악기들에 대한 정보를 알려 준다. 천 명 가까이 객석이 차 있다는 점과 자연 채광으로 내부를 밝혀 놓은 무대의 구조, 음식과 차를 차려 놓아 먹고 마시면서 구경을 할 수 있는 제도, 객석에 있는 사람들의 정보 등을 묘사하여 당시 북경의 민간과 궁정에서 유행하고 있는 희자놀음의 종합적인 정보를 제공하고 있다.

담헌이 북경에서 한 경험 가운데 빼놓을 수 없는 사건은 남천주당을 방문하여 처음으로 접하게 된 파이프오르간 체험이다.[66] 당시 담헌을 안내한 두 신부는 당시 남천주당의 유송령(劉松齡: A. von Hallerstein, 62세)과 포우관(鮑友管: A. Gogeisl, 64세)이었다. 이들은 담헌 일행에게 조선의 위치와 거리, 크기 등에 대해 물어보고 천주당의 이곳저곳을 구경시켜 주다가 남쪽 벽에 있는 파이프오르간을 보여 주었다. 담헌은 파이프오르간을 처음 본 장면에 대해 『을병연행록』에 이렇게 적어 놓았다.

남편으로 벽을 의지하여 높은 누각을 만들고 난간 안으로 기이한 악기를 벌여 놓았으니, 서양국 사람이 만든 것이요, 천주에게 제사할 때 연주

---

66 당시 북경의 천주당은 모든 연행자들이 반드시 첫손에 꼽던 장소였고 당시 천주당 소속 서양 신부들도 조선의 방문객들에게 친절했던 것으로 알려져 있다. 담헌이 천주당을 방문한 횟수는 남천주당에 세 번, 동천주당에 한 번 총 네 차례이다.

하는 풍류라.[67]

　‘천주에게 제사할 때 연주하는 파이프오르간’을 처음 본 담헌은 그것이 제사할 때 쓰는 악기라는 점에서 더욱 관심이 있었던 듯하다. 담헌은 신부에게 올라가 보여 주기를 청했지만 유송령은 난처해했다. 결국 여러 차례 청하자 열쇠를 가져다 문을 열고 사다리를 오르고 한 층을 다시 올라 누각 아래까지 가서 볼 수 있었다. 담헌은 파이프오르간의 구조를 다음과 같이 묘사해 놓았다.

　　큰 나무로 틀을 만들었는데 사면이 막혀 있으니 은연히 궤(櫃) 모양이고, 장광(長廣)이 한 발 남짓하고 높이는 한 길이다. 그 안은 보지 못하고 다만 틀 밖으로 50, 60개의 쇠통을 장단이 층층하도록 정제히 세웠으니, 다 백철로 만든 통이고 젓대 모양이다. 짧은 통관은 틀 안에 들어 있어서 그 대소를 보지 못하나, 긴 통은 틀 위에 두어 자가 높고, 몸 둘레 굵기는 두어 움큼이니, 대개 길이와 몸 둘레를 차차 줄였는데, 이는 음률의 청탁 고저를 맞추어 만든 것이다. 틀 종편에 두어 보를 물려 두어 자 궤를 놓았고, 그 뒤로 두세 칸을 물려 큰 뒤주 같은 틀을 놓고 틀 위에는 부드러운 가죽을 덮었는데 큰 전대 모양이다. 아랫부리에는 틀을 둘러 단단히 붙였으니 바람도 통하지 못하였고, 윗부리에는 넓은 널로 더데를 만들어 또한 단단히 붙였다. 더데 나무에 한 발 남짓한 나무 자루를 맞추었는데, 더데 나무가 심히 무거워 틀 위에 덮었더니 한 사람이 그 자루를 잡아 틀 앞을 의지하여 아래로 누르는데 가장 힘쓰는 거동이었다. 더데 판 두

67 『을병연행록』 권4, ‘초구일 천주당을 보다’.

어 자를 들어내고 구겨진 가죽을 팽팽히 펴서 사람이 자루를 놓은 후에
무거운 판이 즉시 눌리지 않도록 팽팽한 가죽에 얹어 놓은 것이다.[68]

담헌은 파이프오르간의 구조를 이처럼 상세하게 묘사해 놓았다. 주
지하듯이 파이프오르간의 구조는 세 부분으로 나뉘는데, 연주를 하는
연주대, 소리가 울리는 파이프, 그리고 파이프에 공기를 전달하여 울림
을 만드는 송풍장치이다. 담헌은 연주대를 궤 모양이라 묘사했고, 음높
이에 따라 그 굵기와 크기를 다르게 만든 파이프를 '백철로 만든 쇠통'
이라 묘사했다. 그리고 송풍장치에 대하여 상세하게 설명을 해 놓았다.
요즘의 파이프오르간은 전기모터로 대신하여 바람을 공급하지만 남천
주당의 파이프오르간은 전기장치가 없기 때문에 오르간 후면에서 힘이
센 남성 수십 명이 펌프질을 해야 연주가 가능한 구조였다. 담헌은 바
로 사람에 의해 송풍장치가 이루어지는 구조를 이처럼 상세히 묘사하
면서 파이프오르간의 소리 내는 원리를 모두 파악하였다. 악기의 소리
가 나는 원리를 모두 파악한 담헌은 유송령에게 악기 소리 내 볼 것을
간청하였다.

철통을 세운 틀 앞으로 나아가니 틀 밖으로 조그만 말뚝 같은 네모진
두어 치 남짓 되는 나무가 줄줄이 구멍에 꽂혀 있는데, 유송령이 그 말뚝
을 차례로 눌렀다. 상층의 동쪽 첫 말뚝을 누르니 홀연히 한결같은 저 소
리가 위에 가득한데, 웅장한 가운데 극히 정완하며 심원한 가운데 극히
유량하니 이는 옛 풍류의 황종 소리에 응하는가 싶고, 말뚝을 놓으니 그

68 앞의 글.

소리가 손을 따라 그치고, 그다음 말뚝을 누르니 처음 소리에 비하면 적이 작고 높았다. 차차 눌러 하층 서쪽에 이르자 극진히 가늘고 극진히 높으니 이는 율려의 응종 소리에 응한 듯 싶었다. 대개 생황 제도를 근본하여 천하에 참치(參差)한 음률을 갖추었으니, 이것은 고금에 희한한 제작이다. 내가 나아가 그 말뚝을 두어 번 내려 짚은 후에 우리나라 풍류를 흉내내어 짚으니 거의 곡조를 이룰 듯하였다. 유송령이 듣고 희미하게 웃었다. 여럿이 다투어 짚어 반나절이 지난 후에는 홀연 짚어도 소리가 나지 않아 동쪽 틀 위를 보니, 가죽이 접혀 있고 더데 판이 틀 위에 눌렸다. 대개 이 악기의 제도는 바람을 빌려 소리를 나게 하는데, 바람을 빌리는 법은 풀무 제도와 같았다.[69]

담헌이 '조그만 말뚝'이라 표현한 것은 오르간 스톱(organ stop)을 이르는 듯하다. 오르간 스톱이란 오르간에서, 어떤 하나의 음색을 가진 파이프의 계열, 혹은 그 한 계열을 발음할 수 있도록 하는 기구를 이르는 것이다. 담헌은 유송령이 내는 소리를 듣고 그 음이 무엇인지 모두 맞추었다. 유송령이 황종(c)부터 응종(b) 음에 이르는 음을 조작한 것으로 보인다. 담헌은 이어 오르간 스톱을 두어 번 짚어 조절한 후에 우리나라 음악을 그럴듯하게 연주하였다. 평소 음악 전반에 관해 깊은 관심을 가졌고 소리 내는 원리에 대해 이해하기 어렵지 않았던 담헌에게 간단한 선율을 소리 내는 것이 어려운 일은 아니었을 것이다.

이처럼 담헌은 남천주당 방문 첫날 본당에 설치된 파이프오르간[風琴]의 위용을 보고 그 규모에 압도되었고 이 악기를 면밀히 관찰한 후

---

69 앞의 글.

즉석에서 한 곡조 연주하였다. 그가 연주한 선율이 무엇인지 확인할 수 없지만 그의 즉흥연주를 감상한 사람들은 모두 감탄했다고 한다. 거기에서 더 나아가 파이프오르간의 제작 방식과 소리 내는 방식을 이해하고 주위에 상세한 설명까지 할 수 있었다. 당시 남천주당 소속 선교사인 유송령은 담헌의 이러한 재능에 대해 '아마도 처음 방문한 것은 아닐 것'이라 이야기할 정도였다. 후일 담헌은 귀국하여 연암과 함께 『노가재연행일기(老稼齋燕行日記)』를 내놓고 다시 읽으면서 파이프오르간에 대한 자신의 관찰이 피상적이었다고 같이 비판하면서 나라의 명이 있으면 이 악기를 만들 수 있을 것이라고 했다.[70]

담헌이 활동하던 시기에 외국에서 수입하여 조선에 뿌리를 내리게 된 새로운 악기는 단 하나가 있었다. 이는 '양금'으로서[71] 후일 담헌이 귀국한 후 우리나라 곡조로 연주할 수 있도록 하여 이후 우리나라에서 많은 사람들이 애호하는 악기로 발전할 수 있었다. 양금 이외에 다른 악기가 새로 들어온 것은 없던 터에 북경에서 만난 새로운 악기 파이프오르간은 담헌의 큰 관심을 끌었다. 국가적인 지원이 있다면 파이프오르간을 만들겠다는 담헌의 생각은 새로운 악기, 새로운 소리에 대한 큰 호기심을 읽을 수 있는 부분이며 한편 음악에 대한 실험정신이 늘 작동되고 있음을 알려 준다. 여기서 담헌이 새로운 문화 유입에 개방적인 태도를 지니고 있다는 사실이 확인된다.

담헌은 북경에 머물면서 그곳의 음악을 듣기 위한 시도를 여러 차례 하였다. 1766년(영조 42) 1월 7일 다산이 천주당을 보는 날, 천주당에 들르기 전에 호부낭중 벼슬을 하는 사람 집에 들러 중국의 음악을 들었

---

70 홍대용 저, 박성순 역(2001), 10면.
71 양금에 대한 내용은 앞 절에서 이미 논의하였다.

다. 당시 호부낭중 서종맹은 담헌 일행을 위하여 현자(弦子)를 연주하는 맹인 악사를 불렀다. 담헌은 그들이 마련해 준 자리에서 더 나아가 악사 가까이 다가가서 음악을 듣고자 하였다. 서종맹은 이미 담헌의 음악 실력을 익히 알고 있었던 듯하다. 종맹의 "풍류의 묘리를 아는 사람이라 자세히 듣고자 하시는구려."라는 말에서 그러한 정황을 알 수 있다. 담헌의 음악 실력은 이미 중국인들에게도 잘 알려져 있었던 듯하다. 결국 서종맹은 담헌이 음악 실력이 뛰어난 사람이라는 점을 감안하여 연주자들에게 "외국의 음률을 아는 사람이니 특별히 잘 타라."라는 주문을 특별히 하기도 했다. 이때 맹인 악사는 줄을 고른 후 연주를 하다가 노래를 함께 하였다. 그것을 들은 담헌은 "현자와 가사 소리가 공교롭게 어울렸다."라고 표현하였다. 이어 다른 한 사람이 들어와 비파를 연주했는데 노래에 맞추어 연주하는 솜씨가 들을 만하다고 평하였다.[72]

　이 외에도 담헌은 중국에 머무는 동안 수시로 중국 음악을 듣고 배우려는 노력을 기울였다. 담헌은 북경에 도착한 이후 중국의 금(琴) 연주를 잘하는 사람을 만나 음악을 듣기 위해 여러 방안을 강구하였다. 금은 특별히 당시 사행에서 구입해 와야 할 악기 목록에 포함되어 있었다. 담헌은 1766년 1월 13일에 유리창의 금포(琴鋪) 유생(劉生)을 만나 금 연주를 비로소 듣게 되었다.[73] 담헌의 본격적인 금 연주 감상은 그 다음 날 14일에 이루어졌다. 이때 담헌이 먼저 거문고 연주 시범을 보였고, 이후 유생이 금으로 '평사낙안(平沙落雁)' 12장을 연주하였다. 담

72　『을병연행록』 권4, '초구일 천주당을 보다'.
73　이때 담헌은 수행한 장악원의 악사와 함께 음악을 들었는데 이를 위해 木棉 한 필, 청심환, 종이부채 두어 가지를 예물로 주었다. 이때 악사는 은 5냥을 지불하고 琴을 구입하였다(『湛軒書』外集 卷7, 「燕記」, '琴鋪劉生').

헌은 며칠 후 장악원 악사와 함께 '평사낙안' 두어 장을 함께 배웠다.[74] 담헌은 이처럼 매번 악기를 배우러 갈 기회가 있을 때면 반드시 함께 참여하여 배움으로써 실험정신이 강한 음악가로서의 면모를 유감없이 발휘하고 있었다.

이와 같은 중국에서의 음악 감상과 악기 교습은 이후 귀가 밝은 담헌에게 중요한 음악 경험의 한자리를 차지하게 된다. 담헌이 조선의 음악에 대해 이론적인 면과 실기에 두루 능통했던 것도 이러한 외국 음악 경험과 무관한 것은 아니었다.

담헌이 금 연주자를 찾고 금을 특별히 배우고자 했던 노력은 당시 사행에서 수행해야 할 과제 가운데 하나가 당금(唐琴)과 생황(笙簧)을 사 오는 일이었기 때문이었다. 그 임무는 당시 상통사(上通事) 이익(李瀷)에게 주어진 업무였다.[75]

중국 악기인 금(琴)은 『서경』에도 나오듯이 이미 순(舜) 시대부터 있었던 고대 악기로서 우리나라에는 고구려 시대에 들어온 것으로 알려진 역사 깊은 악기이다. 이후 고려시대와 조선시대에도 계속 유입되어 우리나라에서 아악(雅樂)을 연주할 때 사용되었다. 그런데 그 전승에 지속적인 어려움을 겪었던 듯하며 이는 담헌이 연행을 했던 1765년(영조 41) 당시에도 여전했다. 영조는 사행을 갈 사람들에게 악기를 구입해 오고 그곳의 음률을 배워 오도록 명한 것이었다.[76] 따라서 담헌은 당시

---

74 『湛軒書』外集 卷7, 「燕記」, '琴鋪劉生'.
75 이때 수행한 악사는 典樂 張天株였다. 이에 관련된 기록은 『英祖實錄』卷106, 영조 41년 11월 2일(癸酉)에 나온다.
76 "冬至使 순의군 이휘과 김선행, 홍억 등이 하직인사를 하니, 임금이 소견하여 어찬을 내리고 4언시 각 2구를 몸소 써서 하사하여 그 사행을 영예롭게 하였다. 우리나라의 唐琴, 笙簧이 소리를 잘 이루지 못한다 하여 樂工으로 연행에 수행하는 자에게 그 음을 배워 오도록 명하였다."(『英祖實錄』卷106, 영조 41년 11월 2일(癸酉)) ; "'일행이 모두

상통사 이익, 악사 장천주와 함께 북경에서 금 연주 잘하는 사람을 물색하였고 음악을 함께 배워 익혔고 악기를 함께 구입하였다. 이와 같은 일련의 이야기는 담헌의 연행록에 상세하게 기록되어 있다. 담헌은 당시 상황에 대해 다음과 같이 묘사하였다.

> 이익(李瀷)이 당금(唐琴) 하나와 생황 하나를 더 얻어 왔으니, 당금은 푸른 옥과 수정으로 꾸미고 바탕은 파초 잎 모양으로 만들었으니 제작이 이미 기이하고, 그 소리를 들으니 아담하고 청원(淸遠)하여 짐짓 성인의 기물이었다. 이번 길에 나라에서 장악원 악사를 들여보내 당금과 생황을 사 오게 하고 겸하여 그 곡조를 배워 오라 하였으니, 이러므로 이익이 악사를 데리고 두 가지 곡조 배우기를 도모하여 당금 타는 이를 두루 찾아보니 정양문 밖에 타는 사람이 있다 하므로 내일 가만히 문을 나와 교섭해 보고자 한다고 했다. 당금과 생황은 다 팔려는 것인데, 당금은 값이 좋은 은 150냥이라 사지 못한다고 했다.[77]

조선 궁중의 음악기관인 장악원은 각종 국가전례를 위한 음악을 준비하여 왕실의 의례를 행할 때 연주하였다. 담헌 당시 장악원이 소장하고 있던 중국 유입 악기인 금(琴)과 생황은 여전히 외래 악기로서 외래 악기의 위상이 그대로 유지되고 있었다. 다시 말하면 여전히 수입

무사히 갔다 돌아왔는가?' 하니 김선행이 대답하기를 '무사히 돌아왔습니다.', '악사가 樂을 배워 가지고 돌아왔는가?' 하니 김선행이 말하기를 '배워 가지고 왔습니다.' 하였다. 악사 장천주에게 명하여 악기를 가지고 들어와서 笙을 불고 琴을 타게 하여 각각 한 곡씩 연주하게 하였다. 인하여 악공을 잘 가르쳐서 聲音을 번거롭고 촉박하게 하지 말도록 경계하라고 명하였다."(『英祖實錄』 卷107, 영조 42년 4월 20일(己未)).
77 『을병연행록』 권4, '초칠일 관에 머물다'.

에 의지하는 악기였다. 생황과 같은 악기는 이미 국산화가 시도된 바 있었지만 여전히 악기 제작이 어려워 생황의 가장 핵심인 황(簧)의 쇠청〔金葉〕 부분을 만드는 기술은 확보하지 못했던 시기였다. 따라서 매번 중국에서 쇠청을 수입해 와서 썼다. 담헌은 이 모든 과정에 함께하였다.

4. 맺음말

한국음악사에서 담헌이 기여한 몫은 적지 않다. 중국을 통해 조선에 유입된 새로운 악기 양금(洋琴)으로 우리나라 음악을 연주할 수 있도록 한 것은 가장 두드러진 공헌이다. 또 역대로 어지러워진 악률(樂律)제도로 인해 많은 학자들에 의해 악률 이론이 제시되었고 무엇으로 율준(律準)을 삼아야 하는지 논의가 많았지만 그에 대해 보다 합리적인 대안을 제시한 것은 담헌만의 탁견이라 할 수 있다. 담헌은 음악 전문인이 아니었음에도 불구하고 거문고, 가야금, 양금, 중국 악기 금(琴)과 슬(瑟) 등 여러 악기 연주에 능통했다. 이는 기본적으로 담헌이 음악을 좋아하는 애호가였기 때문이기도 하지만 음악을 바라보는 시선이 남달랐기 때문에 가능했다. 담헌에게 음악이란 한편으로 학문적 대상이기도 하고 소통하기 위한 것이며, 그것을 매개로 하여 삶을 함께 나누며 윤택하게 하기 위한 것이기도 했기 때문이다.

음악적인 측면에서 담헌을 포함하는 북학파 인물들의 사고를 볼 때 특히 '음악의 기능에 대한 자각'이라는 면에서 이전 시기와는 다르게 열려 있는 태도를 발견할 수 있다. 음악행위란 개인의 성정(性情)을 함양하는 데 중요한 매체라는 시각을 기반으로 하고 그 위에 음악행위의 상호성에 대해 자각하기 시작하였다. 다시 말하면 '소통과 교감' 즉 일방성이 아닌 주고받는 행위로서의 음악의 의미에 대해 진정한 고민을 하였다. 그 결과 '혼자 하는 음악'보다는 '여럿이 즐기며 하는 음악'에 대한 가치에 큰 의미를 두게 되었고, 조선 후기 음악 사회에 줄풍류 문화를 정착, 발전시켰다.

이들은 합주음악의 질 높은 연주를 위해서는 음악 전문인의 도움이 필요한 것으로 인식하였다. 따라서 연주의 전문성 확보를 위한 방법으로 자신들의 음악 연주 모임에 신분이 다른 악공(樂工) 또는 음악 전문인들을 가세한 음악활동을 전개하여 18세기 조선의 줄풍류 음악을 진흥시킬 수 있는 중요한 실험을 하였다. 18세기 줄풍류 음악을 대표하는 '영산회상'과 같은 음악이 여러 파생곡을 낳아 대규모의 악곡으로 형성된 것 또한 담헌이 지니고 있던 '함께하는 음악에 대한 중요성'의 자각이 있었기에 가능한 것이었다. 18세기 새로운 학문을 주도하였던 인물 중 하나인 담헌의 실용적 음악 인식이 조선의 줄풍류 음악을 발전시키는 데 중요한 이념적 기반으로 작용하였다. 그 결과로서의 줄풍류 음악은 현재에도 지속적으로 계승되고 있으므로 지속성의 측면에서 큰 의미를 부여할 수 있다.

또 담헌의 이용후생의 음악관에 대해 생각해 보았다. 이는 '음악이 삶을 이롭게 한다'는 차원에서 논의가 가능하다. 담헌은 유가 악론의 원론적 사유를 이미 뛰어넘어 있었고 세인들이 도식적으로 생각하는 음악 이상의 어떤 상을 확보하고 있었다. 다시 말하면 음악이 삶을 윤택하게 해 준다는 사실에 대해 의심하지 않았다. 이는 담헌이 음악행위를 '후생'의 차원에서 필요한 것으로 바라보았다고 평가되며 삶의 정신적 가치를 고양시켜 삶의 질을 높일 수 있는 것으로 인식하였다고 생각된다.

율준(律準)의 문제에서 담헌의 생각은 매우 자신감을 지니며 전개된다. 담헌은 기장을 쌓는 누서법, 명주실을 꼬아 만든 현으로 율준을 삼는 것, 종률체계 모두가 적합하지 못하다는 사실을 논증한 후 가장 합리적인 방안을 제시하는데 이는 양금(洋琴)의 현으로 율준을 삼는 방법이었다. 양금의 현은 팔음 중에 으뜸인 금음(金音), 즉 금속을 재료로 하여 만든 것이고, 현을 사용하지만 명주실과는 달리 굵기가 일정하기 때문에 율준을 삼기에 적합하다고 했다. 이러한 이론은 담헌에 의하여 처음 제기되는 방법으로, 담헌만의 독창적인 견해로 평가된다.

담헌이 생각하는 노래는 자연스러운 것이 가장 중요한 덕목이었다. 그러한 점에서 담헌은 이항(里巷)에서 지어지고 불려지는 가요만큼 자연의 음향과 절주가 그대로 드러나는 것이 없다고 보았다. 아울러 노래에서 천진(天眞)이 드러나면 그 또한 좋은 노래가 될 것이라는 노래론을 전개하였다.

담헌에게 음악은 학문의 대상이기도 했으며 삶을 윤택하게 하는 중요한 매개체이기도 했다. 음악 실기의 전문성도 중시하여 자신이 음악가 못지않은 실력도 갖추었다. 이는 단순히 음악 애호 차원에서 이루어진 것만은 아니었고 철저히 전문적이었고 실험적이기도 했다. 담헌의 이러한 음악 실력은 정평이 나 있어서 중국 지식인들 사이에도 잘 알려져 있었다. 중국의 문인들은 담헌을 위하여 그들의 음악을 들려주기도 했고, 담헌은 그들을 위해 거문고 연주를 들려주며 음악 교류를 하였다. 그런가 하면 북경의 천주당에서는 파이프오르간을 접하여 악기의 원리를 파악하고 직접 연주해 봄으로써 실험정신이 강한 담헌의 모습을 보여 주었다. 담헌은 연행을 통해 중국의 선진 문물을 경험하면서 그들 문물이 지닌 여러 장점을 목도하였다. 이는 담헌으로 하여금 문화를 현실적으로 바라볼 수 있는 시야를 확보하도록 하였다.

    담헌이 확보한 음악 지식과 소통의 양상은 당시 문인들의 그것과 차별화된다. 담헌의 음악 지식은 당대인에 비해 월등하였고, 담헌의 음악 인식은 매우 앞서 있었으며 담헌의 음악 소통 양상은 기존에 사람들이 지니고 있던 관념과는 달랐다. 이러한 양상은 18세기 조선 음악 사회를 한 단계 진전시킬 수 있는 힘으로 작용하였다.

參 考 文 獻

『詩傳』, 保景文化社, 1990.

『練藜室記述』, 민족문화추진회, 1982.

『禮記』, 「樂記」.

『禮記集說』, 保景文化社, 1990.

『朝鮮王朝實錄』, 국사편찬위원회, 1969∼1986.

『朝鮮王朝實錄』, CD-ROM. 서울시스템, 1995.

姜世晃, 『豹菴遺稿』.

金赫濟 校閱(1981), 『書傳集註』, 明文堂.

朴齊家, 『정유집』.

朴趾源, 『燕巖集』.

徐命膺, 『詩樂和聲』.

成大中, 『青城集』.

柳慶種, 『海巖稿』.

柳得恭, 『泠齋集』.

李圭景 編, 『歐邏鐵絲琴字譜』.

李德懋, 『青莊館全書』.

_____, 『雅亭遺稿』.

李得胤, 『玄琴東文類記』.

李 瀷, 『星湖僿說』.

이혜구 역주(2000), 『신역악학궤범』, 국립국악원.

鄭來僑, 『浣巖集』.

丁若鏞(1987刊), 『與猶堂全書』, 경인문화사.

_____(2007刊), 『樂書孤存』, 서울대 규장각한국학연구원.

洪大容, 『湛軒書』.

_____, 『을병연행록』.

_____(1974刊), 『국역 담헌서』, 민족문화추진회.

_____ 저, 박성순 역(2001), 『산해관 잠긴 문을 한 손으로 밀치도다』, 돌베개.

洪元燮, 『太湖集』.

남상숙(2009), 『악학궤범의 악론 연구』, 민속원.

노동은(1989), 『한국민족음악 현단계』, 세광출판사.

유봉학(1995), 『燕巖一派 北學思想 硏究』, 일지사.

이우성(2010), 『李佑成 著作集 1 : 韓國의 歷史像』, 창비.

김수현(2011), 「『詩樂和聲』의 악률론」, 한국학중앙연구원 박사학위 논문.

손태룡(1988), 「湛軒 洪大容의 音樂史想」, 『韓國音樂史學報』 1, 한국 음악사학회.

송지원(1992), 「朝鮮後期 中人音樂의 社會史的 硏究」, 서울대 석사학 위논문.

_____(1999), 「朝鮮 中華主義의 음악적 실현과 淸 文物 수용의 의의」, 『國樂院論文集』 11, 國立國樂院.

_____(2003), 「18세기 한국 음악사회의 몇 局面」, 『18세기 연구』 제7 호, 한국18세기학회.

이우성(1963), 「18세기 서울의 도시적 양상」, 『향토서울』 17호.

_____(1983), 「실학연구서설」, 『실학연구입문』, 일조각.

이혜구(1976), 「朴堧의 律管製作의 年代」, 『韓國音樂論叢』, 수문당.

조유회(2009), 「朝鮮後期 實學者의 音樂觀 硏究」, 성균관대 박사학위 논문.

湛軒의 知識人 交遊와 知性史的 位置

이경구 | 한림대 한림과학원 HK교수

1. 머리말

2. 낙론(洛論)의 사상 지형과 담헌

    1) 노론의리에 대한 견해

    2) 낙론과의 공유점과 차이점

3. 연행(燕行)에서의 지식인 교유와 사유의 변화

    1) 정보와 지식인 교유의 변화

    2) 역사 인식의 변화와 시운(時運)에 대한 긍정

4. 사유의 심화와 주변 지식인에게 미친 영향

    1) 화이 논쟁과 시의(時宜) 중시

    2) 주변 지식인에게 미친 영향

5. 맺음말

1. 머리말

18세기는 동아시아의 전통문화가 정점에 올랐던 시기였다. 상대적으로 안정된 사회·정치적 환경을 배경으로 동아시아 국가들, 지식인들은 자신들이 축적해 왔던 지식을 체계화하고 활발하게 교류하였다. 중국의 『고금도서집성(古今圖書集成)』·『사고전서(四庫全書)』, 조선의 『동국문헌비고(東國文獻備考)』 등 공찬 유서(類書)·총서(叢書)가 편찬되었고, 조선에서는 『성호사설(星湖僿說)』 등의 사찬 유서도 활발하게 저술되었다. 지식의 전문화와 지역화도 심화되었다. 연암(燕巖) 박지원(朴趾源)은 소천암(小川菴, 미상)이 지은 『순패(旬稗)』라는 책을 소개하였는데, 이 책은 민요·민속·방언과 속기(俗技), 심지어 종이연의 계보와 아이들의 수수께끼 등 여항 구석구석의 실태를 해설했을 정도였다.[1] 문화 교류도 활발하였다. 정조가 『사고전서』 구입이 여의치 않자 대신 『고금도서집성』을 수입한 사실은 잘 알려져 있으며, 일본에서도 『고금도서집성』 3질을 구입하여 나가사키와 에도에 소장하였다.[2]

총서와 유서 편찬 등을 통해 문화를 집성하는 작업은 기성의 지식을 하나의 구조 안에 배치하는 계보화 과정이자 문화 전형의 창출이다. 한편 그것은 지식이나 정보에 대한 접근을 용이하게 하여 지식의 평등화를 야기하였다. 이전 어느 시기보다 많은 정보를 소유하게 된 지식인들은 기존의 학문이 누렸던 선험적 정당성에 의문을 갖거나 권위의

---

1 朴趾源, 『燕巖集』 卷7, 「旬稗序」.
2 成大中, 『日本錄』; 홍학희 역(2006), 159면.

베일을 벗기고 지식 자체의 가치를 높이 평가하였다. 동아시아 각국의 지식인들이 이 시기에 '실학'적 사유를 배태했던 사실은 우연이 아니었다.

담헌(湛軒) 홍대용(洪大容)은 동시대 지식인처럼 성리학을 학문의 바탕으로 삼았지만, 박학과 폭넓은 지식인 교유로 한국 지성사의 새 장을 열었다. 근대 이후의 그에 대한 평가는 차치하고, 당대의 간략한 평가만 보더라도 그의 독특한 면면이 주목을 끌고 있었음을 확인할 수 있다. 담헌의 동문 황윤석(黃胤錫)이 전하는 간결한 정보는 다음과 같다.

(담헌은) 미호 김원행 선생의 친척으로, 어려서부터 그분의 문하에서 배웠다. 자질이 돈독하고 학문이 박학하여 과거 공부를 하지 않았으며 신해년에 태어났다. 일찍이 계부 홍억을 따라 연행하였는데 항주의 선비 엄성(嚴誠), 육비(陸飛) 등 9인과 사귀었다. 엄성과 육비 또한 중국 남방의 수재였는데 한 번 보고는 마음으로 사귀어 지금까지 수년 동안 만 리를 멀다 하지 않고 편지를 왕래하였다. 그 편지들로 서첩 수십 권을 엮고는 『고항유식(古杭遺式)』이라 이름지었다. 담헌은 또 기이한 서책을 가장 많이 소장하고 자명종·혼천의·서양 철사금도 갖고 있는데, 음률과 풍치를 즐겨 진솔하고 속태가 없다고 한다.[3]

황윤석의 정리에 의하면, 담헌을 대표하는 이력은 김원행(金元行)의

---

3 黃胤錫, 『頤齋亂藁』 卷12, 己丑 四月 初十日 壬戌, "於渼上丈席, 有姻好早遊門下. 資敦學博, 不事科業, 亦辛亥生也. 嘗從季父檍, 燕京之行, 須與杭州士人嚴誠陸飛等九人交遊. 嚴陸二子, 亦南士之秀也, 一見心許, 至今累年萬里通書不絶. 以其書簡作帖數十卷, 題曰 古杭遺式. 洪君又畜異書最多, 有自鳴鐘渾天儀西洋鐵絲琴, 喜音律風致, 眞率不俗云."

문인, 박학한 처사, 중국 선비들과의 만남과 지속적 교유, 기이한 서책과 문물의 소유자, 음악가 등이었다. 학맥을 제외한다면, 담헌은 문화 전형과 새로운 사유를 창출하는 18세기 동아시아 지식의 성취와 흐름을 가늠케 하는 좌표와 같은 인물이었음을 알 수 있다.

본고는 담헌의 학문 형성, 사유의 내용을 정치·사회적 맥락, 연행 그리고 주변 인물과의 교유를 축으로 삼아 분석하였다. 주변 인물들은 크게 김원행과 그의 문하, 중국의 선비들 그리고 담헌과 영향을 주고받은 인물들이다.

담헌은 '서인→노론→낙론(洛論)'으로 이어지는 학맥에 서 있었다. 낙론은 김원행의 활동에 힘입어 지역과 계층의 외연을 넓히고, 노론의 다른 학파인 호론(湖論)에 대응하는 정체성을 갖는다. 본인이나 주변 인물들이 대체로 낙론의 범주에서 벗어나지 않았으므로 그들에 대한 분석은 담헌식 사유의 뿌리를 찾는 작업이다. 담헌의 학문과 사유 변화의 큰 계기는 연행이었다. 연행 그리고 연행 이후의 서신 왕래를 계기로 그는 새로운 지식을 확인하고 사유를 정밀하게 가다듬거나 확장하게 되었다. 연행 이후 담헌의 저술은 주변 지식인 사이에 긍정 혹은 부정의 파장을 일으켰다. 그중 그를 계승한 지식인들은 연암을 중심으로 일군의 학문 그룹을 형성하게 되었다.

본고는 담헌을 둘러싼 지식인 그룹의 범주에 맞추어 3장으로 구성하였다. 시기를 정확히 맞출 수는 없지만 대체적으로 연행 이전, 연행 시기, 연행 이후가 된다. 담헌 본인의 생각은 그 시기에 벌어진 다양한 계기를 통해 고찰할 것이다.

2. 낙론(洛論)의 사상 지형과 담헌

1) 노론의리에 대한 견해

담헌이 태어난 1731년(영조 7)은 영조 전반기의 탕평이 시작하는 시기였다. 영조는 무신란(1728, 영조 4)을 진압한 이듬해 탕평을 표방하였다. 영조는 당시 최대 쟁점이었던 신임환국(辛壬換局)에 대해 노론과 소론 양측에 잘못이 있다는 양시양비론(兩是兩非論)을 제기하고 온건파를 상호 안배하는 쌍거호대(雙擧互對)를 실시하였다. 영조의 입장은 노론 측에서 줄기차게 제기했던 신임의리(辛壬義理)[4]를 부분적으로 인정하는 것이었으므로, 노론의리관에 투철한 노론 준론(峻論)들은 영조의 탕평을 '가짜 탕평〔假蕩平〕'이라 부르며 참여하지 않는 실정이었다. 한편 영조는 정치 운영을 사상계에도 적용하였다. 그는 사대부들의 사문시비(斯文是非)를 사사로운 영역에 국한하여 사상과 정치의 연계를 막았다. 그 조치는 사상과 정치의리의 일원성에 기반하여 노론의리론을 전개하였던 노론 정치 이론을 부정하는 것이었다.[5]

1745년(영조 21) 15세의 담헌은 부친 홍력(洪櫟)이 경상북도 문경현감에 재직하게 됨에 따라 문경의 사인들과 교류를 하게 되었다.[6] 『담헌서(湛軒書)』내집(內集) 권3의 앞머리에 실린 「여정광현서(與鄭光鉉書)」·「여채생서(與蔡生書)」·「여영백논소양사서(與嶺伯論瀟陽祠書)」는 이때 쓰여

---

4 경종 대에 노론이 연잉군(영조)을 왕세제로 세우고 대리청정을 주장했던 것은 붕당의 이익을 위해서가 아니라 의리에 기반한 것이었으며, 영조의 즉위를 실현하여 국가 안정의 기틀을 마련했다는 주장이다.

5 이경구(2004), 30~32면.

6 이하 본고에서 소개한 담헌의 연보는 김태준(1987)에 의거하였다.

진 편지로 추정되는데[7] 청년 시절 담헌의 정치 인식을 잘 보여 준다.

「여정광현서」에 나타난 담헌의 주장을 요약해 본다. 첫째, 정사(正邪)와 충역(忠逆)에 대한 판단은 엄중해야 하며 조정의 명령에 구애되거나 시빗거리를 야기하는 결과를 두려워해서는 안 된다. 둘째, 남인은 송시열(宋時烈)을 폄하고 신축년의 노론사대신을 사흉(四凶)이라고 여겼으므로 무신년의 반란과 같은 변란이 일어났다. 셋째, 정여립(鄭汝立) 사건으로 죽었다가 신원된 정언신(鄭彦信)을 소양사(瀟陽祠)에서 향사하는 것은 부당하며, 부당한 일을 행한 영남은 이적과 금수의 지경으로 변했다.[8] 그중 정언신의 출향에 대한 의견은 「여영백논소양사서」에서도 동일하게 반복되었다.[9] 한편 「여채생서」에는 탕평에 대한 견해가 좀 더 직접적으로 표현되어 있다. 당시 채생(미상)은 '치우친 의론을 병으로 여기는' 입장이었고 그 맥락에서 영조의 탕평을 지지하였다. 이에 대해 담헌은 그 태도가 군자다운 점이 있는 듯하지만 정직함이 우선이고, 지금은 정사와 충역이 서로 대립하므로 이를 뒤섞어 버리는 탕평을 주장한다면 붕당보다 화가 백 배나 더할 것이라고 하였다.[10]

담헌의 주장은 시비명변에 입각해 정사와 충역을 가린 후에 탕평이

---

7 「與鄭光鉉書」는 蔡生과의 논쟁과 瀟陽祠에 鄭彦信을 追享한 일에 대한 의견이 실려 있다. 「與蔡生書」는 채생과 정치 현안을 다룬 논쟁이다. 「與嶺伯論瀟陽祠書」는 소양사에 정언신을 추향한 것이 잘못이라는 내용이다. 세 편지가 채생과 소양사를 모두 언급하고 있으므로 비슷한 시기에 쓰였음을 알 수 있다. 소양사는 경상북도 문경에 있으므로 담헌이 부친의 부임을 계기로 그곳의 사인들과 교류했을 가능성이 크다. 소양사는 1712년(숙종 38)에 창건되었고 정언신은 1727년(영조 3)에 추향되었다. 그런데 소양사는 1745년(영조 21)년에 영조의 서원 정리 정책으로 인해 훼철되고 1801년(순조 원년)에 복설되었다. 따라서 담헌이 정언신의 출향을 촉구한 위 편지들은 1745년 무렵으로 추측된다.

8 『湛軒書』 內集 卷3, 「與鄭光鉉書」.

9 『湛軒書』 內集 卷3, 「與嶺伯論瀟陽祠書」.

10 『湛軒書』 內集 卷3, 「與蔡生書」.

가능하다는 전형적인 노론 준론의 논리이다. 이미 신원된 정언신의 추향을 문제 삼아 영남 남인을 이적이나 금수로 대번에 재단하거나 동서 분당 이후 한쪽 붕당이 사당(邪黨)에서 역당(逆黨)으로 변했다는 식의 표현은 상대 붕당과의 공존을 인정하지 않고 노론의 일당전제(一黨專制)를 지지하는 어법이다. 그 같은 어법이 당시 영조가 내걸었던 조제 위주의 탕평을 겨냥하고 있음은 물론이다.

시기를 정확히 고증할 수는 없지만, 대명의리론(對明義理論)에 입각해 병자호란 전후의 상황을 평가하였던 편지도 같은 인식선상에 있었다. 그 편지는 한중유(韓仲由, 미상)란 인물에게 보내는 답신이다.[11] 의례적인 인사말도 없이 첫머리부터 대뜸 자기 주장을 서술하고, 직설적이고 정연한 정리로 일관하는 내용을 보면 패기만만한 청년기의 저술로 생각된다.

편지를 보면 한중유란 인물은, 병자호란 때 의병이 크게 일어나지 않았던 상황에서 척화론(斥和論)은 손해만 있고 이익이 없는 주장이었고, 강화론(講和論)은 청을 달래어 무력을 막았다고 하면서 강화론을 지지하였다. 담헌은 이에 대해 첫째, 조선과 명은 군신과 부자의 의리를 겸한 특별한 관계였다. 둘째, 척화는 불변의 윤리를 지키는 의리에 기초한 행위이고 강화는 조선의 의기를 꺾어 버리는 행위였다. 셋째, 당시 조정이 척화의 정신으로 무장했더라면 임진왜란 때처럼 조선은 국난을 극복했을 것이라고 반박하였다. 대명의리는 바꿀 수 없는 원칙이며 이에 입각해 청의 요구를 단호하게 거부했다면, 만약 조선이 현실적으로는 망할지라도 불변의 의리를 검증했다는 사실에 기반하여 존재

---

11 『湛軒書』內集 卷3, 「答韓仲由書」.

의의를 갖는다는 주장은 김상헌(金尙憲), 송시열로 이어지는 서인-노론 계의 전형적인 입장이었다.[12]

청년 시절 담헌은 영조 초반 의리론을 강하게 견지하였던 노론 준론 계의 주장과 일치하였다. 그런데 간결하고도 엄정한 결론 가운데 논쟁을 해결하는 자세를 언뜻 내비친 대목은 그의 사유 전개와 관련하여 주목할 대목이다. 채생과의 논쟁에서 담헌은 "선입견을 주장하지 말고 새로운 앎을 받아들이며, 우물거리지 말고 시비를 밝게 분별하자. 제가 바라는 바는 이것에 지나지 않는다."[13]라고 맺었다. 합치하기 힘든 첨예한 현안에 대해 시비를 분별하기 위해 내린 제안이긴 하지만, 논쟁의 전제는 선입견에 얽매이지 않는 공평한 시각과 새로운 지식을 수용하는 열린 태도였다. 만약 그 태도를 상대뿐만 아니라 자신에게도 돌이켜 적용한다면 사유의 새 지평을 열 가능성은 충분하였다. 실제로 얼마 되지 않아 담헌은 그와 같은 행보를 걷게 된다.

1751년(영조 27) 21세의 담헌은 부친의 임지인 영남에서 윤증(尹拯)의 문집을 얻어 보고 회니시비(懷尼是非) 등에 대해 윤증의 주장에 자못 동의하게 되었다. 또 경종 대에 임인옥사(壬寅獄事)가 벌어졌을 때 노론 역시 궁중 세력과 지나치게 연계한 잘못이 있었다고 생각하게 되었다. 그해 여름 담헌은 스승 김원행에게 이상의 의문을 질문하였다. 김원행의 경우 조부와 친부, 형제를 비롯한 가문의 일원들이 임인옥사로 다수 죽임당한 터였던 지라, 그 질문은 금기를 건드린 것이나 다름없었다. 아니나 다를까, 조목조목 질의한 담헌에 대한 김원행의 답변은 다소 격

---

12 이경구(2007), 106~119면.
13 『湛軒書』內集 卷3, 「與蔡生書」, "毋主先入, 以來新知, 毋爲含糊, 明辨是非. 區區之望, 無過於此"

정적이었다. 회니시비 과정에서 보였던 송시열의 과격한 행보는 기질의 발로였다고 간단히 정리하며, 담헌의 조부 홍용조(洪龍祚)가 송시열을 효종 묘정에 배향할 것을 주장하였고 영조 초반에 소론을 공격했다가 삭출되기까지 했는데, 이 같은 집안의 세덕(世德)을 신뢰하지 못한다면 함께 말을 나눌 수가 없다고 하였다.[14]

당시 담헌의 고민과 김원행과의 문답은 시사하는 바가 크다. 윤증의 문집을 접한 담헌은 가문의 입장이나 당론에 얽매이지 않고 객관적 입장에서 비교하고 분석하였다. 그리고 의심이 생기자 대충 뭉개지 않고 설사 금기에 저촉되었다 할지라도 대담하게 질문하였다. 이전에 채생에게 했던, 선입견에 매이지 말고 새로운 지식을 받아들이며 우물거리지 말고 시비를 분별하자는 제안을 스스로에게 적용한 장면으로 보인다.

흥미로운 장면은 스승 김원행 역시 담헌에게 "낡은 견해를 털어 버리고 공평한 마음으로 생각하자〔濯去舊見 平心思之〕."라고 권유한 대목이다.[15] 문제를 해결하는 기반은 두 사람 모두에게 상통하는 지점이 있었다. 문제는 이 원칙을 자신에게도 투영하는지 여부일 것이다. 그 점에서 김원행의 답변은 스스로의 실존적 상황에 얽매여 있음을 부인하기 어렵다. 어찌 되었건 담헌은 스승의 훈계를 듣긴 했지만, 객관적 분석에 기반한 답변을 듣지는 못한 셈이다. 이는 김원행과 담헌이 공유할 수 있었던 지점과 갈라지는 분기점을 잘 보여 준다. 두 사람 모두 선대가 경험하고 쌓아 놓은 유산에서 자유로울 수는 없었다. 특히 김원행은 가화(家禍)의 당사자였으므로 유산이 드리우는 무게감은 훨씬 강했다. 반면 담헌의 실존적 위치는 상대적으로 자유스러웠고, 그가 견문했던

---

14 『湛軒書』內集 卷1, 「渼上記聞」.
15 앞의 글.

탕평의 효과 역시 무시할 수 없는 조건을 마련했을 수도 있다. 한 가지를 더 보탠다면 그의 기질을 들 수 있을 것이다. 애초 담헌은 윤증의 문사(文詞)가 창통(暢通)하고 사기(辭氣)가 완순(婉順)하여 점점 빠져들었다고 하였다.[16] 명료하고 온건한 논의를 좋아했던 그의 개성은 새로운 지식에 대한 개방적 태도를 견지하게 하였다.

『담헌서』에는 빠져 있지만 김원행의 문집에는 담헌의 온건하고도 개방적인 태도가 잘 드러난 편지가 있다. 영남의 연소한 남인들과 교유할 무렵 담헌은 김원행에게 고민을 털어놓았다. 그들은 비록 남인이지만 호의가 있고 노론과 상통하는 의론을 전개하므로 그들과 교류할 만한데, 다만 그중 일부는 송시열을 무욕(誣辱)한 부형을 두었기에 어떻게 대해야 하는지를 자문한 것이다. 이에 대해 김원행은 그들이 우리의 족류가 아니면 볼 만한 의리가 없을 것이고 송시열을 무욕한 부형을 둔 자들은 엄척해야 한다고 답하였다.[17] 편지에는 상대 붕당 인물들에 대해 집안 내력이나 정견을 부차적으로 간주하는 담헌의 모습과 선대의 연고에 매인 김원행의 모습이 대비되어 있다. 그러나 담헌의 개방적 태도는 스승의 엄책으로 인해서인지 더 이상 진전되지 않는다. 훗날 사상 방면에서 이루게 될 성과를 현장 정치에서 살필 수 없는 아쉬움이 남기도 하나, 그의 지향을 알 수 있는 편린을 찾을 수는 있다.

연행 이후 담헌은 노론 산림(山林) 김종후(金鍾厚)와 논쟁을 벌인다. 논쟁은 화이관에서 출발하여 예론으로까지 발전하였다.[18] 논쟁 중에 담헌은 예(禮)의 시의성을 강조하면서, 기해예송(己亥禮訟, 1659, 현종 즉위

---

16 앞의 글.
17 金元行, 『渼湖集』 卷10, 「答洪大容」.
18 김종후와의 논쟁은 본고 3장 1절 참조.

년)에서 선배들이 예론을 정치의리와 결합하여 마치 국가의 흥망이 걸린 일처럼 진퇴를 걸었던 사실을 비판적으로 평가하였다. 허목(許穆)과 윤휴(尹鑴)의 경우에도 예송을 기회로 정권을 잡으려 한 것이 잘못이지, 예론 자체의 문제는 아니라고 보았다.[19] 1774년(영조 50) 44세에 세손(정조)의 교육에 참여하였던 담헌은, 정호(程顥)가 정적이었던 왕안석(王安石)을 반대하였지만 자신들에게도 책임이 있다고 반성하였던 태도를 들며 스스로 반성하는 마음을 가지면 붕당의 화가 없으리라고 하였고, 이에 세손도 동의하였다.[20] 세손이 담헌은 고집스러운 의론을 하지 않는다고 평가하고 같은 자리에 있었던 이진형(李鎭衡)이 원래 담헌의 의론이 그렇다고 동의했던 장면에서도 평소 지론을 알 수 있다.[21]

표면적으로 보면 담헌의 견해들은, 학문과 정치를 결합하거나 군자-소인 엄별에 기초한 붕당정치를 긍정하는 노론의 논리에서 벗어나 학문과 정치를 분리하고 붕당을 조제하는 영조·탕평론자들의 논리와 공명하는 듯 보인다. 그러나 그는 조정론에 기초하여 의리·공사를 기계적으로 나누지는 않았다. "천하의 의리는 다함이 없으므로 자기의 소견만 옳다 할 수 없다. 요순과 같은 성인도 자기를 버리고 남을 따랐으니 지금 자기 주관만을 망령스럽게 고집하는 것은 천박한 일이다."[22]라는 언명에서 보듯이 그에게 천하의 의리는 여전히 표준이었다. 문제는 자기 주관에 갇혀 표준을 자신만의 것으로 독점하는 데에 있었다. 그 점에서 담헌은 의리의 공변성을 나와 타인에게 동등하게 적용하는 자

19 『湛軒書』內集 卷3, 「與人書〔二首〕」.
20 『湛軒書』內集 卷2, 「桂坊日記」, 甲午年 12월 4일.
21 『湛軒書』內集 卷2, 「桂坊日記」, 乙未年 2월 18일.
22 『湛軒書』內集 卷1, 「心性問」, "天下之義理無窮, 豈可自是己見而妄非他人乎? 堯舜之聖, 舍己從人, 今人之妄自主張, 多見其淺淺矣."

기반성과 타자 인정의 자세를 강조했던 것으로 보인다.

2) 낙론과의 공유점과 차이점

1742년(영조 18) 12세의 담헌은 김원행에게 배우기 시작하였다. 김원
행은 안동 김문 출신으로, 김창집(金昌集)의 손자이자 김창협(金昌協)의
양손(養孫)이다. 그는 김창협－이재(李縡)로 이어지는 낙론 학맥을 계승
하고 석실서원(石室書院)을 중심으로 문인을 양성하여 낙론의 외연을
확대하고 있었다. 담헌이 이른 나이에 김원행의 문인이 된 데는 양 집
안 사이의 세교가 크게 작용하였다. 김원행은 담헌의 종조부 홍귀조(洪
龜祚)의 딸과 혼인했으므로 담헌에겐 당고모부가 된다. 또 김원행의 친
제인 김탄행(金坦行)의 딸이 홍대묵(洪大默, 담헌의 6촌)과 혼인을 맺기도
하였다.23 담헌의 종조부 홍봉조(洪鳳祚)는 김창협의 문인이었고, 조부
홍용조는 영조 초반 노론의리를 맹렬히 주장하였다. 김원행은 홍봉조
・홍용조 형제에게 신임의리 관철은 세도 차원의 문제임을 밝히며 영
조 초반의 분등론을 비판하는 편지를 보내거나24 그들을 홍학사장(洪學
士丈, 홍봉조)・홍장(洪丈, 홍용조)으로 부르며 존신하였다.25

---

23 본고에 등장하는 담헌 집안 인물들과 김원행과의 관계를 간략히 표시하면 다음과 같다.
洪璹 ┬ 鳳祚 － 樸 － 大默(係) + 金坦行(김원행 친제) 女
     ├ 龜祚 ┬ 女 + 金元行
     │   └ 梓 － 大默(出)
     └ 龍祚 ┬ 櫟 － 大容
            └ 檍

24 金元行,『渼湖集』卷3,「與洪應敎〔鳳祚〕參議〔龍祚〕」.

25 金元行,『渼湖集』卷1,「將赴洪學士丈〔鳳祚〕之邀 道中有吟」; 卷2,「石林 與洪學士丈 拈
    三淵集中韻共賦」; 卷1,「歸路遇雨 有懷洪丈」; 卷1,「入長安寺〔時洪丈龍祚爲淮陽守 先已來
    在于寺中 ○丙辰〕」등.

홍봉조·홍용조와 같은 담헌의 조부들 그리고 스승이자 당고모부 김원행의 인식이 청소년기 담헌의 정치관 형성에 자양분이 되었던 점은 2장 1절에서 서술하였다. 그렇지만 정치관은 담헌의 사유 여정의 한 지표일 뿐이다. 보다 중요한 고찰 대상은 그들이 속해 있었던 낙론계의 사유가 담헌에게 어떤 영향을 미쳤고 담헌이 어떻게 새로운 지평을 열었을까 하는 점이다.

17세기 후반 노론 학계는 송시열의 서울 학맥[洛論]과 충청도 학맥[湖論]으로 크게 분화되었다. 그중 낙론의 비조가 되었던 김창협·김창흡(金昌翕) 형제는 안동 김문과 송시열의 정치 원칙을 계승하면서 서울·경기 지역의 상수학 중시 전통, 조성기(趙聖期)의 퇴·율절충론(退栗折衷論)의 영향을 받아 사상적 면모를 달리 가져 나갔다. 18세기 초 호론과 낙론은 유례없는 성리학 논쟁인 호락논쟁(湖洛論爭)을 벌이며 사상적으로 분기하였다.[26]

18세기 초 한원진(韓元震)·이간(李柬) 사이의 논쟁과 박필주(朴弼周)·이현익(李顯益) 사이의 논쟁을 통해 호론과 낙론은 각각 종지를 형성하며 정체성을 확보하였다. 1차 논쟁이 마무리된 1716년(숙종 42) 이후부터 1745년(영조 21)까지는 큰 진전을 보지 못하였다. 경종, 영조 초반에 노론과 소론의 정쟁이 격렬해지고 그에 따라 노론 전체가 결집했기 때문이었다. 2차 논쟁은 1745~1746년경에 시작하였다. 이 논쟁은 이재 문인과 한원진 사이에 격렬하게 전개되었다. 한원진은 이 시기에 이른바 '삼무분설(三無分說)'을 주장하였다. 낙론의 주장이 인물(人物), 유석(儒釋), 화이(華夷)의 분별을 없앨 것이라는 비판이었다. 이에 대해 낙

---

26 낙론의 형성과 사상 경향에 대해서는 이경구(2007); 조성산(2007) 참조.

론에서는 한원진의 학설이 `사람이 성인이 될 수 있는 가능성을 막는다
고 비판하였다. 한원진의 주장과 낙론의 반박은 상대방을 유학의 적으
로 몰 수 있는 위험한 논리였다. 이제 논쟁은 개인 사이의 철학, 학문
논쟁에서 학파 사이의 사상 투쟁으로 전화하였다. 김원행은 2차 논쟁
시기부터 호락논쟁에 개입하였다. 그는 호락논쟁에 대해 낙론의 종지
에 입각하여 사상 투쟁을 전개하는 한편, 논쟁 자체의 격화를 경계하여
지나친 가열을 막는 데 주력하였다.[27] 그의 두 가지 입장은 담헌의 사
상 형성과 관련하여 모두 의미를 갖는다.

첫째, 낙론에서 정립한 인물성동(人物性同), 미발심체순선(未發心體純
善), 성범심동(聖凡心同) 등의 언명이 가진 의미이다. 이상의 언명들은
성리 담론 내에서의 의미뿐만 아니라 인간을 둘러싼 외물에 대한 태도
에서도 중요한 지향을 내포하고 있다. 낙론의 지향은 동물, 오랑캐, 이
단과 같은 타자를 존재 차원에서 분리하고 변화 불가능의 영역에 묶어
두는가, 아니면 그 경계를 허물 수 있는지에 대한 판단이 근저에서 작
용하고 있다. 예컨대 가장 왕성한 논쟁이었던 인·물 논쟁의 경우 인간
과 동물에 대한 개념의 정립이 목적이 아니라, 유교 문명권 혹은 조선
의 현실에서 정립되어야 할 인간 혹은 인간적 질서에 대한 질문이었다.
낙론이 수립한 '인물의 본성이 같다'는 논리는 분별과 차이의 질서에
기초하여 조선과 사족의 존재 근거를 정당화하기보다는 변화와 개조에
대한 긍정을 기반으로 현실 변화를 낙관적으로 인식하려는 태도를 낳
는다. 이 점은 담헌의 화이관, 이단관 등과 관련하여 숙고할 부분인데
본고의 3장과 4장에서 상술하겠다.

---

27 호락논쟁의 형성과 전개 및 김원행의 주장에 대해서는 이경구(2006) 참조.

둘째, 논쟁이 가열되는 현상을 접하면서 논쟁에 임하는 자세를 반성하는 경향이 짙어졌다는 점이다. 그 경향은 낙론 중에서도 김원행과 그의 문인들에게서 주로 나타났다. 김원행은 문인들에게 논쟁에 휩쓸리지 말라고 여러 차례 경계하였고,[28] 나아가 유학 본연의 모습을 새로 찾고자 하였다. 그 출발은 '마음의 순일함'을 강조하는 데서 출발하였다. 그 관점에서 볼 때 가장 우려스러운 사회 현상은 외물의 유혹, 즉 공리나 명리 따위에 휩쓸리는 세태[流俗]였다. 김원행은 유속의 폐해를 이단보다 심하게 보았다. 이단은 동기라도 순수하지만 유속은 동기의 순수함조차 잃어버렸기 때문이었다. 세도를 담당한 사족이 유속에 휩쓸린다면 그들이야말로 유학의 적이었다.[29] 김원행은 성리를 둘러싼 논쟁 또한 '이기려는 마음'에서 발로한 유속의 폐해라고 보았는데, 그 관점을 담헌도 고스란히 계승하였다.[30] 그 자세는 학술의 미묘함에서 기인하는 이단의 발호에서 세도의 어두움을 찾았던 호론과는 차이가 컸다.

김원행은 유혹에 휩쓸리지 않는 마음을 '실심(實心)'으로 구체화하였다. 또 실심과 의미상 연관하는 '실사(實事)', '실공(實功)', '실사(實士)' 등의 개념을 강조하였다.[31] 그에게 실심은 유학 본연의 자세로 회귀한 성찰에서 체득되는 보편심이었고, 실사(實事)는 공허한 학풍에 대한 대비 개념, 실사(實士)는 실심을 현실에서 구체화한 인물이었다. 그 의미들은 호락논쟁과 같은 지나친 논쟁에 대한 비판, 경세적 관심의 제고,

---

28 黃胤錫, 『頤齋亂藁』 卷2, 丙子年 9월 29일.
29 金元行, 『渼湖集』 卷14, 「贈洪樂莘」; 卷14, 「諭石室書院講生」.
30 『湛軒書』 附錄, 洪大應, 「從兄湛軒先生遺事」.
31 金元行, 『渼湖集』 卷14, 「陶谷隨記」.

일용에 힘쓰는 유용한 학문에 대한 강조로 쓰였다.

담헌은 김원행이 강조한 주요 개념을 유사하게 이해하거나 때로 새로운 지점을 강조하였다. 당대 학문 풍토에 대한 두 사람의 비평은 범주상 흡사하면서도 비평의 지향점이 달라지고 있음은 주목해야 할 대목이다.

담헌은 김원행에 대한 제문(祭文)에서 일찍이 들었던 "묻고 배우는 것은 실심에 있고, 행해야 할 일은 실사(實事)에 있으니, 실심으로 실사를 행한다면 허물이 적어지고 공업을 성취할 수 있다."[32]라는 언급을 특기하였다. 김원행의 사상 핵심을 실심과 실사(實事)로 요약한 데서 그 영향력을 알 수 있다. 담헌은 덕(德)과 업(業)의 공통성을 중시하면서 이것을 인위적으로 안배하거나 분석하는 경향을 비판하였고[33] 성리란 일용에 흩어져 있는 것이므로 지행이 진보되면 천도에 통할 것이라고도 하였다.[34] 이상의 지적들은 일용에 힘쓸 것을 강조한 김원행과 다르지 않다.

그러나 담헌에게 일용은 강조 차원을 넘어서는 의미를 지녔다. "지금 사람들이 오로지 장구만을 캐어 근본을 얻은 듯하나 말예(末藝)에는 맞지 않아 모두 폐기해 버리므로 도를 아는 이가 드물게 되었다."[35]라는 지적을 보면, 일용을 도로 나아가거나 근본을 얻는 열쇠로 간주하였음을 알 수 있다. 지행의 병행이라는 전통적 맥락을 거스르지 않으면서

---

32 『湛軒書』 內集 卷4, 「祭渼湖金先生文」, "竊嘗聞, 問學在實心, 施爲在實事. 以實心做實事, 過可寡而業可成."
33 『湛軒書』 內集 卷1, 「小學問疑」.
34 『湛軒書』 內集 卷2, 「桂坊日記」, 乙未年 2월 18일.
35 『湛軒書』 內集 卷1, 「小學問疑」, "今人之專務章句, 固得其本, 而於其末藝不合專廢, 是以知道之人, 旣未易得."

도 그 가치를 조정하여 일상 사무에 능숙한 일을 선결해야 할 관건으로 전환한 것이다.

가치를 조정하는 면모는 경학에 대한 두 사람의 인식을 비교해 보아도 드러난다. 김원행은 학문을 과거지학(科擧之學), 사장지학(詞章之學), 경서장구지학(經書章句之學)으로 분류하고, 경학의 바탕 위에서 실천에 힘쓰는 자야말로 최상의 유자라고 정의하였다.[36] 그 분류는 담헌 역시 유사하였다. 담헌은 당대의 선비를 거업지사(擧業之士), 문장지사(文章之士), 경학지사(經學之士) 그리고 진사(眞士)로 재구성하였다.[37] 김원행의 경우 실천에 힘쓰는 학문의 체현자는 평소 표현대로라면 실사(實士)일 것이다. 그리고 실사는 분류상 담헌의 진사(眞士)와 같을 것이다. 그런데 김원행에게 과거와 문장에 힘쓰는 학문과 세 번째 분야인 경서장구지학은 상당한 차이가 있었다. 경학에 힘쓰는 이들은 비록 모자람은 있을지언정 경학의 성과에 바탕하여 실천하는 자이기 때문이었다.[38] 그에 반해 담헌이 제시한 세 가지 유형의 선비 사이에는 높낮음의 등급이 없다. 세속적 이해와 명예에 급급하기는 모두 마찬가지였다. 위선적 태도에 대한 비판의 강도는 오히려 경사(經士)에게 집중되었다.[39]

이 관점은 연행에서 만난 중국의 한림(翰林)인 팽관(彭冠)과의 대화에서도 드러난다. 담헌은 학문을 의리·경륜·문장으로 나누면서 문장은 부질없이 부화(浮華)하고, 경륜은 재물과 공업을 숭상하고, 의리는 행

---

36 黃胤錫, 『頤齋續稿』 卷6, 「渼上錄」, "今有科擧之學, 是最下第一層, 又有詞章之學, 是次上第二層, 又有經書章句之學, 是又次上第三層, 其視下二層, 固有間矣, 必也. 又就章句上, 因其所知而實踐之方, 是最上儒者事."
37 『湛軒書』 內集 卷3, 「贈洪伯能說」.
38 주 36) 참조.
39 주 37) 참조.

실을 닦지 않고 허명을 도모하므로 모두 '진실한 공부'가 아니며 기세도명(欺世盜名)이라 비판하였다.[40]

　김원행이 경학에 대해 신뢰를 걸고 있다면, 담헌은 경학 자체에 몰두하는 경향을 허학의 대명사로 여기는 변화를 보였다. 그 점에서 '실(實)' 혹은 학문에 대한 담헌의 사고는 파격이다. 그렇다면 담헌이 지향하는 '실'의 내용이 무엇인지 좀 더 규명할 필요가 있다. 담헌은, 증점(曾點)이 '기수(沂水)에서 목욕하겠다' 하고, 이를 공자가 칭찬한 『논어(論語)』의 구절을 두고, 증점은 구세(救世)의 마음이 없고 무실(務實)의 의지가 적으며 사물을 유기해 버렸다고 비판하였고, 공자가 증점을 칭찬하고 사무를 논의한 다른 제자들을 나무란 지적에 대해 의문을 표시하였다.[41] 성인을 근본에만 힘쓰고 말절(末節)을 힘쓰지 않는 존재로 여기는 것에 대한 비판 역시 같은 맥락이다.[42] 담헌에게 경학의 목표는 일상에서 배우는 차원을 넘어 구세이고 무실을 적극적으로 수행하는 것이었다.

　무실을 강조하는 담헌의 사유는 실학에 대한 전통적인 맥락을 몇 가지 점에서 변화시켰다는 점에서 주목할 수 있다. 조선시대 실학의 의미

---

40 『을병연행록』; 소재영 등 주해(1997), 374~375면. 『을병연행록』의 이 단락은 『湛軒書』의 기록과 정반대이다. 『湛軒書』(外集 卷7, 「燕記」, '吳彭問答')에서는 "학문을 삼등분하는 것은 세속 선비의 고루한 소견이다. 의리를 버리면 경제는 공리에 흐르고, 문장은 浮藻에 빠지니 학문이 될 수 없다. 또 경제가 아니면 의리를 펼 데가 없고, 사장이 아니면 의리를 나타낼 수 없다. 그러므로 세 가지 중 하나라도 버리면 학문이라 할 수 없다. 그렇다면 의리가 근본이 아니겠는가"라고 하여 의리에 기반한 경제, 문장의 학문을 모두 긍정하였다. 『을병연행록』의 기록이 생생한 상황을 전달하고 또 「贈洪伯能說」(주 37))과도 내용상 일치하므로 본문에서는 『을병연행록』을 따라 해석하였다. 다만 『을병연행록』과 『湛軒燕記』를 정밀히 대조하는 작업은 추후 과제로 남긴다.

41 『湛軒書』 內集 卷1, 「論語問疑」.

42 『湛軒書』 內集 卷1, 「大學問疑」.

는 크게 두 갈래로 구분된다. 일상적으로 쓰인 실학은 모호한 개념이 아니라 과거의 강경 과목을 위한 공부, 혹은 강경을 업으로 삼는 일을 지칭하였다.[43] 그런데 16세기 후반부터 실학은 과거를 위한 경학이란 의미 외에 과거를 포기한 처사의 학문, 군주의 성학(聖學), 마음을 다스리는 학문이라는 의미를 함께 갖기 시작하였다.[44] 조선 중기 이후 등장한 새로운 실학 개념은 성리학에 대한 이해가 깊어진 사실과 관계가 있다. 중국 송대 이후 성리학자들이 불교의 공허함을 효과적으로 드러내기 위해 자신들의 학문을 '실(實)'이라 언명한 맥락을 계승하였기 때문이다.[45] 특히 이이(李珥)는 성(誠)−실리(實理)−실심(實心)으로 이어지는 기존의 의미 연관에 실공(實功)과 실효(實效)를 부가하여 실리와 실심이 변통·경세와 불가분한 관계를 맺고 있음을 강조하였다.[46]

이이를 거치면서 실리·실심→실공·실효 등으로 확대된 의미장을 가진 실학 연관 개념들은 17세기 후반 이후에도 지속하며 개인의 사상에 따라 여러 차원으로 변주되었다. 예컨대 반계(磻溪) 유형원(柳馨遠)은 실리에 근거하여 사회 전반 차원에서 변통·경세론을 구상하였고, 김원행은 실심에 기반한 실사(實事)·실공·실사(實士)를 강조하였다. 개인에 따라 국가·사회의 개혁과 같은 경세적 관심, 성리학의 지나친 논

---

43 『顯宗改修實錄』 원년(1660) 1월 辛巳의 기사가 대표적이다. "擧子 가운데 實學으로 이름난 사람[나라 사람들이 講經으로 業을 삼는 사람들에 대해 '실학한다'고들 한다]이 있으면 製述이 형편없어도 방문해 가며 뽑아야 하니 참으로 한심할 따름입니다.[擧子中實學有名, 則〔國人, 以業講經, 爲實學.〕製述雖無形, 訪問而取之, 良可寒心.]"
44 『宣祖修正實錄』 5년(1572) 1월 戊午 ; 『宣祖實錄』 14년(1581) 10월 丙午 ; 『肅宗實錄』 13년(1687) 2월 壬子.
45 程頤가 도학과 경학을 실학이라고 정의한 이래 주희를 비롯한 성리학자들이 理의 현실성이나 현실에서 작동하는 덕목(인의예지, 誠, 예의)을 강조할 때 實理로 표현하여 실리·실학 개념의 범주를 확정지었음은 잘 알려져 있다.
46 李珥의 실학 관련 의미장의 전개는 김길환(1972) 참조.

쟁에 대한 비판, 과거 위주 학문이나 세속적 명성에 대한 비판, 일용에
힘쓰는 유용한 학문에 대한 강조 등으로 분화한 것이다. 그럼에도 그들
의 실학 강조는 정주(程朱) 이래 실학 혹은 그와 연관된 개념들의 용법
에 충실하거나 지향점을 확대한 자리에 놓여 있었다.

　담헌은 이상의 흐름 속에서 어디에 위치하고 있었는가. 담헌이 세자
익위사 시직(侍直)이 되었을 때에는 경학하는 선비로 소개되었다.[47] 『계
방일기』 후반에서 담헌은 자신은 과거를 그만둔 지 4~5년이 지났다
했고, 이에 대해 이보형은 담헌이 과거를 그만둔 까닭은 "실을 오로지
하여 안을 돌아보기 위한 계획〔專實向裡之計〕에서였다."라고 평가하였
다.[48] 담헌은 경학하는 선비, 과거를 단념하고 학문하는 선비로 인식되
었던 바, 그 면모는 전통적인 실학 개념의 맥락에서 이해될 수 있다.

　그러나 18세기 중반 이후의 학자들은 성리학의 맥락에서 써 왔던 실
학과는 또 다른 지향을 전개하고 있었다. 앞서 소개했듯이 담헌은 본업
과 말업의 가치 조정, 무실과 구세에 대한 강조 등을 통해 새로운 사유
를 향한 싹을 틔웠다. 그 싹들은 시세관, 성인관, 화이관 등과 연결되며
사유 틀 자체를 근본적으로 재고하는 수준으로 나아갔다. 그가 도달한
실의 정신이 상징적으로 집약된 것은 「의산문답(毉山問答)」에서 실옹(實
翁)과 허자(虛子)를 등장시켜 양 사유를 극명하게 대립시킨 일이다. 허
자가 상징하는 '허학'이 불교에서 기성의 성리학으로 치환된 것은 담헌
이 독자적인 사유의 경지로 나갔음을 보여 주며, 후대에 그를 실학자로
해석하는 여지를 준다.

47　『湛軒書』 內集 卷2, 「桂坊日記」, 甲午年 12월 1일.
48　『湛軒書』 內集 卷2, 「桂坊日記」, 乙未年 8월 26일.

3. 연행(燕行)에서의 지식인 교유와 사유의 변화

1) 정보와 지식인 교유의 변화

명(明)에 다녀온 기록을 '조천(朝天)'으로 명명함에 비해 청(淸)에 다녀온 기록을 '연행(燕行)'으로 명명한 것은 명과 청을 대하는 조선 지식인들의 위계적 인식을 상징적으로 보여 준다. 조천이 '삼대(三代)→명→조선'으로 이어지는 문명화 과정의 자연스런 답습이었던 데 비해, 연행에 임하는 조선 지식인들의 심정은 복잡하기 이를 데 없었다. 연행은 '이(夷)의 중화(中華)'라는 모순적 존재인 청에 대한 체험이면서 '이의 중화에 사대하는 소중화'인 조선의 존재 의의를 확인하는 최전선이었다. 복잡함을 더 심하게 만든 것은 그 중화가, 조선인들의 기대 방향대로 움직이지 않고 항상 변화하고 있다는 사실이었다. 변화하는 현실을 어떻게 받아들이고 그 변화를 고정적인 기준과 어떻게 대응해야 하는지에 대한 고민이 연행록에는 배어 있다. 그 점에서 연행록은 존재감의 확인서이고 정보의 전달자이기도 했지만, 사고의 개변을 유발할 수 있는 매체이기도 했다. 특히 청의 지배가 공고해지고 문물이 발전하는 현실을 전달할수록 그 휘발성은 강했다.

문제와 파장을 종종 불러일으킨 연행록은 의미상 정보의 매개자이자 청에 대한 인식 틀의 유발자라는 두 측면에서 분석해 볼 수 있다. 두 측면은 특징이 사뭇 다르다. 정보는 연속적이며 시간의 흐름에 따라 점점 쌓인다. 그에 비해 사유 구조는 틀의 고정과 전변(轉變)이라는 질적 변화의 차원이다. 청을 대하는 인식 태도, 입맛에 맞게 취사하는 담화 양식, 욕구가 그려 내는 상상 등이 복합적으로 얽힌 문제인 것이다. 실상과 상상 속의 청을 취사하는 조선인들의 욕망과 담화 양식이 빚어

내는 갈등은 초정(楚亭) 박제가(朴齊家)의 『북학의(北學議)』에 풍자적으로 소개되어 있다.[49] 담헌의 연행록은 그 복잡한 계선이 교차하는 가운데 어느 위치에 있는가.

1641년 청이 북경에 입성하고 남명(南明) 정권, 삼번(三藩)의 난(亂), 정성공(鄭成功) 부자의 저항을 완전히 진압한 1682년까지 조선 사신단의 활동은 제한적이었다. 문금 제도가 엄격히 운영됨에 따라 숙소 출입이 통제되었으며 물자, 역사서, 지도 등의 매매가 금지되었다.[50] 조선의 사신들은 제한된 조건에서도 정보 수집에 열성이었고 오삼계(吳三桂) 반란의 경과, 정성공 부자의 저항 양상 등을 계속해서 전달하였다.[51] 정보 수집 못지않게 명의 유제(遺制)를 수집하는 노력도 각별하였다. 유제는 대명의리의 상징물이기 때문이었다. 민정중(閔鼎重)이 북경에서 숭정제(崇禎帝)의 어필 '비례부동(非禮不動)'을 구입하였고, 김수항(金壽恒)도 1673년(현종 14) 숭정제의 어필 2장을 구입하였다.[52]

청의 와해를 바랐던 조선의 기대와는 달리 1683년 청은 대만까지 아우른 안정적인 지배 질서를 구축하였다. 자신감을 보이기라도 하듯이 18세기 초반부터 청은 조선 사신들의 이동과 물품 구입에 대한 제한을 완화하였다.[53] 그에 상응하는 변화는 조선에서도 나타나기 시작하였다.

---

49 『北學議』外編,「北學辨 二」, "진실을 제대로 전달하면 언짢아 하고 심지어 죄주려 한다. 반대로 '만주 사람이 말을 하면 개 짖는 소리 같고, 음식은 고약하며, 뱀을 시루에 쪄 먹고, 황제의 누이동생은 역졸과 간통한다' 등의 말을 하면 전하기에 분주하다. 내가 이 일로 언쟁했더니 나를 비방하는 사람이 제법 있었다."

50 김문식(2001), 426~430면.

51 『顯宗實錄』, 15년(1674) 3월 丙寅 ; 『肅宗實錄』, 7년(1681) 3월 辛未.

52 閔鎭遠, 『丹岩漫錄』 卷2, 乙巳處分; 金壽恒, 『文谷集』 卷26, 「崇禎皇帝御筆二障購得始末記」.

53 김문식(2001), 430~432면.

병자호란을 체험한 세대가 사라지면서 복수설치(復讎雪恥)의 의리를 점차 잊어 가는 풍조가 생겨났고[54] 명의 유제와 서적을 찾는 노력 한 켠에 청의 현실을 객관적으로 바라보는 입장이 자라나기 시작하였다.

1712년(숙종 38)의 연행은 변화의 사정을 잘 보여 준다. 당시 군관으로 청에 다녀온 최덕중(崔德中)은 세금의 공정함, 행정과 부역의 간소화, 검약 실천, 만(滿)·한인(漢人)의 적절한 분리 및 대몽고 정책 등을 긍정적으로 평가하였다.[55] 더 적극적인 변화는 같은 일행이었던 김창업(金昌業)이 잘 보여 준다. 연행록의 신기원을 열었다고 평가받는 그의 『노가재연행일기(老稼齋燕行日記)』에서 조선인의 시야를 오랫동안 막아 왔던 선입견과 입맛에 맞는 취사가 깨어지기 시작하였다. '욕심 많고 기강이 없으며 모든 일은 뇌물로 해결한다'던 그들을 만나 보니 '마음이 밝고 통이 크며 모든 일을 이치에 맞게 처리하는' 존재였음을 알게 된 것이다.[56] 선입견은 크면 클수록 깨지기 쉬웠다. 황제가 이궁(離宮) 15채를 지어 놓고 미녀를 모아 사치한다고 들었던 창춘원(暢春園)은 소박하고 건실하여 시골집과 다름이 없었으므로 와전의 정도를 실감할 수 있었다.[57] 김창업의 두 번째 공로는 정보를 세밀하게 전달하기 시작했다는 점이다. 『연행일기』 서두에 실린 「산천풍속총록(山川風俗總錄)」만 보아도 시장, 집, 시가, 예절, 풍속, 상례, 음식문화 등 다양한 모습이 실려 있다.[58] 그의 연행록은 담헌을 비롯한 후대 연행 사신들의 휴대품이 되었다. 서두에 적은 "도시에선 벽돌과 석회를 사용하여 새나 쥐가 없다.

54 金壽興, 『退憂堂集』 卷10, 「敬題先祖考簡牘帖後」.
55 崔德中, 『燕行錄』, 日記, 癸巳年 1월 9일.
56 金昌業, 『燕行日記』 卷4, 癸巳年 1월 17일.
57 金昌業, 『燕行日記』 卷5, 癸巳年 2월 7일.
58 金昌業, 『燕行日記』 卷1, 「山川風俗總錄」.

하수구를 만들어 오물이 없다. 우리는 저들의 요강을 술 그릇으로 착각하고 저들은 우리의 요강을 밥그릇으로 잘못 쓴다."라는 재미있는 기록은 당대는 물론 60여 년이 흐른 후에도 변함없이 인용될 정도였다.[59]

그럼에도 불구하고 김창업이 전한 정보는 불충분한 점이 있었다. 특히 천주당과 관련한 대목이 그러했다. 그는 북경의 천주당에 대한 정보를 처음으로 전했는데 천주상, 성당 내 기물, 혼천의, 파이프오르간, 자명종, 중국과 몽고의 음악 등을 문견한 대로 묘사한 수준이었다.[60] 김창업보다 20년 뒤에 연행했던 이의현(李宜顯) 역시 천주당을 구경한 기록을 남겼는데 천주교에 대한 인식이나 묘사는 오히려 떨어지고, 성당에 대한 인상도 음귀(陰鬼), 시왕전과 같이 부정적 인상뿐이었다.[61] 그들에 비해 담헌은 천주당 보는 일을 연행의 백미로 여겼을 뿐만 아니라, 마테오 리치 이래 예수회 선교사들이 전한 천문학, 역학, 기계의 정묘함을 높이 평가하고 있었다.[62] 남천주당을 방문했을 때 그는 벽화를 비롯한 서양화의 사실성을 높이 평가하였고, 유송령(劉松齡, August von Hallerstein), 포우관(鮑友管, Anton Gogeisl) 등과 대서양·서양 복식·글자 등에 대하여 수준 높은 대화를 나누었는데 오간 말을 다 기록치 못할 지경이었다.[63] 그중 파이프오르간의 작동 원리를 깨우치고 즉석에서 조선의 음악을 연주하고 자명종을 묘사한 부분은 압권이다.[64]

담헌의 천주교 관련 기록은 성당 방문에 국한되지 않는다. 유리창

59 李宜顯, 『庚子燕行雜識』(1720) 下 ; 李坤, 『燕行記事』(1777~1778) 下, 「聞見雜記」 上.
60 金昌業, 『燕行日記』 卷6, 癸巳年 2월 9일.
61 李宜顯, 『壬子燕行雜識』(1732).
62 『을병연행록』; 소재영 등 주해(1997), 257~281면.
63 앞의 책, 281~284면.
64 앞의 책, 286~288면.

을 방문했을 때는 천주교 교리서를 접하고 대략 불경에 가까우나 유교에 합하는 말도 또한 많다고 평가하기도 하였고,[65] 남천주당을 두 차례 더 방문하여 유송령과 천주교, 천문역법, 혼천의, 망원경, 태양의 흑점, 안경, 동아시아 지리, 서양의 수학, 서양의 종이와 펜, 서양의 언어와 혼인 풍속, 요종(鬧鐘), 일표(日表), 윤도(輪圖) 등을 토론하고 견문했는데 이때도 역시 오가는 말을 다 기록치 못할 정도였다.[66] 또 조선인이 거의 가 보지 않았던 동천주당까지 방문하여 그림, 신상, 자명종 등을 견문하였고 내친 김에 방문이 금지된 관상감까지 엿보기도 하였다.[67] 담헌이 접하고 목격한 서양 관련 정보는 가히 전무후무한 차원이었다.

담헌의 서양 관련 기사는 후배들에게 지대한 영향을 미쳤다. 연행 중에 경험한 서학의 실체와 스스로 이해한 성취에 대한 자부는 연행 이후 그와 대화했던 연암의 기록에서 구체적으로 소개되었다. 담헌은, 김창업은 건물과 그림에만 상세하였고, 이기지(李器之)의 경우[68] 혼천의는 보았으나 풍금(파이프오르간)은 언급이 없었고, 나머지 사람들은 괴물처럼 여기고 배척했다고 평가했다. 자신의 글도 미흡한 데가 있다고 유감을 표하였다.[69] 이어 그는 김창업의 『연행일기』에서 파이프오르간에 대해 미흡한 서술을 하나하나 짚으며 오르간의 작동 원리를 자세히

---

65 앞의 책, 304면.
66 앞의 책, 358~367면 · 450~455면.
67 앞의 책, 403~405면.
68 李器之(1690~1722)가 언제 연행했는지는 확실치 않다. 문집 『一菴集』(奎6334)에 천주당에서 견문한 서양화와 혼천의를 간단히 서술한 「西洋畫記」와 「渾儀記」가 실려 있다. 담헌은 이 글을 본 듯하다.
69 『을병연행록』에서 담헌이 '수작한 말을 모두 기록치 못했다'는 서술이 세 번이나 등장한 것이 유감을 뒷받침한다.

설명하고, 만약 나라에서 지원하면 제작이 가능할 것이라고 자신하였다.[70] 이 기록은 담헌에 자극받은 연암이 천주당을 찾아 그를 추념하며 기록한 것이다. 연암 역시 담헌의 기록을 추억하는 것으로만 만족하고 본인은 더 진전된 인식을 내놓지 못했다.

담헌의 연행이 정보 전달 수준을 넘어 조선 지식인들에게 파장을 불러일으킨 사건이 되었던 것은 청의 사인들과의 본격적인 담화 때문이었다. 18세기 초까지도 연행에서의 정보 습득은 사신을 중심으로 이루어지지 않고 역관과 뇌물〔銀貨〕을 통해 이루어지기 일쑤였는데, 사신들이 의지했던 역관들은 섬세한 지식 교류를 이루지 못했을 뿐더러 교류의 또 하나의 통로인 청어와 몽고어에도 서투른 실정이었다.[71] 기실 그 구조는 18세기 후반까지도 지속되는 측면이 있었다. 연암의 증언에 따르면, 역관들은 가상국〔羅約國〕이 청을 침범한다는 터무니없는 날조 문서를 받아들이는 등의 '바보 놀음'을 하고, 할 일 없이 여관에 틀어박힌 삼사(三使)는 부화뇌동하여 떠들썩해지는 일이 빚어지곤 했던 것이다.[72] 그런 형편에서 담헌이 중국의 식견 있는 선비들과 담화한 사실은 더욱 의미가 깊었다.

담헌은 연행에서 청의 규모를 구경하겠다는 의도보다 식견 있는 선비를 만나 중국 사정과 문장·도학의 숭상하는 바를 알자는 의도가 더 강했으므로 북경에서 문사를 만나면 일부러 말을 묻고 소견을 시험하고자 했다.[73] 연행 전반(前半)에 그는 통인, 백성, 유구국을 비롯한 다양

---

70 朴趾源, 『熱河日記』, 黃圖紀略, 「天主堂」.
71 李坤, 『燕行記事』下, 「聞見雜記」上.
72 朴趾源, 『熱河日記』, 口外異聞, 「羅約國書」.
73 『을병연행록』, 367면.

한 나라의 사신, 관원, 서양 선교사, 청의 왕자 등 많은 인물들을 만나 대화하였다. 후반부에는 팽관(彭冠), 오상(吳湘), 엄성(嚴誠), 육비(陸飛), 반정균(潘庭筠), 등사민(鄧師閔), 손유의(孫有義), 조욱종(趙煜宗) 등 문관 이나 선비를 만나 진지하게 대화하고 우정을 쌓았다.

담헌이 물꼬를 튼 이후 중국과 조선 사인들의 수준 높은 문화 교유 는 지속되었다. 담헌 본인은 연행 이후에도 지속적으로 편지를 왕래하 였다. 손자 홍양후(洪良厚)에 의하면, 담헌의 서신 교류는 그의 사망 후 60여 년간 끊겼다가 1826년 홍양후의 연행을 계기로 재개되었다.[74]

담헌에게 깊이 자극받고 교류의 확산을 이루어 낸 그룹은 잘 알려져 있다시피 연암을 비롯한 연암 그룹이다. 연암이 연행 곳곳에서 담헌을 추념했던 것은 두루 알려진 일이다. 초정이 애초 담헌을 찾아간 계기는 담헌이 반정균·엄성·육비와 천애지기를 맺었다는 사실 때문이었다.[75] 초정은 그들의 교유를 조선 300년 이래 최초의 사건으로 평가하기도 했다.[76] 초정을 비롯한 영재(泠齋) 유득공(柳得恭), 형암(炯庵) 이덕무(李德 懋)는 범위와 깊이에서 담헌보다 한층 진전된 교유를 이루었다. 네 차례 를 연행한 초정은 반정균을 비롯하여 기윤(紀昀), 나빙(羅聘), 옹방강(翁 方綱), 철보(鐵保) 등 이름난 명사뿐만 아니라 회회(回回) 왕자, 베트남 사 신까지 폭을 확대하였고 훨씬 자유스러운 분위기에서 어울렸다. 초정 은 그들 중 50여 명을 기술할 수 있을 정도였다.[77] 세 차례 연행한 영재

---

74 앞의 책, 806~808면. 담헌 집안에서 필사한 것으로 추정되는 『燕杭詩牘』에는 담헌 외 에 홍양후와 중국 사인들의 왕복 서신, 1875년 李裕元과 李鴻章 등의 왕복 서신이 실려 있어 담헌 집안의 4대에 걸친 교유 상황을 알 수 있게 해 준다. 「燕杭詩牘」에 대해서는 허경진·천금매(2008) 참조.
75 朴齊家, 『貞蕤閣文集』 卷4, 「與潘秋庙〔庭筠〕」.
76 朴齊家, 『貞蕤閣文集』 卷4, 「與徐觀軒〔常修〕」.
77 朴齊家, 『貞蕤閣集』 3, 「懷人詩 仿蔣心餘」.

역시 2차 연행에서 50여 인의 중국 지식인과 교유하였다.[78]

담헌의 연행 경험은 국내에 상당히 전파되었다. 연행 이후 담헌의 견해를 반박한 김종후가 담헌의 연행 기록이 널리 읽히고 있다는 소문을 전하는 데서 그 파장을 짐작할 수 있다.[79] 담헌이 서연에서 세손(정조)에게 연행 경험을 설명한 장면[80]에서는 본인 역시 적극적으로 연행 경험을 주변에 알렸음을 알 수 있다.

2) 역사 인식의 변화와 시운(時運)에 대한 긍정

18세기 초반까지 청의 번성을 목격했어도 결국 쇠망하리라는 기대가 주조를 이루었다. 번성과 쇠퇴는 천리(天理)이므로 비록 민정에서는 망할 조짐을 찾기 힘들지만 강희제 사후에는 내란과 외침이 있을 것이며 우리도 그때 심양 이북을 점령할 수 있다는 기대감이 있었다.[81] 그런데 고정관념의 한편에서 연행 기자들은 '그들의 변화'에 조응하는 유연한 인식의 필요성 또한 느끼고 있었다. 같은 시기 '청인은 순실(純實)하고 한인은 오히려 반대다'는 평가를 내렸던 김창업은 그 원인이 청인이 중국에 들어온 지 오래되어 문치에 점점 교화되기 때문이라고 보았다.[82] '시간'이 지남에 따라 청인이 변화했거나 변화할 수 있다는 평가가 슬며시 자리 잡은 것은 그들을 고정적으로 단정하는 인식과 언젠가는 충돌할 구조를 만들어 낸다. 물론 변화의 단초를 감지한 김창업의 경우에

---

78 柳得恭, 『熱河紀行詩註』.

79 『湛軒書』 內集 卷3, 「直齋答書」.

80 『湛軒書』 內集 卷2, 「桂坊日記」, 乙未年 3월 29일.

81 崔德中, 『燕行錄』(1712), 日記, 癸巳年 3월 30일.

82 金昌業, 『燕行日記』 卷1, 「山川風俗總錄」.

도 양 사조가 충돌을 빚을 만큼 대립하지는 않았다. 연행록에서는 객관적인 시선을 유지하여 그들의 장단을 균형 있게 서술했던 김창업은 연행 시에 따로 저술했던 「연행훈지록(燕行塤箎錄)」(『老稼齋集』 卷5)의 시(詩)를 통해서는 북벌의 이상을 끊임없이 상기하거나 울분을 달래며 양사조를 조율하고 있었다.[83]

18세기 초반 북벌에 대한 기대를 버리지 않았던 것은 역사 인식과 관련이 있었다. 과거 중원을 차지했던, 이른바 '오랑캐들', 즉 금(金)과 원(元)은 모두 100년을 넘기지 못했다. 따라서 청 역시 그들의 전철을 밟으리라는 기대감이 조선 지식인의 마음속에 자리 잡고 있었다. 그들이 예상했던 18세기 중반 이후는 역사에서 배워 예측한 미래가 실현될 시점이었고 담헌이 연행한 시기가 바로 100년이 되어 가는 시점이었다. 그런데 청의 융성은 오히려 더욱 뚜렷해졌다. 그것은 조선 사람들에게 고정관념처럼 굳어져 있는 예측했던 미래에 대한 혼란을 야기하였다. 청의 흥성은 운수에 맞지 않는 당혹스런 사건이었다. 따라서 담헌 이후의 연행은 예측과 당혹 사이의 불일치에 대한 정리 혹은 돌파 문제가 대두할 수밖에 없었다.

담헌의 『을병연행록(乙丙燕行錄)』은 서두부터가 문제적이다. 서두는 크게 3단락으로 나뉜다. 첫째 단락은 전제의 성격을 갖는다. '편협함을 버리고 넓은 도량과 원대한 뜻을 품어야 한다'는 김창협의 시, '여름 벌레와 더불어 얼음을 말할 수 없고 우활한 선비와 더불어 큰 도를 논할 수 없다'는 『장자(莊子)』의 구절, 우리가 비록 소중화이지만 강토가 좁고 산천이 막혀 중국의 한 고을만도 못하므로 이곳에 안주한다면 천하

---

83 이경구(2007), 259~261면.

를 알지 못한다는 소결이다. 둘째 단락은 문제제기이다. 중국은 천하의 중심이고 예악문물의 준칙이고 명과 조선이 그것을 이어 이상적 질서를 이루었다. 그런데 청이 들어선 후 변발과 호복이 상징하듯이 예악문물이 중국에서부터 사라졌으므로 지사와 호걸은 아픔을 품게 되었다는 현실의 어려움이다. 셋째 단락은 해결 방법이다. 비록 문물은 변했으나 산천은 의구하고 인물은 다름이 없다. 천하의 선비와 뜻을 통하는 것은 여전히 가능하다. 게다가 이제 청이 중국에 웅거한 지 100여 년에 걸쳐 태평을 누리지 않는가. 이 같은 상황에서 '오랑캐의 땅을 밟지 않고 호복한 인물과 수작하지 않는다'고 고집한다면 편협한 일이다.[84]

첫째 단락에서 담헌은 시야의 확장과 주체의 각성을 제기한다. 좁은 시야에 갇혀 천하와 대도를 모른다면 여름 버러지에 불과하다. 폭넓은 시야는 예측 불가능한 미래의 산만함 속에서 길을 찾게 만들고 선순환을 향한 낙관을 기른다. 그 지점에서 개인은 자신이 품었던 기존 가치와 천하의 공도 사이의 합일을 넌지시 떠올릴 수도 있겠다. 낙론의 비조였던 김창협의 시를 첫머리에 인용한 것은 담헌식의 사고가 야기할 불편함과 의혹을 방어하는 부수적 역할도 하였을 것이다.[85]

둘째 단락은 당대인이 가졌던 의문이다. 삼대의 문물이 근본이자 준칙이며 이상적 질서임은 의문의 여지가 없다. 그리고 중화 질서를 회복한 명과 조선은 그 이상에 걸맞았던 유일한 사례이며 그것이 자부심의

---

84 『을병연행록』, 17～19면.
85 노론─낙론에서 분기하여 담헌, 연암으로 이어지는 연암 그룹은 대청 인식의 원천을 김 창협·김창흡·김창업 형제와 그들의 가문인 안동 김문에서 찾았다(이경구(2007), 250～ 252면). 그것은 담헌, 연암 등이 안동 김문의 대청 인식을 부분적으로 계승했다는 것을 보여 준다. 한편 척화의리의 상징이었던 가문의 정신을 계승했다는 선언은 청 문물 수용론이 야기하는 의혹을 방어하는 성격을 갖는다.

원천이기도 하다. 그러나 청의 등장으로 현실은 암담해졌고 뜻있는 이들은 울분을 품게 되었다. 이 단락에서는 당대인의 인식에 부합하여 동감을 끌어내고 있다. 그런데 삼대에서 청까지의 짤막한 개괄 속에 시세 변화의 중요성이 행간에 자리 잡고 있음도 무시할 수 없다. 역사의 소장 또한 필연인 것이다. 소장이란 관점에서 본다면 현실에 존재하는 문명은 모두 상대적이며 중국과 조선 역시 벗어날 수 없다.

셋째 단락은 앞선 단락들의 종합을 통한 해결 방안이다. 시세 변화에도 불구하고 불변의 가치는 여전하다. 문물은 외면상으로 변했지만 자연과 인물은 시공에 제약이 없다. 여기까지는 첫째 단락과 동일한데 문제는 다음이다. 둘째 단락에서 제시했던 암울한 시세는 청의 100년 태평으로 치환되고, 그 변화된 상황을 승인하는 주체야말로 편협이나 좁은 소견을 벗어난 자가 된다. 결국 담헌의 해결 방안은 오랑캐가 운수에 맞지 않게 100년을 넘기는 시점에서 '역사적 시간 인식'을 수정한 것이다. 역사적 기대를 수정한 이후에 바라보게 된 청은 그 규모와 기상을 볼 만하며 따라서 그들의 땅을 밟고 수작하는 일이 자연스럽다.

필자는 『을병연행록』의 서두는 연행 이전에 작성된 언명이라기보다 연행을 통해 얻은 결론이라고 생각한다. 실제 연행 과정에서 서두와 같은 과감한 결론은 피력되지 않았다. 담헌이 유일하게 남긴 「사론(史論)」에서도 역사 인식은 북벌 의식을 벗어나 있지 않았다.[86] 그 점에서

86 「史論」(『湛軒書』 內集 卷2)은 위진남북조 시대의 인물찬이다. 쓰여진 시기는 미상이다. 夷狄이 중국을 어지럽힌 사실을 변고로 보거나 남조의 북벌을 촉구한 일련의 논설을 보면 대체로 춘추의리에 입각한 역사관을 펼치고 있다. 북벌을 위해서 실력 배양을 강조한 점에서는 內修에 기반한 북벌을 강조한 서인-노론의 전략을 계승하였음을 알 수 있다. 그러나 이는 남조의 인물을 설명할 때이다. 북조 인물들에 대해서도 긍정적 평가가 적지 않다. 실행을 중시한 劉盛, 호협한 기상을 지닌 石勒, 관중과 제갈량에 버금간 인재였던 慕容恪, 어진 정사를 펼친 符堅 등 북조 인물들에 대해서 한 평가 역시, 비록

그의 연행은 둘째 단락에서 출발하여 셋째 단락으로 넘어가는 과정이 자 토대였던 측면이 강했다.

담헌은 연행 중에 견문한 문물·풍경 등에 대해서는 감탄을 아끼지 않았으나, 가치 판단이 개입하는 문제들, 예컨대 역사적 사건·인물, 의복·두발, 정치관, 서학 등에서는 기존에 품었던 생각과 실제로 경험한 현실 사이에서 고민하고 갈등하였다.

오삼계에 대해서는 오랑캐의 공신이 되어 만세에 욕을 끼쳤다고 보면서도 한편으로는 당시 형세를 상상하면 그의 계책 또한 마지못한 일이었다고 보았다.[87] 그 같은 평가의 근저에는 청이 수십 년 안에 천하를 평정하고 지금 100여 년을 누린다는 담헌의 당대 인식이 자리 잡고 있었다.

담헌을 비롯한 연행 기자들이 가장 빈번하게 기술한 주제는 두발과 의복이었다. 그 차이에 대한 식별은 단순히 형태의 문제가 아니라 이상적 문화, 즉 명의 문화에 대한 한인(漢人)들의 인식을 확인하는 일이었기 때문이다. 담헌을 비롯한 사신 일행은 다양한 부류의 사람들과 만나 조선이 명의 복식을 그대로 유지하고 있음을 강조했다. 그들은 조선의 두발과 복식이 명을 따르고 있음을 넌지시 혹은 노골적으로 내보이며 상대방의 의중을 떠보고자 하였다. 그들 가운데는 변발을 슬퍼하는 이들도 물론 있었지만, 대다수는 머리를 기르면 불편하고 모양이 계집 같다고 하거나, 겉으로는 좋다 하나 속은 이미 옛날을 잊고 조금도 한탄

중화를 기준으로 그들의 전향을 촉구하는 점이 엿보이긴 하나, 객관적 시선을 견지하였다. 「사론」은 화이관을 견지하되 이적 역시 공정하게 평가한다는 점에서 연행 이전 혹은 연행 시기의 사유를 대변하지 않는가 한다.

[87] 『을병연행록』, 133~134면.

하는 기색이 없거나, 황제의 법령을 따라야 한다거나, 천하가 하나이니 만한(滿漢)이 다를 바 없다거나, 편리함을 좇을 따름이지 옛 제도를 모 방하지 않는다거나, 고금과 시대가 다르니 의관 변화에 일정한 제도는 없다는 등 대다수는 기대하지 않았던 대답이었다.[88]

정치관에서는 창춘원과 원명원(圓明園)에 대한 평가에서 전형이 보 인다. 강희제가 건립한 창춘원은 매우 검소하여 60년 태평의 기반이 되 었고 강희제는 성군(聖君)으로 일컬어진다고 긍정적으로 평가한 반면, 원명원은 매우 장려하나 사치스러웠으므로 쇠락의 조짐을 읽어 냈다.[89] 대체로 청이 명의 가혹한 정치를 덜고 백성을 평안케 하여 100여 년의 태평을 이룬 공덕을 높이 평가하면서도, 의관을 바꾸어 삼대를 상징하 는 문화를 바꾼 것은 원(元)보다 심한 일이라고 보았다.[90]

서학은 불교처럼 하늘을 존숭하고 조석으로 예배하면서 선행으로 복을 구하므로 유교와는 다른 이적의 가르침이었으므로 족히 말할 게 없지만, 천문·역학이 뛰어나고 온갖 기계를 정교하게 만드는 기술은 중국도 미칠 수 없는 경지였다.[91] 또 천주교의 교리는 불경에 가까웠지 만 유가에도 합하는 말이 많았다.[92]

결국 담헌의 연행록은 화해하기 어려운 두 가치의 충돌과 혼재에서 상호 인정과 안배를 찾아가는 기록이기도 하다. 북경 정양문에서 번화 한 거리를 보면서 천하의 장관이라 여기면서도, 한편으로 오랑캐가 이 런 번화한 기물을 100년이 넘도록 관장하는데 우리의 기상이 이미 쇠

---

88 앞의 책, 149·158·166·423면 ; 『湛軒書』外集 卷8, 「燕記」, '希員外'.
89 앞의 책, 545~546면.
90 앞의 책, 562~563면.
91 앞의 책, 257~258·265~266·603면.
92 앞의 책, 304면.

잔해져서 회복할 가망이 없다는 한탄[93]은 연행 중에 담헌이 실상과 가치 사이에서 요동하고 있음을 보여 준다.

　요동치는 갈등은 학식 있는 선비들과 만나 대화할 때 역사와 문화에 대한 인식 차이를 실감하면서도, 청 지배에 놓인 한인들의 의견을 긍정하는 의식이 자라나면서 돌파구를 찾아 나갔다. 엄성·반정균과의 대화에서 담헌은 청의 지배는 한인의 액운이라고 말했는데, 그에 대해 엄성은 청은 명의 수치를 씻고 주인 없는 중국에 들어와 천위(天位)를 얻었으므로 정대하고도 자연스럽다고 응대하였다. 이에 대해 담헌은 청의 의도를 모두 수긍할 수는 없지만 적어도 산해관을 들어온 후에는 대의를 붙들고 명분이 올발랐음을 인정하였다.[94] 반정균이 청 조정의 논리를 빌어 "명의 의복은 비실용적이고 순박한 풍속을 상실하게 할 뿐이다."라고 하자, 담헌은 순과 문왕이 모두 이(夷) 출신이고 왕후장상의 종자는 따로 없으며 천시를 받들어 백성을 평안하게 다스리면 의로운 군주이니 청의 정치가 훌륭하나, 다만 예악문물에서 옛 제도를 따른다면 더욱 칭송할 만하다고 하였다.[95] 예악문물의 실현을 강조하기 위해 청을 긍정적으로 평가한 것이긴 하지만, 그 논리의 기반을 마련하기 위해 화이(華夷)의 종족 구분을 없애고 청 정치의 공덕을 인정한 것이다.

　담헌이 '현실의 중국'을 여러모로 긍정하기 시작한 것은 후대 연행 기자들에게서 그 폭과 깊이가 제각기 강화되어 독자적인 영역으로 발전하였다. 여기서는 1780년과 1790년에 연행하였던 연암과 서호수(徐

93　앞의 책, 221면.
94　앞의 책, 561~562면.
95　앞의 책, 690~691면.

浩修)를 보기로 들겠다.

　연암은 고정관념과 정보 부재에 사로잡힌 낡은 시야를 날카롭게 풍자하고 청의 정치를 더욱 긍정적으로 평가하였다. 사대부들은 건성으로 춘추만 떠들고 그 공허함을 깨닫지 못하고, 잘못된 정보를 접하면 기대했던 청의 멸망이 다가왔다며 즐거워하는 실태를 바보 놀음이라고 비꼬았다.[96] 청 지배하의 한인의 처지에 대해서도 이해가 깊어졌다. 그들은 강희제 이전에는 명의 유민이었으나 그 이후에는 청의 신하와 백성들이므로 청에 충성하고 법률을 존중함은 당연하며 그들이 청을 부정하는 말을 들으면 난신적자가 되므로 그들에 대해 대명의리를 강요하는 일은 허망한 일이라는 것이다.[97]

　서호수는 청이 천하를 차지하고 몽고, 회회를 섞어 등용하여 이익을 외이(外夷)와 공유하기 때문에 변방의 안정이 100여 년에 이르게 된 것은 역대의 제왕이 이룩하지 못한 일이라고 대외 정책을 높이 평가하였다.[98] 그 결과 청을 위협하는 잠재력을 지녔던 몽고마저 교도된 것은 놀라운 변화였다. 몽고의 변화를 목격한 그는 원에 출사했던 일 때문에 조선에서 비판받았던 허형(許衡)의 공적을 재평가하며 화이(華夷)에 귀천이 없음을 실감했다.[99] 내치에 있어서는 담헌이 건륭제의 사치를 비판하며 운수가 다할 것이라고 전망한 것과는 달리, 열하는 건륭제가 다스린 지 50여 년에 거리와 시전이 즐비하고 상업이 흥성하고 음악이 그치지 않으며 인구가 늘어났다고 긍정적으로 평가했다.[100] 담헌이 잘

96　朴趾源, 『熱河日記』, 口外異聞, 「羅約國書」.
97　朴趾源, 『熱河日記』, 「審勢編」.
98　徐浩修, 『燕行紀』 卷1, 庚戌年 7월 4일.
99　徐浩修, 『燕行紀』 卷1, 庚戌年 7월 11일.
100　徐浩修, 『燕行紀』 卷1, 庚戌年 7월 15일.

못된 정치의 표본을 제시한 원명원에 대해서도 시각이 조금 달라졌다. 지나친 사치에 대해서는 서호수 역시 비판적이었지만 원명원과 그 일대의 장관을 자세히 구경한 서호수는 규모, 기물, 음악의 웅장함과 정묘함을 천하의 장관으로 평하면서 그것을 가능케 한 서양 사람들의 수리 기술에 감탄하였다.[101] 대내외 정책에 대한 역전된 평가는 청의 물산이 늘어나고 평화가 장기 지속된 상황의 반영일 것이다.

역사 인식 역시 크게 진일보하였다. 담헌은 오삼계에 대해 그리 진전된 평가를 내놓지 못했던 데 비해, 연암은 사실에 충실할 것을 강조하면서 오삼계의 사적을 제대로 알지 못하고 기대를 걸었던 선배들의 인식을 '몽롱춘추(朦朧春秋)'라고 비꼬았다.[102] 사적에 기초한 실증은 서호수가 정점을 이루었다. 그는 공신력 있는 청의 자료에 기초하여 일화나 풍문에 기초해 만들어진 여러 소문을 교정하였다. 청 측 사료를 통해 오삼계가 청에 항복한 또 다른 연유와 술책가로서의 면모를 알리며 오삼계를 혹평하였다. 송시열 이래 많은 조선의 지식인들이 오삼계를 순충(純忠)의 신하요, 오왕(吳王)이라 일컬었던 100년의 관행을 정사를 통해 교정한 것이다.[103]

연암은 천문·역산에서는 주로 담헌을 소개하는 데 불과하였다. 그에 비해 서호수는 당시 수학과 천문학 분야에서 가장 훌륭한 텍스트였던 『율력연원(律曆淵源)』의 검토를 마치고 천문·역산 개혁을 주도하였던 경험을 바탕으로 청의 학자 옹방강의 공소함을 지적하며 중국의 수준을 비평하였다.[104] 담헌이 주로 개인 연구에 기반하여 중국의 천문·

---

101 徐浩修, 『燕行紀』 卷3, 庚戌年 8월 5일.
102 朴趾源, 『熱河日記』, 關內程史, 「虎叱後識」.
103 徐浩修, 『燕行紀』 卷4, 庚戌年 9월 13일.

역산을 견문했던 차원에서 나아가 서호수는 개인 연구뿐만 아니라 공무 경험을 더해 서양 천문학을 공부하고 그 성과에 기반해 중국 천문학의 결점을 지적하는 수준까지 이르렀던 것이다.

4. 사유의 심화와 주변 지식인에게 미친 영향

1) 화이 논쟁과 시의(時宜) 중시

연행에서 돌아온 담헌은 김종후의 비판에 직면하게 되었다. 김종후는 당시 담헌과 반정균·엄성·육비의 대화록인 『간정동필담(乾淨衕筆談)』이 퍼지고 있다는 소문을 듣고 편지를 보냈다.[105] 논쟁에서 오간 편지를 김원행에게 재가받자고 제안한 점으로 미루어 김종후는 담헌의 연행이 노론 학계에 미칠 영향을 우려했던 듯하다. 김종후는 민우수(閔遇洙)의 수제자였는데 민우수와 문인들은 인맥으로는 낙론에 주로 속했으나, 호론의 주장을 서울에서 대변하는 '서울의 호론[洛中湖]'로 불리는 상황이었다. 따라서 논쟁의 주요 주제였던 화이관은 호론, 낙론의 화이 인식과 연계되어 있었다.

김종후를 비롯한 호론 측의 지식인들은 오랑캐가 유교문화를 받아들이면 중화가 될 수 있다는 가능성을 부인하지 않는다.[106] 다만 이적(夷狄)이 중화가 될 수 있는 단서는 유교문화의 철저한 실현 여부였다.

---

104 문중양(2003), 51~61면.
105 김종후의 편지는 『本庵集』에는 없고 『湛軒書』(內集 卷3)에 2수가 전할 뿐이다.
106 엄격한 화이관을 강조하는 韓元震 역시 이적의 개변을 부정하지 않는다(韓元震, 『南塘集』 拾遺 卷6, 「拙修齋說辨」).

그 단계에서 그들은 청의 변화를 전하는 정보를 인정하지 않았다. 그 대신 강제적으로 시행한 변발과 복식 개조를 들며 청은 이전의 원나라보다 더 이적이라고 보았다. 김종후가 담헌이 조심스럽게 명의 유제를 캐내지 못하고 '비린내 나고 더러운 원수의 나라〔腥穢讐域〕' 인사들과 접촉했다고 비판한 이유가 그 때문이다.[107] 홀로 남은 유교국 조선의 유교문화 보존 의지는 청의 오랑캐스러움에 대비되어 더욱 강조되었다. 호론의 일부 인사는 그 인식을 극단으로 밀어붙였다. 호론의 대표학자 한원진은 조선의 풍속과 예의가 중화를 계승하였으므로 중국으로 진출하여 왕도를 행하고 천하를 소유하여도 불가함이 없다고 하였다.[108] 영조 후반 김약행(金若行)도 조선 국왕이 천자의 예법을 시행하여 명의 계승을 천명하자고 주장하여 중외를 놀라게 하였다.[109] 한원진을 비롯한 호론 학자들은 비록 문화주의적 화이관에 서 있었으나 청의 변화 가능성을 근본적으로 인정하지 않고, 조선이 명의 문화를 이었다는 특수성을 강하게 결합하였다.

낙론 학자들은 문화를 중시하고 이적 가운데 조선이 특수하다고 보는 점에서는 호론과 크게 다르지 않았다. 다만 그들은 청의 변화 가능성을 근본에서 부정하지 않고 그들의 행위를 들어 부정한다는 점에서 호론과 달랐다. 김원행의 아들 김이안(金履安)은 청의 변화 가능성에 대해 그들이 행한 행위를 들어 부정하였다. 그리고 조선의 변화는 지리・역사・문화 분야에서의 구체적인 사례들로 증명되었다.[110] 김이안의 논

---

107 『湛軒集』 內集 卷3, 「直齋答書」.
108 韓元震, 『南塘集』 拾遺 卷6, 「拙修齋說辨」.
109 『英祖實錄』 44년(1768) 6월 丁卯.
110 金履安, 『三山齋集』 卷10, 「華夷辨」.

리에서 이적을 규정하는 기질의 근본적인 제약은 약화된 셈이다. 따라서 그 논리에 따르면 청의 변화를 현실에서 보여 줄 수 있다면 청의 개변이 가능하였다. 김이안의 인식은 연행에서 담헌이 반정균·엄성 등에게 피력했던 논리와 흡사하다.[111]

김종후의 비판과 담헌의 반박을 구체적으로 살펴보자. 김종후의 비판은 첫째, 담헌이 연행하면서 견문을 넓히는 일에 집중하지 못하고 오랑캐의 일에 지나치게 호기심을 보이고 변발한 이들을 높이 평가하며 거리낌 없이 대화했기 때문에 잘못이다. 둘째, 흥망성쇠는 상리라 하여도 음(陰) 자체가 높아질 수는 없다. 여자가 높은 위치에 있어도 상리를 벗어나는데 이적의 경우는 말할 것도 없다. 셋째, 세대가 바뀌면 변한다고 하면서 지금 그대(담헌)가 청이 오래되었고 안정되었다고 한다. 그런데 그 논리는 한·당에 대해서는 적용할 수 있지만 청의 경우는 다르다. 청을 그렇게 본다면 화이의 분별을 점차 없앨 것이기 때문이다.[112] 김종후의 주장은 현재의 중국에서 삼대-명의 유제(遺制)를 분리하고 걸러 내자는 17세기 이래의 인식, 음·여자·이적 등은 존재 차원에서 분별되어야 하고 그들이 우월한 지위나 가치를 점유할 수 없다는 분별주의적 사고, 중화는 종족에 구애되고 또 초월적 가치이므로 현실의 공과가 부차적이라는 판단이 뒤섞인 것이다. 이적의 변화 가능

---

111 김이안의 「華夷辨」에는 김이안의 논적으로 '洪子'라는 인물이 등장한다. 홍자는 조선을 중화로 보았지만 도출 과정이 달랐다. 개개 이적의 특수성을 강조한 김이안에 비해, 홍자는 보편성을 차별 없이 적용하는 데서 출발하였다. 그렇다면 조선이 중화가 될 수 있었던 것처럼 청 또한 중화에 도달할 수 있다는 결론이 나온다(金履安,『三山齋集』卷10,「華夷辨」). 홍자의 논리는 연행 이후 담헌이 주장했던 논리와 흡사하며, 훗날 담헌이 「毉山問答」에서 천명하는 華夷無分論의 징검다리이다. 그 점에서 홍자를 담헌으로 볼 수도 있으나 확실치 않다.

112 『湛軒書』內集 卷3,「直齋答書」.

성을 원천적으로 차단하고 동시에 우리의 저들에 대한 판단 또한 변화시킬 수 없다는 것은 호론 논리와 동일하다. 따라서 김종후의 비판은 낙론 테두리에서 크게 벗어나지 않았던 담헌을 호론의 논리에 직접 대면시킨 것이었다.

담헌은 김종후의 비판에 대해 중국 사인들을 변호하는 세 가지 논리로 대응하였다. 첫째, 그들은 불행한 때 태어나 힘에 굴복하였기에 슬픔을 간직하고 있다. 둘째, 강희제 이후 안민 정책에 익숙해진 지 100여 년이 흘렀기에 명에 대한 의리만을 고집할 수 없다. 셋째, 군자의 은택도 5세대가 흐르면 다해지듯이 시대는 변하게 마련이므로 옛 임금을 잊는 것은 인정과 천리로도 어쩔 수 없다.[113]

첫째 정리는 기존 연행 기자들도 종종 확인하였고 담헌도 연행 때 종종 피력한 내용으로 크게 문제될 것이 없다. 주목할 부분은 둘째와 셋째이다. 둘째 정리는 청의 100년 운세가 쇠할 것이라는 미래에 대한 전망을 수정했기 때문이다. 그리고 인정상 100년이 흐르고 안민 정책에 익숙해지면 의리관도 바뀔 수 있다는 상황 논리가 수정의 또 다른 축으로 부상한다. 셋째 정리는 더욱 적극적이다. 시간 앞에서 모든 것은 변화한다. 인정과 천리라는 고정적인 질서나 가치 역시 시간 앞에서는 소장(消長)하는 유한소(有限素)가 되어 버린다. 이 대목은 인정과 천리 같은 불변 가치들은 시간의 변화에 맞추어 드러나는 시의(時宜)일 따름이거나 시의에 맞아야 비로소 불변이라는 논리를 암시한다. 앞서 인용한 김종후의 비판 역시 둘째와 셋째 정리를 겨냥한 측면이 강했다. 담헌 식의 논리는 기존에 절대적인 기준으로 작용하였던 의리의

---

113 『湛軒書』 內集 卷3, 「與金直齋鍾厚書」.

절대성에 균열을 내면서 그 자리에 상황, 시의(時宜)를 위치 짓기 때문이었다.

김종후의 비판을 접한 담헌은 화이관을 정밀히 가다듬어 재차 편지를 썼다. 첫째, 이적을 이적으로 판단할 수 있는 근거는 오직 행동이다. 그런데 지금의 청인들은 중국에서 오래 살았으므로 예의를 숭상하고 충효를 본받으니 그들의 행동이 달라졌다. 한인 사인들이 그것을 긍정했던 것은 시세의 형편상 어쩔 수 없다. 둘째, 우리가 지세로 보아 이적인 것은 당연하므로 숨길 필요가 없다. 이적 또한 성인이 되고 대현이될 수도 있기 때문이다. 물론 우리는 문화를 개변하여 이적이란 이름을 면한 지 오래되었으나 중국과는 등급이 원래부터 다른 것은 엄연하다. 지금 삼대의 유민과 성현의 후예들이 변발한 것을 두고 그들을 타매하면서 은연히 우리가 중화로 자처하면 잘못이다.[114]

담헌의 답서에 나타난 화이관은 처음 편지의 수세적 변론을 벗어나자신감이 있고 정연하였다. 첫째 정리는 화이의 기준을 행동에 두는 것이다. 그 점은 낙론과 다를 바 없다. 그러나 낙론에서는 행동 때문에 그들이 금수에서 벗어나지 못했다고 보는 반면, 담헌은 그들의 행동이달라졌기 때문에 그들을 긍정할 수밖에 없다고 보았다. 한인 사인들의논리도 그 연장선이다. 그리고 '중국에 오래 살았다'는 사실이 그들의변화를 이끌어 냈음도 주목을 요한다. 시간에 따른 변화가 근본 원인이기 때문이다.

둘째 정리는 조금 복잡하다. 담헌의 어법은 두 가지 의미로 읽힌다. 겉으로 보면 그 글은, 유교문화 때문에 우리가 이적을 벗어났다 할 수

---

114 『湛軒書』 內集 卷3, 「又答直齋書」.

있지만 지세 때문에 우리는 선천적으로 이적일 수밖에 없다. 따라서 중국이 오랑캐로 변했다 하여 그들을 욕하면서 은근히 중화인 체할 수 없다는 것이다. 이는 지역에 기반한 엄격한 화이 분별 논리에 따라 우리의 한계를 설정하고, 그 한계를 넘어가 조선이 중화임을 자랑하는 호론 측의 논리를 역공하는 것이다. 그러나 속으로 보면 꼭 그렇지만도 않다. 우리는 선천적으로 이적이지만, 이적 역시 성인과 대현을 낳을 수 있는 존재이다. 따라서 이적임을 숨길 필요도 없으며, 이적이라 불리는 일에 속 좁게 화낼 필요가 없다. 이적이라 불리는 데에 대담하게 대처할 수 있다면 중화에 연연할 필요 또한 없다. 청의 지배 하에 놓인 한족의 울분에 공감하지 못하고 마치 기회를 틈타듯이 그들을 매도하고 중화라는 명칭을 자처하는 호론 측의 논리는 속 좁은 논리가 되고 만다. 따라서 이 글은 표면적으로는 엄격한 화이관을 지지하는 듯하지만 속내는 문화든 지세든 우리는 화이라는 명분에 그리 얽매일 필요가 없다는 내용으로도 독해된다. 필자는 이 편지를 중화―이적 사이에서 방황하였던 연행까지의 입장과 중화―이적의 구분을 무화하였던 「의산문답」 사이의 중간 단계의 이론으로 평가하고 싶다.[115] 이 형식과 흡사한 이론 전개는 「대동풍요서(大東風謠序)」에서도 확인할 수 있다.[116]

---

[115] 김문용은 필자와 다른 견해를 제시하였다. 담헌은 문화적 화이관과 지역적 화이관을 완전하게 분리하지 못하였으므로 중화의 정통은 중국의 한인들에게 계승된다고 보았다. 종래의 중국 문화 중심주의는 손상되지 않았으며 화이론은 폐기되지 않았다는 것이다. 화이론의 전환은 따라서 「의산문답」에서 제기되었다는 것이다(김문용(2005), 164~166면).

[116] 골자는 다음과 같다. "조선은 본디 동방의 오랑캐이다. 따라서 詩律의 공교함은 중국에 떨어진다. 항간의 상말일 따름이며 간혹 문자가 섞인 정도이다. 그러나 시경의 풍도 본디 풍속을 노래한 보통 말이었다. 당시에 풍을 듣던 것이나 지금 사람이 지금 사람의 노래를 듣는 일이 다를 수 없다. 지금 여항의 노래를 잘 남겨 풍속을 제대로 바르게 하는 일이 그 시절이나 지금이나 다름이 없다."(『湛軒書』 內集 卷3, 「大東風謠序」). 전

두 사람은 이후에도 몇 차례 논쟁을 벌인 듯하다. 그러나 화이관을 논쟁한 위 세 편 외에 한 차례의 왕복 편지 그리고 담헌이 보낸 편지 두 통을 확인할 수 있을 따름이다.[117] 이들 편지에서는 화이관과 관련하여 성인, 이단, 시의(時義) 등의 문제가 새로 떠올랐다.

현재 남아 있는 김종후의 두 번째 편지에서 문제 삼은 것은, 담헌이 "성인이 간사한 말과 이단을 배척한 법도 폐단이 없을 수 없다〔聖人排邪闢異之法 不能無弊〕."라고 말한 대목이었다.[118] 담헌은 답서에서 잘못된 표현임을 인정하면서, 성인은 이단에 대해 먼저 공평한 마음으로 가르치고, 그다음에 분변하여 나무라고, 마지막으로 부득이하여 성토하니, 자신이 잘못을 범했더라도 공평한 마음으로 대해 달라고 하였다.[119]

문제를 야기한 '성인도 폐단이 없을 수 없다'라는 구절이 실린 편지는 찾을 수 없으나 중요한 단서 두 가지를 추적할 수 있다. 첫째, 성인의 조처라도 고정된 규범이 된다면 잘못을 야기할 수 있다. 나아가 시세에 적절히 적용해야 한다는 뉘앙스를 풍겼다는 점이다. 이 서술은 즉시 잘못된 표현임을 인정했고 더 이상의 논쟁은 없었으므로 담헌의 성인관이 이 시기 어떠했는지는 더 이상 알 수 없다. 둘째, 성인이 이단을 대하는 태도이다. 성인은 이단에 대한 배척을 즐거워하지 않고 가르치고 설득하다 마지못해 성토한다. 성인이 이단을 최대한 관용하는 이유는 그들은 근원부터 부정하지 않기 때문이다. 이 서술 역시 앞으로 전

반은 우리의 선천적 한계를 규정한 듯하지만, 후반에서는 시경의 풍과 지금 여항의 노래가 본질적으로 다르지 않음을 고금의 통의로 설명하였다. 고금의 통의 앞에서는 전반부의 구분 논리가 무의미하다.

117 편지의 내용과 편차에 대해서는 김문용(2005), 162면, 주 8) 참조.
118 『湛軒書』內集 卷3, 「直齋答書」.
119 『湛軒書』內集 卷3, 「答秀野書」.

개될 이단관과 관련해서 주목할 부분이다.

마지막으로 담헌은 김종후로 추정되는 인물에게 두 통의 편지를 보냈다. 두 편지는 주로 예(禮)에 대한 논의에서 출발하였지만 성인, 이단, 시의(時義)에 대한 견해가 종합적으로 피력되었다. 담헌은 첫째 편지에서 '주역은 시의를 귀하게 여기고 고금은 시대가 같지 않으므로 예가 다르다'면서 옛 제도에 얽매여 천착하기보다 차라리 율력·산수·전곡·갑병과 같은 지금의 제도를 연구하는 것이 낫다고 하였다.[120]

짧으면서도 도발적인 첫째 편지는 상당한 문제제기를 부른 듯하다. 담헌은 여러 편의 답서를 받았고 이에 대답하는 장문의 둘째 편지를 보냈다. 내용은 첫째 편지처럼 과감하였다. 요약하면 첫째, 정통이 대의를 잃거나 말학이 폐단을 낳으면 이를 통분해하는 자들이 바로잡으려다가 이단의 길로 빠지게 된다. 둘째, 성인들은 예를 행할 때 풍속에 따라 편리함을 취하고 지나간 옛 자취에 얽매이지 않는다. 편의를 따르고 풍속에 맞추니 애초 정해진 법은 없다. 자잘한 예를 가지고 '바꿀 수 없는 기준[大典]'을 만들어 악착스럽게 지키는 일은 본말의 전도이다. 예의의 대강은 시대 변화에 따라 알맞게 맞추는 일이다.[121]

첫째 단락은 이단에 대한 진전된 평가이다. 이단에는 찬성할 수 없지만 그 출발은 정통의 말폐를 시정하려는 데서 출발했으므로 긍정할 수 있으며 다만 너무 과격한 점이 문제이다. 이는, 이단은 그 동기가 학문에서 출발했으므로 긍정적이나, 이단보다 나쁜 것은 공리를 탐하는 마음이라는 김원행의 지적을 발전시킨 것이다.[122] 이 견해는 학문의

---

120 『湛軒書』內集 卷3,「與人書[二首]」.
121 앞의 글.
122 黃胤錫,『頤齋亂藁』卷2, 丙子年 9월 29일.

잘잘못을 따지는 문제와 명예와 이익을 탐하는 마음을 따로 평가하게 만들고 이단에 대한 동기론적 단죄를 거부한다. 아울러 사문시비(斯文是非)와 정치시비(충역시비) 사이의 통합을 주장하거나 인수(人獸), 화이(華夷), 유석(儒釋)의 엄격한 구분을 주장하는 분리주의적 세계관을 부정한다. 둘째 단락은 성인과 시세에 대한 진전된 평가이다. 성인들이 제정한 예법의 본질이 있다면 그것은 변하는 시대와 상황에 맞추는 것뿐이다. 조금 더 나가면 고정된 기준은 없으며 존재하는 것은 오로지 시의(時宜)일 따름이라는 논리로 나아갈 수 있다.

이단에 대한 관용적 태도와 시세 중시의 사유 구조는 서로 결합하는 양식으로 발전하였다. 손유의에게 보낸 편지에서 담헌은 양주와 묵적, 도가와 불가, 양명학(陽明學)과 사공학(事功學)이 각기 장점이 있고 시대에 공헌한 바가 있으므로 그들을 용인해도 세도에 해가 되지 않을 것이라고 전망하였다. 흔히 이단의 폐단을 말하지만 폐단이란 천하의 모든 일에 없을 수 없으므로, 성인의 도(道) 역시 소인에게 이용될 수 있으니 나는 나의 종지를 따르고 그들은 그들의 종지를 따를 수 있도록 허여해야 하며, 각기 선을 닦고 장점을 다한 뒤에 선량하게 된다면 대동(大同)이 이루어지는 것이다.[123]

전반부에서 담헌은 상황이란 요소를 감안하여 이단에 대한 관용 차원을 넘고 있다. 시간과 상황이란 요소를 대입해 보면 이단 또한 제각각 장점을 지녔고 시대의 소임을 담당하였기에 적절히 취사하면 세도에 보탬이 될 수 있었다. 후반부는 더 의미심장하다. 천하의 모든 일이 폐단이 있으므로, 이단에 비해 정도 차는 있지만, 유학 또한 시간의 흐

---

123 『湛軒書』外集 卷1,「與孫蓉洲書」.

름을 벗어날 수 없다. 유학과 이단은 한계를 동일하게 지닌 존재인 것이다. 그렇기에 한 사상을 절대화하지 말고 제각각 직면한 상황 속에서 최선을 다하여 만드는 자세가 중요하게 된다. 대동은 각 사상을 용인하고, 주어진 상황 속에서 최선을 다한 후에 가능한 것이었다.

화이관에서 출발하여 성인과 이단에 대한 논쟁을 거쳐 시세를 기준으로 관점을 종합하는 견해는 「의산문답」에서 정점을 이룬다. 「의산문답」의 전반부는 잘 알려져 있듯이 지역 중심, 지구 중심, 인간 중심의 관점을 벗어날 것을 촉구하는 내용이다. 이 시각은 후반부의 시세관, 성인관을 거쳐 춘추관에서 완성된다. 그런데 춘추관에 앞서 시세관과 성인관을 설명한 두 문단은 "하늘에서 본다면 안과 밖의 구별이 없다.", "사이(四夷)가 중국을 침범하고 중국이 사이를 침범하는 것은 똑같은 짓이다."라고 끝났다. 그 맥락에서 춘추관의 말미를 본다면 "공자가 『춘추(春秋)』를 지었듯이 『역외춘추』를 지었다."라는 언명은 '공자가 『춘추』를 짓거나 『역외춘추』를 지은 일이 하늘의 입장에서 본다면 모두 같은 의미다'를 내재한다고 보아야 할 듯하다. 따라서 현재에도 구구한 해석이 있는 말미의 이른바 '역외춘추론'은 시세관과 성인관을 투영해 보아야 그 의미가 한결 선명해진다.

다시 시세관, 성인관, 춘추관을 따라 독해해 보자. 실옹의 시세관과 성인관은 시대와 풍속의 변화가 자연이고 필연이며 그에 따라 성인의 법도 폐단이 될 수 있다는 것이 핵심이다. 성인의 법, 곧 『춘추』가 만세법이 아니라 인물 소장의 필연성이 만세법이다. 성인의 법이 시세가 변한 후에 질곡으로 작용하는 것도 필연이고, 중국이 떨치지 못하고 오랑캐의 운수가 자라는 것도 천시의 필연이다. 그렇다면 성인은 시세를 따르고 풍속에 순응하는 도리를 펼치는 존재이다. 공자는 이미 물·아와 내·외가 구분된 시대에 태어났고, 그 분열된 세계가 상대를 인정하지 않고 서로 침범하는 시대에 태어났기에, 그 질서를 『춘추』로 엄격히 바로잡으려는 것이며, 그 반대의 경우에서도 여전히 그러할 것이다. 이것이 춘추관에 담긴 언의로 보인다.

담헌의 사유를 이상과 같이 본다면, 「의산문답」의 전반부에서 그가 강조했던 상대적 시각은 시세의 강조를 동반함을 염두에 두고 정리해야 한다고 본다. 시세의 강조는 절대적 기준의 무화(無化)이기도 하며, 그 기준에 의거해 상대를 파악하는 관점의 폐기이기도 하다.[124] 무화와 폐기 위에 새롭게 등장하는 기준은 '상황의 기준[時宜]'이다. 담헌은 상황의 기준을 인지한 주체가 선입견에 매달리지 않고 각자의 시각에 따라 달리 보이는 다양한 가치를 받아들이자고 한다.

2) 주변 지식인에게 미친 영향

담헌이 사유를 정립할 시기에 호론 역시 분화하였고 서울에서는 붕당을 뛰어넘는 지식인 사이의 교류가 점차 활발해지면서 이전과는 다른 지형도를 형성하였다.[125] 담헌과 관련해서 당시 사상계의 동향을 볼 때 먼저 주목할 그룹은 낙론 가운데 김원행 문하이다. 김원행이 죽은 후 그의 문하는 조정에서 시파(時派)의 핵심이 된 그룹, 학문을 연마한 사인들, 지방의 사인들, 호론과 친연해진 그룹 등으로 분화하였다.[126] 담헌은 애초 김원행이 중히 여겼던 제자였으므로 영조 말년 서연(書筵)에

---

124 담헌의 결론을 '화이의 구분 자체에 대한 부정'으로 파악하는 견해에 대해서는 박희병(1999) 참조.
125 18세기 후반 지식인의 동향에 대해서는 김문식(1997), 유봉학(1995) 참조.
126 黃胤錫, 『頤齋亂藁』 卷46, 庚戌年 8월 21일.

낙론을 대표하는 신진 학자로서 세손(정조) 교육에 참여하였다.[127] 그러나 정조 대에 담헌의 비중은 더 이상 커지지 않았다. 동문들은 그를 고학에 힘쓰는 고결한 인물로 평가하였지만,[128] 산림의 역할은 김이안, 이성보(李城輔), 심정진(沈定鎭)을 꼽는 형편이었다.

그러나 담헌은 천문, 역산, 수학, 음악 등에 관심 있는 동문들과 또 다른 연계망을 형성하였다. 일찍이 혼천의(渾天儀) 제작에 실패하였던 김이안은 담헌이 나경적(羅景績)과 함께 혼천의 제작에 성공한 일을 높이 평가하였다.[129] 담헌은 1772년(영조 48)에 동문 박찬선(朴燦璿)・박찬영(朴燦瑛) 형제와 함께 윤종(輪鐘)을 제작하기도 하였다.[130]

천문, 역산 분야에서 담헌과 가장 깊게 교유한 인물은 황윤석이었다. 황윤석은 담헌이 『수리정온(數理精蘊)』을 연행에서 구매한 일 등 그에 대한 여러 소문을 접하다가[131] 1776년(영조 52) 8월 5일에 비로소 담헌을 만났다. 두 사람은 율력, 천문을 주제로 장시간 대화하였다. 담헌은 평생의 공부를 함께 말할 사람을 찾은 듯하다고 감회를 말하면서『역상고성(曆象考成)』7책을 빌려 주고 또 육비가 쓴「농수각기(籠水閣記)」및「서양건상곤여도(西洋乾象坤輿圖)」를 보여 주었다.[132] 7일에는 담헌이 황윤석을 방문하여 역범상수(易範象數)를 재론하였고,[133] 8일에는 황

<hr>

127 영조 말년에 南黨의 추천으로 湖論 인물들이 다수 서연관으로 천거되자 낙론계 인사들이 이에 대항하여 서연관으로 추천한 학자들이 김원행 문하의 金履安, 李城輔, 沈定鎭, 담헌 등이었다(黃胤錫, 『頤齋亂藁』 卷45, 庚戌年 3월 24일).

128 黃胤錫, 『頤齋亂藁』 卷17, 辛卯年 3월 17일.

129 『湛軒書』 附錄, 「籠水閣記」.

130 黃胤錫, 『頤齋亂藁』 卷19, 乙未年 3월 37일, 「輪鐘記」.

131 黃胤錫, 『頤齋亂藁』 卷11, 戊子年 11월 13일.

132 黃胤錫, 『頤齋亂藁』 卷22, 丙申年 8월 5일.

133 黃胤錫, 『頤齋亂藁』 卷22, 丙申年 8월 7일.

윤석이 담헌의 집에서 형암·연암·초정을 만났고, 9일에도 형암·연암·초정과 만났다. 이날 담헌은 서연을 마치고 늦게 참여하였다. 황윤석은 『역상고성』, 『수리정온』·「팔선대수표(八線對數表)」·「대수천미표(對數闡微表)」·「태서곤여전도(泰西坤輿全圖)」 등을 일람하고 다음 날 헤어졌다.[134]

담헌 주위의 지식인 가운데 잘 알려진 그룹은 이른바 연암 일파이다. 연암 그룹은 담헌·연암을 중심으로, 선배로서는 김용겸(金用謙)·원중거(元重擧)가 있었고, 후배로는 초정·형암·영재·이서구(李書九) 등이 있었다. 이들의 교유와 성과에 대해서는 익히 알려져 있으므로 본고에서는 이들이 서로의 사유를 취사하는 측면을 간략히 살펴보겠다.

원중거가 1763~1764년에 걸쳐 일본을 사행하고 기록한 『승사록(乘槎錄)』과 『화국지(和國志)』는 담헌 등에게 큰 영향을 미쳤다. 원중거는 일본 문화를 상세히 전하며 그들의 시문 융성, 서적 유통 등을 높이 평가하여 '해중 문명'이라 칭하기도 하였다.[135] 일본이 이룬 성과에 대한 칭찬에 인색하고 않고 그들의 발전을 낙관하는 그였지만, 원중거의 낙관은 일본이 주자학 중심의 유교국이 되어야 한다는 전제를 벗어나지 못했다.[136] 따라서 원중거의 견해는 조선의 유아독존적 자존감에 경종을 울리면서, 조선이 유교 정통 문화의 체현자라는 기대를 동시에 충족시켰다.

---

134 黃胤錫, 『頤齋亂藁』 卷22, 丙申年 8월 9일. 이후 둘은 깊은 만남을 가지지 못했다. 담헌이 정조 원년부터 태인현감, 영천군수 등으로 재직했기 때문이다. 1778년(정조 2) 황윤석은 태인에서 수령으로 있는 담헌을 만났으나 금세 헤어졌다(앞의 책, 卷24, 戊戌年 2월 13일). 황윤석은 담헌 사후 약 두 달이 지나 동문을 통해 담헌의 별세 소식을 듣는다(앞의 책, 卷35, 癸卯年 12월 22일).

135 元重擧, 『和國志』; 박재금 역(2006), 164~166·281~282면.

136 元重擧, 『乘槎錄』; 김경숙 옮김(2006), 530~532면.

담헌은 원중거의 인식을 취사하였다. 「일동조아발(日東藻雅跋)」과 「증원현천귀전사(贈元玄川歸田舍)」에 그 인식이 구체적으로 드러나 있다.[137] 「일동조아발」에서 담헌은 원중거의 의도인 '정학을 밝히고 사설을 없앤다'는 의도에 동조하지 않고 도는 어디서든 행해질 수 있다며 일본의 성과를 높이 평가하였다. 또 일본은 유학으로 문치가 승해졌으므로, 서쪽 이웃〔西隣〕인 조선과 평화롭게 지낼 수 있다고 보았다.[138] 이 지적은 원중거가 일본이 오규 소라이(荻生徂徠)의 학문에서 벗어나 주자학을 주류로 삼을 때 조선과 평화 관계를 이루리라는 단서를 빼 버린 것이다. 「증원현천귀전사」에서도 일본의 장관, 이토 진사이(伊藤仁齋)와 오규 소라이의 학문을 칭찬하고, 사해는 모두 하늘이 낸 백성이며 일본과 조선은 언어와 풍속이 다르지만 기의(氣義)는 같다고 하였다.[139] 주자학을 전제로 하여 그들을 차별하는 의식을 찾을 수 없다.

담헌이 원중거를 취사했던 것처럼, 연암과 초정은 담헌을 취사하였다. 연암은 담헌의 시세 중시 인식을 더욱 심화시켰다. 연암은 좋은 글은 격식과 문투를 넘어야 하는데, 마치 전쟁에서 여건을 잘 활용해야 승리할 수 있듯이 좋은 글을 쓰는 방법은 때에 있고 법에 있지 않다고 하였다.[140] 중국의 문물에 대해서도 만·한 이분법으로 나누지 않고 그 혼종성을 강조하였다. 중국에서 배우의 복식이 청 문화에 물들지 않은 것처럼, 조선에서는 기방의 복식이 원 문화에 물들지 않았다는 것이다.[141]

---

137 「일동조아발」이 담헌의 사유를 구체적·현실적 차원에서 실현하였다고 본 것은 이미 박희병이 지적한 바 있다(박희병(2002), 409~410면).
138 『湛軒書』 內集 卷3, 「日東藻雅跋」.
139 『湛軒書』 內集 卷3, 「贈元玄川歸田舍〔二首〕」.
140 朴趾源, 『燕巖集』 卷1, 煙湘閣選本, 「騷壇赤幟引」.
141 朴趾源, 『燕巖集』 卷3, 孔雀舘文稿, 「自笑集序」.

이 글의 목적은 사대부의 문학 정신이 중인에게 흐르게 되었음을 지적하여 그들의 성취를 고무하면서 동시에 사대부의 반성을 촉구하는 데 있었다. 그러나 시세 역전의 상징물로 청 문화의 혼종성과 조선 문화의 혼종성을 비유로 내세운 표현은 인상적이다. 원의 문화를 명과 조선이 이어받은 것처럼, 청 또한 명의 문화를 이어받았음을 강조하여 현실에 존재하는 문화는 순수 문화가 아닌 혼종 문화라는 인식을 낳기 때문이다. 그것은 복식에서 조선 문화의 우월감을 느꼈던 구래의 인식을 근본적으로 부정한다.

연암이 담헌의 사유를 섬세하게 심화시킨 데 비해, 초정은 급진적으로 문명의 위계를 세우고 중국의 선진성을 수용하고자 했다. 초정은 선진 문물 수용의 모범이었던 최치원(崔致遠), 조헌(趙憲)을 높이 평가하였으며,[142] 북경과 열하의 화려하고 장대한 문물을 천상의 이상처럼 여겼다.[143] 중국의 선진성이 커질수록 조선의 고루함도 커져 갔다. 위진(魏晉)의 글씨보다는 송명(宋明)의 글씨가, 송명의 글씨보다는 지금 중국의 글씨를 배우는 것만 못하여, 위진의 글씨에 매달리는 우리는 중국 저잣거리의 글씨조차 따라잡을 수 없다는 지적은[144] 문명을 단선 발전 위에 세우고 이를 수용해야 한다는 논리의 산물이다. 담헌을 노래한 시에서 초정은 담헌이 중원을 꿈꾸었고 "만약 우리 인생 서양 배에 오른다면 관내의 제후보다 장사꾼이 더 나으리."[145]라 하며 그의 문물 교류 지향을 서양으로까지 확대시켰다. 담헌과 절친하였던 반정균과 육비는 "천

---

142 朴齊家, 『貞蕤閣集』 3, 「再次冬至韻」; 卷3, 「二道井」.

142 朴齊家, 『貞蕤閣集』 3, 「再次冬至韻」; 卷3, 「二道井」.
143 朴齊家, 『貞蕤閣集』 3, 「陪宴避暑山莊 用前韻」.
144 朴齊家, 『貞蕤閣集』 2, 「有旨書進屛風一事 柳僚爲作長歌 遂和其意 時壬寅四月二十日也」.
145 朴齊家, 『貞蕤閣集』 1, 「戲倣王漁洋歲暮懷人〔六十首○幷小序〕」.

고는 만 리에서 떨어진 과거이고 만 리는 현재에서 천고 이전이다. 반정균과 육비는 오늘날 나에게 천고 이전의 사람이다."[146]라고 하여 평등하게 교유하는 인물이 아니라 일종의 기준처럼 평가하였다. 요컨대 담헌과 연암이 조선과 중국의 문물을 시간 속에서 변화하는 것으로 파악하며 조심스럽게 장단을 취사하려 했던 것에 비해, 초정은 선진에 대한 갈망과 일방적 수용으로 변화시켜 나갔던 것이다.

마지막으로 주목할 그룹은 김원행 문하의 동문이었던 정철조(鄭喆祚)와 그를 매개로 이루어진 교유이다. 정철조는 당대에 벼루를 잘 만들고 그림을 잘 그리는 것으로 이름났지만, 그의 학문은 마테오 리치를 종주로 삼아 서양의 역상, 산수를 탐구하는 데 있었다.[147] 연암에 의하면, 정철조는 집에 혼천의와 선기옥형을 소장하고 있었으며, 여러 가지 기계도 만들어 보았고 담헌과 더불어 황도·적도·남극·북극 등 천문지구설에 대한 담화를 밤새 나누었다고 한다.[148] 그 기구들은 아마 인중기(引重機), 승고기(升高機), 마전기(磨轉機), 취수기(取水機) 등을 이르는 듯하다.[149]

그런데 정철조는 성호(星湖) 이익(李瀷)의 조카이자 이가환(李家煥)의 부친인 이용휴(李用休)의 사위였다. 이가환의 매부인 셈이다. 이용휴의 집에는 당시 구하기 어려웠던 『기하원본(幾何原本)』이 소장되어 있었으며,[150] 이가환은 정철조로부터 『수리정온』을 빌려 보기도 하였다.[151] 황

---

146 朴齊家, 『貞蕤閣文集』 卷1, 「記書幅後」.
147 黃胤錫, 『頤齋亂藁』 卷8, 丁亥年 2월 29일.
148 朴趾源, 『熱河日記』, 謁聖退述, 「觀象臺」.
149 朴宗采, 『過庭錄』; 박희병 역(1998), 14면.
150 黃胤錫, 『頤齋亂藁』 卷11, 戊子年 7월 29일.
151 黃胤錫, 『頤齋亂藁』 卷11, 戊子年 8월 17일.

윤석은 정철조로부터 『역상고성』을 빌려 보기도 하였다.[152]

현재 담헌과 성호, 이용휴, 이가환으로 이어지는 성호학파와의 직접적인 교류는 찾아보기 힘들다. 다만 정철조를 매개로 담헌 등 이른바 연암 일파와 성호학파와의 학문 교류를 짐작해 볼 수 있겠다. 이 점에서 황윤석의 기록은 흥미롭다. 담헌의 사후 황윤석은 1786년(정조 10)에 담헌의 서제 홍대유(洪大有)를 만났다. 이때 홍대유는 집안의 책들이 모두 조카[洪薳] 집으로 옮겨졌고, 다만 『성호사설(星湖僿說)』20권을 비롯한 『율곡전서(栗谷全書)』 등이 남았다고 하였다. 이에 황윤석이 『성호사설』을 빌려 여러 차례 인용하였다.[153] 이로 미루어 보면 생전의 담헌은 『성호사설』을 소장하여 읽었던 듯하다.

연암 일파와 이가환 등과의 교류는 담헌의 사후에 더욱 긴밀해졌다. 당시 노론 학계에서는 성호가 남인 출신임은 애석하지만 『성호사설』은 '대문자(大文字)'로 볼 만하다고 평가하고 있었다.[154] 그중 초정은 가장 적극적으로 그들과 교유하였다. 초정은 자신과 가장 절친했던 친구 60인을 기린 시(「戲倣王漁洋歲暮懷人六十首」)에서 정철조와 이용휴 그리고 이가환으로 추정되는 인물을 노래하였다.[155] 초정은 이가환 · 다

---

152 黃胤錫, 『頤齋亂藁』 卷11, 戊子年 11월 11일.

153 黃胤錫, 『頤齋亂藁』 卷39, 丙午年 7월 18일 ; 丙午年 7월 19일 ; 卷40, 丁未年 정월 16일 ; 丁未年 6월 8일, 「針泉較差說」.

154 黃胤錫, 『頤齋亂藁』 卷50, 庚寅年 3월 5일.

155 이용휴에 대해서는 "초묘하고 청신하며 속태가 없는 연꽃 같다."라고 하였다(朴齊家, 『貞蕤閣集』1, 「戲倣王漁洋歲暮懷人〔六十首○幷小序〕」). 이가환으로 추정되는 인물은 38수에 노래한 '李注書'란 인물이다. 『정유각집』의 편차에 따르면, 초정의 이 시는 1778년(정조 2) 1차 연행 당시 지은 일련의 시 바로 앞에 위치해 있으므로 1778년 이전으로 추정된다. 이가환은 1777년(정조 1) 잠시 事變假注書로 근무하였다(『承政院日記』 정조 원년 5월 9일 癸酉). 시 내용과 이가환이 당시 얻었던 명성은 더욱 부합한다. 초정은 이가환에 대해 "新書를 참고하여 기하를 부연하고 원고로 옮길 때 먹글씨가 많아라. 규장의 책문에 임금 비답 빛나니 홍사박학에 부족함이 없구나."라고 하였다. 이가환이

산(茶山) 정약용(丁若鏞)과 절친하였을 뿐만 아니라 초창기 천주교 형성에 결정적으로 기여한 이벽(李檗)을 경제의 선비이자 사물의 본성을 깨우친 이로 평가하며 그의 죽음을 애도하는 추모시를 쓰고 있어 더욱 주목된다.[156]

5. 맺음말

담헌은 문과에 급제한 적이 없었고, 세자익위사에서 세손을 잠시 가르친 일을 제외하면 고급 관료로서 시무에 관한 상소를 올린 일도 없었으므로 현실 정치에 대해서 거의 발언한 일이 없었다. 유년 시절

서학에 해박하고 특히 수학에 뛰어났음은 잘 알려진 일이다. 이 시기에 정조는 이가환의 시권을 칭찬하며 장원보다 낫다고 평가하고 소견하여 칭찬하였다(『日省錄』 정조 원년 4월 21 丙辰). 이듬해 정조는 승문원 정자 이가환을 불러 그가 올린 對策의 해박함을 칭찬하고 다양한 주제를 논의하였다(『正祖實錄』 2년(1778) 2월 乙巳). 당시 정조와 홍국영 등이 이가환의 문장과 지식을 '博通古今 無不知' 또는 '文優識博'로 평가하였다(『日省錄』 정조 2년 2월 13일; 정조 3년 7월 1일).

156 朴齊家, 『貞蕤閣集』 2, 「四悼詩」. 초정이 이벽의 추모시를 쓰고, 서양 사람을 등용하여 그들의 기술과 과학을 배우자고 건의한 것(朴齊家, 『貞蕤閣文集』 卷3, 「丙午正月二十二日朝參時 典設署別提朴齊家所懷」)을 보면, 초정은 담헌이나 연암이 기존 사유를 일부 계승하고 일부 극복하였던 양가적 태도에서 한 발 벗어나 있는 듯 보인다. 그리고 그 경향은 다른 부류의 지식인 속에서도 파악할 수 있다. 이벽을 중심으로 한 남인 신서파가 서학 수용에서 서교 수용으로 전화한 것은 잘 알려져 있다. 소론에서는 姜世晃의 아들 姜彛天이 서교를 수용하였다. 안동 김문의 봉사손이었던 金健淳의 극적인 변화는 매우 상징적이다. 그는 애초 주문모 신부에게 북벌을 설득하고 이용후생을 배우고자 접근하였다. 담헌 등과 큰 테두리를 공유하는 장면이다. 그러나 그는 오히려 설득당하여 양가적 태도를 버리고 서교를 수용한다(강이천, 김건순에 대해서는 백승종(2011) 참조). 담헌 사후 이와 같은 급진적 인물들이 출현하는 현상은 선배에 대한 취사의 과정이 가속화하는 장면으로 보이는데, 이 흐름은 19세기 초 서학을 빌미로 한 정치 탄압을 계기로 단절을 겪은 듯하다.

의 그는 노론 일반이 가졌던 정치 인식을 공유하였다. 하지만 인식의 근저에는 색다른 씨앗이 자리 잡고 있었고 그 때문에 종종 마찰을 빚었다. 정치에 대한 그의 입장은 반성적 성찰을 자신에게 철저히 적용하는 데 있었다. 성찰을 통해 담헌은 기성화된 주장, 학문을 근본부터 조정하였다. 정치의리론에 있어서 보편적 타자 인정의 자세를 강조하였고, 학문에 있어서 무실(務實)과 말업(末業)을 근본 가치 중의 하나로 강조하였다.

기존 연행에 비해 담헌의 연행은 정보와 지식인 교유, 사유 구조의 개변이란 측면에서 질적 변화를 이루어 냈다. 정보는 계기적으로 축적되는 연속성을 갖는데, 담헌은 서학 관련 정보를 크게 혁신시킨 점이 주목된다. 고급 정보를 전하는 지식인과의 교유는 정보 전달의 구조를 바꾸는 획기적인 일이었다. 한편 사유 구조의 측면에서는 탐색 차원을 넘어 중대한 전환을 이루어 내었다. 담헌은 연행에서 청인들의 의중을 살피고, 긍정 부정이 엇갈리는 심정으로 그들의 변화를 감지했다. 문제 제기와 해결을 이끌어 내는 방식에서 중요한 점은 역사적 시간에 대한 담헌의 수정이었다. 조선 사람들이 기대한 청의 100년 운세는 100년을 넘긴 시점에서 청의 홍성이라는 상황으로 전개되었다. 예상치 못한 상황에서 예측해 왔던 미래를 고집해야 하는가. 담헌은 현실에 맞춰 수정하였다. 수정이 가능했던 것은, 저들에 대하여 경험한 처지 혹은 역사에 대한 긍정이 있었기에 가능하였다.

이 같은 사고는 연행 이후에 벌어진 논쟁을 통해 더욱 정밀하게 구성되었다. 우리가 그들을 바라보는 기준과 그들이 그들을 바라보는 기준 사이에는 시간과 공간의 다른 기준이 엄연히 존재했던 것이다. 그 차이에 대한 긍정의 폭에 따라 조선 지식인들의 입장은 갈린다. 기성의 인식에 서 있던 조선의 많은 지식인들은 그 태도를 관용하기 힘들었다.

연행 이후 담헌은 김종후와 논쟁을 벌인다. 김종후는 그의 연행록이 널리 읽히는 현상이 불러오는 인식의 균열을 감지했던 듯하다. 중간에서 회의하던 담헌으로서는 판단을 강요받는 상황이 되었다. 논쟁 중에 담헌은 기존의 절대적 기준에 대해 회의를 품은 듯하며, 그 회의는 성인의 보편성은 오로지 상황에 따른 적절함을 나타낼 뿐이라는 시의(時宜)론으로 전개되었다. 시의가 강조될수록 존재했거나 존재하는 문명은 상대적이 되어 버렸다. 조선의 경우도 예외는 아니었으며 그 점에서 조선이 불변 가치를 점유했다는 자존심의 한계를 지적할 수 있었다. 동시에 주체와 타자를 모두 긍정하고 독자적 가치를 또한 강조할 수 있었다. 청의 입장에서 청의 처지를 긍정하는 만큼 조선의 입장에서 조선의 현실을 바라보는 긍정 역시 확대되기 때문이다. 그 영역이 인식상의 지평을 확대하는 장면이 아닐까 한다. 담헌이 열어 놓은 지평은 연암과 초정을 비롯한 이들과 영향을 주고받으며 다채롭게 확장되었다.

마지막으로 담헌과 비슷한 시기에 유사한 사유 틀을 전개한 성호와의 비교를 간략하게 제기하여 추후 과제로 삼을까 한다. 성호 역시 형세 혹은 구조를 강조하며 내면의 심성보다는 외면의 시세 혹은 사회 상황을 강조하였다. 그의 시세 인식에 대해서는 비록 논란 중이지만, 이념과 실재의 분리, 다중심의 세계·공간 인식, 기예·학문의 진보 긍정, 시세의 흐름을 인식한 인간의 능동성 강조 등의 인식이 싹튼다. 성호와 담헌의 사유 틀 형성이 성리학의 말폐에 대한 반성에서 출발했던 점도 유사하다. 성호는 사문시비와 환국으로 남인이 도태하는 정치적 상황에서 출발하였다. 담헌은 호락논쟁과 그것이 야기한 정치적 혼란에 염증을 느꼈던 것이 한 동기였다. 그들이 비록 실학이라는 용어를 적극적으로 사용하지 않았지만, 두 사람의 출발과 도달점은 일정한 유사성을 보인다. 그들을 현재 '실학자'로 정초하는 해석은, 비록 그들이

'실학'에 대한 개념을 만들지는 않았지만, 공통적으로 나타나는 그 내용에 착목하는 것이다. 그 점에서 두 사람의 사유의 유사성과 후대에 계승되는 양상에 대한 비교는 현재 실학의 정체성을 밝히는 열쇠가 될 것이다.

『承政院日記』.

『日省錄』.

『朝鮮王朝實錄』.

金壽恒, 『文谷集』.

金壽興, 『退憂堂集』.

金元行, 『渼湖集』.

金履安, 『三山齋集』.

金昌業, 『老稼齋集』.

_____, 『燕行日記』.

閔鎭遠, 『丹岩漫錄』.

朴齊家, 『北學議』.

_____, 『貞蕤閣集』.

朴宗采, 『過程錄』; 박희병 역(1998), 『나의 아버지 박지원』, 돌베개.

朴趾源, 『燕巖集』.

徐浩修, 『燕行紀』.

成大中, 『日本錄』; 홍학희 역(2006), 『부사산 비파호를 날 듯이 건너』,
    소명출판.

元重擧, 『乘槎錄』; 김경숙 옮김(2006), 『조선 후기 지식인, 일본과 만
    나다』, 소명출판.

_____, 『和國志』; 박재금 역(2006), 『와신상담의 마음으로 일본을
    기록하다』, 소명출판.

柳得恭, 『熱河紀行詩註』; 실시학사 고전문학연구회 역(2010), 『열하
    를 여행하며 시를 짓다』, 휴머니스트.

李坤, 『燕行記事』.

李宜顯, 『庚子燕行雜識』.

_____, 『壬子燕行雜識』.

崔德中, 『燕行錄』.

韓元震, 『南塘集』.

洪大容, 『湛軒書』.

_____, 『을병연행록』; 소재영 등 주해(1997), 『주해 을병연행록』, 태
　　　학사.

黃胤錫, 『頤齋亂藁』, 『頤齋續稿』.

김문식(1997), 『조선 후기 경학사상 연구』, 일조각.

김문용(2005), 『홍대용의 실학과 18세기 북학사상』, 예문서원.

김태준(1987), 『洪大容 評傳』, 민음사.

박희병(1999), 『한국의 생태 사상』, 돌베개.

백승종(2011), 『정조와 불량선비 강이천』, 푸른역사.

유봉학(1995), 『燕巖一派 北學思想 硏究』, 일지사.

이경구(2007), 『조선 후기 安東 金門 연구』, 일지사.

조성산(2007), 『조선 후기 낙론계 학풍의 형성과 전개』, 지식산업사.

김길환(1972), 「栗谷性理學에 있어서 實學槪念과 體系」, 『아세아연구』
　　　15, 고려대 아세아문제연구소.

김문식(2001), 「조선 후기 지식인의 자아인식과 타자인식－대청교섭
　　　을 중심으로」, 『대동문화연구』 39, 성균관대 대동문화연구원.

문중양(2003), 「18세기말 천문역산 전문가의 과학활동과 담론의 역사
　　　적 성격－徐浩修와 李家煥을 중심으로」, 『동방학지』 123, 연
　　　세대 국학연구원.

박희병(2002), 「淺見絅齋와 洪大容」, 『대동문화연구』 40, 성균관대 대
　　동문화연구원.

이경구(2004), 「1740년(영조 16) 이후 영조의 정치 운영」, 『역사와 현
　　실』 53, 한국역사연구회.

_____(2006), 「湖洛論爭을 통해 본 철학논쟁의 사회정치적 의미」, 『한
　　국사상사학』 26, 한국사상사학회.

허경진·천금매(2008), 「홍대용 집안에서 편집한 『燕杭詩牘』」, 『열상
　　고전연구』 27, 열상고전연구회.

| 이 책을 마치며 |

최근 학계 일각에서 '실학(實學)'의 역사적 실체에 대한 의심과 회의의 시각이 거센 것으로 보인다. 한편에서는 '근대'에 대한 반성에 수반하여, '실학'이 단지 근대 국가를 지향하던 시기에 지식인들의 한시적 관심 위에 구성된 허구적 가상물(假想物)에 불과한 것이 아닌지 의심하기도 하고, 다른 한편에서는 구체적인 연구의 심화에 따라, 실학자들의 경학(經學) 혹은 자연학(自然學) 상의 학술적 성취에 대해 회의적 견해가 표명되기도 한다. 이러한 의심과 회의의 시각 앞에서 우리는 다시 한 번 '실학' 연구에서 '실학'의 '태도'와 '실학'의 '방법'을 사용해야 할 필요성을 절실하게 느낀다. 즉 실학자들이 취하였던 개혁적이고 실천적인 태도와 관심, 개방적 실용주의의 관점, 그리고 실사구시(實事求是)의 정신 등이 그것이다. 그것은 곧 '실학'에서 근대학문으로 이어지는 우리 학문의 역사를 주체적으로 구성해내는 길이 될 것이다. '실학'에 대한 의심과 회의가 결국 '실학'에 대한 더욱 견고하고 풍부한 이해를 가능하게 하는 자원이 될 것을 전망하고

기대한다.

일찍이 벽사(碧史) 이우성(李佑成) 선생은 '속류(俗流) 실학주의'의 위험성에 대해 경고하면서 다음과 같이 설파한 바 있다. "먼저 실학을 했던 사람들, 즉 실학파 학자들의 사회적 입장, 나아가 그 인간 자신의 자세까지 밝혀보아야 할 것이다. 주어진 현실에 대한 파악태도 내지 그 시대와의 대결, 즉 실학파 학자들의 인간 그 자신의 문제를 추구함으로써 실학의 성격 및 방향에 관한 높은 이해에의 가능성이 도출될 수 있을 것으로 믿는다." (「實學研究序說」) 이러한 외침은 오늘의 실학 연구자들에게도 여전히 유효한 요구인 것으로 보인다. 이 책에 실린 논문들은 그러한 요구에 부응하여 실학자 담헌 홍대용을 통해 '실학'의 실체를 탐구하고자 한 노력의 작은 결실이다.

간략하게 각 논문의 취지를 요약해보면, 문석윤 교수(「湛軒의 哲學思想」)는 조선후기 호락논쟁(湖洛論爭)에 관해 박사학위를 받은 연구자로서, 담헌이 자신의 학적 배경인 낙학(洛學), 더 넓게는 조선성리학(朝鮮性理學)의 전통 속에서 어떻게 자신의 실학(實學)을 구축하여 갔는가 하는 것을 이학(理學)과 심학(心學), 물학(物學)의 형성과 전개를 통해 규명하고자 하였다.

평소 담헌을 조선 역사상 가장 탁월한 사상적 성취를 거둔 인물로 높이 평가하면서 그 사상의 현대적 함의에 대해 통찰력 있는 연구 성과를 제출해 온 박희병 교수(「湛軒 社會思想의 論理와 體系」)는 이번 연구에서는 특히 사회사상에 집중하여 담헌 사상의 성취를 입증하고자 하였다. 그는 담헌의 화이론(華夷論)이 그 사회사상의 핵심적 기초가 된다고 보았으며, 결론적으로 그의 사회사상은 "기본적으로 '약자'와 '주변'을 옹호하면서 평등에 대한 강한 지향성"을 보이고 있다고 진단하고, 이는 기본적으로 차등과 위계 위에 구축된 사상체계인 유교를 넘어선 탈유교적 측면을 가지고 있다고 주장하였다.

담헌의 철학 및 과학사상을 주제로 박사학위를 취득한 김문용 교수(「湛軒의 天文·宇宙 理解와 科學」)는 이번에는 천문과 우주에 대한 담헌의 이해에 대해, 과학적 성취의 관점뿐 아니라 학술사상사적 관점에서 조명해 보고자 하였다. 그는 담헌의 천문·우주론의 성격과 한계를 되짚어 보면서 그것이 "유학과 서법(西法) 또는 과학이 상호 선택과 배제의 과정을 통해 이룩한 결합물의 하나라고 할 수 있다."고 결론짓고, 그것의 선구적 의의를 당시 중국과 조선의 지식인들 중 일부가 채택한 서학중원설(西學中原說)과 나중의 동도서기론(東道西器論)적 논법과 대비시켜 설명하였다.

조선시대 전통음악사에 관해 꾸준히 독보적인 연구를 수행해 온 송지원 교수(「湛軒의 音樂 知識과 疏通」)는 음악가로서의 담헌의 면모와 위상, 의의를 규명하고자 하였다. 송 교수는 음악이론가 혹은 실천가로서의 담헌의 면모를 조명하였으며, 특히 그의 음악관에 주목하여, 담헌이 "소통과 교감, 즉 일방성이 아닌 주고받는 행위로서의 음악의 의미에 대해 고민하였"으며, 그 결과 조선 후기 음악사회에 줄풍류문화를 정착 발전시킨 공로가 있다는 점을 지적하였다.

조선 후기 낙론(洛論) 연구로 박사학위를 취득하였고, 그 방면의 연구를 꾸준히 축적해 온 이경구 교수(「湛軒의 知識人 交遊와 知性史的 位置」)는 담헌의 학문 형성, 사유의 내용을 정치·사회적 맥락, 연행(燕行) 그리고 주변 인물과의 교유를 축으로 삼아 분석하였다. 그는 낙론의 사상 지형속에서 담헌이 철저히 무실(務實)적이고 자기반성적이며 타자포용적인 태도를 취하였음을 지적하였으며, 담헌의 연행이 기존의 연행에 비해 정보와 지식인 교유, 사유 구조의 개변이란 측면에서 질적 변화를 이루어내었으며, 그것이 자신의 주변 지식인들에게 심대한 영향을 끼쳤음을 실증하였다.

　이상에서 요약한 바와 같이, 이 책에 실린 논문들은 담헌의 철학자, 사회 및 과학사상가, 정치가, 음악가, 지식인으로서의 면모를 포괄적이고 다양하게 검토하여 제시한 것이라고 말할 수 있다. 독자들이 이들을 통해 담헌의 진면모에 대해, 그의 고민과 꿈에 대해 조금은 더 가깝게 접근할 수 있기를 기대한다. 그러나 과연 이 논문들이 기존에 제출된 연구 성과에 비해 벽사 선생이 요구하였고, 실시학사가 의뢰한, 담헌에 대한 '실학'적 이해에 어느 정도 접근하였는지에 대해서는 필자들은 부끄러운 마음으로 두 손을 모을 수밖에 없을 듯하다.

2012년 4월 30일
집필진을 대표하여 문석윤

부 록

•

연 보 ─ 찾아보기

* 담헌과 직접 관련된 내용은 ○로, 기타 관련 내용은 ■를 사용하여 구분함.

서기	제왕 연대	나이	담헌의 사적
1721년	경종 1		■ 8월 29일 수암(遂菴) 권상하(權尙夏, 1641~1721)가 한수재(寒水齋)에서 별세함. ■ 12월 김일경(金一鏡) 등의 논핵으로 김창집(金昌集), 이이명(李頤命), 이건명(李健命), 조태채(趙泰采) 등 노론사대신(老論四大臣)이 유배 갔으며 이듬해 사사됨.
1722년	경종 2		■ 2월 21일 삼연(三淵) 김창흡(金昌翕, 1653~1722)이 석교(石郊) 가구당(可久堂)에서 별세함. ■ 도암(陶庵) 이재(李縡)는 2월 사환(辭還)하고 10월에는 가족들을 이끌고 인제(麟蹄)에 들어가 덕산촌(德山村)에 거주함.
1723년	경종 3		■ 기원(杞園) 어유봉(魚有鳳, 1672~1744)은 4월 외암(巍巖) 이간(李柬, 1677~1727)에게 편지를 씀. 외암의 답서(答書)만 남아 있음. 기원은 5월에 동문 22인을 이끌고 궐 밖에서 상소하여 우암(尤庵), 농암(農巖) 두 선생의 무고를 변호하였으며, 『함종세고(咸從世稿)』(증보 중간)를 완성함. 또한 『농암선생어록 부사단칠정인심도심설(農巖先生語錄 附四端七情人心道心說)』을 편(編)하였음. 농암의 사단칠정인심도심설은 포음(圃陰) 등이 분쟁의 빌미가 된다 하여 세상에 내놓지 않으려 했지만, 기원은 그것이 분실될 것을 우려하여 어록 뒤에 붙여 두었음. ■ 남당(南塘) 한원진(韓元震)은 권상하의 관작이 추탈되려 한다는 소식을 듣고 동문들과 함께 스승의 변무(辨誣)를 위해 소(疏)를 써서 입성(入城)함. ■ 10월 관상감(觀象監)에서 서양의 문신종(問辰鐘, 서양식 시계)을 만듦.
1724년	경종 4		■ 1월 지촌(芝村) 이희조(李喜朝, 1655~1724) 유배지에서 별세함. ■ 윤4월 구계(癯溪) 권상유(權尙游, 1656~1724) 별세함. ■ 한원진이 윤4월 「이공거상사문변(李公擧上師門辨)」을 지었고, 10월에는 『주자언론동이고(朱子言論同異考)』를 완성함. ■ 8월 경종(景宗, 1688~1724) 승하, 영조(英祖) 즉위함. ■ 여호(黎湖) 박필주(朴弼周, 1665~1748)가 「심성설(心性說)」을 지음.

서기	제왕 연대	나이	담헌의 사적
1724년	경종 4		• 12월 김일경이 사사됨. • 12월 서얼 200여 명이 차별대우 철폐를 요구함.
1725년	영조 1		• 외암 이간은 정월에 회덕현감(懷德縣監)에 제수되었으며, 2월 서울에 들어가 주강(晝講) 후에 입시(入侍). 영조에게 위학지요(爲學之要)에 대해 강론함. 10월에는 「변윤천서심설(辨尹泉西心説)」을 지음. 윤천서는 곧 천서(泉西) 윤혼(尹焜, 1676~1725)임. • 남당은 2월에 다시 부솔(副率)에 제수되었고, 12월에는 종부시주부(宗簿寺主簿)에 제수됨. 또한 단암(丹巖) 민진원(閔鎭遠)의 천거와 대신(臺臣)의 소청(疏請)에 따라 경연관(經筵官)에 뽑힘. • 도암은 정월에 부제학겸동지경연(副提學兼同知經筵)에 제수되었고 3월에 비국당상(備局堂上)이 됨. • 3월 노론사대신의 관작(官爵)을 회복시키고, 소론사대신(少論四大臣 : 趙泰耈, 柳鳳輝, 趙泰億, 崔錫恒)을 유배하여 사사함.
1726년	영조 2		• 민진원이 외암을 연신(筵臣)으로 추천했으나 친로다병(親老多病)하다 하여 사직함. • 12월에 도암이 여호를 찾아가 만남.
1727년	영조 3		• 윤3월 14일, 외암 이간이 정침(正寢)에서 별세함. • 4월 여호가 도암을 찾아가 만남. • 8월 역천(櫟泉) 송명흠(宋明欽, 1705~1765)이 화전(花田)으로 도암을 찾아뵘. 이후로 자주 찾아뵘. 역천은 동춘당(同春堂) 송준길(宋浚吉)의 후손임.
1728년	영조 4		• 3월 이인좌(李麟佐) 등이 밀풍군(密豊君)을 추대하여 반란을 일으킴(戊申亂). 반란군이 청주(淸州)를 점령, 도순무사(都巡撫使) 오명항(吳命恒)을 보내어 토평(討平)함. • 4월 병계(屏溪) 윤봉구(尹鳳九)가 도암을 찾아가 만남.
1729년	영조 5		• 도암이 정월에 『오선생미언(五先生微言)』을 완성함. 주자(周子), 이정자(二程子), 장자(張子), 주자(朱子)의 글 중에서 의리(義理)에 관계되는 것을 모아 편집한 것임.

378

서기	제왕 연대	나이	담헌의 사적
1730년	영조 6		• 도암이 『근사록심원(近思錄尋源)』을 완성함. 『근사록(近思錄)』에 실린 사선생훈(四先生訓)의 근원이 육경사서(六經四書)에 있다고 보고 그것을 찾아 『근사록(近思錄)』의 유례(類例)에 따라 편집한 것임.
1731년	영조 7	1	• 여호는 2월 도암을 용인(龍仁) 천곡(泉谷)으로 찾아가서 만남. • 남당은 5월 「답강규환서(答姜奎煥書)」에서 육면세계설(六面世界說)을 비판함. • 도암은 3월 수원 만의동(萬義洞)에 가서 우암의 묘에 참배함. 8월 율곡(栗谷)의 자운서원(紫雲書院)과 묘를 참배한 후 이건명의 묘에 참배함. • 봉암(鳳巖) 채지홍(蔡之洪)이 3월 도암을 찾아가서 만남. ○ 담헌(湛軒), 3월 1일 충청도 천원군(天原郡, 현재 충청남도 天安市) 수신면(修身面) 장산리(長山里) 수촌(壽村)에서 홍력(洪櫟)과 청풍 김씨(淸風金氏) 사이에 맏아들로 태어남.
1732년	영조 8	2	• 삼연의 문집이 완성됨. 그의 행장(行狀)이 완성된 것은 1768년이며, 1854년에 종5대손 김수근(金洙根)에 의해 연보가 완성됨. • 7월 후재(厚齋) 김간(金幹, 1646~1732)이 광주(廣州) 사천(沙川)에서 별세. 여호가 제문(祭文)과 비문(碑文)을 지음. • 남당은 11월 「여병계윤선생서(與屛溪尹先生書)」에서 심순선설(心純善說)을 비판함. • 도암은 12월 오서오경(五書五經)의 수장대의(首章大義)를 강(講)함. 이해에 『서사륜송(書社輪誦)』이 완성됨. 염락(濂洛) 제현(諸賢)의 문자 중 학문에 관계 깊은 것을 모은 것임. • 역천은 10월 단암 민진원을 청주로 찾아뵘. 단암은 그때 화양서원(華陽書院) 원장(院長)으로, 제생(諸生)을 모아 춘추(春秋)를 강(講)함. 역천은 병으로 모임에는 참석하지 못하고 돌아가는 길에 찾아가 뵌 것임. 섬촌(蟾村) 민우수(閔遇洙)와 동숙(同宿)하였음.
1733년	영조 9	3	• 여호는 9월 「인심도심설(人心道心說)」을 씀. ○ 이복 아우 대유(大有) 태어남.

서기	제왕 연대	나이	담헌의 사적
1734년	영조 10	4	• 도암이 10월 여호를 찾아가 만남. • 역천이 12월 도곡(塗谷)에서 이제(姨弟)인 녹문(鹿門) 임성주(任聖周), 운평(雲坪) 송능상(宋能相, 1710~1755)과 함께 공부함. • 겨울 겸재(謙齋) 정선(鄭敾)이 「금강전도(金剛全圖)」를 그림. • 1월 『농가집성(農家集成)』을 널리 배포함(『농가집성』은 1655년(효종 6)에 申洬이 왕명을 받아 간행한 책으로, 『農事直說』, 『衿陽雜錄』, 『四時纂要抄』 외에 『救荒撮要』까지를 합편한 것임).
1735년	영조 11	5	• 2월 이래로 송시열(宋時烈)의 현손(玄孫)이면서 남당 한원진의 문인인 운평 송능상과 송준길의 후손으로 도암 이재의 문인인 역천 송명흠 사이에 논쟁이 벌어져 호락논쟁(湖洛論爭)이 격화됨. 이해 4월에는 송능상과 재종간인 과암(果菴) 송덕상(宋德相, 1710~1782)이 한천(寒泉)으로 도암을 찾아뵘. • 윤4월 미호(渼湖) 김원행(金元行)이 역천을 찾아가 만남. • 8월 청 세종(世宗 : 雍正帝, 재위 1723~1735) 사망하고 고종(高宗 : 乾隆帝, 재위 1736~1795) 즉위함.
1736년	영조 12	6	• 남당이 정월 권상하의 행장을 찬(撰)함. 또한 「이락연원록차의(伊洛淵源錄箚疑)」를 완성하고, 「근사록주설차의(近思錄註說箚疑)」를 완성함. • 여호는 6월 『춘추유례(春秋類例)』를 편차(編次)함. 7월에는 「회니문답(懷泥問答)」을 지음. • 기원이 12월 여호를 방문함. • 도암이 병계의 「심설문목(心說問目)」에 답변함.
1737년	영조 13	7	• 여호가 3월 기원을 찾아가 만남. 여호는 10월 『주자어류요략(朱子語類要略)』과 『풍아규송(風雅閨誦)』을 완성함. 12월에는 『오자수어(五子粹語)』(농암 저작)를 증보함. • 남당이 3월 「왕양명집변(王陽明集辨)」을 지음. 겨울에는 「가례원류의록(家禮源流疑錄)」을 지음.
1734년	영조 14	8	• 병계(屛溪)가 권상하의 묘지(墓誌)를 완성함. • 여호는 정월 「본천본심변(本天本心辨)」을 지었고, 「답유

서기	제왕 연대	나이	담헌의 사적
1738년	영조 14	8	자공숙기논심기서(答龔子恭肅基論心氣書)를 썼음. • 남당이 8월 「박현석인심도심설변(朴玄石人心道心說辨)」을 지음.
1739년	영조 15	9	• 6월 죽암(竹菴) 윤득관(尹得觀, 1710~1780)이 기원을 찾아와 문학(問學)함. 윤득관은 여호 박필주의 문인으로 선생의 명에 따라 기원을 찾은 것임. 그의 문집 『죽암집(竹菴集)』에 「사촌문답(沙村問答)」 1권이 있는데 모두 기원의 말을 기록한 것임. • 6월 도암이 여호를 방문함. 여호는 「대윤시어변(大尹詩語辨)」과 「양명집변(陽明集辨)」을 지음. • 남당은 8월 『고사편람(故事便覽)』을 편함.
1740년	영조 16	10	• 남당은 4월 병계 윤봉구, 봉암 채지홍과 함께 풍악(楓嶽)을 유람하고 5월에는 여호 박필주를 방문하여 토론함. 6월에는 「답심신부서(答沈信夫書)」를 써서 제왕복제(帝王服制)를 논함. • 6월 병계가 여호를 방문함. • 6월 『속오례의(續五禮儀)』를 수찬케 함.
1741년	영조 17	11	• 여호는 11월 과천의 청계사(淸溪寺)에 머묾. 나삼(羅蔘), 나원(羅遠), 윤득관, 조영순(趙榮順), 백사한(白師漢), 윤선동(尹選東)과 삼종제(三從弟) 박필범(朴弼范) 등이 함께 감. 윤득관의 질문에 답해 심의제(深衣制)를 변정(辨正)함. • 남당은 12월 「답병계윤선생서(答屛溪尹先生書)」에서 허령설(虛靈說)을 논함. • 4월 조정에서 서원(書院)의 사건(私建)·사향(私享)을 금함. 숙종 40년 이후 창건된 향현사(鄕賢祠)와 영당(影堂) 170개를 철폐함. • 8도 유생들이 서원 철폐에 항의, 성균관 유생들이 권당을 함. ㅇ 여름 평안도 용강군(龍岡郡)의 삼화부사(三和府使)가 된 조부(祖父) 용조(龍祚, 1686~1741)의 행차를 모시고 관서(關西)를 여행하여 연광정(練光亭)에서 하룻밤을 지냄. 삼화(三和)에서 얼마간 지냄. ㅇ 6월 13일 조부가 56세로 갑자기 세상을 떠남에 따라 운

서기	제왕 연대	나이	담헌의 사적
1741년	영조 17	11	구하여 고향으로 돌아옴. 조부는 충청도(忠淸道) 전의현(全義縣, 지금의 충청남도 燕岐郡 全義面과 全東面 일대) 당곡(堂谷)에 장사됨.
1742년	영조 18	12	▪ 남당은 2월 『의례경전통해보(儀禮經傳通解補)』를 편(編)함. 5월에는 서애(西厓) 류성룡(柳成龍)의 『징비록(懲毖錄)』에 발문을 씀. ▪ 여호는 5월 「답윤서응론심성이기서(答尹瑞應論心性理氣書)」를 씀. 11월에는 청계사(淸溪寺)에 나원, 박성일(朴聖一), 박필범 등과 함께 가서 머묾. ▪ 이해에 『율곡선생전서(栗谷先生全書)』가 이루어짐. ○ 고학(古學)에 뜻을 둬 장구(章句)·우유(迂儒)의 학문을 하지 않기로 맹세하고 군국경제(軍國經濟)의 학(學)을 겸하여 사모함. ○ 여강(驪江, 현재 경기도 남양주시 水石洞)의 석실서원(石室書院, 1663년 사액)으로 미호 김원행을 찾아뵙고 그의 가르침을 받음.
1743년	영조 19	13	▪ 여호는 3월 신사일(辛巳日)에 선정전(宣政殿)에 입시(入侍)하여 주강(晝講)에 참여, 이재와 한원진을 불러올리기를 청함. ▪ 도암은 4월 여호에게 답한 편지에서 출처를 논함. 이해에 또 『주자어류초절(朱子語類抄節)』을 완성함(1723년부터 시작). 또한 「존양편(尊攘編)」을 시집(始輯)함. ▪ 3월 왕세자(사도세자)의 관례(冠禮)를 올림. ▪ 4월 명(明) 태조(太祖)·신종(神宗)·의종(毅宗)을 대보단(大報壇)에 함께 모심(昌德宮 禁苑 옆에 대보단을 설치한 것은 1704년 12월로 明 神宗을 제사 지냄).
1744년	영조 20	14	▪ 10월 29일 기원 어유봉이 사촌정사(沙村精舍)의 정침에서 별세함. ▪ 도암이 『심경집주초절(心經集註抄節)』을 완성함. ▪ 1월 왕세자빈을 책봉함(혜빈 홍씨). ▪ 8월 『속오례의(續五禮儀)』를 찬성함. ▪ 11월 『속대전(續大典)』을 완성함. ○ 부친 력(櫟)이 사마시(司馬試)에 합격함.

서기	제왕 연대	나이	담헌의 사적
1745년	영조 21	15	• 4월 도암이 『중용강설(中庸講說)』을 완성했으며, 주자경의 재기설(朱子敬義齋記說)을 도(圖)로 그리고 『검신록(檢身錄)』을 완성함. ○ 부친이 문경현감(聞慶縣監)이 됨.
1746년	영조 22	16	• 2월 도암이 『사례편람(四禮便覽)』을 완성함. 7월에는 『이송선생예설통편(二宋先生禮疑通編)』을 완성함. 이는 송시열과 송준길의 예의문답(禮疑問答)을 유(類)에 따라 모은 것임. 9월에는 시(詩)를 지어 남당 한원진의 심성론을 비판함. 10월 28일 아침 도암 이재는 화교(花郊)를 향해 50리쯤 가다 광주(廣州)에 이르러 낙생촌사(樂生村舍)에서 별세함. ○ 거문고를 배우기 시작함.
1747년	영조 23	17	• 여호는 5월 『왕복휘편(往復彙編)』을 편차(編次)함. 주자와 장남헌(張南軒), 여동래(呂東萊), 육상산(陸象山), 진용천(陳龍川) 등이 왕복한 편지들을 모으고 자신의 의견을 덧붙인 것임. • 남당은 2월 「제한천이공시후(題寒泉李公詩後)」를 썼음. 한천(寒泉) 이공(李公)은 곧 도암 이재임. 도암은 외암 이간의 심성설을 중히 여겼음. 자신의 문인 최석(崔祏)이 남당을 만나 논쟁하려 했으나 남당이 이에 응하지 않자, 도암은 1746년 9월 시를 지어 남당을 비난한 바 있음. 이에 남당은 그 시에 발문을 붙여 자신의 견해를 분명히 한 것임. 남당은 8월에는 「여권진응서(與權震應書)」에서 낙론(洛論)의 입장을 비판함. • 12월 전국 호구 1,759,691호, 인구 7,422,900명. ○ 이홍중(李弘重)의 따님 한산 이씨(寒山李氏)와 혼인함.
1748년	영조 24	18	• 7월 여호의 병이 위급해짐. 여호는 「고금변학계(古今辨學誡)」를 짓고, 자지(自誌)를 초함. 여호 박필주 윤8월 8일 교정(僑亭)에서 별세함. • 2월 통신사 홍계희(洪啓禧) 등 475명을 일본에 파견함. • 윤7월 통신사 일행이 일본에서 돌아옴. • 9월 『무원록(無寃錄)』을 중간(重刊)하여 전국에 반포함.
1749년	영조 25	19	• 12월 전염병이 전국에 만연하여 50만~60만 명이 사망함.

서기	제왕 연대	나이	담헌의 사적
1750년	영조 26	20	▪ 남당은 8월 『한수재선생문집(寒水齋先生文集)』을 교정함. ▪ 5월 전염병이 만연하여 30여만 명이 사망함. ▪ 7월 균역청(均役廳)을 설치하고 균역법(均役法)을 실시하여 종래 16개월에 2필을 징수하던 군포를 12개월에 1필로 줄임. 군포 수입 부족으로 균역청에서 어세·염세를 차지함.
1751년	영조 27	21	▪ 남당 한원진이 2월 8일 양곡정사(暘谷精舍)에서 별세함. 병계 윤봉구와 삼산(三山) 이태중(李台重)이 와서 치상사(治喪事)함. ▪ 윤5월 정선이 「인왕제색도(仁王霽色圖)」를 그림. ▪ 5월 조현명(趙顯命)이 『균역절목변통문답(均役節目變通問答)』을 올림. ▪ 6월 홍계희가 『균역절목변통사의(均役節目變通事宜)』를 올림. ▪ 10월 강세황(姜世晃)이 「도산서원도(陶山書院圖)」를 그림. ○ 부친의 근무지인 영읍(嶺邑)을 여행함. 윤증(尹拯)의 문고를 얻어 읽고 송시열과의 노소분당(老少分黨)에 대한 의문을 가짐. 그와 관련하여 이해 여름에 송시열을 비난하고 윤증을 옹호하다가 스승 미호에게 꾸지람을 들음.
1753년	영조 29	23	▪ 과암 송덕상이 「변경의기문록(辨經義記聞錄)」을 완성함. 원래 「경의기문록(經義記聞錄)」은 남당 한원진이 수암 권상하에게 배운 것을 기록한 것으로, 이 책은 남당의 성리설을 조목조목 비판한 것임. ○ 석실서원에서 주세붕(周世鵬)의 후손 주도이(周道以)를 만나 한 달 넘게 함께 거처하면서 사귐. 그에게 「증주도이서(贈周道以書)」를 써 줌. ○ 계부(季父) 억(檍)이 문과(文科)에 장원급제함. ○ 이복 아우 대안(大安) 태어남.
1754년	영조 30	24	▪ 6월 병계가 남당의 행장을 찬함. ○ 석실서원에 하루 걸러 나아감. 중하(仲夏)에 석실서원 회강(會講)에서 『소학(小學)』 「명륜장(明倫章)」을 강(講)함. 그가 스승 미호에게 질문한 내용들이 『미호집(渼湖集)』 권10에 수록되어 있음.

서기	제왕 연대	나이	담헌의 사적
1754년	영조 30	24	○ 이 시기에 담헌은 유교 경전뿐 아니라 능엄경(楞嚴經)·원각경(圓覺經) 등 불서(佛書)도 읽음.
1755년	영조 31	25	▪ 2월 나주(羅州)에서 괘서사건이 일어나 윤지(尹志) 등이 처형됨. ○ 이때쯤 연암(燕巖) 박지원(朴趾源, 1737~1805)과 사귀기 시작함.
1756년	영조 32	26	▪ 7월 금주령을 내림. ○ 부친이 나주목사(羅州牧使)로 부임함. ○ 석실서원에서 이재(頤齋) 황윤석(黃胤錫, 1729~1791)과 사귐.
1758년	영조 34	28	▪ 과암 송덕상이 5월 「답윤병계봉구서(答尹屏溪鳳九書)」를 써서 심성설(心性說)에 대해 논함.
1759년	영조 35	29	▪ 순암(順菴) 안정복(安鼎福)이 『동사강목(東史綱目)』 20권을 편찬함. ▪ 율곡 이이(李珥)의 『성학집요(聖學輯要)』가 간행됨. ▪ 겸재 정선(1676~1759) 별세함. ▪ 10월 한성(漢城)의 하천정리절목과 하천정리계획도를 작성하고 공사에 착수함. 준천절목(濬川節目)을 상정(詳定)함. ○ 부친의 임지인 나주(羅州)의 아문(衙門)에 머묾. ○ 가을에 동쪽으로 서석산(瑞石山)을 유람하고 동복(同福, 현재 전라남도 和順郡) 물염정(勿染亭)에 은거하던 석당(石塘) 나경적(羅景績)을 찾아가 그가 만든 후종(候鐘, 자명종)을 봄. 나경적의 나이가 이때 이미 70여 세였으며, 담헌은 그와 함께 혼천의(渾天儀)를 만들기로 작정함.
1760년	영조 36	30	▪ 『일성록(日省錄)』을 기록하기 시작, 1810년까지 계속됨. ○ 초여름 나경적과 그의 제자 안처인(安處仁)을 나주 아문으로 초치(招致)하여 자명종(自鳴鐘)과 혼천의 제작에 착수함. ○ 나경적과 기계 제작에 관련하여 여러 차례 편지를 교환함.
1761년	영조 37	31	▪ 수암 권상하의 『한수재집(寒水齋集)』이 간행됨. ▪ 남당의 문인 황인검(黃仁儉)이 영백(嶺伯)이 되었을 때 남

서기	제왕 연대	나이	담헌의 사적
1761년	영조 37	31	당의 『경의기문록(經義記聞錄)』과 『주자언론동이고(朱子言論同異考)』를 간행하고, 판(板)은 단양사(丹陽寺)에 둠. ○ 혼천의가 제작되었으나 너무 크고 복잡하여 다시 간단하고 작게 만들기로 함.
1762년	영조 38	32	• 2월 왕세손(정조) 가례를 올림. • 윤5월 21일 왕세자(사도세자) 궤 속에 갇혀 굶어 죽음. • 9월 금주령을 엄수케 하고 범법자는 사형에 처함. • 12월 전국 총인구수 6,797,816명. ○ 두 대의 혼천의와 자명종을 완성하여 충청도 천원군 장명(長命)마을(곧 壽村)에 설치하고, 이 사설 천문대를 농수각(籠水閣)이라 이름함. 이를 위해 모두 4만~5만 문(文)의 비용을 부친에게서 얻음. ○ 이들 기구의 완성과 함께 나경적이 별세함. 그를 위해 「제나석당문(祭羅石塘文)」을 지음. ○ 화양서원(華陽書院)의 재임(齋任)을 맡으면서 여러 차례 왕래함.
1763년	영조 39	33	• 3월 호남의 기민이 총 48만 명에 달함. • 통신사 조엄(趙曮)이 대마도(對馬島)에서 고구마 종자를 전래함. • 성호(星湖) 이익(李瀷, 1681~1763) 별세함. ○ 고향 수촌(壽村)에 머묾.
1764년	영조 40	34	• 박세채(朴世采)를 문묘(文廟)에 배향함. ○ 12월 13일 아들 원(薳)이 태어남.
1765년	영조 41	35	• 남당 한원진의 『남당집(南塘集)』이 간행됨. 판(板)은 금산(金山) 직지사(直指寺)에 둠. ○ 6월 연행사 서장관이 된 계부 억(檍)의 추천으로 자제군관으로 결정됨. ○ 10월 12일 고향인 충청도 천원군 수촌을 떠나 15일 서울에 도착하고 11월 2일 서울을 떠나 12월 27일에 북경에 도착함.
1766년	영조 42	36	○ 1월 9일 연경(燕京, 현재의 북경) 천주당을 방문하고 흠천

서기	제왕 연대	나이	담헌의 사적
1766년	영조 42	36	정감(欽天正監) 유송령(劉松齡, A. von Hallerstein)과 부감(副監)인 포우관(鮑友官, A. Gogeisl) 신부를 만남. 모두 네 번을 만남. ○ 2월 1일 북경(北京) 유리창(琉璃廠)에서 항주(杭州) 선비 엄성(嚴誠)·반정균(潘庭筠)·육비(陸飛)를 만남. 2월 한 달 동안 일곱 차례 만나 사귀었음. 반정균으로부터는 「담헌기문(湛軒記文)」, 엄성으로부터는 「담헌팔경시(湛軒八景詩)」, 육비로부터는 「농수각기(籠水閣記)」 등을 받음. ○ 3월 1일 북경을 떠나 4월 11일 압록강을 건너고 5월 2일 고향 집에 돌아옴. ○ 6월 15일 엄성·반정균·육비와 필담한 내용 그리고 왕복 편지들을 정리하여 『간정동회우록(乾淨衕會友錄)』 3권을 엮음. 『담헌서』 외집 권1에는 박지원과 민백순(閔百順)이 지은 2종의 「회우록서(會友錄序)」가 실려 있음. ○ 항주의 세 선비에게 보내기 위해 『해동시선(海東詩選)』의 편찬에 힘씀. 항주의 세 선비에게 두어 차례씩 편지를 보내었으며 9월에는 엄성에게 장문의 편지를 보냄. ○ 이해 겨울 이후 서울 집에서 생활함. 『중용집주(中庸集註)』를 조석으로 읽으면서 간혹 의심이 나는 문제를 엄성에게 편지로 묻기도 함.
1767년	영조 43	37	▪ 2월 사서(士庶)의 제주(祭酒) 사용을 허가함. ▪ 병계 윤봉구(1681~1767) 별세함. ○ 『해동시선』 4책을 완성하여 반정균에게 보냄. ○ 봄에 둘째딸을 시집보내는 일과 병든 아이의 치료를 위해 온 가족이 수촌에서 서울로 이사함. ○ 이해 봄에 10년 동안 지속되어 온 금주령이 풀렸고, 7월에는 연행에 동행했던 김재행(金在行)이 저동(苧洞) 집으로 찾아와 술을 마시며 연행 시의 일들을 즐겁게 회고하며 놂. ○ 북경에서 항주 선비들과 교유한 일로 김종후(金鐘厚)의 비난을 받고 논쟁을 벌임. ○ 이덕무(李德懋)·박제가(朴齊家)·정철조(鄭喆祚) 등과 자주 만남. ○ 11월 12일 부친상을 당함. 고향의 묘소에 여막을 짓고 시묘살이를 함. 부친의 묘지명을 지음. ○ 부친의 별세와 함께 과거를 단념함.

서기	제왕 연대	나이	담헌의 사적
1768년	영조 44	38	▪ 11월 경상도 감영(監營)에서 유형원(柳馨遠)의 『반계수록(磻溪隨錄)』 26권을 목판(木板)으로 간행함. ▪ 12월 『동국문헌비고(東國文獻備考)』를 편찬하도록 함. ○ 시묘살이를 하면서 이웃의 학동 몇 명을 가르침. 이때 학생들을 가르친 어록을 정리하여 10여 조항을 만들고 「독서부결(讀書符訣)」이라 이름 붙임. 이를 뒤에 엄성의 아들 엄앙(嚴昂)과 삼하(三河)의 선비 매헌(梅軒)에게 보냄. ○ 반정균이 선고(先考)의 만사(輓詞)를 보내와 묘비에 새겨 세움. ○ 엄성의 별세 소식을 듣고 상중임에도 조문(弔文)을 지어 보냄.
1770년	영조 46	40	▪ 8월 『동국문헌비고』 100권 40책을 완성함. ○ 탈상(脫喪) 후 서울로 올라옴. ○ 가을에 금강산을 여행하고 거기에서 서림(西林) 이송(李淞)을 만나 의기투합하여 침식을 같이하며 산과 바다를 주유(周遊)함. ○ 이때 한시(漢詩) 공부에 관심을 가지고 주로 고시체(古詩體)의 시를 지음.
1771년	영조 47	41	▪ 일본(日本) 삼전현백(杉田玄白) 등이 『인신내경도(人身內景圖)』를 번역함. ○ 서울에 머묾.
1772년	영조 48	42	▪ 서자(庶子)를 등용함(서얼소통). ▪ 12월 갑인자(甲寅字)를 개주하여 활자 15만 자를 주조함(壬辰字). ○ 박지원 등과 자주 만나 교제함. ○ 2월 김원행·황윤석 등과 함께 흥양(興陽)으로 염영서(廉永瑞)가 만든 자명종을 구경하러 감. ○ 6월 18일 찾아온 연암 앞에서 서양의 철현금(鐵絃琴, 西洋琴)을 해득하여 연암을 놀라게 함. 연암에 의하면 이것은 우리나라에 서양금이 도입된 첫 사례이며 이후 8, 9년 사이에 전국에 보급되었다고 함. ○ 스승 미호 김원행 별세함. 「제미호김선생문(祭渼湖金先生文)」을 지음.

서기	제왕 연대	나이	담헌의 사적
1772년	영조 48	42	○ 숙부 억(檍)이 강계부사(江界府使)가 됨.
1773년	영조 49	43	▪ 이현익(李顯益)의 『정암집(正庵集)』이 간행됨. ▪ 2월 청 기윤(紀昀)을 총찬(總纂)으로 『사고전서(四庫全書)』의 편찬을 시작함. ○ 삼하(三河)의 선비 손용주(孫蓉洲, 有義)로부터 팔영시(八咏詩)와 당액(堂額)을 받고 판액에 새겨 농수각(籠水閣)에 걸어 둠. 손용주에게 「차손용주유의기추루시(次孫蓉洲有義寄秋樓詩)」를 써서 보냄.
1774년	영조 50	44	▪ 4월 서자의 상속권을 인정함. ▪ 청 대진(戴震)이 사고전서관(四庫全書館) 편찬관이 됨. ○ 봄에 거문고를 들고 이송과 함께 양양(襄陽) 낙산사(洛山寺)를 여행함. 그곳 여사(旅舍)에서 선공감감역(繕工監監役)의 제수를 알리는 관리의 전령을 받고 서울로 올라가 사양함. ○ 12월 1일 익위사시직(翊衛司侍直)으로 사은(謝恩)한 뒤 입직(入直)하여 야대(夜對)함. 이후 세손(世孫)으로서 승명대리(承命代理)하던 정조(正祖)에게 존현각(尊賢閣)에서 『주자서절요(朱子書節要)』 등을 강론함. 담헌은 이때의 일을 기록하여 『계방일기(桂坊日記)』(1774년 12월 1일~1775년 8월 26일)를 남겼는데, 당시 정조는 23세임. ○ 사촌 아우 대응(大應)이 사마시(司馬試)에 합격함.
1775년	영조 51	45	▪ 2월 금주령을 준수케 함. ○ 동궁(東宮)의 시강(侍講)에 홍국영(洪國榮) 등과 함께 소대(召對)하면서 『성학집요(聖學輯要)』, 『주자서절요(朱子書節要)』 등을 강의함. ○ 낭관(郎官)으로 승천(陞遷)하여 선공감감역(繕工監監役)이 됨.
1776년	영조 52	46	▪ 3월 5일 영조 승하, 3월 10일 정조 즉위함. ▪ 9월 규장각(奎章閣) 설립함. ○ 사헌부(司憲府) 감찰(監察)로 승천(陞遷)됨. ○ 8월 4일 이재 황윤석이 정동에 있는 집을 방문했으나 만나지 못하고, 다음 날 다시 찾아와 만나 역학(曆學)에 대

서기	제왕 연대	나이	담헌의 사적
1776년	영조 52	46	해 토론함. 8월 7일에는 이재를 찾아가 만나 역범(易範), 상수(象數)의 설 등에 대해 토론함. 이재는 8월 8일 다시 담헌의 집을 방문하여 이덕무·박지원·박제가 등도 같이 만남.
1777년	정조 1	47	▪ 2월 청에서 『고금도서집성(古今圖書集成)』 5,020권을 수입함. ▪ 8월 개주갑인자(改鑄甲寅字) 15만 자를 가주(加鑄, 丁酉字). ▪ 12월 교서관(校書館)을 규장외각(奎章外閣)으로 함. ○ 7월 태인현감(泰仁縣監)에 제수되어 외직(外職)으로 나감. ○ 가난하게 지내는 이덕무를 호남의 공관에 기거하도록 여러 번 부름.
1778년	정조 2	48	▪ 2월 국가재정의 부족으로 화폐를 주조함. 노비추쇄관(奴婢推刷官)을 폐지함. ▪ 7월 박제가가 연행 후 『북학의(北學議)』를 편찬함. ○ 손용주에게 편지를 보내 연행 사절에 동행하게 된 이덕무와 박제가를 소개함. ○ 손용주를 통해 엄성이 그린 유상(遺像)과 『철교유집(鐵橋遺集)』 5책을 전해 받음. 손용주에게 편지를 보내 『간정동필담(乾淨衕筆談)』 3책을 항주(杭州)에 전해 줄 것을 부탁함. ○ 2월 10일 이재 황윤석이 찾아와서 만남.
1779년	정조 3	49	▪ 처음으로 내각검서관(內閣檢書官)을 설치함. ○ 현감직을 사임하고 낙향할 것을 결심함. ○ 주문조(朱文藻)가 무자년(1768년)에 보낸 편지를 10년 만에 받고 답장을 씀. 『간정동필담(乾淨衕筆談)』 3책을 보내면서 엄성의 유고(遺稿) 중 잘못된 것을 대조하여 정정해 주도록 부탁함. 특히 실학(實學)에 힘쓸 것을 당부함. 고시(古詩) 공부를 겸하여 쓴 시 수십 편을 함께 보냄.
1780년	정조 4	50	▪ 박지원은 자제군관으로 연경에 가서 중국 문인들과 교제하고 돌아와 『열하일기(熱河日記)』를 지음. ▪ 10월 김종후(1721~1780) 별세함. ▪ 12월 전국 호구 1,714,550호, 인구 7,228,076명.

서기	제왕 연대	나이	담헌의 사적
1780년	정조 4	50	○ 1월 영천군수(榮川郡守)로 승천됨. ○ 엄성의 형 엄구봉(嚴九峯)에게 편지를 보냄. ○ 봄에 손용주에게 연행 사절을 따라 중국에 가는 박지원을 소개하는 편지를 보냄.
1781년	정조 5	51	• 정조 『성학집요(聖學輯要)』를 간행하게 함. ○ 손용주에게 보낸 편지에서 별지로 중국의 작질(爵秩), 공거법(貢擧法), 서학(西學) 등에 대한 문목을 보냄(문집에 실린 편지에는 손용주의 답변이 함께 실려 있음).
1782년	정조 6	52	• 1월 18일 청 『사고전서』 편성을 완료함. ○ 손용주에 보낸 편지에서 양주(楊朱)와 묵적(墨翟), 노자(老子)와 선가(禪家), 양명학(陽明學)과 사공학(事功學) 등 이단(異端)에 대해 대동(大同)의 관점에서 포용적 태도를 표함.
1783년	정조 7	53	• 7월 대사헌 홍양호(洪良浩)가 수레・벽돌 만드는 법을 보급시킬 것을 제안함. • 10월 14일 이승훈(李承薰)이 동지겸사은사 일행을 따라 연경으로 떠남. • 채지홍의 『봉암집(鳳巖集)』이 간행됨. ○ 모친의 병환을 구실로 영천군수(榮川郡守)를 사직하고 귀향함. 내관(內官) 3년 외관(外官) 6년으로 모두 9년의 관직 생활을 함. ○ 10월 22일 갑자기 중풍으로 상반신에 마비를 일으켜 별세함. 박지원이 묘지명을 지었으며, 고향인 충남 천원군 수신면 장산리 속칭 구미들 기슭에 묻힘. 후에 반정균이 묘갈명(墓碣銘)을 보내와 비석에 새김. 이때 모친 청풍 김씨가 77세로 생존해 있었고, 아들 원(薳)과 세 따님을 남겼음.
1784년	정조 8		• 2월 이승훈이 연경 남천주당에서 그라몽(Louis de Grammont) 신부로부터 영세(세례명 베드로)를 받고, 3월 서교 관련 서적과 성물 등을 가지고 귀국함. 3월 30일 이벽(李檗) 등이 이승훈에게 세례를 받음. • 유득공(柳得恭)이 「발해고(渤海考)」를 지음. ○ 10월 아들 원이 담헌의 묘비를 세웠는데, 친구 이송이 「담

서기	제왕 연대	나이	담헌의 사적
1784년	정조 8		「헌홍대용묘표(湛軒洪大容墓表)」를 지어 비석 뒷면에 새기게 했음.
1939년			○ 오대손(五代孫) 영선(榮善)이 편(編)하고 홍명희(洪命熹)가 교(校)하였으며 정인보(鄭寅普)가 서(序)를 쓴 『담헌서(湛軒書)』(내집 4권, 외집 10권, 부록)가 신조선사(新朝鮮社)에서 간행됨.
1970년			○ 신조선사본 『담헌서』를 경인문화사(景仁文化社)에서 상·하 2책으로 영인 출판함.
1974년			○ 민족문화추진회(현재 한국고전번역원)에서 『담헌서』 국역본이 나옴. 이것을 2008년 한국학술정보(주)에서 다시 조판하여 『신편 국역 홍대용 담헌서』라는 이름으로 출판함.

참고문헌

* 이 연보는 『담헌서』와 관련 문집들의 연보 등의 기록 이외에 아래 서적에 실린 연보 등을 참고하여 작성하였다.

김인규(2008), 『홍대용』, 성균관대학교 출판부.
김태준(1987), 『洪大容評傳』, 民音社.
이상은(1974), 「『국역 홍대용 담헌서』 해제」, 한국학술정보(주).
한국민족문화대백과사전 편찬부(1991), 『한국민족문화대백과사전 26: 연보·편람』, 한국정신문화연구원.

작성 : 문석윤

가

가곡   277, 290

가야금   279, 280, 282, 303

가요(歌謠)   275, 276, 305

가이아(Gaia) 이론   151

『간정동필담(乾淨衕筆談)』   71, 346, 390

『간평의설(簡平儀說)』   205

갈암(葛庵) → 이현일   57

강경   328

강세황(姜世晃) 표암(豹菴)   286, 287, 307, 363, 384

표암(豹菴) → 강세황

강화론(講和論)   316

강희제   198, 337, 342, 344, 349

거가(車駕)   293

거문고   264, 274, 277~280, 282, 283, 285, 291, 292, 300, 303, 305, 383, 389

『건곤체의(乾坤體義)』   212, 213, 231, 249

건륭제   344

검소   125, 155~158, 342

격물치지(格物致知)   28, 69, 70

겸애   146

경방(京房)   267

경사(經士)   326

경산 → 이한진

경학   193, 238, 275, 326~329, 368, 371

계면조   291

『계방일기(桂坊日記)』   113, 121, 125, 329, 389

『고금도서집성(古今圖書集成)』   311, 390

고금지변(古今之變)   151, 155, 159, 161, 179

고악(古樂)   267, 293

고학(古學)   192~194, 197, 357, 382

「곡정필담(鵠汀筆談)」   129, 130

『곤여도설(坤輿圖說)』   212~215, 218, 249

공관병수(公觀幷受)   41, 146

공안파(公安派)   26, 99

공자(孔子)   38, 39, 110, 134, 135, 157, 158, 161, 168, 169, 176~179, 327, 355

관율(管律)   274

관중(管仲)   125, 341

교감   278~280, 283, 284, 304, 373

교불택인(交不擇人)   261, 281

구고법(句股法)   202

구고의(句股儀)   205

『구라철사금자보(歐邏鐵絲琴字譜)』   286, 287, 307

구라철현금   288

구면삼각법   187, 202

구정로(龜井魯) 178

국가전례 302

『국조역상고(國朝曆象考)』 241

「국풍」 275, 276

군악(軍樂) 294

규기(窺器) 90, 200

근대 과학 55, 206

근대주의 111, 126, 151

금(琴) 274, 282, 288, 300~303

금부(金部) 273, 274

금슬(琴瑟) 282, 287, 288

금음(金音) 272~275, 305

금포(琴鋪) 유생(劉生) 300, 301

금현(琴絃) 271, 272

긍심(矜心) 39, 74, 77, 136, 146, 147

「기서항사엄철교성 우문용의(寄書杭士
    嚴鐵橋誠 又問庸義)」 42

기술학(技術學) 11, 76, 77

기악음악 281

「기유춘오악회(記留春塢樂會)」 280

기장〔秬黍〕 268~274, 305

기철학(氣哲學) 33, 92, 103, 149

기하학 187, 202~204, 214, 251

기해예송(己亥禮訟) 319

기화(氣化) 83, 84, 86, 152

김석문(金錫文) 92, 104, 187, 190, 191,
    231

김수항(金壽恒) 331, 367

김약행(金若行) 347

김억 279, 280

김영(金泳) 241

김용겸(金用謙) 효효재 279, 280, 358

김원행(金元行) 미호(渼湖) 21, 27, 33, 35,
    37, 38, 41, 42, 63, 190, 193, 195,
    312, 313, 317~319, 321~328, 346,
    347, 354, 356, 357, 361, 367, 380,
    382, 384, 388

김육(金堉) 191

김이안(金履安) 163, 175, 183, 195,
    196, 249, 347, 348, 357, 367

김종후(金鍾厚) 본암(本庵) 108, 144, 162,
    163, 174, 175, 177, 319, 337, 346~
    350, 352, 353, 365, 387, 390

김창업(金昌業) 332~334, 337~339,
    367

김창협(金昌協) 농암(農巖) 42, 57, 103,
    193, 321, 322, 338, 339, 377, 380

김창흡(金昌翕) 삼연(三淵) 32, 40, 190,
    193, 322, 339, 377, 379

김탄행(金坦行) 321

김태준 21, 42, 99, 113, 183, 189, 249,
    314, 368, 392

나

나경적(羅景績) 석당(石塘) 194, 195, 204,
    357, 385, 386

나발 294

낙론(洛論) 9, 38, 49, 103, 136~139, 190, 193, 249, 309, 313, 314, 321~324, 339, 346, 347, 349, 350, 356, 357, 368, 373, 383

낙학(洛學) 24, 26, 27, 33, 37, 38, 42, 50, 52, 55, 56~59, 61, 63, 65, 75, 76, 81, 372

난계(蘭溪) → 박연

남당(南塘) → 한원진

남병길(南秉吉) 242

남병철(南秉哲) 201, 242~245, 249

남인 315, 316, 319, 362, 363, 365

남천주당 196, 217, 295, 297, 298, 299, 333, 334, 391

낭만주의 26

『노가재연행일기(老稼齋燕行日記)』 299, 332

노래론 253, 258, 275, 305

노론(老論) 24, 30, 31, 42, 57, 173, 193, 260, 309, 313, 314, 316, 317, 319, 320~322, 339, 340, 346, 362, 364

노론사대신 315, 377, 378

노론 준론 314, 316, 317

「농수각의기지(籠水閣儀器志)」 205, 269, 272, 274

농암(農巖) → 김창협(金昌協)

누서법 271, 273, 305

다

다산(茶山) → 정약용

담론적(談論的) 전략 131

『담헌서(湛軒書)』 13, 14, 18~21, 23, 34~36, 39, 40~44, 46, 50, 54, 58~62, 64, 66, 70, 71, 74, 77, 79~82, 84, 86~91, 94, 95, 98, 99, 102, 113, 125, 131, 144, 146, 162, 174, 179, 183, 191~196, 200, 201, 207, 209, 210, 215, 216, 219, 221, 228, 230, 239, 245, 247~250, 257, 264, 269, 274, 276, 285, 300, 301, 308, 314~320, 324, 325~327, 329, 337, 340, 342, 346, 348~350, 352~354, 357, 359, 368, 387, 392

『담헌연기(湛軒燕記)』 128, 287, 291, 292, 327

「답서성지논심설(答徐成之論心說)」 56, 61, 62, 64, 66, 68, 80~82, 87

당금(唐琴) 282, 301, 302

당송고문(唐宋古文) 193

대도(大道) 41, 74, 98, 134~136, 339

대동 144, 354, 355, 391

「대동풍요서(大東風謠序)」 275, 276, 351, 352

대명의리(對明義理) 171, 316, 331, 344

대명의리론(對明義理論) 17, 180, 260, 316

「대우모(大禹謨)」 263
『대학장구(大學章句)』 63, 99
도교 35, 37
도덕 형이상학 54, 55
도덕주의적 환원론 72, 73, 75, 96
도학(道學) 22, 36, 37, 92, 102, 107,
　　265, 328, 335
『동국문헌비고(東國文獻備考)』 233, 241,
　　311, 388
동도서기론(東道西器論) 98, 101, 185,
　　240, 243~245, 247, 248, 373
「동란섭필(銅蘭涉筆)」 288, 289
『동문산지(同文算指)』 199
동일성 52, 54, 63, 65~67, 69, 75, 76,
　　80, 82, 87, 96
동일성(균등) 54
동일성(평등) 54
동천주당 295, 334
두발 341

라

류쿠국[琉球國] 292

마

마테오 리치(Matteo Ricci) 89, 96, 100,
　　198, 201, 203, 212, 250, 333, 361
막번제(幕藩制) 115

만물일체론(萬物一體論) 96
만민개로(萬民皆勞) 117, 120, 121
만보상(萬寶常) 267
만주어 293
매문정(梅文鼎) 235, 237, 238, 244
맹자(孟子) 42, 48, 70, 73, 99, 101,
　　102, 109, 149, 179
「맹자문의(孟子問疑)」 42, 43, 59
명(明) 260, 330, 339, 382
명물(名物) 192
명물도수(名物度數) 268
모국병민(耗國病民) 113, 121
몽고 333, 344
무실(務實) 327, 329, 364
묵가 159
묵자(墨子) 109, 139, 143, 146, 149,
　　150, 157, 158, 182
문광도(文光道) 241
문명 30, 31, 75, 76, 84, 93, 94, 97,
　　98, 100, 110, 112, 126, 136, 151,
　　154, 155, 158~160, 162, 166, 181,
　　257, 323, 330, 340, 358, 360, 365
문명론 156, 157
물학(物學) 24, 28, 29, 32, 33, 41, 42,
　　54, 69, 72~78, 80, 82, 83, 87, 88,
　　90~92, 95~99, 372
물활론(物活論) 150
미발심체순선(未發心體純善) 323
미호(渼湖) → 김원행

민간가요 275

민우수(閔遇洙) 섬촌(蟾村) 346, 379

민정중(閔鼎重) 331

민족적 주체성 15, 17~19

민족주의 111, 170, 171

민족주체성 16, 17

바

박보안 280, 284, 286

박애(博愛) 146

박연(朴堧) 난계(蘭溪) 268, 269, 308

박제가(朴齊家) 초정(楚亭) 7, 126, 130, 196, 197, 262, 307, 331, 336, 337, 358~363, 365, 367, 387, 390

박지원(朴趾源) 연암(燕巖) 7, 29, 102, 130, 183, 187, 197, 216, 256~258, 260, 262, 263, 279, 281, 288, 289, 307, 311, 313, 334~336, 339, 344, 345, 358~363, 365, 367, 385, 387, 388, 390, 391

박찬선(朴燦璿) 357

박찬영(朴燦瑛) 357

박학풍(博學風) 27, 28, 29

반계(磻溪) → 유형원

반전주의 115, 126, 168

반정균(潘庭筠) 191, 198~290, 336, 343, 346, 348, 361, 387, 388, 391

발본색원론(拔本塞源論) 17

방중악(房中樂) 283

배괘배월(配卦配月) 266

백악지장(百樂之丈) 278

번금(番琴) → 천금

법고창신(法古創新) 260

변반(變半) 266

변발 173, 339, 341, 347, 348, 350

변법경장(變法更張) 113, 181, 182

병법 127

병학(兵學) 107

보안 279, 280

보편적 자연학 11, 72, 76, 78, 80

본심(本心) 17, 18, 25, 38, 48, 49, 59, 178

본암(本庵) → 김종후

봉성(鳳城) 291

북경 93, 94, 191, 195~197, 206, 217, 218, 240, 288, 291, 292, 295, 299, 300, 302, 305, 331, 333, 335, 342, 360, 386, 387

북벌대의론(北伐大義論) 260

북학(北學) 171, 253, 258, 259, 262

북학론(北學論) 175, 257, 260

북학사상(北學思想) 99, 102, 183, 249, 250, 308

『북학의(北學議)』 130, 331, 367, 390

북학파(北學派) 260, 261, 262, 303

분야설(分野說) 129, 147, 148, 166

분전제산(分田制産) 114

불교　35, 37, 40, 48, 52, 109, 328, 329, 342

『비례준(緋禮準)』　236, 237

비파　300

사

사광(師曠)　271

사농공상(士農工商)　109, 118, 122

사대부　29~31, 39, 57, 68, 69, 77, 120, 204, 276, 314, 344, 360

사민(四民)　109, 123

사상투쟁　130

사회사상　8, 105, 107, 110~114, 117, 126, 128, 134, 141, 165, 179, 180, 372

산내홍일(山內弘一)　179, 184

산대(山臺)　294

산수(算數)　16, 91, 239, 245, 246, 268, 353, 361

삼번(三蕃)의 난(亂)　331

삼분손익(三分損益)　266, 267, 269, 270, 271, 272, 273

삼연(三淵) → 김창흡

상고주의(尙古主義)　181

상대주의　75, 102, 128, 142, 143, 164, 169, 170, 211, 247

상대주의적 인식　142, 180

『상서(尙書)』　147, 263

상수(象數)　191, 192, 196, 236~238, 390

상수학(象數學)　190~193, 197, 237, 238, 240, 241, 250, 322

새로운 문명　8, 11, 393~97, 301

생명　51, 53, 55, 64, 78, 79, 80, 86, 92, 148~151

생명원리　51, 55, 68

생황(笙篁, 笙簧)　279, 280, 293, 294, 298, 301~303

『서경(書經)』　238, 301

서명응(徐命膺)　191, 236~241, 267, 268, 307

서법(西法)　194~196, 201, 205, 234, 239, 240, 242, 248, 373

서양금　287, 288, 388

서양금(西洋琴)　273, 287

서종맹　300

서학(西學)　23, 27, 56, 76, 91, 92, 94~97, 107, 109, 188, 194, 195, 199, 210, 211, 235, 238, 239, 241, 244, 250, 334, 341, 342, 363, 364, 391

서학중원설(西學中源說)　101, 185, 234~240, 244, 247, 248, 373

서호수(徐浩修)　204, 240~242, 245, 249, 343~346, 367, 368

서화(西化)론　98

석당(石塘) → 나경적

석실서원(石室書院) 190, 193, 321, 382, 384, 385

『선구제(先句齊)』 236

선궁(旋宮) 266

『선천사연(先天四演)』 236

섬촌(蟾村) → 민우수

성경(聖景) → 홍경성

성대중(成大中) 279, 280, 307, 311, 367

성리학 19, 22, 25~31, 33, 35~37, 40, 42, 45, 49~51, 53~56, 61, 63, 66, 72, 73, 78, 85, 88, 92, 95, 96, 100, 109, 149, 180, 312, 322, 328, 329, 365

성범심동(聖凡心同) 323

성선(性善) 48, 49

성습(聖習) → 유학중

성악음악 281

성인(聖人) 40, 64, 65, 71, 77, 84, 85, 102, 110, 127, 135, 137, 154, 155, 163, 168, 176, 178, 302, 320, 323, 327, 350~355, 365

성학(聖學) 328

성호(星湖) → 이익

『성호사설(星湖僿說)』 16, 101, 307, 311, 362

성호학파(星湖學派) 27, 362

세차(歲差) 91, 223

소옹(邵雍) 191, 192

소중화 330, 338

소중화의식 179

소중화주의 162

소지파(蘇祇婆) 267

소통(疏通) 9, 94, 253, 255, 258, 259, 265, 277, 280~286, 290, 303, 304, 306, 373

손용의 144

송시열(宋時烈) 우암(尤庵) 42, 43, 101, 179, 193, 315, 317~319, 322, 345, 377, 379, 380, 383, 384

송풍장치 297

쇠청〔金葉〕 303

수리성(數理性) 114

『수리정온(數理精蘊)』 196~198, 201, 202, 204, 241, 357, 358, 361

수사학적 책략 178

수시변통 181, 182

수양 15, 81, 82, 85, 87, 245, 246, 261, 265

수용미학 282

『순패(旬稗)』 311

숭명배청(崇明排淸) 162

『숭정역서(崇禎曆書)』 198, 217

슬(瑟) 267, 282, 288, 303

습의(習儀) 292

『승사록(乘槎錄)』 183, 358, 367

승심(勝心) 39, 146, 147

『시경(詩經)』 275, 276, 351, 352

시세 340, 350, 352, 354~356, 359, 360, 365
시세관 329, 355
『시악화성(詩樂和聲)』 267, 268, 307, 308
시의(時宜) 309, 346, 349, 350, 354, 356, 365
시의(時義) 352, 353
시조 290
시파(時派) 356
신분 31, 99, 109, 120, 121, 123, 261, 280, 281, 304
신분제 113, 117, 120, 122
신분제의 철폐 120
신용하 111, 183
신임의리(辛壬義理) 314, 321
신흠(申欽) 190, 193
실공(實功) 324, 328
실내악 261
실리(實理) 37, 328
실물(實物) 41
실사(實事) 8, 11, 34~38, 41, 97, 130, 324, 325, 328
실사(實士) 324, 326, 328
실심(實心) 8, 11, 17, 18, 34~41, 72, 97, 130, 324, 325, 328
실옹(實翁) 23, 38, 41, 74, 95, 98, 105, 130, 132~135, 137, 139, 143, 161, 163, 166, 168, 228, 329, 355

실용(實用) 11, 125, 126, 130, 160, 161
실용지학(實用之學) 107
실정(實政) 17, 18, 71, 181, 211
실지(實地) 36, 71, 130
실천학 11, 88, 87
실학 5, 6, 8, 11, 17, 18, 21, 22, 24, 31~38, 41, 42, 69, 72, 93, 95, 97, 99, 100, 102, 103, 130, 182, 187, 192, 249, 250, 308, 327~329, 365, 366, 368, 371, 372, 390
실학사상 6, 22, 111, 184, 255
실학파 7, 183, 262, 372
실효(實效) 328
심론(心論) 65, 255
「심성문(心性問)」 19, 21, 45, 46, 49, 50, 54~56, 64, 66, 67~79, 320
심정진(沈定鎭) 357
심즉리(心卽理) 68
심학(心學) 8, 11, 24~28, 32, 33, 37, 41, 42, 57, 59, 65, 69, 72, 99, 372
심학풍 25, 27~29

아

아박(牙拍) 295
아사미 케이사이(淺見絅齋) 177, 183, 369
아악(雅樂) 267, 301
악(樂) 241, 243, 264, 265, 302

악공(樂工) 261, 280, 284, 301, 302, 304

악률(樂律) 241, 265~268, 303

악률(樂律)제도 303

악률론 253, 265~268, 308

『악서고존(樂書孤存)』 267, 275, 307

악학(樂學) 258

『악학궤범』 267, 307, 308

악회(樂會) 256, 258, 279~281, 283

악회 활동 253, 256, 259, 265, 277

양금(洋琴) 253, 256~258, 260, 273~275, 279, 280, 286~289, 290, 299, 303, 305

양명(陽明) 17, 27, 40, 69, 70, 71

양명학 17, 25, 26, 28, 69, 70, 72, 103, 109, 354, 391

엄구봉 40, 144, 391

엄성(嚴誠) 44, 144, 290, 312, 336, 343, 346, 348, 387, 388, 390, 391

여불위(呂不韋) 266

역관 241, 335

역법(曆法) 195, 196, 242, 243

역사의식 154

역산 196, 223, 236, 238, 241, 242, 345, 346, 357

『역상고성(曆象考成)』 197, 198, 202, 218, 219, 233, 241, 357, 358, 362

『역상고성후편(曆象考成後編)』 197, 198

『역외춘추』역외『춘추』 168~172, 176, 177, 179, 355

역외춘추론(域外春秋論) 17, 18, 112, 168, 170~172, 175, 355

『역학계몽(易學啓蒙)』 191

연경 132, 286, 386, 390, 391

「연기(燕記)」 300, 301, 327, 342

연암(燕巖) → 박지원

연암 그룹 256, 258, 279, 281, 336, 339, 358

연익성(延益成) 284, 285

연행(燕行) 9, 21, 23, 27, 44, 69, 94, 107, 113, 195~198, 253, 255, 257~260, 262, 264, 282, 287, 289, 290, 294, 301, 305, 309, 312, 313, 319, 326, 330, 332~338, 340, 341, 343, 344, 346, 348, 349, 351, 357, 362, 364, 365, 373, 387, 390, 391

연행록 302, 330~332, 338, 342, 365

『연행일기』 332, 334

「연행훈지록(燕行塤篪錄)」 338

『열하일기(熱河日記)』 129, 130, 263, 279, 288, 289, 335, 344, 345, 361, 390

영산회상(靈山會相) 261, 277, 290, 304

영재(泠齋) → 유득공

영조 301, 314~316, 320, 369, 377, 378, 389

『영조실록(英祖實錄)』 301, 302, 347

예술의 자율 283

예의 74, 213, 328, 347, 350, 353

예학(禮學) 40

오규 소라이(荻生徂徠) 359

오랑캐 86, 128, 159~164, 166~169, 173, 174, 176~178, 239, 260, 323, 338~342, 346~348, 351, 355

오르간 스톱(organ stop) 298

오삼계(吳三桂) 331, 341, 345

오성(五星) 144, 196, 243

『오위역지(五緯曆指)』 187, 217~221, 224, 231~233, 249

옹방강 240, 336, 346

왕박(王朴) 267

외암(畏庵) → 이식

외적 소통 9, 253, 258, 277, 286

용하변이(用夏變夷) 176, 177, 179

우담(愚潭) → 정시한

우르시스(S. de Ursis, 熊三拔) 205

우암(尤庵) → 송시열

우조(羽調) 279, 293

우주무한설 185, 209, 226, 228, 229, 231, 233, 246

원명원(圓明園) 342, 345

원중거(元重擧) 115, 116, 178, 183, 358, 359, 367

위당(爲堂) → 정인보

유가악론(儒家樂論) 264, 293, 304

유경종(柳慶種) 287, 307

유득공(柳得恭) 영재(泠齋) 284, 307, 336, 337, 358, 367, 391

유리창 195, 300, 334, 387

유몽인(柳夢寅) 193

유민(遊民) 121, 124, 344, 350

유속(流俗) 324

유송령(劉松齡, August von Hallerstein) 295~299, 333, 334, 387

유식층(遊食層) 113, 120

유안(劉安) 266

「유우춘전」 284

유춘오 279

유춘오악회 284

유학(儒學) 9, 39, 72, 78, 99, 109, 185, 189, 208, 234, 235, 238, 246~248, 255, 323, 324, 355, 359, 373

유학중(兪學中) 성습(聖習) 279

유형원(柳馨遠) 반계(磻溪) 5, 7, 116, 183, 328, 388

육비(陸飛) 290, 312, 336, 346, 357, 361, 387

육예(六藝) 192~194, 265, 267, 277

윤증(尹拯) 317, 318, 319, 384

윤휴(尹鑴) 320

율(律) 266~269, 271~274

율곡(栗谷) → 이이

율관 266~268, 270, 271

『율려정의(律呂正義)』 198

율력(律曆) 198, 268, 353, 357

『율력연원(律曆淵源)』 190, 198, 199,

349, 345

율수(律數) 269, 270

율준(律準) 253, 258, 265, 268, 270~
275, 303, 305

『을병연행록(乙丙燕行錄)』 183, 257,
264, 292~296, 300, 302, 308, 327,
333, 334, 336, 338, 339, 340, 341,
368

음률 266, 267, 269, 270, 293, 296,
298, 300, 301, 312

음악 교류 9, 253, 258, 259, 265, 277,
305

음악 소비집단 256

음악 소통 259, 283, 284, 306

음악 전문인 261, 281, 284, 285, 303,
304

음악 지식과 소통 306

음악관 9, 253, 256, 258, 259, 262,
304, 373

음악사상 256, 262

음악사회사 256, 277

음악의 자율성 283

음악적 소통 280

음악학 198, 255

음악행위 261, 284, 304

음악행위의 상호성 303

음양오행설 86, 147

응종 266, 267, 298

의관 128, 166, 342

의리 77, 137, 162, 163, 176, 177, 314,
316, 319, 320, 326, 327, 332, 349,
350, 378

의복 149, 152, 341, 343

「의산문답(毉山問答)」 8, 13, 16~21, 23,
38, 39, 41, 54, 56, 66, 74, 77, 79,
84, 86, 90, 93~95, 98, 103, 105, 109,
110, 112, 126, 128~136, 138~143,
145, 147~154, 159~173, 175~179,
181, 182, 191, 208~216, 219, 221,
228~230, 233, 240, 245, 247, 248,
329, 348, 351, 355, 356

이가환(李家煥) 239, 361~363, 368

이규경(李圭景) 208, 249, 286, 307

이기지(李器之) 334

이단(異端) 35, 40, 71, 109, 143~146,
180, 323, 324, 352~355, 391

이단론 180

이단상(李端相) 191

이덕무(李德懋) 형암(炯庵) 157, 183, 197,
262, 279, 307, 336, 358, 387, 390

이덕성(李德星) 196

이동설(理同說) 52, 53

이득윤(李得胤) 278, 307

이벽(李蘗) 363, 391

이상혁(李尙爀) 242

이성보(李城輔) 357

이송(李淞) 192, 388, 389, 391

이수광(李晬光) 193

이식(李栻) 외암(畏庵) 57, 101

이용(利用) 78, 125, 156, 137, 138, 263, 354

이용후생(利用厚生) 5, 14~18, 76~78, 253, 262, 263, 265, 304, 363

이용후생파 6, 263

이용후생학 137

이용휴(李用休) 361, 362

이의현(李宜顯) 333, 368

이이(李珥) 율곡(栗谷) 25~27, 45, 47, 63, 81, 328, 379, 385

이익(李瀷) 301, 302

이익(李瀷) 성호(星湖) 5, 57, 101, 244, 268, 361, 362, 368

성호(星湖) → 이익

이인시물(以人視物) 74, 75

이재 321, 322, 377, 380, 382, 383

이적(夷狄) 163, 315, 316, 341, 342, 346~351

이천시지(以天視之) 11, 74, 75, 78

이학(理學) 8, 11, 24, 25, 28, 32, 33, 41, 42, 69, 72, 80, 372

이학적(理學的) 실학 37, 38, 41

이한진 경산 279, 280

이헌경(李獻慶) 238

이현일(李玄逸) 갈암(葛庵) 57

인간과 물(=자연)의 공존 126

인간중심주의 55, 56, 72, 77, 78, 88, 126, 136, 137

인물균(人物均) 11, 74~78, 80, 128, 135~140, 145, 146, 151, 154, 164, 165, 170

인물균론(人物均論) 56, 76, 80

인물성동(人物性同) 137, 323

인물성동론(人物性同論) 52, 53, 56, 75, 76, 80

인물지본(人物之本) 151, 152, 154, 155, 167

인학(仁學) 80

「일동조아발(日東藻雅跋)」 359

일본 115, 177~179, 183, 188, 311, 358, 359, 367, 383, 388

임인옥사(壬寅獄事) 317

「임하경륜(林下經綸)」 8, 16, 20, 21, 105, 109, 110, 113~119, 121~128, 136, 168, 181, 182

자

「자경설(自警說)」 34, 35

자기의식 29, 174, 175, 181

자기중심성 39, 138, 140, 147, 152, 166~168, 172

자연과학 85~87, 90, 95, 96, 107, 112, 136, 140~142, 144, 147, 148, 150, 151, 191

자연주의적 환원론 73~75, 96

자연학(自然學) 18, 32, 54~56, 72, 74,

76, 78, 80, 83, 87, 90, 92, 191, 196, 208, 371

장악원   280, 282, 284~286, 300~302

장자(莊子)   109, 139, 143, 154, 157, 182, 378

『장자(莊子)』   154, 247, 338

장재(張載)   221, 224~226, 230

장천주   282, 302

재구축된 화이론   174, 175

쟁(箏)   291

적용(適用)   125

전낙지(錢樂之)   267

전도된 화이론   173~175

절검(節儉)   124, 156, 157, 159, 181

정덕(正德)   14, 15, 17, 18

정덕이용후생(正德利用厚生)   263

정두경(鄭斗卿)   193

정률(正律)   271, 274

정성(正聲)   269, 271

정성공(鄭成功)   331

정시한(丁時翰) 우담(愚潭)   57

정약용(丁若鏞) 다산(茶山)   57, 267, 268, 275, 299, 363

정양문(正陽門)   294, 302, 342

정언신(鄭彦信)   315, 316

정음(正音)   269

정인보(鄭寅普) 위당(爲堂)   13~20, 23, 97, 179, 392

정제두(鄭齊斗)   26, 191

정조(正祖)   30, 60, 267, 280, 311, 320, 337, 357, 358, 362, 363, 389

정주학(程朱學)   107, 109, 134

정철조(鄭喆祚)   361, 362, 387

정통   109, 143, 353

정학(正學)   39, 134, 143~145, 180, 359

조경(趙絅)   193

조선(朝鮮)   15, 25~31, 107~109, 113, 115~117, 119, 121, 123, 124, 128~ 130, 132~134, 158~160, 162, 163, 171, 173~175, 182, 188, 196, 201, 233, 244, 256~259, 267, 280, 289, 293~295, 303, 316, 339~341, 347, 359~361, 365

조선성리학(朝鮮性理學)   23~25, 27, 28, 31~33, 37, 39, 40, 42, 57, 68, 69, 95, 372

조선중화론   175, 180

조선중화주의   162, 163, 175, 178, 256

조성기(趙聖期)   191, 322

조참(朝參)   292, 363

조참례   292

조천(朝天)   330

존물(尊物)   138, 139, 151

'존물(尊物)'의 태도 '尊物的' 태도   77, 126, 138

존재론적 평등   143

존주대의(尊周大義)   162

종(鐘)   293

종률(鐘律) 274

종률체계 273, 275, 305

주관주의 26, 69

주돈이(周敦頤) 46

주문조(朱文藻) 36

『주비산경(周髀算經)』 236~238

주자(朱子) 32, 33, 36~39, 46, 63, 70, 71, 80, 132, 134, 149, 194, 275, 378, 383

주자학(朱子學) 17, 21, 22, 27~29, 32, 37, 40, 46~49, 63, 69, 72, 73, 85, 138, 193, 238, 247, 248, 358, 359

『주해수용(籌解需用)』 20, 187, 199~201, 205, 208, 240

줄풍류 256, 257, 261, 262, 280, 283, 284, 304

중국(中國) 15, 25~27, 30, 85, 86, 91, 94, 96, 97, 107, 108, 110, 113, 123, 128, 129, 132, 142, 144, 147, 148, 155, 159~164, 166~168, 171, 173~180, 182, 187, 188, 195, 196, 201, 211, 213, 231, 235~237, 240~244, 255, 257~260, 268~270, 282, 286~294, 299~303, 305, 311~313, 326, 328, 333, 335~340, 342, 343, 345~351, 355, 359~361, 373, 390, 391

중국중심주의 15, 110, 162, 171, 175, 177~179, 213

중려(仲呂) 266, 267, 271

중세적 보편주의 19

「중용문의(中庸問疑)」 42, 44, 62

중화(中華) 158, 163, 166, 173, 260, 330, 339, 346~348, 350, 351

중화주의(中華主義) 110, 162, 255

「증원현천귀전사(贈元玄川歸田舍)」 359

지구설(地球說) 141~144, 166, 231, 361

지구중심설 218, 224, 227~229, 231, 233

지송(祗送) 293

지양된 화이론 175

지영(祗迎) 293

지원설(地圓說) 209~214, 216, 227, 246

지전설(地轉說) 129, 141, 143, 187, 209, 216~222, 224~229, 231, 246

진리인식 135, 166, 179, 180

진사(眞士) 326

진율(眞律) 272, 273

진한고문파(秦漢古文派) 193

징심구세(澄心救世) 113

차

창춘원(暢春園) 332, 342

책문(柵門) 291, 362

척화론(斥和論) 316

천관우(千寬宇) 111, 170, 171

천금(天琴) 번금(番琴) 288

천기(天機) 26, 154, 276

천문(天文) 91, 140, 188, 189, 191, 192, 194, 206, 208, 217, 223, 226, 231, 233~238, 240~242, 244~247, 342, 345, 357, 373

『천문략(天問畧)』 199

천원수성(川原秀城) 142, 188, 189, 201, 202, 218

천원술(天元術) 187, 202

천인감응설(天人感應說) 147

천주교 95, 333, 334, 342, 363

천주당 94, 295, 296, 299, 300, 305, 333~335, 386

『천주실의(天主實義)』 89, 96

천진(天眞) 154, 276, 305

『천학초함(天學初函)』 191, 198, 199

철현금(鐵絃琴) 289, 388

청 청나라 27, 30, 123, 128, 160, 162, 163, 167, 173~175, 182, 201, 235, 255~257, 260, 293, 316, 330~332, 335~345, 347~350, 359, 360, 364, 365, 380, 390

『청성집(靑城集)』 279, 280

『청장관전서(靑莊館全書)』 279

초정(楚亭) → 박제가

최덕중(崔德中) 332, 337

최명길(崔鳴吉) 191

최석정(崔錫鼎) 191

추수(推數) 90

『춘추(春秋)』 14~16, 110, 161~163, 168~172, 176~179, 355, 356

춘추관 355, 356

춘추대의(春秋大義) 158, 162, 180

춘추론(春秋論) 162, 169

춘추상대화론 172

취율정성(吹律定聲) 266

취처생자(取妻生子) 266

측관의(測管儀) 201, 205~207, 239

치양지(致良知) 69~71

타

타자화된 조선 171

타현악기 275

탈성리학 180

탕평 314, 315, 316, 319

『태서곤여전도(泰西坤輿全圖)』 197, 212, 358

『태서수법(泰西水法)』 199

태평소 294

『태호집(太湖集)』 282

태화 → 홍원섭

토조(土調) 256, 288, 289

통일성 76, 87, 241

통천의(統天儀) 205

퇴계(退溪) → 이황

퉁소 279, 280

특종(特鐘) 272, 273

티코 브라헤(Tycho Brahe) 217, 218, 224, 232, 233

파

파이프오르간〔風琴〕 257, 295~299, 305, 333, 334
팔음(八音) 8음 272~275, 305
페르비스트(F. Verbiest, 南懷仁) 197, 212~214, 218
편종(編鍾) 272, 273
평등 109, 110, 119, 123, 137, 139, 142~146, 154, 166, 167, 171, 180, 182, 361, 372
평등성 69, 138, 170~172
평등의 존재론 145, 146, 164, 180
평사낙안(平沙落雁) 300, 301
평화 110, 128, 147, 180, 345, 359
평화주의 126, 168
포우관(鮑友管, Anto]n Gogeisl) 217, 295, 333, 387
『표암유고(豹菴遺稿)』 286
「풍(風)」 275
풍류방 283

하

학문론 107, 130, 134
한원진(韓元震) 남당(南塘) 43, 322, 323, 347, 377~386
한중유(韓仲由) 316
항재(恒齋) → 이숭일
이숭일(李嵩逸) 항재(恒齋) 57
『해암고(海巖稿)』 287
허목(許穆) 193, 320
허자(虛子) 23, 74, 93~95, 130~135, 143, 161~163, 168, 228, 329
허학(虛學) 130, 133, 327, 329
현금(玄琴) 291
『현금동문유기(玄琴東文類記)』 278
현율(絃律) 274
현율체계 271
현자(弦子) 294, 300
형암(炯庵) → 이덕무
형화(形化) 83, 86, 152
호금(胡琴) 295
호락논쟁(湖洛論爭) 25, 57, 75, 322~324, 365, 372, 380
호론(湖論) 313, 322, 324, 346, 347, 349, 351, 356
호학(湖學) 24
혼상의(渾象儀) 205
혼천의(渾天儀) 194, 195, 205, 206, 312, 333, 334, 357, 361, 385, 386
『혼천의주(渾天儀註)』 211
홍경성(洪景性) 성경(聖景) 279, 280
홍귀조(洪龜祚) 321
홍노시 292, 293

홍대묵(洪大默) 321
홍대유(洪大有) 362
홍력(洪櫟) 314, 379
홍봉조(洪鳳祚) 321, 322
홍양호(洪良浩) 238, 391
홍양후(洪良厚) 336
홍억(洪億) 290, 301, 312
홍용조(洪龍祚) 318, 321, 322
홍원섭(洪元燮) 태화 279~282
『화국지(和國志)』 115, 116, 358
화이(華夷) 110, 138, 151, 163, 166,
    171, 173, 175, 176, 243, 276, 322,
    343, 344, 346, 348, 350, 351, 354,
    356
화이관(華夷觀) 15, 255, 319, 323, 329,
    341, 346, 347, 350, 351, 352, 355
화이균 164~166
화이론(華夷論) 15, 110, 112, 136, 148,
    159, 166, 170, 171, 173~175, 177,
    178, 180, 182, 351, 372
「화이변(華夷辨)」 163
화이일(華夷一) 128, 164, 167, 175,
    179
화이지분(華夷之分) 151, 161, 175
화이트헤드 206
확장된 도덕주의 73, 75, 83
확장된 자연주의 73~75, 80, 83, 92
황(篁) 303
황윤석(黃胤錫) 190, 196~199, 212,

238, 239, 241, 268, 312, 357, 358,
    362, 385, 388~390
황종(黃鍾) 266~273, 297, 298
황종률 269, 272
회니시비(懷尼是非) 317, 318
효효재 → 김용겸
후생(厚生) 263, 365, 304
희대(戲臺) 294
희자(戲子)놀음 294, 295

集筆陣(원고 게재 순)

집필진(원고 게재 순)

문석윤 · 경희대학교 철학과 교수
박희병 · 서울대학교 국어국문학과 교수
김문용 · 고려대학교 민족문화연구원 HK교수
송지원 · 서울대학교 규장각한국학연구원 책임연구원
이경구 · 한림대학교 한림과학원 HK교수

실시학사 실학연구총서 03

담헌 홍대용 연구

1판 1쇄 발행 2012년 6월 30일
1판 2쇄 발행 2014년 5월 30일

기획 | 재단법인 실시학사
집필진 | 문석윤·박희병·김문용·송지원·이경구

펴낸곳 | 성균관대학교 출판부 · 사람의무늬
등록 | 1975년 5월 21일 제1975-9호
주소 | 110-745 서울특별시 종로구 성균관로 25-2
전화 | 02)760-1252~4 팩스 | 02)762-7452
홈페이지 | http://press.skku.edu

ⓒ 2012, 재단법인 실시학사
ISBN 978-89-7986-926-2 94150
      978-89-7986-923-1 (세트)
값 25,000원

잘못된 책은 구입한 곳에서 교환해 드립니다.
사람의무늬 는 성균관대학교 출판부의 인문·교양·대중 지향 브랜드의 새 이름입니다.